統計図表
レファレンス事典
高齢化社会

日外アソシエーツ

Statistics Index

Aged Society

Compiled by

Nichigai Associates, Inc.

©2015 by Nichigai Associates, Inc.

Printed in Japan

本書はディジタルデータでご利用いただくことが
できます。詳細はお問い合わせください。

●編集担当● 高橋 朝子

刊行にあたって

　本書は、調べたいテーマについての統計図表が、どの資料の、どこに、どんなタイトルで掲載されているかを、幅広い資料・年度にわたって調べられるレファレンスツールである。1997 年（平成 9 年）から 2014 年（平成 26 年）までに日本国内で刊行された白書・年鑑などの資料に掲載されている、高齢化社会に関する統計図表の所在を、キーワードから検索することができる。

　日本の総人口はこの 3 年、連続して減少している。これに対し、65 歳以上の高齢者人口が総人口に占める割合は過去最高となっている。それにともない、介護や認知症などの医療・福祉面のみならず、団塊の世代の引退による技能継承、年金、振り込め詐欺など、高齢者の周辺には様々な問題が起きている。こうした問題への取り組みには、基礎になるデータを調査・集計した統計図表類が基礎資料として重要である。その一方で、統計図表を掲載する行政資料などは多岐にわたり、かつ、年度ごとに刊行されるものが多く、調べたい統計がどの資料のどこに掲載されているかを調べるのは容易ではない。

　本書では、政府白書や各種団体の白書・年鑑類 496 種を精査し、高齢化社会に関する統計図表 4,740 点の標題・図表番号・掲載頁を、主題の見出しの下に、資料横断的に掲載した。排列は見出しの五十音順とし、キーワードを特定できなくても、見出し語を一覧できる目次をたどれば、周辺テーマの中から求める見出しを探すことができる。

　本書が、統計図表の調査のためのツールとして、多くの方々に活用されることを願っている。

　2015 年 6 月

　　　　　　　　　　　　　　　　　日外アソシエーツ

凡　例

1．本書の内容

　　本書は、国内の白書・年鑑などの資料に掲載されている、高齢化社会問題に関する統計図表をキーワードから検索するための索引である。

2．収録の対象

　(1) 1997 年（平成 9 年）から 2014 年（平成 26 年）までに日本国内で刊行された白書・年鑑・統計集 496 種を精査し、主題に該当する表やグラフなどの形式の統計図表 4,740 点を収録した。

　(2) 地図、年表、流れ図、組織図、名簿などの図表類は収録対象外とした。

3．見出し

　(1) 統計図表の主題を表す語を見出しとした。

　(2) 複数の主題に関する統計資料は、それぞれを見出しに立てた。

　(3) 必要に応じて「を見よ」参照、「をも見よ」参照を付し、利用の便を図った。

　(4) 見出しの詳細は目次（巻頭）に示した。

4．排　列

　(1) 見出し

　　1) 見出しの読みの五十音順に排列した。アルファベットで始まるものは末尾に ABC 順で排列した。

　　2) 濁音・半濁音は清音扱いとし、ヂ→シ、ヅ→スとした。また拗促音は直音扱いとし、長音（音引き）は無視した。

(2) 収載資料名

　各見出しの下は、統計図表が掲載された白書・年鑑等の書名の五十音順・年次順に排列し、収載資料名の小見出しを立てた。

(3) 統計図表

　同一の収載資料の下は、資料中の統計図表の掲載順とした。

5．統計資料の記述

(1) 統計図表の表題とその図表番号、掲載頁を示した。

(2) 統計図表に表題がない場合は、収載資料の本文中から主題を表す語句を選んで表題とし、〔　〕で囲んで示した。

6．収録資料一覧（巻末）

　本書に収録した資料名を書名の読みの五十音順に排列し、書名、年次、出版者、出版年月、ISBN を記載した。

目　次

【あ】

悪性新生物 …………………… 1
アクティブシニア …………………… 1
アクティブ80ヘルスプラン …………… 1
アルツハイマー …………………… 1
安全衛生対策 …………………… 1
生きがい …………………… 2
育児・介護休業法 …………………… 2
移行調整金 …………………… 2
意識 …………………… 2
医師数 …………………… 2
異性関係 …………………… 3
移送サービス …………………… 3
一時金（賞与）…………………… 3
一時金（年金）…………………… 3
一律定年制 …………………… 3
一般刑法犯 …………………… 3
一般刑法犯（高齢者）…………………… 4
移動率 …………………… 4
医療 …………………… 4
医療関連指標 …………………… 5
医療機関 …………………… 5
医療給付費 …………………… 5
医療費 …………………… 5
医療法 …………………… 6
医療保険 …………………… 6
医療保険制度 …………………… 7

医療療養病床 …………………… 7
飲酒習慣 …………………… 7
引退年齢 …………………… 7
インターネット …………………… 7
インターネット（外国）…………………… 9
インフルエンザ …………………… 9
ウェブサイト …………………… 9
運転 …………………… 9
運転免許　⇒自動車運転免許　を
　見よ
運動 …………………… 10
映画参加率 …………………… 10
衛星放送 …………………… 11
栄養 …………………… 11
エネルギー消費量 …………………… 11
エンゼルプラン …………………… 11
延命治療 …………………… 11
オレオレ詐欺　⇒振り込め詐欺
　を見よ
音楽会・コンサート参加率 ………… 11
音楽鑑賞参加率 …………………… 11
音楽配信購入率 …………………… 12
音楽レジャー活動 …………………… 12
恩給 …………………… 12
オンラインショッピング …………… 13

【か】

開業 …………………… 13

目 次 　　　 かて

介護 ……………………… 13
解雇 ……………………… 14
介護キャリア段位制度 …… 14
介護休業 ………………… 14
介護休業制度 …………… 15
介護給付 ………………… 15
介護経験 ………………… 16
介護サービス …………… 16
介護サービス給付費 …… 17
介護サービス事業者 …… 17
介護サービス事業所 …… 17
介護サービス施設 ……… 18
介護サービス受給者 …… 20
介護サービス利用者 …… 21
介護支援 ………………… 22
介護支援専門員 ………… 22
介護時間 ………………… 22
介護施設 ………………… 23
介護実習・普及センター … 24
介護者 …………………… 24
介護職員 ………………… 25
介護対策費 ……………… 27
介護対象者 ……………… 27
介護と仕事 ……………… 27
介護納付金額 …………… 28
介護の場所 ……………… 28
介護費用 ………………… 28
介護福祉経営士 ………… 28
介護福祉士 ……………… 29
介護負担 ………………… 29
介護ベッド ……………… 29
介護報酬 ………………… 29
介護方法 ………………… 29
介護保険 ………………… 30

介護保険給付 …………… 31
介護保険サービス ……… 32
介護保険事業 …………… 32
介護保険施設 …………… 32
介護保険制度 …………… 34
介護保険法 ……………… 34
介護保険料 ……………… 35
介護保障 ………………… 35
介護補償給付 …………… 35
介護要因 ………………… 35
介護予防サービス ……… 36
介護離職　⇒介護と仕事 を見よ
介護療養型医療施設 …… 37
介護療養病床 …………… 37
介護力強化型病院 ……… 37
介護老人福祉施設 ……… 37
介護老人保健施設 ……… 37
外出 ……………………… 38
外食 ……………………… 39
会話 ……………………… 39
学習活動 ………………… 39
覚せい剤取締法違反 …… 40
確定拠出年金 …………… 40
家計 ……………………… 40
火災損害 ………………… 41
加算年金 ………………… 41
家事 ……………………… 41
家族 ……………………… 41
家族構成 ………………… 42
家族生活 ………………… 42
家族との付き合い方 …… 42
過疎地域 ………………… 43
学級・講座 ……………… 43
家庭内事故 ……………… 43

(7)

カラオケ参加率	44	漁村	56
仮釈放率	44	居宅介護サービス	56
カルチャーセンター	44	居宅介護サービス給付費	57
加齢	44	居宅介護サービス事業所	57
環境	44	居宅介護サービス従事者	57
観劇参加率	45	居宅介護サービス受給者	58
看護職員	45	居宅介護サービス利用者	58
看護と仕事	45	近居	59
患者	46	近所付き合い	59
完全失業者数	46	勤続年数	59
完全失業率	47	勤務延長制度	59
完全失業率（高齢者）	49	勤務形態	60
危害商品・サービス	49	勤務時間短縮	60
起業	49	金融商品	60
企業年金	50	金融・保険サービス	61
基礎代謝量	51	筋力	61
基礎年金	51	勤労意思	61
起訴猶予率	51	グループ活動	61
喫煙	51	グループホーム	62
技能継承	52	ケア	62
技能者	52	ケアハウス	62
虐待（高齢者）	52	ケアプラン	62
求人・求職	53	ケアマネージメント	63
求人倍率	53	ケアマネジャー	63
給与	53	経営者年齢	63
休養	54	継続雇用制度	63
恐喝	54	携帯電話	63
共済組合　⇒退職年金 を見よ		刑法犯	65
共同生活	54	契約労働者	65
漁業就業者	55	血圧	65
虚弱高齢者	55	血液検査対象者数	65
居住形態	55	血色素量	66
居住状況	56	結晶性知能	66
居住地域	56	血糖値	66

ゲーム	66	交通事故死傷者	76
県間移動数	66	交通事故死傷者数	76
検挙人員	66	交通事故死傷者数(外国)	79
検挙人員(高齢者)	67	交通事故死傷者数(高齢者)	79
健康	67	交通手段	80
健康関連指標	68	公的年金	80
健康寿命	68	公的年金額	82
健康食品	68	公的年金加入者数	82
健康診断	68	公的年金受給者数	82
健康保険	69	公的年金制度	83
健康保険法	69	公的年金被保険者数	83
言語性IQ	69	強盗	84
検察官処遇意見	69	行動	84
研修	69	購入数量	84
建築物	69	高年齢求職者給付金	84
後期高齢化率	70	高年齢雇用継続給付制度	84
後期高齢者	70	高年齢雇用継続給付費	84
後期高齢者医療事業	70	高年齢者雇用安定法	84
後期高齢者医療制度	71	高年齢者雇用援助制度	84
後期高齢者医療費	71	高年齢者職業経験活用センター	84
公共交通機関	71	高年齢者職業相談	85
講座 ⇒学級・講座 を見よ		高年齢者多数雇用助成金	85
耕作放棄地率	72	幸福感	85
厚生転貸融資	72	公務員	85
厚生年金	72	行楽	85
厚生年金基金	73	高齢化	85
厚生年金受給者	74	高齢化社会	88
厚生年金保険	74	高齢化集落	88
厚生福祉施設整備事業債	75	高齢化対策	88
交通	75	高齢化率	88
交通安全活動	75	高齢化率(外国)	90
交通安全教育	75	高齢化率(地方)	91
交通安全対策	75	高齢期	91
交通事故	75	高齢期援助対策	91

こう　　　　　　　　　　　目　次

高齢期就業準備奨励金 ……………… 91
高齢者 ………………………………… 91
高齢者医療給付費 …………………… 92
高齢者医療制度 ……………………… 93
高齢社会対策関係予算 ……………… 93
高齢社会対策大綱 …………………… 93
高齢者関係給付費 …………………… 93
高齢者疑似体験 ……………………… 93
高齢者雇用関係助成金制度 ………… 94
高齢者社会教育 ……………………… 94
高齢者生活福祉センター …………… 94
高齢者増加率 ………………………… 94
高齢者総合相談センター …………… 94
高齢者パート就労促進制度 ………… 94
高齢者比率 …………………………… 94
高齢者福祉施設 ……………………… 95
高齢者保健福祉サービス …………… 95
国民医療費　⇒医療費　を見よ
国民健康づくり対策 ………………… 96
国民健康保険 ………………………… 96
国民年金 ……………………………… 96
国民年金基金 ………………………… 97
国民年金受給権者 …………………… 97
国民年金制度 ………………………… 98
国民年金納付率 ……………………… 98
国民年金被保険者 …………………… 98
国民年金預託金 ……………………… 98
国民負担率 …………………………… 98
心の支え ……………………………… 98
心の病 ………………………………… 98
個人支出 ……………………………… 99
個人年金保険 ………………………… 99
骨折 …………………………………… 99
孤独死 ………………………………… 99

困りごと ……………………………… 99
雇用 ………………………………… 100
雇用（高齢者） …………………… 100
雇用延長 …………………………… 101
雇用者 ……………………………… 101
雇用者比率 ………………………… 102
雇用復帰支援手当 ………………… 102
雇用保護制度 ……………………… 103
雇用率 ……………………………… 103
コレステロール …………………… 103
コンテンツ ………………………… 103

【さ】

災害時要援護者 …………………… 104
災害対策 …………………………… 104
在学者数 …………………………… 104
財形年金貯蓄 ……………………… 104
再雇用 ……………………………… 104
再雇用制度 ………………………… 105
再婚率 ……………………………… 105
財産管理制度 ……………………… 106
催事参加率 ………………………… 106
再就職 ……………………………… 106
在職老齢年金 ……………………… 106
在宅介護 …………………………… 106
在宅介護支援センター …………… 107
在宅ケアサービス ………………… 107
在宅サービス ……………………… 108
在宅復帰率 ………………………… 108
最低居住水準 ……………………… 108
最低生活保障水準 ………………… 108
最低予想生活費 …………………… 108

(10)

再犯	108	地場産物	118
殺人	108	死別者割合（高齢者）	118
差別（高齢者）	109	死亡者　⇒死傷者 を見よ	
サラリーマン化	109	死亡数	119
三世代同居	109	死亡場所	120
死因	109	死亡率	120
自衛官	110	死亡率（高齢者）	122
自営業主	110	字幕放送	122
仕送り	111	社会活動	122
歯科医師数	111	社会参加	123
識字	111	社会支出	123
持久性トレーニング	111	社会人学生	123
事故	111	社会的入院	123
自己啓発	111	社会的評価	124
仕事	112	社会福祉	124
自殺	112	社会福祉施設	124
自殺（高齢者）	113	社会保障	124
資産	114	社会保障給付費	124
資産運用	114	社会保障制度	125
自主運用資産残高	114	社会保障費	125
自主運用認可基金	114	借家率	125
支出	114	写真制作参加率	125
死傷者	115	借金	125
死傷者（高齢者）	115	就業	126
施設（高齢者向け）	115	就業（高齢者）	126
失業	116	従業員	127
失業対策事業紹介対象者	116	従業員拠出制	128
失業率	116	就業者	128
失業率（外国）	117	就業者（高齢者）	128
執行猶予率	117	就業率	129
自動車運転免許	117	就業率（高齢者）	129
シニア海外ボランティア	118	収支	130
シニアワーク東京	118	自由時間	130
ジニ係数	118	就職率	130

終身雇用制度 ……………… 130
住生活基本計画 …………… 130
住宅 ………………………… 131
住宅（高齢者向け）………… 132
住宅火災 …………………… 134
住宅金融公庫 ……………… 134
住宅ローン ………………… 134
収入 ………………………… 134
就労　⇒就業 を見よ
受診 ………………………… 135
ジュース …………………… 136
受療率 ……………………… 136
準備（老後）………………… 136
生涯学習 …………………… 137
障害者 ……………………… 138
生涯未婚率 ………………… 138
少子高齢化 ………………… 138
消費 ………………………… 139
消費支出 …………………… 139
消費者契約法 ……………… 140
消費者物価 ………………… 140
消費者物価指数 …………… 140
消費生活相談 ……………… 140
消費性向 …………………… 141
傷病 ………………………… 142
商品 ………………………… 142
消防団員 …………………… 142
情報通信機器 ……………… 142
職業 ………………………… 142
職業訓練 …………………… 142
職業紹介 …………………… 142
食事 ………………………… 143
職種別定年制 ……………… 143
食の安全 …………………… 143

食品産業 …………………… 143
食物 ………………………… 143
食料支出 …………………… 143
助産師 ……………………… 144
所得 ………………………… 144
ショートステイ …………… 145
初犯 ………………………… 146
自立 ………………………… 146
シルバー人材センター …… 146
シルバーハウジング・プロジェ
　クト ……………………… 146
新規求人倍率 ……………… 146
新規受理人員 ……………… 146
人権（高齢者）……………… 147
人権（女性）………………… 147
人口 ………………………… 147
人口（外国）………………… 150
人口（高齢者）……………… 151
人口（地方）………………… 154
人口減少 …………………… 155
振興山村 …………………… 156
人口指数 …………………… 156
新ゴールドプラン ………… 156
人材 ………………………… 157
人事 ………………………… 157
心疾患 ……………………… 157
新受刑者 …………………… 158
身体障害者 ………………… 158
身長 ………………………… 158
心配ごと …………………… 159
生活 ………………………… 159
生活（高齢者）……………… 160
生活意識 …………………… 161
生活支援 …………………… 161
生活時間 …………………… 161

目　次　　たい

生活資金（老後）……………… 161
生活習慣 ………………………… 161
生活習慣病 ……………………… 162
生活費 …………………………… 162
生活保護 ………………………… 162
精神科医療 ……………………… 163
精神障害者 ……………………… 163
成人病　⇒生活習慣病 を見よ
製造業 …………………………… 163
生存権 …………………………… 164
生存率 …………………………… 164
成年後見関係事件 ……………… 165
成年後見制度 …………………… 165
成年後見人 ……………………… 165
性犯罪 …………………………… 165
生命表 …………………………… 166
世帯 ……………………………… 166
世帯（高齢者）………………… 167
世代間交流 ……………………… 170
世代間扶養 ……………………… 171
赤血球数 ………………………… 171
摂取量（インスタント食品）… 171
摂取量（栄養素等）…………… 171
摂取量（エネルギー）………… 171
摂取量（菓子類）……………… 171
摂取量（カルシウム）………… 172
摂取量（牛乳・乳製品）……… 172
摂取量（果物）………………… 172
摂取量（米）…………………… 172
摂取量（魚）…………………… 172
摂取量（酒類）………………… 172
摂取量（酸素）………………… 172
摂取量（脂肪）………………… 173
摂取量（食塩）………………… 173

摂取量（食品）………………… 173
摂取量（清涼飲料水）………… 173
摂取量（大豆・大豆製品）…… 173
摂取量（卵）…………………… 173
摂取量（鉄）…………………… 174
摂取量（肉）…………………… 174
摂取量（パン）………………… 174
摂取量（めん）………………… 174
摂取量（野菜）………………… 174
摂取量（油脂類）……………… 174
摂取量（緑黄色野菜）………… 174
設備（高齢者のための）……… 174
節約 ……………………………… 175
世話（老後）…………………… 175
船員保険（年金）……………… 175
前期高齢者 ……………………… 175
全国老人保健施設協会 ………… 175
潜在的労働力率 ………………… 176
全老健　⇒全国老人保健施設協会
　を見よ
総合設立基金 …………………… 176
葬式 ……………………………… 176
造船技能者 ……………………… 176
相談 ……………………………… 176
相談相手 ………………………… 176
卒業者数（旧青学）…………… 177
卒業者数（高校・旧中）……… 177
卒業者数（小学校・中学校）… 177
卒業者数（大学・大学院）…… 177
卒業者数（短大・高専）……… 177

【た】

体位 ……………………………… 177

（13）

たい　　　　　　　　　　目　次

大学教員 …………………… 177
体型 ………………………… 177
体重 ………………………… 178
退職金 ……………………… 178
退職者拠出金 ……………… 179
退職準備基金 ……………… 179
退職年金 …………………… 179
退職年齢 …………………… 179
退職報償金 ………………… 180
体力 ………………………… 180
団塊世代 …………………… 180
短期入所生活介護　⇒ショートス
　テイ を見よ
短時間労働者 ……………… 181
単身世帯 …………………… 182
単身世帯（高齢者） ……… 182
団体養老保険 ……………… 184
たんぱく質 ………………… 184
地域 ………………………… 184
地域活性化 ………………… 185
地域活動 …………………… 185
地域ケア …………………… 185
地域福祉権利擁護事業 …… 185
地域保健 …………………… 185
地域密着型サービス事業所数 …… 186
知的障害者 ………………… 186
痴呆　⇒認知症 を見よ
中小企業 …………………… 186
長期雇用 …………………… 186
長寿科学総合研究事業 …… 186
朝食 ………………………… 187
貯蓄 ………………………… 187
賃金 ………………………… 188
賃金格差 …………………… 189
賃金比率 …………………… 189

通院 ………………………… 190
通院者率 …………………… 190
通信販売 …………………… 190
通信費 ……………………… 190
デイケア …………………… 190
デイサービス ……………… 191
低所得層 …………………… 191
ディスカレッジドワーカー …… 191
定年 ………………………… 191
定年制 ……………………… 193
適格退職年金 ……………… 194
データベース構築等基盤設備整
　備事業 …………………… 195
鉄道沿線 …………………… 195
テレビ ……………………… 195
電子メール　⇒メール を見よ
転職 ………………………… 195
電動車いす ………………… 196
転倒事故 …………………… 196
電話勧誘販売 ……………… 196
同居 ………………………… 196
投資商品 …………………… 198
糖尿病 ……………………… 198
読書 ………………………… 199
特定商取引等事犯 ………… 199
特定非営利活動法人　⇒NPO を
　見よ
特別掛金 …………………… 199
特別養護老人ホーム ……… 199
特例許可老人病院 ………… 200
独居老人　⇒単身世帯（高齢者）
　を見よ
トラブル …………………… 200
トリグリセリド値 ………… 200

（14）

目　次　　ひよ

【な】

悩み …………………………… 200
二世帯住宅 …………………… 201
日常生活 ……………………… 201
日本経営者団体連盟 ………… 202
入院 …………………………… 202
入職率 ………………………… 202
入所受刑者 …………………… 202
人間関係 ……………………… 203
認知症 ………………………… 203
認知症高齢者 ………………… 203
認知症対応型共同生活介護事業所 ‥ 204
寝たきり ……………………… 204
年金 …………………………… 205
年金 (外国) …………………… 208
年金運用 ……………………… 208
年金基金 ……………………… 208
年金受給者 …………………… 209
年金税制 ……………………… 209
年金制度 ……………………… 209
年金貯蓄 ……………………… 210
年金保険 ……………………… 210
年金保養基地 ………………… 210
年功序列制度 ………………… 210
年功賃金制 …………………… 211
年収 …………………………… 211
年齢構成 ……………………… 212
農業者年金 …………………… 212
農業就業人口 ………………… 212
農業従事者 …………………… 213
農業体験ツアー ……………… 213
脳血管疾患 …………………… 214

農作業 ………………………… 214
脳卒中 ………………………… 214
農村 …………………………… 214
能力開発 ……………………… 214

【は】

配偶関係 ……………………… 214
派遣 …………………………… 215
パソコン ……………………… 215
ハートビル法 ………………… 215
バリアフリー化 ……………… 216
バリアフリー基本構想 ……… 217
バリアフリー対応型信号機 … 217
バリアフリー法 ……………… 217
晩婚化 ………………………… 218
犯罪 …………………………… 218
犯罪 (高齢者による) ………… 218
犯罪被害 ……………………… 218
犯罪被害 (高齢者) …………… 219
阪神・淡路大震災 …………… 219
非正規雇用 …………………… 220
非製造業 ……………………… 220
ひったくり被害 ……………… 220
ビデオ観賞参加率 …………… 220
ビデオ制作・編集参加率 …… 220
非農林業 ……………………… 221
肥満 …………………………… 221
費目別指数 …………………… 221
日雇労働者 …………………… 221
ヒヤリ・ハット体験 ………… 221
病院介護 ……………………… 221
評価損償却方法 ……………… 221

(15)

ひよ　　　　　　　　目　次

被用者年金制度 …………………… 222
標準報酬額 ………………………… 222
非労働力人口 ……………………… 222
貧困 ………………………………… 222
不安 ………………………………… 223
夫婦関係 …………………………… 223
夫婦世帯 …………………………… 223
福祉　⇒社会福祉　を見よ
福祉施策 …………………………… 224
福祉施設介護員 …………………… 224
福祉人材センター ………………… 224
福祉年金 …………………………… 224
福祉用具 …………………………… 225
負債 ………………………………… 225
不就業 ……………………………… 225
負傷者　⇒死傷者　を見よ
不動産譲与 ………………………… 226
不動産投資 ………………………… 226
不払い労働時間 …………………… 226
振り込め詐欺 ……………………… 226
フリーゾーン運用 ………………… 227
プロフサービス …………………… 227
平均寿命 …………………………… 227
平均寿命（外国） ………………… 230
別居 ………………………………… 231
ベッド回転率 ……………………… 232
放火自殺者 ………………………… 232
奉仕活動 …………………………… 232
防犯意識 …………………………… 232
訪問看護 …………………………… 232
訪問販売 …………………………… 233
ぼけ　⇒認知症　を見よ
保健 ………………………………… 233
保険 ………………………………… 233

保健医療 …………………………… 233
保健事業 …………………………… 233
保健福祉事業 ……………………… 234
歩行 ………………………………… 234
保護観察 …………………………… 234
ホームヘルパー …………………… 235
ホームヘルプサービス …………… 235
ホームレス ………………………… 235
ボランティア ……………………… 235
ボランティア休暇制度 …………… 236

【 ま 】

まちづくり ………………………… 236
未就学者数 ………………………… 236
民営賃貸住宅供給制度 …………… 236
無業者比率 ………………………… 237
無職世帯 …………………………… 237
無年金者 …………………………… 237
メタボリックシンドローム ……… 237
メール ……………………………… 238
持家率 ……………………………… 238
ものづくり人材 …………………… 238

【 や 】

薬剤 ………………………………… 239
薬剤師数 …………………………… 239
有業世帯人員 ……………………… 239
有業率 ……………………………… 239
有効求人倍率 ……………………… 239
友人 ………………………………… 240

（16）

目　次　　　　　ろう

有訴者 ……………………………… 241
有訴者率 …………………………… 241
有訴者率（高齢者） ……………… 241
有配偶率 …………………………… 241
有病率 ……………………………… 242
ユニットケア ……………………… 242
要援護者 …………………………… 242
要介護者 …………………………… 242
要介護・要支援認定 ……………… 243
要介護・要支援認定者 …………… 243
要介護・要支援認定率 …………… 245
要保護者 …………………………… 245
余暇活動 …………………………… 245
余暇活動参加率 …………………… 246
予防接種 …………………………… 247

【 ら 】

ライフコース ……………………… 247
ライフデザイン …………………… 247
ラジオ週間接触者率 ……………… 247
離婚 ………………………………… 247
離職 ………………………………… 248
利殖勧誘事犯 ……………………… 248
利殖商法 …………………………… 248
立体姿勢 …………………………… 248
リバース・モーゲージ制度 ……… 248
リハビリテーション ……………… 248
リハビリテーション関連施設 …… 249
リフォーム ………………………… 249
療養費 ……………………………… 249
療養病床 …………………………… 249
両立支援 …………………………… 249

旅行 ………………………………… 249
旅行者 ……………………………… 250
旅行者（外国人） ………………… 250
林業就業者 ………………………… 250
臨時雇用者 ………………………… 251
レジャー　⇒余暇活動 を見よ
老人　⇒高齢者 を見よ
老人憩の家 ………………………… 251
老人医療 …………………………… 251
老人医療費 ………………………… 251
老人医療福祉改革 ………………… 253
老人休養ホーム …………………… 253
老人クラブ ………………………… 253
老人診療費 ………………………… 253
老人大学校 ………………………… 253
老人福祉サービス給付費 ………… 253
老人福祉施設 ……………………… 253
老人福祉指導主事 ………………… 254
老人福祉センター ………………… 254
老人福祉費 ………………………… 254
老人福祉法 ………………………… 254
老親扶養 …………………………… 254
老人扶養支援 ……………………… 255
老人訪問看護ステーション ……… 255
老人訪問看護制度 ………………… 255
老人保健 …………………………… 255
老人保健医療事業 ………………… 255
老人保健施設 ……………………… 255
老人保健診療 ……………………… 256
老人保健制度 ……………………… 256
老人保健福祉計画 ………………… 256
老人保健福祉サービス …………… 256
老人保健法 ………………………… 256
老人保護施設 ……………………… 257

（17）

ろう　　　　　　　　　目　次

老人ホーム …………………………… 257
老人ホームヘルパー ………………… 258
労働時間 ……………………………… 258
労働者 ………………………………… 258
労働者（高齢者）……………………… 258
労働力 ………………………………… 259
労働力人口 …………………………… 259
労働力人口（高齢者）………………… 261
労働力人口比率 ……………………… 261
労働力率 ……………………………… 262
労働力率（高齢者）…………………… 264
老年化指数 …………………………… 264
老年人口 ……………………………… 264
老年人口指数 ………………………… 265
老齢基礎年金 ………………………… 265
老齢年金 ……………………………… 265
老齢年金（外国）……………………… 266
老齢年金受給者 ……………………… 266
老齢福祉年金 ………………………… 267

【 わ 】

ワープロ ……………………………… 267

【 ABC 】

BMI …………………………………… 267
DVR …………………………………… 267
ICTサービス ………………………… 268
IT ……………………………………… 268
JR ……………………………………… 268
JT ……………………………………… 268
NPO …………………………………… 268
WOWOW ……………………………… 269

(18)

統計図表レファレンス事典　高齢化社会　　　　　　　　　　　　　　　　　　　あんせん

【あ】

悪性新生物

『厚生労働白書　平成19年版』ぎょうせい　2007.9
　◇都道府県別　人口10万人当たり悪性新生物による年齢調整死亡率（2005年）
　　［図表3-3-2　p72］
　◇都道府県別　人口10万人当たり生活習慣病（悪性新生物、心疾患、脳血管疾
　　患、糖尿病）による受療率（入院）（70歳以上）（2005年）　［図表3-3-5　p74］
　◇都道府県別　人口10万人当たり生活習慣病（悪性新生物、心疾患、脳血管疾
　　患、糖尿病）による受療率（外来）（70歳以上）（2005年）　［図表3-3-6　p74］

アクティブシニア

『ジェンダー白書　9（2013）』明石書店　2013.3
　◇金時持ち（お金も時間もある）　［図2　p83］
　◇何歳になっても若々しく前向きな意識を持ちたい　［図3　p83］
　◇50代を過ぎたら、もう年をとらないという自分でありたい　［図4　p83］

アクティブ80ヘルスプラン

『高齢社会白書　平成9年版』大蔵省印刷局　1997.6
　◇第2次国民健康づくり対策（アクティブ80ヘルスプラン）の施策一覧　［表3-
　　2-1　p126］

アルツハイマー

『医療白書　2007年度版』日本医療企画　2007.7
　◇都道府県の統計①健康アウトカム　疾患別患者数〈アルツハイマー病〉［III
　　p280］

安全衛生対策

『労働白書　平成9年版』日本労働研究機構　1997.6
　◇産業、高年齢労働者（50歳以上）に対する安全衛生対策実施状況別事業所割
　　合（複数回答）　［第114表　p408］

【い】

生きがい

『高齢社会白書　平成22年版』佐伯印刷　2010.7
　　◇近所づきあいの程度別/友人の有無別生きがいの有無　［図1-3-7　p57］
　　◇国別・生きがいを感じる時（複数回答）　［図1-3-8　p58］
『高齢社会白書　平成25年版』印刷通販　2013.7
　　◇生きがいの程度　［図1-2-6-12　p42］
『婦人白書　1997』ほるぷ出版　1997.8
　　◇高齢者の生きがい対策の推進　［図表4　p182］

育児・介護休業法

『高齢社会白書　平成9年版』大蔵省印刷局　1997.6
　　◇育児・介護休業法の概要　［表3-1-10　p109］
『高齢社会白書　平成19年版』ぎょうせい　2007.6
　　◇育児・介護休業法の概要　［表2-3-5　p102］
『女性労働の分析　2011年』21世紀職業財団　2012.8
　　◇相談件数推移（育児・介護休業法）　［資料5　p107］
　　◇報告の徴収を行った事業所数　［資料6　p108］
　　◇是正指導件数　［資料7　p108～109］

移行調整金

『企業年金白書　平成9年版』ライフデザイン研究所　1997.3
　　◇時価評価移行に伴う評価損償却方法―移行調整金として計上し、徐々に処
　　　分　［1-4-10図　p55］

意識

『世界統計白書　2010年版』木本書店　2010.6
　　◇高齢者の生活と意識　［p535］

医師数

『医療白書　1997年版』日本医療企画　1997.10
　　◇業務の種類別、年齢階層別の医師数の変化　［図8-11　p263］
　　◇業務の種別,性・年齢階級別にみた医師数及び構成割合　［表8-16　p266］

統計図表レファレンス事典　高齢化社会　　　　　　　　　　　　　　　　いつはん

異性関係

『厚生白書　平成9年版』厚生問題研究会　1997.6
　◇高齢者の望ましいとする異性との関係　［図4-1-13　p108］

移送サービス

『介護経営白書　2013年度版』日本医療企画　2013.10
　◇年度別移送件数　［図表2　p249］

一時金（賞与）

『日本統計年鑑　平成27年』総務省統計局　2014.11
　◇年齢, 学歴別モデル所定内賃金及びモデル一時金（平成25年）　［表16-15　p515］

一時金（年金）

『企業年金白書　平成9年版』ライフデザイン研究所　1997.3
　◇総合設立基金の一時金受給資格　［1-2-13図　p33］
　◇適格年金の一時金選択制の有無——企業規模別（平成5年）　［5-7表　p106］
　◇適格年金の一時金選択制の有無——年次推移（規模計）　［5-7表　p106］

一律定年制

　　⇒定年制 をも見よ

『図説 高齢者白書　2004年度版』全国社会福祉協議会　2004.12
　◇一律定年制における勤務延長制度、再雇用制度の有無　［5-6　p72］
　◇一律定年制における勤務延長制度、再雇用制度の適用対象者の範囲　［5-9
　　p74］
　◇一律定年制における勤務延長制度、再雇用制度の適用基準の内容　［5-10
　　p74］

『図説 高齢者白書　2006年度版』全国社会福祉協議会　2007.3
　◇一律定年制における勤務延長制度、再雇用制度の有無　［5-5　p82］
　◇一律定年制における勤務延長制度、再雇用制度の適用対象者の範囲　［5-6
　　p83］

『労働白書　平成9年版』日本労働研究機構　1997.6
　◇企業規模別一律定年制導入企業割合の推移　［第2-(2)-2図　p243］
　◇企業規模、一律定年年齢別一律定年制導入状況　［第96表　p397］

一般刑法犯

『犯罪白書　平成21年版』太平印刷社　2009.11
　◇一般刑法犯 検挙人員の年齢層別構成比の推移　［1-1-1-5図　p6］
　◇一般刑法犯 検挙人員の推移（年齢層別）　［3-4-1-1図　p118］
　◇一般刑法犯 検挙人員の人口比の推移（年齢層別）　［3-4-1-2図　p119］
　◇一般刑法犯 起訴猶予率（罪名別・年齢層別）　［3-4-2-1図　p121］

3

いっぱん　　　　　　　　　　　　統計図表レファレンス事典　高齢化社会

『犯罪白書　平成24年版』日経印刷　2012.12
　　◇一般刑法犯　検挙人員の年齢層別構成比の推移　［1-1-1-5図　p6］
　　◇一般刑法犯　検挙人員の推移（年齢層別）　［4-4-1-1図　p165］
　　◇一般刑法犯　検挙人員の人口比の推移（年齢層別）　［4-4-1-2図　p166］

一般刑法犯（高齢者）

『犯罪白書　平成21年版』太平印刷社　2009.11
　　◇一般刑法犯　高齢者の検挙人員の罪名別構成比（男女別）　［3-4-1-4図　p120］
『犯罪白書　平成24年版』日経印刷　2012.12
　　◇一般刑法犯　高齢者の検挙人員の罪名別構成比（男女別）　［4-4-1-3図　p166］

移動率

『図説　高齢者白書　2004年度版』全国社会福祉協議会　2004.12
　　◇年齢別純移動率：1995〜2000年　［1-37　p43］
『図説　高齢者白書　2006年度版』全国社会福祉協議会　2007.3
　　◇年齢別純移動率：1995〜2000年　［1-37　p49］

医療

『医療白書　1997年版』日本医療企画　1997.10
　　◇高齢者ケアにおける医療と福祉のバランス（日本とスウェーデン）　［図6-5
　　p182］
『医療白書　2010年度版』日本医療企画　2010.11
　　◇年齢階層別医療・介護・健康人口　［図1　p207］
『医療白書　2013年度版』日本医療企画　2013.9
　　◇医療と介護の需要予測　［図2　p218］
　　◇医療の需要予測（年齢構成別）　［図3　p218］
『介護経営白書　2013年度版』日本医療企画　2013.10
　　◇医療・介護の現状と「2025年モデル」―増大する医療ニーズには在宅中心
　　の介護サービスで対応する　［表2　p81］
『高齢社会白書　平成9年版』大蔵省印刷局　1997.6
　　◇保健・医療・福祉マンパワーの現状　［表3-2-13　p143］
『高齢社会白書　平成16年度』ぎょうせい　2004.6
　　◇保健・医療・福祉マンパワーの現状　［表2-3-18　p91］
『高齢社会白書　平成19年版』ぎょうせい　2007.6
　　◇医療サービスの利用状況（国際比較）　［図1-2-32　p39］
『高齢社会白書　平成22年版』佐伯印刷　2010.7
　　◇医療サービスの利用状況（国際比較）　［図1-2-3-9　p28］
『高齢社会白書　平成25年版』印刷通販　2013.7
　　◇医療サービスの利用状況（国際比較）　［図1-2-3-8　p24］

統計図表レファレンス事典　高齢化社会　　　　　　　　　　　　　　　　　　**いりよう**

医療関連指標

『厚生労働白書　平成19年版』ぎょうせい　2007.9
　　◇1人当たり老人医療費が高いグループの医療関連指標　［図表3-6-9　p94］
　　◇1人当たり老人医療費が低いグループの医療関連指標　［図表3-6-10　p94］

医療機関

『高齢社会白書　平成9年版』大蔵省印刷局　1997.6
　　◇医療法による医療施設　［表3-2-10　p139］

医療給付費

『医療白書　1997年版』日本医療企画　1997.10
　　◇リスク構造調整のための性別・年齢別標準的給付費　［図1-3　p14］
　　◇年金受給者の医療給付費とその財源　［表4-8　p75］
　　◇リスク構造調整のための性別・年齢別標準的給付費〈再掲〉［図4-12　p127］
　　◇リスク構造調整のための性別・年齢別標準的給付費の調整率　［表4-23　p128
　　　～133］

医療費

『医療白書　1997年版』日本医療企画　1997.10
　　◇年金受給者医療費の財政調整　［表4-9　p76］
　　◇年齢階級別1人当たり医療費（平成4年4月診療分）　［図7-8　p200］

『医療白書　2007年度版』日本医療企画　2007.7
　　◇年齢階級別の国民医療費　［表1　p92］
　　◇一般・老人患者の医療費・薬剤の使用状況　［表2　p92］

『医療白書　2010年度版』日本医療企画　2010.11
　　◇九州各県の1人当たり後期高齢者医療費（平成20年度）　［表2　p168］

『厚生労働白書　平成19年版』ぎょうせい　2007.9
　　◇年齢階級別1人当たり医療費（2004年度）　［図表2-1-2　p29］
　　◇都道府県別 1人当たり国民医療費の変化率と高齢化率の変化率の相関関係
　　　［図表3-6-1　p86］

『高齢社会白書　平成19年版』ぎょうせい　2007.6
　　◇老人保健制度における医療費の負担構造　［図2-3-16　p117］
　　◇医療費の動向　［図2-3-18　p118］

『高齢社会白書　平成22年版』佐伯印刷　2010.7
　　◇医療費の動向　［図2-3-11　p101］

『図説 高齢者白書　2004年度版』全国社会福祉協議会　2004.12
　　◇年齢階級別1人あたり医療費、自己負担額および保険料の比較（年額）　［10-
　　　11　p125］

『図説 高齢者白書　2006年度版』全国社会福祉協議会　2007.3

5

いりよう　　　　　　　　　　　　　統計図表レファレンス事典　高齢化社会

　　　◇年齢階級別1人あたり年医療費（2003年5月調査）　［10-9　p135］
　　　◇前期高齢者医療費に関する財政調整（平成20年度）　［10-16　p138］
　　『図表で見る医療保障　平成22年度版』ぎょうせい　2010.7
　　　◇年齢区分別の医療費の差異　［8　p20］
　　　◇年齢階級別医療費　［23　p52〜53］
　　　◇年齢階級別一般診療医療費の推移　［57　p142］
　　　◇都道府県別1人当たり医療費（国民健康保険（老人保健分を含む））―平成19
　　　　年度―　［62　p152］
　　『図表で見る医療保障　平成25年度版』ぎょうせい　2013.9
　　　◇年齢階級別医療費―平成22年度―(1) 年齢階級別1人当たり医療費　［23　p46］
　　　◇年齢階級別医療費―平成22年度―(2) 年齢階級別3要素（入院）　［23　p47］
　　　◇年齢階級別医療費―平成22年度―(3) 年齢階級別3要素（入院外）　［23　p47］
　　　◇年齢階級別1人当たり医科診療医療費の推移　［66　p142］
　　『日本子ども資料年鑑　2007』KTC中央出版　2007.2
　　　◇年齢階級別一般診療医療費推計額・1人当たり一般診療医療費の推移　［IV-
　　　　10-9表　p147］
　　『日本子ども資料年鑑　2010』KTC中央出版　2010.2
　　　◇年齢階級別一般診療医療費推計額・1人当たり一般診療医療費の推移　［IV-
　　　　10-7表　p157］
　　『日本子ども資料年鑑　2013』KTC中央出版　2013.2
　　　◇年齢階級別一般診療医療費推計額・1人当たり一般診療医療費の推移　［IV-
　　　　10-8表　p147］
　　『日本統計年鑑　平成27年』総務省統計局　2014.11
　　　◇制度区分別国民医療費（平成7〜23年度）　［表20-7　p640］
　　『目で見る医療保険白書　平成16年版』ぎょうせい　2004.3
　　　◇年齢区分別の医療費の差異　［8　p18］
　　　◇都道府県別1人当たり医療費（国民健康保険）（老人保健分を含む）―平成13
　　　　年度　［59　p140］

医療法

　　『高齢社会白書　平成9年版』大蔵省印刷局　1997.6
　　　◇医療法による医療施設　［表3-2-10　p139］

医療保険

　　『高齢社会白書　平成9年版』大蔵省印刷局　1997.6
　　　◇医療保険・福祉関連分野の成長　［表4-4-1　p41］
　　『図説 高齢者白書　2004年度版』全国社会福祉協議会　2004.12
　　　◇医療保険の適用状況 2003年3月　［10-2　p121］

統計図表レファレンス事典　高齢化社会　　　　　　　　　　　　　　いんたね

医療保険制度

『医療白書　1997年版』日本医療企画　1997.10
　　◇年齢階級別医療保険制度加入状況の変化　［図9-4　p287］
　　◇医療保険制度における高齢者の位置づけに関する各団体等の意見　［表9-10
　　p321］

『図説　高齢者白書　2004年度版』全国社会福祉協議会　2004.12
　　◇医療保険制度別加入者数の推移　［10-4　p121］

『図説　高齢者白書　2006年度版』全国社会福祉協議会　2007.3
　　◇医療保険制度別加入者数の推移　［10-4　p131］

『図表で見る医療保障　平成22年度版』ぎょうせい　2010.7
　　◇制度別65歳以上加入者の占める割合　［56　p140］

『図表で見る医療保障　平成25年度版』ぎょうせい　2013.9
　　◇制度別65〜74歳加入者の占める割合　［65　p140］

『目で見る医療保険白書　平成16年版』ぎょうせい　2004.3
　　◇制度別70歳以上加入者の占める割合　［52　p126］

医療療養病床

『介護白書　平成19年版』TAC出版　2007.10
　　◇医療療養病床における転換意向　［図3-2-2　p38］
　　◇医療療養病床と介護療養病床における転換意向　［図3-2-4　p39］
　　◇医療療養病床における入院患者の医療区分　［図3-2-5　p39］

飲酒習慣

『国民栄養の現状　平成9年版』第一出版　1997.10
　　◇飲酒習慣者の割合（性・年齢階級別）　［図43　p57］
　　◇飲酒習慣の状況（年齢階級別）　［第33表　p114］
　　◇飲酒習慣者の年次推移（年齢階級別）　［第38表　p116］

引退年齢

『世界の厚生労働　2007』TKC出版　2007.4
　　◇実引退年齢及び公式引退年齢〔イギリス〕　［表1-27　p45］
　　◇実引退年齢及び公式引退年齢〔ドイツ〕　［表1-35　p62］
　　◇公式引退年齢及び実引退年齢〔フランス〕　［表1-59　p85］

インターネット

　　⇒オンラインショッピング をも見よ

『インターネット白書　2004』インプレス ネットビジネスカンパニー　2004.7
　　◇年代別 携帯電話の1日当たりの平均インターネット利用回数　［資料3-1-4
　　p169］

7

いんたね　　　　　　　　　　　　　　　　　　統計図表レファレンス事典　高齢化社会

『インターネット白書　2007』インプレスR&D　2007.7
　◇自宅パソコンでの1週間当たりのインターネット利用時間［性年代別］　［資料1-6-1　p51］

『消費者白書　平成25年版』勝美印刷　2013.7
　◇高齢者のインターネット関連トラブルは他世代より少ないが、増加傾向　［図表2-2-25　p54］
　◇インターネットに関する相談は、内容により年代別構成比が異なる　［図表3-3-12　p106］

『情報化白書　2004』コンピュータ・エージ社　2004.8
　◇世帯主の年齢階級別インターネットが利用できる機器の保有状況（2003年平均）　［図表3-3　p355］

『情報通信白書　平成16年版』ぎょうせい　2004.7
　◇年代別にみたインターネット利用率の変化　［図表1　p39］
　◇年代別のインターネットの利用経験　［図表2　p39］
　◇年代別のインターネット利用開始の理由（複数回答）　［図表3　p40］
　◇年代別にみた外出先におけるインターネットの利用場所（複数回答）　［図表4　p40］
　◇生活時間におけるインターネット利用（高齢者）　［図表11　p45］
　◇有料インターネットコンテンツ世代別利用率　［図表1　p182］

『情報通信白書　平成22年版』ぎょうせい　2010.7
　◇高齢者のインターネット利用率　［図表1-3-3-4　p81］

『情報メディア白書　2013』ダイヤモンド社　2013.1
　◇インターネット有料音楽配信購入率〈2011年/性・年代別〉［図表I-3-40　p85］
　◇過去1年間にインターネットで購入したサービス〈2011年末〉［図表I-12-21　p179］
　◇性・年齢層別ドメイン推定接触者数上位5〈2011年度〉［図表I-12-26　p181］
　◇自宅内で利用可能なインターネット接続回数〈2011年末〉［図表I-12-32　p184］

『図説 高齢者白書　2004年度版』全国社会福祉協議会　2004.12
　◇過去1年間のインターネット利用（メール送受信を含む）の有無　［7-6　p91］

『男女共同参画白書　平成16年版』国立印刷局　2004.6
　◇性・年齢階級別にみたインターネット利用率　［第1-7-3図　p95］

『デジタルコンテンツ白書　2013』デジタルコンテンツ協会　2013.9
　◇各種インターネットサービス別ユーザー数〔中国〕　［図表6-3-5　p195］

『日本統計年鑑　平成27年』総務省統計局　2014.11
　◇年齢階級別インターネットの利用状況（平成25年）　［表11-3　p369］

『モバイル・コミュニケーション　2012-13』中央経済社　2012.8
　◇自身が経験したインターネット上のトラブルのうち, 最も解決が難しかったもの（SA）　［資料2-36　p126］

8

統計図表レファレンス事典　高齢化社会　　　　　　　　うんてん

インターネット（外国）

『インターネット白書　2004』インプレス　ネットビジネスカンパニー　2004.7
　　◇2003年末における年代別・性別の米国インターネット利用者数　［資料8-3-5　p384］

『デジタルコンテンツ白書　2013』デジタルコンテンツ協会　2013.9
　　◇インターネットユーザーの年齢分布〔中国〕　［図表6-3-4　p195］
　　◇2011年東南アジア主要国のインターネットユーザー比較　［図表6-6-2　p217］

インフルエンザ

『医療白書　2007年度版』日本医療企画　2007.7
　　◇世界の統計③医療提供体制　インフルエンザ予防接種率（65歳以上人口当たり）　［Ⅰ　p236］

『厚生労働白書　平成16年版』ぎょうせい　2004.6
　　◇インフルエンザ予防接種による効果の割合（65歳以上）　［図表2-1-6　p58］

【う】

ウェブサイト

『ケータイ白書　2008』インプレスR&D　2007.12
　　◇コンテンツやウェブサイトの探し方（複数回答）［性年代別］　［資料1-9-10　p91］
　　◇コンテンツやウェブサイトの最も多い探し方［性年代別］　［資料1-9-12　p93］
　　◇ブックマーク（お気に入り）に登録している携帯電話・PHSサイトランキングトップ3［性年代別］　［資料1-9-23　p100］
　　◇今後利用してみたいコンテンツやウェブサイトのジャンル（複数回答）［性年代別］　［資料1-9-28　p104］

運転

『交通安全白書　平成9年度』大蔵省印刷局　1997.7
　　◇高齢運転者の運転状況　［第32図　p43］
　　◇高齢運転者が運転不安を自覚した後の対応　［第33図　p44］

『高齢社会白書　平成16年度』ぎょうせい　2004.6
　　◇自分で自動車を運転する高齢者の運転頻度　［図1-2-62　p50］

『高齢社会白書　平成19年版』ぎょうせい　2007.6
　　◇自分で自動車を運転する高齢者の運転頻度　［図1-2-67　p60］
　　◇今後の運転に関する意向　［図1-2-68　p60］

『地域の経済　2006』日本統計協会　2007.2

9

うんてん   統計図表レファレンス事典　高齢化社会

　　◇高齢者の外出状況（1）外出手段（2）自動車の運転頻度　［第2-1-25図　p86］
　『レジャー白書　2007』社会経済生産性本部　2007.7
　　◇年代別にみた平均参加率の変化　ドライブの参加率　［図表20　p77］

運転免許　⇒自動車運転免許　を見よ

運動

　『厚生労働白書　平成16年版』ぎょうせい　2004.6
　　◇性・年齢階層別運動習慣者の割合　［図表2-2-4　p70］
　『国民栄養の現状　平成9年版』第一出版　1997.10
　　◇運動習慣者の割合（性・年齢階級別）　［図39　p55］
　　◇運動習慣の状況（年齢階級別）　［第29表　p112］
　　◇運動習慣者の年次推移（年齢階級別）　［第36表　p115］
　『国民健康・栄養調査報告　平成16年』第一出版　2006.11
　　◇1週間の運動日数（性・年齢階級別）　［第47表　p179］
　　◇運動を行う日の平均運動時間（性・年齢階級別）　［第48表　p180］
　　◇運動強度の状況（性・年齢階級別）　［第49表　p180］
　『図説　高齢者白書　2004年度版』全国社会福祉協議会　2004.12
　　◇運動実践による高齢者の「ねばり強さ」の向上　［8-8　p101］
　　◇運動習慣のある高齢者と運動習慣のない高齢者、若年者の調整能力と柔軟
　　　性　［8-15　p104］
　　◇3年間の運動実践が高齢者の調整能力と柔軟性に及ぼす影響　［8-17　p105］
　『図説　高齢者白書　2006年度版』全国社会福祉協議会　2007.3
　　◇運動実践による高齢者の「ねばり強さ」の向上　［8-8　p111］
　　◇運動習慣のある高齢者と運動習慣のない高齢者、若年者の調整能力と柔軟
　　　性　［8-15　p114］
　　◇3年間の運動実践が高齢者の調整能力と柔軟性に及ぼす影響　［8-17　p115］
　『日本統計年鑑　平成27年』総務省統計局　2014.11
　　◇年齢別体力・運動能力（平成24年）　［表21-3　p677］

【え】

映画参加率

　『情報メディア白書　1997年版』電通総研　1997.1
　　◇性・年代別映画参加率　［図表III-2-11　p237］

10

統計図表レファレンス事典　高齢化社会　　　**おんかく**

衛星放送

『情報メディア白書　1997年版』電通総研　1997.1
　◇性・年齢からみた衛星放送受信装置設置者の割合（1995/1996年）　［図表I-14-11　p88］
　◇性・年齢からみた衛星放送の週間接触者率（1996年）　［図表I-14-12　p88］

栄養

『国民健康・栄養調査報告　平成16年』第一出版　2006.11
　◇健康や栄養に関する学習の場の状況（性・年齢階級別）　［第71表　p193］
　◇健康や栄養に関する学習の場への参加状況（性・年齢階級別）　［第72表　p194］

エネルギー消費量

『図説 高齢者白書　2004年度版』全国社会福祉協議会　2004.12
　◇57歳以上男女（上が男性、下が女性）の各年代における余暇活動時間のエネルギー消費量　［8-3　p99］

『図説 高齢者白書　2006年度版』全国社会福祉協議会　2007.3
　◇57歳以上男女（上が男性、下が女性）の各年代における余暇活動時間のエネルギー消費量　［8-3　p109］

エンゼルプラン

『高齢社会白書　平成9年版』大蔵省印刷局　1997.6
　◇エンゼルプランの考え方　［図3-2-27　p160］

延命治療

『高齢社会白書　平成25年版』印刷通販　2013.7
　◇延命治療に対する考え方　［図1-2-3-18　p29］

【お】

オレオレ詐欺　⇒振り込め詐欺 を見よ

音楽会・コンサート参加率

『情報メディア白書　1997年版』電通総研　1997.1
　◇性・年代別音楽会・コンサート参加率　［図表III-2-7　p236］

音楽鑑賞参加率

『情報メディア白書　1997年版』電通総研　1997.1
　◇性・年代別音楽鑑賞参加率　［図表III-2-3　p235］

おんかく　　　　　　　　　　　　　統計図表レファレンス事典　高齢化社会

音楽配信購入率

『情報メディア白書　2013』ダイヤモンド社　2013.1
　◇インターネット有料音楽配信購入率〈2011年/性・年代別〉［図表I-3-40　p85］

音楽レジャー活動

『情報メディア白書　1997年版』電通総研　1997.1
　◇性・年齢からみた日頃よく行っている音楽レジャー活動（1995年/東京30km
　　圏）　［図表I-10-16　p66］

恩給

『介護白書　平成22年版』オフィスTM　2010.10
　◇高齢者世帯における公的年金・恩給の総所得に占める割合別世帯数の構成
　　［図1-2-2　p77］

『介護白書　平成25年版』オフィスTM　2013.10
　◇高齢者世帯における公的年金・恩給の総所得に占める割合別世帯数の構成
　　割合　［図1-2-2　p067］

『高齢社会白書　平成9年版』大蔵省印刷局　1997.6
　◇高齢者世帯における公的年金・恩給の総所得に占める割合別世帯数の構成
　　割合　［図3-1-14　p114］

『高齢社会白書　平成22年版』佐伯印刷　2010.7
　◇高齢者世帯における公的年金・恩給の総所得に占める割合別世帯数の構成
　　割合　［図1-2-2-3　p20］

『高齢社会白書　平成25年版』印刷通販　2013.7
　◇高齢者世帯における公的年金・恩給の総所得に占める割合別世帯数の構成
　　割合　［図1-2-2-3　p17］

『図説 高齢者白書　2004年度版』全国社会福祉協議会　2004.12
　◇高齢者世帯の「公的年金・恩給」のシェア　［3-5　p54］

『図説 高齢者白書　2006年度版』全国社会福祉協議会　2007.3
　◇高齢者世帯の「公的年金・恩給」のシェア　［3-5　p64］

『男女共同参画の現状と施策　平成9年版』大蔵省印刷局　1997.7
　◇性・高齢階級別にみた公的年金、恩給受給割合　［図2-4-10　p69］

『日本経済統計集　1989〜2007』日外アソシエーツ　2009.6
　◇一般会計：目的別歳出額（平成元年度〜18年度）　［図表5-3　p176〜181］

『日本統計年鑑　平成27年』総務省統計局　2014.11
　◇一般会計歳入歳出予算額の構成　［図5-1］
　◇一般会計：主要経費別歳出予算額（平成2〜26年度）　［表5-4B　p146］
　◇一般会計：主要経費別歳出決算額（平成2〜24年度）　［表5-4C　p147］
　◇一般会計：目的別歳出決算額（平成2〜24年度）　［表5-4D　p148］
　◇制度別社会保障給付費（昭和55年度〜平成23年度）　［表20-2　p635］

12

統計図表レファレンス事典　高齢化社会　　　　　　　　　　　　　　かいこ

　　　◇恩給（昭和60年度〜平成24年度）　［表20-23　p655］
　　『婦人白書　1997』ほるぷ出版　1997.8
　　　◇年齢階級別にみた有業・無業別単独世帯の公的年金・恩給の受給状況　［図
　　　　表付-42　p236］
　　　◇高齢者世帯における公的年金・恩給の総所得に占める割合別世帯数の構成
　　　　割合　［図表付-43　p237］

オンラインショッピング

　　　⇒インターネット をも見よ

　　『インターネット白書　2012』インプレスジャパン　2012.7
　　　◇オンラインショッピングでの購入経験［性年代別］　［資料1-4-3　p62］
　　　◇オンラインショッピングで1年間に使う金額［性年代別］　［資料1-4-7　p64］
　　『国土交通白書　2013』日経印刷　2013.7
　　　◇年齢階級別インターネット販売の利用状況　［図表179　p73］
　　『消費者白書　平成25年版』勝美印刷　2013.7
　　　◇高齢者のインターネット通販利用は他の年齢層と比べ少ない　［図表1-2-8
　　　　p19］
　　『情報化白書　2006』BCN　2006.10
　　　◇月平均消費支出額に占めるインターネットショッピング購入額割合（年齢
　　　　別）　［図表2-3-9　p104］

【か】

開業

　　『新規開業白書　平成9年版』中小企業リサーチセンター　1997.7
　　　◇リストラが開業のきっかけとなった新規開業者の割合（開業時の年齢別）
　　　　［図1-9　p11］

介護

　　『医療白書　2010年度版』日本医療企画　2010.11
　　　◇年齢階層別医療・介護・健康人口　［図1　p207］
　　『医療白書　2013年度版』日本医療企画　2013.9
　　　◇医療と介護の需要予測　［図2　p218］
　　『介護経営白書　2013年度版』日本医療企画　2013.10
　　　◇医療・介護の現状と「2025年モデル」―増大する医療ニーズには在宅中心
　　　　の介護サービスで対応する　［表2　p81］
　　『介護白書　平成19年版』TAC出版　2007.10

13

かいこ　　　　　　　　　　　　　　　　　統計図表レファレンス事典　高齢化社会

　　　◇介護の認定状況　［表1-3-3　p70］
　　　◇財源構成の推移（推計）　［表4-2-3　p191］
　　『厚生労働白書　平成22年版』日経印刷　2010.8
　　　◇介護分野についての国際比較　［p97］
　　『高齢社会白書　平成9年版』大蔵省印刷局　1997.6
　　　◇高齢者介護に関する現行制度の問題点　［図3-2-23　p155］
　　『国民生活白書　平成16年版』国立印刷局　2004.5
　　　◇防犯・防災、介護・福祉などは地域の人が中心となって取り組む必要を感じ
　　　　ている　［第3-1-6図　p105］
　　『国民生活白書　平成19年版』時事画報社　2007.7
　　　◇介護は国や自治体の責任と考えている人が多い　［コラム　図2　p49］
　　『首都圏白書　平成9年版』大蔵省印刷局　1997.6
　　　◇高齢者に対する介護期間（全国）　［図6-4-7　p233］
　　　◇60歳代高齢者の家族以外の人による介護の利用意識の推移（全国）　［図6-4-
　　　　9　p234］
　　『労働経済白書　平成19年版』国立印刷局　2007.8
　　　◇家事、介護・看護、育児の行動者割合の推移—平日　［第2-(3)-3表　p140］

解雇

　　『世界の厚生労働　2007』TKC出版　2007.4
　　　◇高齢者の解雇に対する特別な保護　［表1-15　p12］

介護キャリア段位制度

　　『介護経営白書　2013年度版』日本医療企画　2013.10
　　　◇介護キャリア段位制度導入に関するアンケート　［図表6　p141］

介護休業

　　『女性白書　2004』ほるぷ出版　2004.8
　　　◇産業、規模、最長介護休業期間、介護休業規定の有無、男女別介護休業を開
　　　　始した者の労働者に占める割合　［図表付-86　p232］
　　『女性白書　2013』ほるぷ出版　2013.8
　　　◇介護休業の規定の有無、最長休業期間別事業所割合の推移　［図表付-143
　　　　p285］
　　『女性労働の分析　2009年』21世紀職業財団　2010.5
　　　◇介護休業者割合　［付表72　p184］
　　『女性労働の分析　2011年』21世紀職業財団　2012.8
　　　◇介護休業者割合　［付表72　p213］
　　『女性労働白書　平成15年版』21世紀職業財団　2004.5
　　　◇介護休業者に対する職業能力の維持、向上のための措置　［第1-20図　p25］

統計図表レファレンス事典　高齢化社会　　　　　　　　　　かいこき

◇産業、規模、最長介護休業期間、介護休業規定の有無、男女別介護休業を開
始した者の労働者に占める割合　［付表66　p付77］

介護休業制度

『高齢社会白書　平成9年版』大蔵省印刷局　1997.6
◇介護休業制度実施事業所の割合　［表3-1-11　p110］

『国民生活白書　平成9年版』大蔵省印刷局　1997.11
◇事業所の2割で導入されている介護休職制度　［第I-2-19図　p61］

『女性白書　2004』ほるぷ出版　2004.8
◇産業、規模、労働組合の有無、介護休業制度の規定の有無別事業所割合
［図表付-85　p232］

『女性労働の分析　2006年』21世紀職業財団　2007.7
◇介護休業制度の規定あり事業所割合の推移　［図表1-20　p21］

『女性労働の分析　2009年』21世紀職業財団　2010.5
◇介護休業制度の規定の有無別事業所割合　［付表71　p183］

『女性労働の分析　2011年』21世紀職業財団　2012.8
◇介護休業制度の規定の有無別事業所割合　［付表71　p212］

『女性労働白書　平成15年版』21世紀職業財団　2004.5
◇介護休業制度の規定あり事業所割合の推移　［第1-19図　p24］
◇産業、規模、労働組合の有無、介護休業制度の規定の有無別事業所割合
［付表65　p付76］
◇産業、規模、介護休業制度の規定の有無別、介護休業者に対する職業能力の
維持・向上のための措置の有無及び措置の内容別事業所割合　［付表67　p
付78］
◇産業、規模、労働組合の有無、介護休業制度の規定の有無、勤務時間の短縮
等の措置の制度の有無別事業所割合　［付表68　p付79］

『男女共同参画白書　平成25年版』新高速印刷　2013.6
◇事業所規模別介護休暇制度規定の有無：事業所単位（平成23年）　［第1-特-
38図　p34］

『働く女性の実情　平成8年版』21世紀職業財団　1996.12
◇介護休業制度実施事業所の割合　［付表66　p付72］

『労働経済白書　平成16年版』ぎょうせい　2004.9
◇育児・介護をしている労働者の休業制度等の利用状況　［付2-（1）-21表　p234］

介護給付

『介護経営白書　2013年度版』日本医療企画　2013.10
◇介護給付と保険料の推移　［図3　p30］

『介護白書　平成16年版』ぎょうせい　2004.7
◇給付費増加（月平均）の在宅・施設・要介護度別の状況［2000年度→2002年

15

かいこけ   統計図表レファレンス事典　高齢化社会

　　　　度）　［図2-1-17　p41〜42］
　　　◇施設給付費における、一人あたり給付費、利用者数の動向　［図2-1-20　p43］
　　　◇施設整備状況と介護給付費（3施設計）　［図2-1-25　p51］
　　　◇介護総費用の推移・給付費の推移　［表2-1-19　p65］
　　　◇介護給付費の将来推計　［表2-1-20　p66］
　　　◇市町村特別給付の実施状況　［表2-1-27　p78］

　　『高齢社会白書　平成19年版』ぎょうせい　2007.6
　　　◇介護サービス利用者と介護給付費の推移　［図2-3-15　p114］

　　『高齢社会白書　平成22年版』佐伯印刷　2010.7
　　　◇介護サービス利用者と介護給付費の推移　［表2-3-9　p95］

　　『高齢社会白書　平成25年版』印刷通販　2013.7
　　　◇介護サービス利用者と介護給付費の推移　［表2-3-4　p85］

　　『図表で見る医療保障　平成25年度版』ぎょうせい　2013.9
　　　◇給付費の推移　［p94］

介護経験

　　『ライフデザイン白書　1998-99』ライフデザイン研究所　1997.12
　　　◇介護経験の有無（性・年齢別）　［図表2-34　p50］
　　　◇介護経験の有無　［図表12-1　p228］

　　『ライフデザイン白書　2004-2005』第一生命経済研究所　2003.10
　　　◇介護の経験（性・年代別）　［図表7-9　p183］

介護サービス

　　『介護白書　平成16年版』ぎょうせい　2004.7
　　　◇要介護度別のサービスの利用状況　［図2-1-9　p30］
　　　◇施設サービス受給者増加の内訳（2001年10月→2002年10月）　［図2-1-13　p32］
　　　◇利用形態による県別分布　［図2-1-23　p49］
　　　◇利用者アンケート調査の集計結果（平成13年7月〜平成14年1月実施分）　［表
　　　　2-1-16　p59］
　　　◇サービス担当者会議の開催状況　［図2-1-27　p61］

　　『介護白書　平成19年版』TAC出版　2007.10
　　　◇諸外国の施設・居住サービスの概要比較表　［p192］

　　『介護白書　平成22年版』オフィスTM　2010.10
　　　◇［台湾］地域サービス資源　［p200］
　　　◇［台湾］施設サービス資源　［p201］

　　『厚生白書　平成9年版』厚生問題研究会　1997.6
　　　◇サービスの具体的事例　［図1-3-4　p178］

　　『厚生労働白書　平成16年版』ぎょうせい　2004.6

統計図表レファレンス事典　高齢化社会　　　　　　　　　　　　　かいこさ

　　◇要介護別のサービスの利用状況　［図表5-2-4　p206］
　『高齢社会白書　平成9年版』大蔵省印刷局　1997.6
　　◇施設サービスの概要　［表3-2-9　p137］
　『高齢社会白書　平成16年度』ぎょうせい　2004.6
　　◇要介護度別のサービス利用状況（受給者数）　［図1-2-38　p36］
　『首都圏白書　平成9年版』大蔵省印刷局　1997.6
　　◇65歳以上人口百人当たり介護サービス年間利用日数　［図6-4-11　p236］
　『図説　高齢者白書　2004年度版』全国社会福祉協議会　2004.12
　　◇要介護度別のサービス利用状況　［12-5　p142］
　『図説　高齢者白書　2006年度版』全国社会福祉協議会　2007.3
　　◇要介護度別のサービス利用状況　［12-5　p154］
　『図表で見る医療保障　平成25年度版』ぎょうせい　2013.9
　　◇介護基盤の緊急整備の実施状況　［p111］

介護サービス給付費

　『介護白書　平成16年版』ぎょうせい　2004.7
　　◇施設・在宅被保険者1人当たり給付費（都道府県ベース）　［図2-1-24　p50］
　『介護白書　平成19年版』TAC出版　2007.10
　　◇介護サービスの種類別にみた給付費（1か月平均）の年次推移　［図1-1-3　p6］
　『介護白書　平成22年版』オフィスTM　2010.10
　　◇年度別給付費の推移　［図2-2-3　p56］
　『介護白書　平成25年版』オフィスTM　2013.10
　　◇介護サービス給付費の年次推移（1か月平均）　［図4-1-4　p150］

介護サービス事業者

　『介護白書　平成16年版』ぎょうせい　2004.7
　　◇介護サービス事業者数：実数　［表2-1-10　p35］
　　◇介護サービス事業者数：経営主体別事業所数　［表2-1-11　p35］
　　◇介護サービス事業者の経営主体別事業者割合　［図2-1-14　p36］
　『関西経済白書　2010年版』関西社会経済研究所　2010.9
　　◇65歳以上人口1万人当たりの訪問介護事業者数　［図表　資1-68　p265］
　『経済財政白書　平成22年版』日経印刷　2010.8
　　◇介護サービス業とIT利用　［第3-1-24図　p309］
　『図説　高齢者白書　2004年度版』全国社会福祉協議会　2004.12
　　◇サービス事業者数の推移（サービス種類別）　［12-13　p146］

介護サービス事業所

　『介護白書　平成16年版』ぎょうせい　2004.7

17

かいこさ　　　　　　　　　　　　　　　　統計図表レファレンス事典　高齢化社会

　　◇開設（経営）主体別事業所数の構成割合　［表3-1-1　p89］
　　◇利用人員階級別事業所数の構成割合　［表3-1-5　p91］
　　◇福祉関係居宅サービスの組み合わせ別にみた事業所の状況　［図3-1-5　p94］
　『介護白書　平成19年版』TAC出版　2007.10
　　◇介護サービスの事業所・施設数、利用者・在所者数の年次推移　［表2-1-2　p93］
　　◇介護サービスにおける利用人員階級別事業所数の構成割合［介護サービス］　［表2-1-4　p95］
　　◇事業所数、施設数の年次推移［介護サービス］　［表2-1-5　p96］
　　◇事業所数の年次推移［介護サービス］　［図2-1-4　p97］
　　◇開設主体別事業所数の構成割合［介護サービス］　［表2-1-7　p99］
　『介護白書　平成22年版』オフィスTM　2010.10
　　◇介護サービス施設・事業所数の動向　［表2-2-2　p57］
　　◇事業所数、施設数の年次推移（介護サービス）　［表2-1-2　p81］
　　◇事業所数、施設数の年次推移（介護サービス）　［図2-1-2　p82］
　　◇開設主体別事業所の構成割合　［表2-1-5　p86］
　　◇開設主体別事業所数（構成割合）の年次推移　［図2-1-4　p87］
　　◇介護サービスの種類別にみた利用実人員階級別事業所数の構成割合　［表2-1-8　p89］
　『介護白書　平成25年版』オフィスTM　2013.10
　　◇介護サービス事業所・施設数の動向　［表2-1-2　p050］
　　◇開設（経営）主体別事業所数の構成割合　［表2-1-1　p071］
　　◇経営主体別事業所数（構成割合）の年次推移　［図2-1-2　p072］
　　◇利用人員階級別事業所数の構成割合（介護サービス）　［表2-1-4　p074］
　『図表で見る医療保障　平成25年度版』ぎょうせい　2013.9
　　◇介護サービス事業所数の推移（居宅サービス事業所, 地域密着型サービス事業所, 居宅介護支援事業所）　［47　p104］

介護サービス施設

　『介護白書　平成16年版』ぎょうせい　2004.7
　　◇65歳以上人口1万人に対する3施設の定員数　［図2-1-15　p37］
　　◇施設給付費における、一人あたり給付費、利用者数の動向　［図2-1-20　p43］
　　◇施設整備状況と介護給付費（3施設計）　［図2-1-25　p51］
　　◇施設整備状況と会員数　［図3-1-1　p88］
　　◇開設主体別施設数の構成割合　［表3-1-2　p89］
　　◇定員（病床数）、在所者数、利用率　［表3-1-3　p90］
　　◇要介護度別利用者、在所者数の構成割合　［表3-1-4　p90］
　　◇9月中の1事業所当たり利用者数　［図3-1-2　p91］
　　◇都道府県別にみた65歳以上人口10万対定員（病床数）　［図3-1-6　p95］

統計図表レファレンス事典　高齢化社会　　　　　　　　　　　　　　　　　　かいこさ

　　◇都道府県別にみた65歳以上人口10万対定員（病床数）［表3-1-7　p95］
　　◇定員（病床数）規模別にみた施設数及び構成割合　［表3-1-8　p96］
　　◇施設の種類別にみた室定員別室数の構成割合　［図3-1-8　p97］
　　◇施設の種類別にみた室定員別室数　［表3-1-9　p97］
　　◇要介護度別在所者数の構成割合　［図3-1-9　p98］
　　◇特別な室数の割合と平均室料　［表3-1-10　p98］
　　◇入所前の場所別構成割合　［表3-1-11　p99］
　　◇退所後の行き先別構成割合　［表3-1-12　p99］
　　◇職種別常勤換算従事者数　［表3-1-13　p100］
　　◇今後、事業者はどのような点に力を入れていくべきか（複数回答）　［図4-3
　　　p237］
『介護白書　平成19年版』TAC出版　2007.10
　　◇施設数と定員の推移　［図1-2-1　p16］
　　◇経営主体別の施設数　［図1-2-4　p17］
　　◇施設整備状況と会員数［介護サービス］　［図2-1-1　p92］
　　◇介護サービスの事業所・施設数、利用者・在所者数の年次推移　［表2-1-2
　　　p93］
　　◇介護サービスにおける要介護度別利用者・在所者数の構成割合　［図2-1-3
　　　p94］
　　◇事業所数、施設数の年次推移［介護サービス］　［表2-1-5　p96］
　　◇利用者数、在所者数の年次推移［介護サービス］　［表2-1-6　p98］
　　◇開設主体別施設数の構成割合［介護サービス］　［表2-1-8　p99］
　　◇都道府県別にみた65歳以上人口10万対定員　［図2-1-11　p106］
　　◇都道府県別にみた65歳以上人口10万対定員　［表2-1-15　p106］
　　◇施設の種類別にみた定員、在所者数、利用率　［表2-1-16　p107］
　　◇定員規模別にみた施設数及び構成割合　［表2-1-17　p107］
　　◇施設の種類別にみた室定員別室数（構成割合）の年次推移［介護サービス］
　　　［図2-1-12　p108］
　　◇施設の種類別にみた室定員別室数［介護サービス］　［表2-1-18　p108］
『介護白書　平成22年版』オフィスTM　2010.10
　　◇入所サービスにおける利用料等の設定金額（居住費・食費）　［図1-1-3　p18］
　　◇入所サービスにおける利用料等の設定金額（食費（第4段階））　［図1-1-5　p20］
　　◇入所サービスにおける利用料等の設定金額（居住費（第4段階、多床室））
　　　［図1-1-6　p20］
　　◇介護サービス施設・事業所数の動向　［表2-2-2　p57］
　　◇施設整備状況と会員数　［図2-1-1　p79］
　　◇事業所数、施設数の年次推移（介護サービス）　［表2-1-2　p81］
　　◇事業所数、施設数の年次推移（介護サービス）　［図2-1-2　p82］
　　◇利用者数、在所者数の年次推移（介護サービス）　［表2-1-4　p84］
　　◇開設主体別施設の構成割合　［表2-1-6　p87］

19

かいこさ　　　　　　　　　　　　　　統計図表レファレンス事典　高齢化社会

　　◇都道府県別にみた65歳以上人口10万対定員　［図2-1-9　p95］
　　◇都道府県別にみた65歳以上人口10万対定員　［表2-1-13　p95］
　　◇施設の種類別にみた定員、在所者数、利用率　［表2-1-14　p96］
　　◇定員規模別にみた施設数及び構成割合　［表2-1-15　p96］
　　◇施設の種類別にみた室定員別室数　［表2-1-16　p97］
　『介護白書　平成25年版』オフィスTM　2013.10
　　◇介護サービス事業所・施設数の動向　［表2-1-2　p050］
　　◇施設整備状況と会員数　［図2-1-1　p069］
　　◇開設主体別施設数の構成割合　［表2-1-2　p072］
　　◇9月中の利用者1人当たり利用回（日）数　［表2-1-5　p076］
　　◇定員規模別施設数の構成割合　［表2-1-10　p080］

介護サービス受給者

　『医療白書　2010年度版』日本医療企画　2010.11
　　◇都道府県別通所介護受給者数の居宅サービス受給者数に占める割合（2010年
　　　7月審査分）　［図4　p55］
　　◇都道府県別通所リハ受給者数の居宅サービス受給者数に占める割合（2010年
　　　7月審査分）　［図5　p55］
　　◇都道府県別の訪問リハ受給者数が居宅サービス受給者数に占める割合（2010
　　　年7月審査分）　［図6　p56］
　『介護白書　平成16年版』ぎょうせい　2004.7
　　◇サービス区分別受給者数の推移　［図2-1-5　p27］
　　◇サービス区分別受給者数（指数）の推移　［図2-1-6　p28］
　　◇サービス受給者増加の内訳（2001年10月→2002年10月）　［図2-1-10　p30］
　　◇サービス受給者増加の内訳（平成13年4月→14年10月・半期毎）　［図2-1-11
　　　p31］
　　◇（介護保険の）性別受給者数　［図3-3-22　p202］
　『介護白書　平成19年版』TAC出版　2007.10
　　◇サービス受給者数の年次推移（1か月平均）　［図1-1-2　p6］
　　◇介護度別受給者数の構成割合　［図1-1-4　p7］
　　◇サービス種類区分・介護度別介護サービス受給者数　［図1-1-7　p10］
　　◇都道府県別の受給者数（65歳以上人口10万対）　［図1-2-3　p17］
　『介護白書　平成22年版』オフィスTM　2010.10
　　◇サービス受給者数の推移　［図2-2-2　p55］
　　◇サービス受給者数の年次推移（1か月平均）　［図4-1-2　p182］
　　◇サービス受給者数の年次推移（1か月平均）　［図4-1-3　p183］
　　◇介護サービス受給者数　［図4-1-6　p186］
　『介護白書　平成25年版』オフィスTM　2013.10
　　◇介護サービス受給者数の年次推移（1か月平均）　［図4-1-3　p150］

統計図表レファレンス事典　高齢化社会　　　　　　　　　　　　　　　かいこさ

◇介護サービス受給者数　[図4-1-5　p151]
『厚生労働白書　平成25年版』日経印刷　2013.9
　◇サービス受給者数の推移　[図表6-4-1　p315]
『高齢社会白書　平成16年度』ぎょうせい　2004.6
　◇介護保険サービスの利用状況（介護サービス受給者数）　[表1-2-37　p36]
『女性白書　2013』ほるぷ出版　2013.8
　◇介護サービス受給者数の推移　[図表付-92　p252]
『図表で見る医療保障　平成22年度版』ぎょうせい　2010.7
　◇介護サービス受給者数（1カ月平均）の推移　[p112]
　◇居宅・施設別介護サービス受給者数（1カ月平均）の推移（平成12年〜17年度）
　　[44　p112]
『図表で見る医療保障　平成25年度版』ぎょうせい　2013.9
　◇介護サービス受給者数（1カ月平均）の推移　[p102]
　◇居宅・施設別介護サービス受給者数（1カ月平均）の推移　[46　p102]
　◇〔介護サービス受給者数の推移〕　[p105]
『世界統計白書　2010年版』木本書店　2010.6
　◇介護サービスを受けている高齢者割合　[p563]

介護サービス利用者

『介護白書　平成16年版』ぎょうせい　2004.7
　◇介護サービス利用者数の推移：実数　[表2-1-7　p26]
　◇介護サービス利用者数の推移：2000年4月からの増加率　[表2-1-8　p26]
　◇施設給付費における、一人あたり給付費、利用者数の動向　[図2-1-20　p43]
　◇要介護度別利用者、在所者数の構成割合　[表3-1-4　p90]
　◇9月中の1事業所当たり利用者数　[図3-1-2　p91]
　◇要介護度別利用者数の構成割合　[図3-1-3　p92]
　◇9月中の利用者1人当たり利用回（日）数　[図3-1-4　p93]
　◇利用者の状況　[表3-1-6　p93]
『介護白書　平成19年版』TAC出版　2007.10
　◇介護度別受給者数の構成割合　[図1-1-4　p7]
　◇介護サービスの事業所・施設数、利用者・在所者数の年次推移　[表2-1-2
　　p93]
　◇介護サービスにおける要介護度別利用者・在所者数の構成割合　[図2-1-3
　　p94]
　◇利用者数、在所者数の年次推移［介護サービス］　[表2-1-6　p98]
『介護白書　平成22年版』オフィスTM　2010.10
　◇介護サービス施設・事業所数の利用者数の動向　[表2-2-3　p59]
　◇利用者数、在所者数の年次推移（介護サービス）　[表2-1-4　p84]
　◇事業所における利用者数の年次推移（介護サービス）　[図2-1-3　p85]

21

かいこし　　　　　　　　　　　　　　　統計図表レファレンス事典　高齢化社会

　　◇介護サービスの種類別にみた要介護度別利用者の構成割合　［図2-1-6　p90］
　『介護白書　平成25年版』オフィスTM　2013.10
　　◇要介護度別利用者数の構成割合（介護サービス）　［図2-1-1　p048］
　　◇要介護度別利用者数の構成割合（介護サービス）　［図2-1-4　p075］
　『厚生労働白書　平成16年版』ぎょうせい　2004.6
　　◇介護サービスの利用者数の推移　［図表5-2-1　p204］
　『高齢社会白書　平成19年版』ぎょうせい　2007.6
　　◇介護サービス利用者と介護給付費の推移　［図2-3-15　p114］
　『高齢社会白書　平成22年版』佐伯印刷　2010.7
　　◇介護サービス利用者と介護給付費の推移　［表2-3-9　p95］
　『高齢社会白書　平成25年版』印刷通販　2013.7
　　◇介護サービス利用者と介護給付費の推移　［表2-3-4　p85］
　『図説　高齢者白書　2004年度版』全国社会福祉協議会　2004.12
　　◇利用者数の推移（在宅・施設別）　［12-4　p141］
　　◇サービス種類別の利用者数の推移　［12-6　p142］
　『図説　高齢者白書　2006年度版』全国社会福祉協議会　2007.3
　　◇利用者数の推移（在宅・施設別）　［12-4　p153］
　　◇サービス種類別の利用者数の推移　［12-6　p154］

介護支援

　『男女共同参画の現状と施策　平成9年版』大蔵省印刷局　1997.7
　　◇老人の扶養・介護及び出産・子育てへの国・自治体の支援に関する考え方
　　　［表2-3-5　p55］

介護支援専門員

　『介護経営白書　2013年度版』日本医療企画　2013.10
　　◇介護支援専門員、ホームヘルパー、福祉施設介護員の年齢別年収（いずれも
　　　女性）　［図2　p170］

介護時間

　『高齢社会白書　平成16年度』ぎょうせい　2004.6
　　◇同居している主な介護者の介護時間（要介護者等の要介護度別）　［図1-2-46
　　　p41］
　『高齢社会白書　平成19年版』ぎょうせい　2007.6
　　◇同居している主な介護者の介護時間（要介護者等の要介護度別）　［図1-2-40
　　　p43］
　『高齢社会白書　平成22年版』佐伯印刷　2010.7
　　◇同居している主な介護者の介護時間（要介護者等の要介護度別）　［図1-2-3-
　　　18　p33］

統計図表レファレンス事典　高齢化社会　　　　　　　　　　　　　　　　かいこし

『高齢社会白書　平成25年版』印刷通販　2013.7
　　◇同居している主な介護者の介護時間（要介護者等の要介護度別）　［図1-2-3-
　　15　p28］
『男女共同参画白書　平成25年版』新高速印刷　2013.6
　　◇介護時間が「ほとんど終日」の同居の主な介護者割合（男女別）　［第1-4-9
　　図　p97］
『日本統計年鑑　平成27年』総務省統計局　2014.11
　　◇年齢階級, ふだんの就業状態, 行動の種類別総平均時間（週全体）（平成23年）
　　　［表23-23　p752〜753］

介護施設

『医療経営白書　2013年度版』日本医療企画　2013.10
　　◇65歳以上人口に対する介護施設の整備状況　［図4　p71］
　　◇介護施設における取り組み事例〔経費削減〕　［図2　p165］
『介護白書　平成16年版』ぎょうせい　2004.7
　　◇3施設別に見た施設給付費増　［図2-1-21　p44］
　　◇要介護度別在所者数の構成割合　［図4-14　p248］
『介護白書　平成19年版』TAC出版　2007.10
　　◇3施設の受給者数の推移　［図1-2-2　p16］
　　◇3施設間の要介護度別にみた在所者数構成割合　［図1-2-5　p18］
　　◇要介護度別にみた在所者数（構成割合）の年次推移　［図2-1-13　p109］
『介護白書　平成22年版』オフィスTM　2010.10
　　◇要介護度別にみた在所者（構成割合）の年次推移　［図2-1-10　p99］
『介護白書　平成25年版』オフィスTM　2013.10
　　◇1施設当たりの定員、在所者数、利用率　［表2-1-8　p079］
　　◇在所者数（構成割合）の年次推移　［表2-1-9　p079］
　　◇室定員別室数の構成割合　［表2-1-11　p081］
　　◇要介護度別在所者数（構成割合）の年次推移　［図2-1-6　p083］
『高齢社会白書　平成16年度』ぎょうせい　2004.6
　　◇在所者の要介護度別構成割合　［図1-2-40　p37］
『首都圏白書　平成9年版』大蔵省印刷局　1997.6
　　◇65歳以上人口千人当たり介護施設定員数　［図6-4-10　p235］
『図表で見る医療保障　平成25年度版』ぎょうせい　2013.9
　　◇医療・介護施設における患者・入所者の医療区分（1）施設類型別の医療区分
　　　（調査時点：平成22年6月23日）　［51　p112］
　　◇医療・介護施設における患者・入所者の医療区分（2）医療区分の年次推移
　　　［51　p112］
　　◇［参考］要介護度別にみた在所者数の構成割合（平成22年10月1日）　［p117］

かいこし   統計図表レファレンス事典　高齢化社会

介護実習・普及センター

『高齢社会白書　平成9年版』大蔵省印刷局　1997.6
　　◇介護実習・普及センターの体系図　［図3-2-16　p146］

介護者

『介護白書　平成19年版』TAC出版　2007.10
　　◇介護を望む者　［図1-2-4　p68］
　　◇65歳以上の要介護者等と同居している主な介護者の年齢　［図1-2-5　p68］
　　◇介護を頼む人（3つまでの複数回答）　［図1-3-11　p75］

『介護白書　平成25年版』オフィスTM　2013.10
　　◇世帯類型別にみた「主な介護者」の続柄―2010年　［図1　p020］

『厚生白書　平成9年版』厚生問題研究会　1997.6
　　◇介護者の85％は女性　［図4-2-3　p111］
　　◇介護者の50％以上が60歳以上　［図4-2-4　p111］

『高齢社会白書　平成9年版』大蔵省印刷局　1997.6
　　◇高齢者の主な介護者　［表6-4-1　p58］
　　◇介護者と仕事　［表6-4-3　p60］
　　◇介護者の悩み　［表6-4-4　p60］

『高齢社会白書　平成16年度』ぎょうせい　2004.6
　　◇要介護者等からみた主な介護者の続柄　［図1-2-44　p39］
　　◇家族の中ではだれに介護を望むか　［図1-2-45　p40］

『高齢社会白書　平成19年版』ぎょうせい　2007.6
　　◇家族の中ではだれに介護を望むか　［図1-2-37　p41］
　　◇要介護者等からみた主な介護者の続柄　［図1-2-38　p42］
　　◇65歳以上の要介護者等と同居している主な介護者の年齢階級別構成割合
　　　［図1-2-39　p42］

『高齢社会白書　平成22年版』佐伯印刷　2010.7
　　◇介護を頼みたい相手（時系列・性別）　［図1-2-3-14　p31］
　　◇要介護者等からみた主な介護者の続柄　［図1-2-3-15　p31］

『高齢社会白書　平成25年版』印刷通販　2013.7
　　◇要介護者等からみた主な介護者の続柄　［図1-2-3-14　p27］
　　◇団塊の世代の要介護時に希望する介護者　［図1-3-4-3　p64］

『国民生活白書　平成19年版』時事画報社　2007.7
　　◇介護者は同居家族が依然として多いものの、低下している　［コラム　図1
　　　p48］
　　◇介護は家族と外部利用の併用を望む人が多い　［コラム　図3　p49］

『自殺対策白書　平成19年版』佐伯印刷　2007.12
　　◇年齢別介護者の希死念慮　［第2-1-19図　p82］

24

統計図表レファレンス事典　高齢化社会　　かいこし

『首都圏白書　平成9年版』大蔵省印刷局　1997.6
　◇在宅の要介護高齢者に対する主たる介護者の続柄（全国）　［図6-4-6　p232］
　◇介護従事と仕事の継続状況（全国）　［図6-4-8　p233］

『情報通信白書　平成25年版』日経印刷　2013.7
　◇主な介護者の構成割合　［図表2-3-1-7　p248］

『女性労働白書　平成15年版』21世紀職業財団　2004.5
　◇同居の主な介護者の男女別年齢階級分布　［第2-51図　p78］

『図説　高齢者白書　2004年度版』全国社会福祉協議会　2004.12
　◇主な介護者の種類　［2-21　p51］
　◇高齢者の主な介護者　［2-22　p51］
　◇主な介護者が日常生活で困ったり、悩んだりしたこと（複数回答）　［2-23
　p51］

『図説　高齢者白書　2006年度版』全国社会福祉協議会　2007.3
　◇主な介護者の続柄　［2-21　p60］
　◇主な介護者の種類　［2-22　p61］
　◇主な介護者が日常生活で困ったり、悩んだりしたこと（複数回答）　［2-23
　p61］

『生活と貯蓄　関連統計　平成9年度版』貯蓄広報中央委員会　1997.4
　◇寝たきり老人の介護者　［（図）　p107］

『男女共同参画の現状と施策　平成9年版』大蔵省印刷局　1997.7
　◇高齢の寝たきり者の主な介護者の続柄　［図2-4-11　p71］
　◇高齢の寝たきり者の主な介護者（同居）の年齢階級別構成　［図2-4-12　p71］
　◇寝たきり者の年齢階級別にみた主な介護者の性別　［図2-4-13　p71］
　◇家族の中では誰に介護を望むか　［図2-4-14　p72］

『男女共同参画白書　平成22年版』中和印刷　2010.6
　◇要介護者等からみた主な介護者の続柄　［第1-4-4図　p75］

『男女共同参画白書　平成25年版』新高速印刷　2013.6
　◇要介護者10万人に対する同居の介護・看護者数：年齢階級別（男女別，平成
　22年）　［第1-特-21図　p22］
　◇要介護者等から見た主な介護者の続柄　［第1-4-8図　p96］
　◇介護時間が「ほとんど終日」の同居の主な介護者割合（男女別）　［第1-4-9
　図　p97］

介護職員

『医療白書　2013年度版』日本医療企画　2013.9
　◇1事業所当たり常勤換算看護・介護職員数　［表9　p179］

『介護経営白書　2013年度版』日本医療企画　2013.10
　◇介護職員の働く上での悩み、不安、不満等（複数回答）　［図表1　p135］
　◇介護職員の利用者および家族についての悩み、不安、不満等（複数回答）

25

かいこし   統計図表レファレンス事典　高齢化社会

　　　［図表2　p136］
　『介護白書　平成16年版』ぎょうせい　2004.7
　　　◇1事業所当たり常勤換算看護・介護職員数　［図3-1-10　p101］
　　　◇常勤換算従事者の状況　［表3-1-14　p101］
　　　◇勤務形態・性別にみた年齢階級別従事者の構成割合　［表3-1-15　p102］
　　　◇介護保険施設常勤換算看護・介護職員1人当たり在所者数　［表3-1-16　p102］
　　　◇介護保険施設の常勤換算従事者数　［表3-1-19　p108］

　『介護白書　平成19年版』TAC出版　2007.10
　　　◇職種別にみた常勤換算従事者数　［表2-1-22　p111］
　　　◇介護保険施設の常勤換算看護・介護職員1人当たり在所者数　［表2-1-24　p112］
　　　◇一週間の実労働時間階級別にみた従事者の構成割合　［図2-1-14　p114］
　　　◇施設の種類別にみた介護・看護職員の勤務形態の構成割合　［表2-1-26　p114］
　　　◇勤務先変更の有（回数）無別にみた従事者の構成割合　［図2-1-15　p115］
　　　◇経験年数階級別従事者の構成割合・平均経験年数　［表2-1-27　p115］
　　　◇介護保険施設の常勤換算従事者数　［統計表3　p122］

　『介護白書　平成22年版』オフィスTM　2010.10
　　　◇介護事業所の20歳～30歳代の職員比率　［図1-2-2　p31］
　　　◇主な介護サービスの常勤職員割合　［図1-2-3　p31］
　　　◇主な介護サービスにおける介護職員（常勤換算従事者数）の介護福祉士比率
　　　　［図1-2-4　p32］
　　　◇看護師・介護職の年代別賃金カーブ　［図1-2-6　p33］
　　　◇平成21年6月の1か月間に支払われた「決まって支給する給与」の平均値の
　　　　比較　［表1-3-7　p42］
　　　◇介護サービス事業の常勤換算従事者数の年次推移　［図2-2-5　p58］
　　　◇職種別にみた常勤換算従事者数　［表2-1-19　p100］
　　　◇介護保険施設の常勤換算看護・介護職員1人当たり在所者数　［表2-1-21　p101］

　『介護白書　平成25年版』オフィスTM　2013.10
　　　◇介護職員の推移と見通し　［表1-1-3　p030］
　　　◇介護分野における人材確保の状況と労働市場の動向～有効求人倍率と失業
　　　　率の動向～　［図1-1-4　p032］
　　　◇直前の介護の仕事を辞めた（他の介護事業所へ転職した）理由　［図1-1-7
　　　　p034］
　　　◇常勤労働者の男女比、平均年齢、勤続年数及び平均賃金　［表1-1-4　p035］
　　　◇全老健会員施設に従事する介護職員数　［表1-1-5　p038］
　　　◇1施設・事業所当たり常勤換算従事者数　［表2-1-14　p084］
　　　◇1事業所当たりの常勤換算看護・介護職員数　［表2-1-15　p085］
　　　◇介護保険施設の常勤換算看護・介護職員1人当たり在所者数　［表2-1-16　p085］

　『経済財政白書　平成22年版』日経印刷　2010.8
　　　◇介護職員数と介護のフルタイム職員の賃金　［第3-1-22図　p306］

26

統計図表レファレンス事典　高齢化社会　　　　　　　　かいこと

　　　◇介護職員の賃金　［第3-1-23図　p307］
　　『厚生白書　平成9年版』厚生問題研究会　1997.6
　　　◇介護に関わる専門職種の概要（平成8年4月1日現在）　［表4-3-1　p121］
　　『高齢社会白書　平成22年版』佐伯印刷　2010.7
　　　◇介護従事者の平均給与額　［表1-2-3-19　p33］
　　『社会福祉の動向　2010』中央法規出版　2010.3
　　　◇介護・福祉サービス従事者の現状　［表4-5　p81］
　　『男女共同参画白書　平成22年版』中和印刷　2010.6
　　　◇介護労働者割合（性別）　［第1-4-5図　p75］

介護対策費

　　『日本統計年鑑　平成27年』総務省統計局　2014.11
　　　◇社会保障費用（平成23年度）　［表20-6　p638～639］

介護対象者

　　⇒要介護者 をも見よ
　　『ライフデザイン白書　1998-99』ライフデザイン研究所　1997.12
　　　◇直近の介護対象者　［図表12-2　p229］
　　　◇直近の介護対象者（性別）　［図表12-3　p229］
　　『ライフデザイン白書　2004-2005』第一生命経済研究所　2003.10
　　　◇直近の介護対象者　［図表7-10　p184］

介護と仕事

　　『高齢社会白書　平成22年版』佐伯印刷　2010.7
　　　◇介護・看護を理由に離職・転職した人数　［図1-2-3-16　p32］
　　　◇介護・看護を理由に離職・転職した人の年齢構成割合（18年10月～19年9月
　　　に離職・転職した人）　［図1-2-3-17　p32］
　　『春闘図解　'97』労働経済社　1997.2
　　　◇育児と介護が女性の就業の障害になっている　［図21　p35］
　　『女性労働の分析　2009年』21世紀職業財団　2010.5
　　　◇介護のための勤務時間短縮等の措置の制度の有無・措置内容別事業所割合
　　　［付表73　p185］
　　『女性労働の分析　2011年』21世紀職業財団　2012.8
　　　◇介護のための勤務時間短縮等の措置の制度の有無・措置内容別事業所割合
　　　［付表73　p214］
　　『女性労働白書　平成15年版』21世紀職業財団　2004.5
　　　◇介護のための勤務時間短縮等の措置の導入状況　［第1-21図　p26］
　　　◇家族に介護が必要になった場合に困ることは「仕事にでられない、仕事を辞
　　　めなければならないこと」とする者の年齢階級別割合　［第2-52図　p79］

かいこの　　　　　　　　　　　　　　　　統計図表レファレンス事典　高齢化社会

『男女共同参画白書　平成25年版』新高速印刷　2013.6
　　◇介護・看護を理由に前職を離職した完全失業者の割合（男女別）　［第1-4-10
　　図　p97］
『連合白書　2013』コンポーズ・ユニ　2013.1
　　◇介護・看護を理由に離職・転職した人数　［図1　p61］

介護納付金額

『介護白書　平成16年版』ぎょうせい　2004.7
　　◇介護納付金額の推移　［p72］

介護の場所

『介護白書　平成16年版』ぎょうせい　2004.7
　　◇介護を受けたい場所（全国65歳以上男女）　［図4-1　p236］
『介護白書　平成19年版』TAC出版　2007.10
　　◇介護の場所　［図1-3-10　p75］
『高齢社会白書　平成25年版』印刷通販　2013.7
　　◇介護を受けたい場所　［図1-2-3-16　p28］
『図説　高齢者白書　2006年度版』全国社会福祉協議会　2007.3
　　◇介護を受けたい場所は自宅か施設か　［2-18　p59］

介護費用

『介護白書　平成16年版』ぎょうせい　2004.7
　　◇介護総費用の推移・給付費の推移　［表2-1-19　p65］
『厚生白書　平成9年版』厚生問題研究会　1997.6
　　◇介護保険制度における介護費用の見通し（平成7年度価格）　［図1-3-9　p181］
　　◇平成7年度の介護費用　［図1-3-10　p181］
『高齢社会白書　平成9年版』大蔵省印刷局　1997.6
　　◇高齢者介護費用の推計　［図3-2-22　p154］
『高齢社会白書　平成25年版』印刷通販　2013.7
　　◇介護が必要になった場合の費用負担に関する意識　［図1-2-3-13　p27］
『図表で見る医療保障　平成25年度版』ぎょうせい　2013.9
　　◇介護費用の推移　［42　p94］
『婦人白書　1997』ほるぷ出版　1997.8
　　◇高齢者介護費用と基盤整備量の将来推計　［図表5　p140］

介護福祉経営士

『介護経営白書　2013年度版』日本医療企画　2013.10
　　◇「介護福祉経営士」として研究してみたいテーマは？（複数回答）　［図4
　　p176］

統計図表レファレンス事典　高齢化社会　　　　　　　　　　　　　かいこほ

介護福祉士

『介護白書　平成22年版』オフィスTM　2010.10
　　◇主な介護サービスにおける介護職員（常勤換算従事者数）の介護福祉士比率
　　　［図1-2-4　p32］
『厚生白書　平成9年版』厚生問題研究会　1997.6
　　◇介護福祉士の資格取得方法　［（図）　p358］
　　◇社会福祉士国家試験および介護福祉士国家試験の結果　［詳細データ（表）1
　　　p358］
　　◇社会福祉士および介護福祉士資格取得者数　［詳細データ（表）2　p358］
『厚生労働白書　平成16年版』ぎょうせい　2004.6
　　◇社会福祉士国家試験および介護福祉士国家試験の結果　［詳細データ1　p396］
　　◇社会福祉士および介護福祉士資格取得者数　［詳細データ2　p396］
『社会福祉の動向　2007』中央法規出版　2007.1
　　◇社会福祉士および介護福祉士の有資格者推移　［表II-6-6　p258］
『社会福祉の動向　2010』中央法規出版　2010.3
　　◇社会福祉士および介護福祉士の有資格者推移　［表4-6　p87］
『社会福祉の動向　2013』中央法規出版　2013.1
　　◇社会福祉士および介護福祉士の有資格者推移　［表2-10　p40］
『障害者白書　平成9年版』大蔵省印刷局　1997.12
　　◇介護福祉士及び社会福祉士の資格取得方法について　［図1-2-3　p185］
　　◇資格取得者（登録者）の推移　［表1-2-18　p186］
『日本福祉年鑑　’97〜’98』講談社　1997.7
　　◇介護福祉士の資格取得方法　［図4　p161］

介護負担

『ホスピス緩和ケア白書　2013』日本ホスピス・緩和ケア研究振興財団　2013.3
　　◇介護負担〔緩和ケアプログラムによる地域介入研究〕　［図3　p30］

介護ベッド

『消費者白書　平成25年版』勝美印刷　2013.7
　　◇介護ベッド用手すりの死亡・重傷事故は引き続き発生　［図表2-2-4　p35］
　　◇介護ベッドの手すりによる死亡・重傷事故の状況　［図表2-2-5　p36］

介護報酬

『介護経営白書　2013年度版』日本医療企画　2013.10
　　◇介護報酬改定におけるサービスコードの増加件数　［図1　p19］

介護方法

『ライフデザイン白書　1998-99』ライフデザイン研究所　1997.12

29

かいこほ   統計図表レファレンス事典　高齢化社会

　　◇現在の介護方法（性別）　［図表2-35　p50］
　　◇今後想定する介護方法　［図表2-36　p51］
　　◇介護方法　［図表12-4　p230］
　　◇介護方法　［図表12-5　p231］
　　◇親や配偶者の介護方法　［図表12-6　p232］
　　◇親や配偶者の介護方法　［図表12-7　p233］
　　◇親や配偶者の介護方法　［図表12-8　p234］
　　◇自分の親の介護方法　［図表12-9　p235］
　　◇自分が希望する介護方法　［図表12-10　p236］
　　◇自分が希望する介護方法　［図表12-11　p237］
　『ライフデザイン白書　2004-2005』第一生命経済研究所　2003.10
　　◇介護の方法　［図表7-11　p185］
　　◇介護の方法（介護保険導入前後別）　［図表7-12　p186］
　　◇介護の方法（被介護者との関係別）　［図表7-13　p187］
　　◇自分の介護の方法　［図表7-14　p188］
　　◇自分の介護の方法（介護経験・時期別）　［図表7-15　p189］
　　◇自分の介護方法（性・年代別）　［図表7-16　p190］

介護保険

　『医療白書　2010年度版』日本医療企画　2010.11
　　◇介護保険におけるサービス種類別居宅サービス受給者数（2005年7月と2010
　　　年7月審査分の比較）　［図3　p54］
　『介護経営白書　2013年度版』日本医療企画　2013.10
　　◇介護保険者別データ集　［p289〜324］
　『介護白書　平成16年版』ぎょうせい　2004.7
　　◇広域的な運営を行う保険者の推移（平成12年度〜平成15年度）　［表2-1-2　p16］
　　◇被保険者数の推移　［表2-1-3　p17］
　　◇介護保険特別会計経理状況全国計（保険事業勘定）　［表2-1-21　p67］
　　◇リハビリテーション関連施設基準等の概要（介護保険）　［表3-3-6　p192］
　　◇介護保険におけるリハビリテーションの実施状況　［表3-3-7　p192］
　　◇（介護保険の）性別受給者数　［図3-3-22　p202］
　『介護白書　平成22年版』オフィスTM　2010.10
　　◇第1号被保険者1人当たり給付費　［図2-2-4　p56］
　『高齢社会白書　平成19年版』ぎょうせい　2007.6
　　◇第1号被保険者（65歳以上）の要介護度別認定者数の推移　［図1-2-33　p39］
　『高齢社会白書　平成22年版』佐伯印刷　2010.7
　　◇第1号被保険者（65歳以上）の要介護度別認定者数の推移　［図1-2-3-10　p28］
　『高齢社会白書　平成25年版』印刷通販　2013.7

30

統計図表レファレンス事典　高齢化社会　　　　　かいごほ

　　　◇第1号被保険者（65歳以上）の要介護度別認定者数の推移　［図1-2-3-9　p25］
　『国民春闘白書　2010年』学習の友社　2009.11
　　　◇社会保険主義の限界―介護保険の財政構造―　［4　p81］
　『女性白書　2013』ほるぷ出版　2013.8
　　　◇介護保険被保険者数および要介護（要支援）認定者数の推移　［図表付-91
　　　p251］
　『図説 高齢者白書　2004年度版』全国社会福祉協議会　2004.12
　　　◇第1号被保険者（65歳以上）の福祉用具・住宅改修の利用状況　［6-11　p82］
　『図説 高齢者白書　2006年度版』全国社会福祉協議会　2007.3
　　　◇第1号被保険者（65歳以上）の福祉用具・住宅改修の利用状況　［6-15　p95］
　『図表で見る医療保障　平成22年度版』ぎょうせい　2010.7
　　　◇介護被保険者数と要介護認定者の推移　［43　p110］
　『図表で見る医療保障　平成25年度版』ぎょうせい　2013.9
　　　◇介護被保険者数と要介護認定者の推移　［45　p100］
　『中小企業白書　2004年版』ぎょうせい　2004.5
　　　◇介護保険請求事業者数の推移　［第2-1-82図　p107］
　『日本経済統計集　1989〜2007』日外アソシエーツ　2009.6
　　　◇介護保険（平成12年度〜17年度）　［図表12-21　p455〜459］
　『日本統計年鑑　平成27年』総務省統計局　2014.11
　　　◇介護保険（平成12〜24年度）　［表20-21　p653］

介護保険給付

　『介護白書　平成16年版』ぎょうせい　2004.7
　　　◇保険給付額の状況　［表2-1-14　p38］
　　　◇サービス種類別の保険給付額（2003年1月サービス分）　［表2-1-15　p39］
　『介護白書　平成19年版』TAC出版　2007.10
　　　◇総費用額・保険給付費の年次推移　［図1-1-8　p11］
　『介護白書　平成22年版』オフィスTM　2010.10
　　　◇介護保険サービス別の保険給付額の伸び　［図1-1-7　p23］
　　　◇総費用額・保険給付費の年次推移　［図4-1-7　p187］
　『介護白書　平成25年版』オフィスTM　2013.10
　　　◇総費用額・保険給付費の年次推移　［図4-1-6　p152］
　『図説 高齢者白書　2004年度版』全国社会福祉協議会　2004.12
　　　◇総費用・保険給付額の推移　［12-7　p143］
　　　◇都道府県別第1号被保険者1人あたり支給額（合計）　［12-12　p145］
　『図説 高齢者白書　2006年度版』全国社会福祉協議会　2007.3
　　　◇総費用・保険給付額の推移　［12-7　p155］

かいこほ　　　　　　　　　　　　　　　　　　統計図表レファレンス事典　高齢化社会

『世界の厚生労働　2007』TKC出版　2007.4
　　◇同居家族の収入に応じた給付額の減額内容〔イギリス〕　〔表1-30　p52〕
　　◇ドイツの介護保険の給付内容　〔表2-96　p235〕
『日本統計年鑑　平成27年』総務省統計局　2014.11
　　◇制度別社会保障給付費（昭和55年度～平成23年度）　〔表20-2　p635〕

介護保険サービス

『厚生労働白書　平成19年版』ぎょうせい　2007.9
　　◇都道府県別　第1号被保険者1人当たり介護保険サービス費用（2005年度）
　　〔図表3-5-1　p84〕
『高齢社会白書　平成16年度』ぎょうせい　2004.6
　　◇介護保険サービスの利用状況（介護サービス受給者数）　〔表1-2-37　p36〕
『高齢社会白書　平成19年版』ぎょうせい　2007.6
　　◇介護保険サービスの利用状況　〔表1-2-35　p40〕
『高齢社会白書　平成22年版』佐伯印刷　2010.7
　　◇介護保険サービスの利用状況　〔表1-2-3-12　p29〕
『高齢社会白書　平成25年版』印刷通販　2013.7
　　◇介護保険サービスの利用状況　〔表1-2-3-11　p26〕

介護保険事業

『地方財政白書　平成16年版』国立印刷局　2004.4
　　◇介護保険事業の歳入決算の状況（保険事業勘定）　〔第110図　p134〕
　　◇介護保険事業の歳出決算の状況（保険事業勘定）　〔第111図　p135〕
　　◇介護保険事業決算の状況　〔第119表　p資124～資126〕
『地方財政白書　平成19年版』国立印刷局　2007.4
　　◇介護保険事業の歳入決算の状況（保険事業勘定）　〔第113図　p144〕
　　◇介護保険事業の歳出決算の状況（保険事業勘定）　〔第114図　p144〕
　　◇介護保険事業決算の状況　〔第123表　p資127〕
『地方財政白書　平成22年版』日経印刷　2010.3
　　◇介護保険事業の歳入決算の状況（保険事業勘定）　〔第106図　p129〕
　　◇介護保険事業の歳出決算の状況（保険事業勘定）　〔第107図　p130〕
　　◇介護保険事業決算の状況　〔第123表　p資122～資125〕
『地方財政白書　平成25年版』日経印刷　2013.4
　　◇介護保険事業の歳入決算の状況（保険事業勘定）　〔第93図　p118〕
　　◇介護保険事業の歳出決算の状況（保険事業勘定）　〔第94図　p119〕
　　◇介護保険事業決算の状況　〔第122表　p資121～124〕

介護保険施設

『介護白書　平成16年版』ぎょうせい　2004.7

統計図表レファレンス事典　高齢化社会　　　　　　　　　　　　　　　かいこほ

◇介護保険3施設における在所者の在所期間　［表2-1-9　p34］
◇介護保険3施設の指定状況　［表2-1-12　p36］
◇介護保険施設の定員（病床数）規模別累積分布　［図3-1-7　p96］
◇介護保険施設常勤換算看護・介護職員1人当たり在所者数　［表3-1-16　p102］
◇都道府県別にみた介護保険施設の施設数・定員（病床数）・要介護度別在所者数　［表3-1-17　p104〜106］
◇介護保険施設の常勤換算従事者数　［表3-1-19　p108］
◇介護保険施設入所者の主な傷病割合　［図3-3-27　p206］

『介護白書　平成19年版』TAC出版　2007.10
◇介護保険施設における入退所者の経路　［図1-2-6　p19］
◇介護保険3施設の入退所の状況　［p54］
◇介護保険施設の常勤換算看護・介護職員1人当たり在所者数　［表2-1-24　p112］
◇介護保険施設の常勤換算従事者数　［統計表3　p122］

『介護白書　平成22年版』オフィスTM　2010.10
◇介護保険施設の常勤換算看護・介護職員1人当たり在所者数　［表2-1-21　p101］
◇都道府県別にみた介護保険施設の施設数・定員（病床数）・要介護度別在所者数（3—1）　［統計表1　p102］
◇都道府県別にみた介護保険施設の施設数・定員（病床数）・要介護度別在所者数（3—2）　［統計表1　p103］
◇都道府県別にみた介護保険施設の施設数・定員（病床数）・要介護度別在所者数（3—3）　［統計表1　p104］
◇（介護予防）居宅サービス事業所・介護保険施設の常勤換算従事者数（3—1）　［統計表2　p105］
◇（介護予防）居宅サービス事業所・介護保険施設の常勤換算従事者数（3—2）　［統計表2　p106］
◇（介護予防）居宅サービス事業所・介護保険施設の常勤換算従事者数（3—3）　［統計表2　p107］

『介護白書　平成25年版』オフィスTM　2013.10
◇介護保険施設の常勤換算看護・介護職員1人当たり在所者数　［表2-1-16　p085］
◇居宅サービス事業所・介護保険施設の1施設・事業所当たり常勤換算従事者数（3-1）　［統計表　p086］
◇居宅サービス事業所・介護保険施設の1施設・事業所当たり常勤換算従事者数（3-2）　［統計表　p087］
◇居宅サービス事業所・介護保険施設の1施設・事業所当たり常勤換算従事者数（3-3）　［統計表　p088］

『厚生労働白書　平成19年版』ぎょうせい　2007.9
◇都道府県別　介護保険第1号被保険者千人当たり介護保険3施設定員（2005年度）　［図表3-5-2　p85］

『女性白書　2004』ほるぷ出版　2004.8
◇介護保険施設の施設数および定員（病床数）　［図表付-91　p234］

かいこほ　　　　　　　　　　　　　　統計図表レファレンス事典　高齢化社会

『女性白書　2007』ほるぷ出版　2007.8
　　◇介護保険施設の施設数および定員　［図表付-90　p266］
『女性白書　2010』ほるぷ出版　2010.8
　　◇介護保険施設数および定員（病床数）の推移　［図表付-85　p276］
『図表で見る医療保障　平成25年度版』ぎょうせい　2013.9
　　◇介護保険3施設定員（病床）数の推移　［p108］
　　◇介護保険3施設数の推移　［49　p108］
　　◇介護保険3施設の種類別65歳以上人口10万対定員（病床数）―平成20年10月1
　　　日現在―　［50　p110］
『日本統計年鑑　平成27年』総務省統計局　2014.11
　　◇都道府県別介護保険施設（平成17～24年）　［表20-34　p665］

介護保険制度

『介護白書　平成16年版』ぎょうせい　2004.7
　　◇2003年度における介護保険制度の費用構造　［図2-1-32　p66］
『企業年金白書　平成9年版』ライフデザイン研究所　1997.3
　　◇公的介護保険制度案の概要　［2-2-1表　p62］
『厚生白書　平成9年版』厚生問題研究会　1997.6
　　◇介護保険制度創設の経緯　［図1-3-1　p174］
　　◇制度案の概要　［図1-3-2　p176］
　　◇介護保険制度における要介護認定とサービス計画（ケアプラン）　［図1-3-3
　　　p177］
　　◇保険給付の内容　［表1-3-5　p179］
　　◇現行制度を前提とした利用者負担の比較　［表1-3-6　p179］
　　◇被保険者・受給権者・保険料の表　［表1-3-7　p180］
　　◇介護保険制度における介護費用の見通し（平成7年度価格）　［図1-3-9　p181］
『厚生労働白書　平成25年版』日経印刷　2013.9
　　◇介護保険制度への評価　［図表6-4-2　p315］
『高齢社会白書　平成9年版』大蔵省印刷局　1997.6
　　◇介護保険制度（案）の概要　［表3-2-24　p156］
　　◇介護保険制度（案）の仕組み　［図3-2-25　p157］
『日本労働年鑑　1997年版』労働旬報社　1997.6
　　◇介護保険制度の仕組み　［（図）　p370］

介護保険法

『高齢社会白書　平成19年版』ぎょうせい　2007.6
　　◇介護保険法等の一部を改正する法律（概要）　［図2-3-14　p112］

統計図表レファレンス事典　高齢化社会　　　　　　　　　　　　　　　　　　かいこよ

介護保険料

『介護白書　平成16年版』ぎょうせい　2004.7
　◇介護保険料の仕組み　［表2-1-22　p68］
　◇保険料基準額の分布状況（保険者数）　［表2-1-23　p70］
　◇第2期保険料分布（第1号被保険者規模別）　［表2-1-24　p70］
　◇1期・2期保険料増減の状況　［表2-1-25　p71］

『介護白書　平成22年版』オフィスTM　2010.10
　◇保険料水準別構成割合の推移　［図4-1-8　p188］

『介護白書　平成25年版』オフィスTM　2013.10
　◇保険料水準別構成割合の推移　［図4-1-7　p153］

『国民春闘白書　2005年』学習の友社　2004.12
　◇介護保険料の見直し（全国平均、月額）　［表1　p79］

『国民春闘白書　2008年』学習の友社　2007.12
　◇上がりっぱなしの介護保険料　［［7］　p77］

『国民春闘白書　2013年』学習の友社　2012.12
　◇介護保険料19.5％大幅増—の65歳以上の都道府県平均保険料2012～14年度
　　（保険料額は月額）　［6　p79］

『図説　高齢者白書　2004年度版』全国社会福祉協議会　2004.12
　◇保険料基準額の分布状況（保険者数）　［12-10　p144］

『図説　高齢者白書　2006年度版』全国社会福祉協議会　2007.3
　◇2006年度予算における費用負担構造　［12-9　p155］
　◇保険料基準額の分布状況（保険者数）　［12-10　p156］

介護保障

『生活と貯蓄　関連統計　平成9年度版』貯蓄広報中央委員会　1997.4
　◇介護保障に対する私的準備状況　［（表）　p108］

介護補償給付

『日本統計年鑑　平成27年』総務省統計局　2014.11
　◇労働者災害補償保険（平成2～24年度）　［表20-25　p656］
　◇公務災害補償（平成2～24年度）　［表20-26　p657］

介護要因

『介護白書　平成16年版』ぎょうせい　2004.7
　◇65歳以上の死亡原因と要介護の要因　［図3-3-18　p200］
　◇介護が必要となった原因　［図3-3-23　p203］
　◇介護が必要となった原因（男女別）　［図3-3-24　p203］
　◇介護が必要となった原因（年齢別）　［図3-3-25　p204］

35

かいこよ   統計図表レファレンス事典　高齢化社会

　　◇要介護度別介護が必要となった原因割合　［図3-3-26　p204］

　『厚生労働白書　平成16年版』ぎょうせい　2004.6
　　◇介護が必要となった原因　［図表序10　p11］

　『高齢社会白書　平成16年度』ぎょうせい　2004.6
　　◇要介護者等の性別にみた介護が必要となった主な原因　［図1-2-42　p38］

　『高齢社会白書　平成19年版』ぎょうせい　2007.6
　　◇要介護者等の性別にみた介護が必要となった主な原因　［図1-2-36　p41］

　『高齢社会白書　平成22年版』佐伯印刷　2010.7
　　◇要介護者等の性別にみた介護が必要となった主な原因　［図1-2-3-13　p30］

　『高齢社会白書　平成25年版』印刷通販　2013.7
　　◇要介護者等の性別にみた介護が必要となった主な原因　［図1-2-3-12　p26］

　『図表で見る医療保障　平成25年度版』ぎょうせい　2013.9
　　◇要介護度別にみた介護が必要となった主な原因—平成22年度—　［52　p114］

介護予防サービス

　『介護白書　平成16年版』ぎょうせい　2004.7
　　◇介護予防に関する市町村の事業実施状況　［表2-1-26　p76］
　　◇主な介護予防事業の実施状況　［表3-3-2　p185］

　『介護白書　平成19年版』TAC出版　2007.10
　　◇介護予防サービスの事業所数、利用者数［介護サービス］　［表2-1-1　p93］
　　◇介護予防サービスにおける要支援度別利用者数の構成割合　［図2-1-2　p94］
　　◇介護予防サービスにおける利用人員階級別事業所数の構成割合［介護サービ
　　　ス］　［表2-1-3　p95］

　『介護白書　平成22年版』オフィスTM　2010.10
　　◇介護（予防）サービス費用額における補足給付額の割合　［表1-1-1　p19］
　　◇事業所数・施設数（介護予防サービス）　［表2-1-1　p80］
　　◇利用者数、在所者数（介護予防サービス）　［表2-1-3　p83］
　　◇介護予防サービスの種類別にみた利用実人員階級別事業所数の構成割合
　　　［表2-1-7　p88］
　　◇介護予防サービスの種類別にみた要支援度別利用者の構成割合　［図2-1-5
　　　p90］
　　◇介護予防サービス・介護サービスの種類別にみた利用者数、延利用者数、9
　　　月中の利用者1人当たり利用回（日）数　［表2-1-9　p91］
　　◇（介護予防）居宅サービス事業所・介護保険施設の常勤換算従事者数（3—1）
　　　［統計表2　p105］
　　◇（介護予防）居宅サービス事業所・介護保険施設の常勤換算従事者数（3—2）
　　　［統計表2　p106］
　　◇（介護予防）居宅サービス事業所・介護保険施設の常勤換算従事者数（3—3）
　　　［統計表2　p107］

36

統計図表レファレンス事典　高齢化社会　　　　　　　　　　　　　　　　　　かいころ

『介護白書　平成25年版』オフィスTM　2013.10
　　◇利用人員階級別事業所数の構成割合（介護予防サービス）　［表2-1-3　p073］
　　◇要支援度別利用者数の構成割合（介護予防サービス）　［図2-1-3　p075］
『図表で見る医療保障　平成25年度版』ぎょうせい　2013.9
　　◇介護予防サービス事業所数の推移　［48　p106］

介護離職　⇒介護と仕事　を見よ

介護療養型医療施設

『日本統計年鑑　平成27年』総務省統計局　2014.11
　　◇都道府県別介護保険施設（平成17～24年）　［表20-34　p665］

介護療養病床

『介護白書　平成19年版』TAC出版　2007.10
　　◇介護療養病床における転換意向　［図3-2-3　p38］
　　◇医療療養病床と介護療養病床における転換意向　［図3-2-4　p39］
　　◇介護療養病床における入院患者の要介護度状態等区分　［図3-2-6　p40］

介護力強化型病院

『医療白書　1997年版』日本医療企画　1997.10
　　◇一般病院、特定機能病院、紹介外来型病院、介護力強化型病院、特例許可老
　　　人病院、老人保健施設、特別養護老人ホームの比較　［表8-4　p251］

介護老人福祉施設

『介護白書　平成19年版』TAC出版　2007.10
　　◇介護老人福祉施設におけるユニットケアの状況　［表2-1-20　p110］
　　◇都道府県別にみた介護老人福祉施設の施設数・定員（病床数）・要介護度別
　　　在所者数　［統計表1　p117］
『介護白書　平成22年版』オフィスTM　2010.10
　　◇介護老人福祉施設におけるユニットケアの状況　［表2-1-17　p97］
『介護白書　平成25年版』オフィスTM　2013.10
　　◇介護老人福祉施設におけるユニットケアの状況　［表2-1-12　p082］
『日本統計年鑑　平成27年』総務省統計局　2014.11
　　◇都道府県別介護保険施設（平成17～24年）　［表20-34　p665］

介護老人保健施設

『介護白書　平成19年版』TAC出版　2007.10
　　◇介護老人保健施設における認知症専門棟の状況の年次推移　［表2-1-19　p110］
　　◇介護老人保健施設におけるユニットの状況　［表2-1-21　p110］
『介護白書　平成22年版』オフィスTM　2010.10

37

かいしゅ　　　　　　　　　　　　　　統計図表レファレンス事典　高齢化社会

　　◇介護老人保健施設の保険料段階別入所者割合　［図1-1-4　p19］
　　◇平成20年度 介護老人保健施設の決算（又は直近の決算）の状況　［表1-2-1　p27］
　　◇介護老人保健施設全体の収支状況（支出比率推移）　［図1-2-1　p28］
　　◇介護老人保健施設の人員配置と経営の実態　［表1-2-2　p29］
　　◇介護老人保健施設におけるユニットケアの状況　［表2-1-18　p98］
『介護白書　平成25年版』オフィスTM　2013.10
　　◇介護老人保健施設におけるユニットケアの状況　［表2-1-13　p082］
『日本統計年鑑　平成27年』総務省統計局　2014.11
　　◇都道府県別介護保険施設（平成17〜24年）　［表20-34　p665］

外出

『介護白書　平成16年版』ぎょうせい　2004.7
　　◇高齢者の外出時の障害　［図4-17　p251］
『交通安全白書　平成9年度』大蔵省印刷局　1997.7
　　◇高齢者の外出時間（1日当たり）　［第29図　p40］
　　◇高齢者の外出状況　［第31図　p42］
『高齢社会白書　平成9年版』大蔵省印刷局　1997.6
　　◇高齢者の外出の頻度　［表8-3-1　p74］
　　◇高齢者のよく出かける場所　［表8-3-2　p75］
　　◇高齢者の外出の手段　［表8-3-3　p76］
『高齢社会白書　平成16年度』ぎょうせい　2004.6
　　◇高齢者の外出状況　［図1-2-61　p49］
『高齢社会白書　平成19年版』ぎょうせい　2007.6
　　◇高齢者の外出状況　［図1-2-63　p58］
　　◇高齢者の外出手段（複数回答）　［図1-2-66　p59］
『国土交通白書　2010』日経印刷　2010.7
　　◇高齢者の移動を取り巻く環境と外出頻度　［図表88　p46］
『国土交通白書　2013』日経印刷　2013.7
　　◇地域別・年齢階級別に見た休日の外出先　［図表160　p64］
『首都圏白書　平成25年版』勝美印刷　2013.7
　　◇自動車運転免許を保有していない高齢者（65歳以上）の外出率　［図表1-5-6　p33］
　　◇自動車運転免許を保有していない非高齢者（65歳未満）の外出率　［図表1-5-7　p33］
『地域の経済　2006』日本統計協会　2007.2
　　◇高齢者の外出状況（1）外出手段（2）自動車の運転頻度　［第2-1-25図　p86］

38

統計図表レファレンス事典　高齢化社会　　　　　　　　　　　　　　　　　　　　　　　　かくしゆ

外食

『国民栄養の現状　平成9年版』第一出版　1997.10
　◇昼食の外食率(性・年齢階級別)　［図32　p50］
　◇外食率の年次推移(性・年齢階級別)　［表4　p50］
　◇朝昼夕別にみた外食の内容構成比(全国、年齢階級別)　［第24表の1　p105］
　◇朝昼夕別にみた外食の内容構成比(男、年齢階級別)　［第24表の2　p106］
　◇朝昼夕別にみた外食の内容構成比(女、年齢階級別)　［第24表の3　p106］

『国民健康・栄養調査報告　平成16年』第一出版　2006.11
　◇朝昼夕別にみた外食の内容構成(全国, 年齢階級別)　［第18表の1　p142］
　◇朝昼夕別にみた外食の内容構成(男, 年齢階級別)　［第18表の2　p142］
　◇朝昼夕別にみた外食の内容構成(女, 年齢階級別)　［第18表の3　p143］
　◇外食の頻度(性・年齢階級別)　［第55表　p185］
　◇外食や食品を購入する時に栄養成分表示を参考にする人の割合(性・年齢階級別)　［第65表　p190］

『図説 高齢者白書　2006年度版』全国社会福祉協議会　2007.3
　◇単身世帯の年齢階級別1世帯あたり月平均消費支出食料(外食)　［3-13　p67］

『日本子ども資料年鑑　2007』KTC中央出版　2007.2
　◇年齢階級別, 朝・昼・夕食別外食内容構成(平成16年)　［V-4-4表　p180］

『レジャー白書　2007』社会経済生産性本部　2007.7
　◇年代別にみた平均参加率の変化 外食の参加率　［図表20　p76］

会話

『高齢社会白書　平成22年版』佐伯印刷　2010.7
　◇〈会話頻度〉あなたは普段どの程度、人(同居の家族を含む)と話しますか?(電話やEメールも含む)　［図1-3-1　p53］

『高齢社会白書　平成25年版』印刷通販　2013.7
　◇会話の頻度(電話やEメールを含む)　［図1-2-6-14　p43］

学習活動

『厚生白書　平成9年版』厚生問題研究会　1997.6
　◇高齢者とともに学ぶ場(京都府宇治市)　［図4-1-5　p105］

『高齢社会白書　平成9年版』大蔵省印刷局　1997.6
　◇高齢者が活動に参加しなかった理由　［表7-4-2　p67］

『高齢社会白書　平成16年度』ぎょうせい　2004.6
　◇高齢者の学習活動への参加状況　［図1-2-51　p43］
　◇活動に参加したきっかけ　［図1-2-53　p45］
　◇活動に参加しなかった理由　［図1-2-54　p45］

『高齢社会白書　平成19年版』ぎょうせい　2007.6

かくせい　　　　　　　　　　　　統計図表レファレンス事典　高齢化社会

　　◇高齢者の学習活動への参加状況（複数回答）　［図1-2-58　p54］
　　◇学習活動に参加しなかった理由（複数回答）　［図1-2-59　p55］
　『高齢社会白書　平成22年版』佐伯印刷　2010.7
　　◇高齢者の学習活動への参加状況（複数回答）　［図1-2-5-10　p42］
　『高齢社会白書　平成25年版』印刷通販　2013.7
　　◇高齢者の学習活動への参加状況（複数回答）　［図1-2-5-3　p33］
　『図説　高齢者白書　2006年度版』全国社会福祉協議会　2007.3
　　◇高齢者が参加した活動　［7-13　p104］
　　◇高齢者が活動に参加したきっかけ　［7-14　p105］

覚せい剤取締法違反

　『犯罪白書　平成21年版』太平印刷社　2009.11
　　◇覚せい剤取締法違反　検挙人員の推移（年齢層別）　［3-3-1-2図　p111］
　『犯罪白書　平成24年版』日経印刷　2012.12
　　◇覚せい剤取締法違反　検挙人員の推移（年齢層別）　［4-3-1-2図　p159］

確定拠出年金

　　⇒年金 をも見よ
　『経済財政白書　平成25年版』日経印刷　2013.8
　　◇確定拠出年金の資産運用　［第3-2-21図　p333］
　『厚生労働白書　平成16年版』ぎょうせい　2004.6
　　◇確定拠出年金の規約承認数・加入者数の推移　［詳細データ3　p437］

家計

　『女性白書　2010』ほるぷ出版　2010.8
　　◇高齢無職世帯の家計収支　［図表付-41　p251］
　『女性白書　2013』ほるぷ出版　2013.8
　　◇高齢無職世帯の家計収支　［図表付-41　p221］
　『生活と貯蓄　関連統計　平成9年度版』貯蓄広報中央委員会　1997.4
　　◇老後の家計収入　［（表）　p105］
　　◇老後の家計に関する意識　［（表）　p113］
　『男女共同参画白書　平成25年版』新高速印刷　2013.6
　　◇高齢無職単身世帯（65歳以上）の1か月平均家計収支の構成（男女別）　［第1-
　　4-5図　p94］
　『中小企業白書　2007年版』ぎょうせい　2007.6
　　◇全世帯及び高齢者世帯の家計資産額（二人以上の世帯）　［第2-2-10図　p92］
　『日本子ども資料年鑑　2007』KTC中央出版　2007.2
　　◇勤労者世帯の大都市圏別, 世帯主の年齢階級別1世帯当たり年平均1カ月間の

家計収支（平成17年）　［XI-2-1表　p371］

火災損害

『高齢社会白書　平成9年版』大蔵省印刷局　1997.6
　　◇犯罪、火災による高齢者の被害の推移　［表8-4-3　p78］

『高齢社会白書　平成16年度』ぎょうせい　2004.6
　　◇犯罪、火災による高齢者の被害の推移　［図1-2-67　p53］

『高齢社会白書　平成19年版』ぎょうせい　2007.6
　　◇犯罪、火災による高齢者の被害の推移　［図1-2-69　p61］

『高齢社会白書　平成22年版』佐伯印刷　2010.7
　　◇犯罪、火災による高齢者の被害の推移　［図1-2-6-6　p47］

『消防白書　平成21年版』日経印刷　2009.11
　　◇火災建物の配置図（群馬県渋川市老人ホーム）　［図4　p17］

加算年金

　　⇒年金　をも見よ

『企業年金白書　平成9年版』ライフデザイン研究所　1997.3
　　◇加算適用期間による加算年金の受給資格　［1-2-8図　p31］
　　◇支給期間　［1-2-9図　p32］
　　◇加算年金の給付算定方式　［1-2-10表　p32］

家事

『高齢社会白書　平成9年版』大蔵省印刷局　1997.6
　　◇夫婦の家事分担　［表9-1-4　p81］

『女性労働白書　平成15年版』21世紀職業財団　2004.5
　　◇男性の年齢階級別家事・育児行動者率（平日）　［第2-46図　p72］

『男女共同参画の現状と施策　平成9年版』大蔵省印刷局　1997.7
　　◇年齢別にみた男性の家事時間　［表2-3-4　p53］

家族

『高齢社会白書　平成16年度』ぎょうせい　2004.6
　　◇家族・親族の中での役割　［図1-2-10　p20］

『国民健康・栄養調査報告　平成16年』第一出版　2006.11
　　◇食事を共にする家族や友人がいる者の割合（性・年齢階級別）　［第61表　p188］

『男女共同参画白書　平成16年版』国立印刷局　2004.6
　　◇男女別、65歳以上の者の家族形態　［第1-序-56図　p46］

『土地白書　平成16年版』国立印刷局　2004.7
　　◇世帯主年齢別家族類型　［図表1-3-20　p58］

かそくこ　　　　　　　　　　　　　　　　　統計図表レファレンス事典　高齢化社会

家族構成

『高齢社会白書　平成16年度』ぎょうせい　2004.6
　◇高齢者の男女・年齢階級別にみた家族構成割合　［図1-2-6　p18］

『高齢社会白書　平成22年版』佐伯印刷　2010.7
　◇高齢者の男女・年齢階級別にみた家族構成割合　［図1-2-1-5　p15］

『ライフデザイン白書　2004-2005』第一生命経済研究所　2003.10
　◇さまざまな家族形態を許容する意識（性・年代別）　［図表2-4　p58］

家族生活

『高齢社会白書　平成9年版』大蔵省印刷局　1997.6
　◇家族の生活に果たす高齢者の役割　［表9-1-3　p80］

『図説　高齢者白書　2004年度版』全国社会福祉協議会　2004.12
　◇家族の生活に果たす高齢者の役割　［2-15　p49］

『図説　高齢者白書　2006年度版』全国社会福祉協議会　2007.3
　◇家族の生活に果たす高齢者の役割　［2-17　p58］

家族との付き合い方

『介護白書　平成19年版』TAC出版　2007.10
　◇高齢者の子供や孫との付き合い方　［図1-2-3　p67］

『高齢社会白書　平成9年版』大蔵省印刷局　1997.6
　◇子供や孫とのつきあい方　［表9-1-2　p80］

『高齢社会白書　平成16年度』ぎょうせい　2004.6
　◇高齢者の子どもや孫との付き合い方　［図1-2-9　p19］

『高齢社会白書　平成19年版』ぎょうせい　2007.6
　◇高齢者の子どもや孫との付き合い方　［図1-2-7　p24］

『高齢社会白書　平成22年版』佐伯印刷　2010.7
　◇頼りとする子どもや孫との居住距離　［図1-2-1-7　p16］
　◇高齢者の子どもや孫との付き合い方　［図1-2-1-9　p17］

『国民生活白書　平成19年版』時事画報社　2007.7
　◇親世代が望む子どもや孫との付き合い方に変化が見られる　［第1-1-29図　p32］
　◇男性や子・孫のいない人は別居家族との交流量が少ない　［第1-1-33表　p34］

『図説　高齢者白書　2004年度版』全国社会福祉協議会　2004.12
　◇子どもや孫とのつきあい方　［2-14　p49］

『図説　高齢者白書　2006年度版』全国社会福祉協議会　2007.3
　◇子どもや孫とのつきあい方　［2-16　p58］

統計図表レファレンス事典　高齢化社会　　　　　　　　　　　　　　かていな

過疎地域

『過疎対策データブック　平成16年1月』丸井工文社　2004.1
　　◇過疎地域の年齢階層別人口構成比の推移　［図表1-2-13　p21］
　　◇高齢者比率・若年者比率の段階別過疎地域市町村数　［図表1-2-19　p26］
　　◇過疎地域及び全国の年齢階層別人口構成　［図表6　p243］

『過疎対策データブック　平成18年12月』丸井工文社　2007.1
　　◇過疎地域の年齢階層別人口構成比の推移　［図表1-2-12　p20］
　　◇高齢者比率・若年者比率の段階別過疎関係市町村数　［図表1-2-18　p25］

『過疎対策データブック　平成22年3月』丸井工文社　2010.3
　　◇過疎地域の年齢階層別人口構成比の推移　［図表1-2-12　p44］
　　◇高齢者比率・若年者比率の段階別過疎関係市町村数　［図表1-2-18　p50］

『過疎対策の現況　平成8年度版』丸井工文社　1997.8
　　◇高齢者比率の段階別過疎地域市町村数内訳　［第2-13表　p43］
　　◇過疎地域における高齢者福祉施設の整備状況　［第2-58表　p102］
　　◇人口減少率の高い団体等（過疎地域）―(3)高齢者比率の高い団体（平成7年）
　　　［第7表　p364］
　　◇人口減少率の高い団体等（過疎地域）―(4)高齢者比率の低い団体（平成7年）
　　　［第7表　p364］

学級・講座

『高齢社会白書　平成9年版』大蔵省印刷局　1997.6
　　◇教育委員会及び公民館における高齢者対象の学級・講座の状況　［表3-3-7
　　　p174］

『高齢社会白書　平成16年度』ぎょうせい　2004.6
　　◇教育委員会及び公民館における高齢者対象の学級・講座の状況　［表2-3-33
　　　p104］

『図説　高齢者白書　2004年度版』全国社会福祉協議会　2004.12
　　◇開設者別学級・講座数および学級生・受講者数　［7-1　p87］
　　◇学習内容別の学級・講座数　［7-3　p88］
　　◇国立大学等公開講座分野別講座数および割合　［7-5　p90］

『図説　高齢者白書　2006年度版』全国社会福祉協議会　2007.3
　　◇開設者別学級・講座数および学級生・受講者数　［7-4　p100］

『日本統計年鑑　平成27年』総務省統計局　2014.11
　　◇教育委員会における社会教育学級・講座の開設状況（平成7〜22年度）　［表
　　　22-34　p727］
　　◇公民館（平成17〜23年）　［表22-36　p728］

家庭内事故

『高齢社会白書　平成22年版』佐伯印刷　2010.7

43

からおけ　　　　　　　　　　　　　　　　　　　　統計図表レファレンス事典　高齢化社会

　　◇高齢者の家庭内事故　［図1-2-6-3　p45］
　『高齢社会白書　平成25年版』印刷通販　2013.7
　　◇高齢者の家庭内事故　［図1-2-6-3　p37］
　『消費者白書　平成25年版』勝美印刷　2013.7
　　◇家庭内事故の危害の程度は高齢になるほど重症化する傾向　［図表2-2-6　p37］
　　◇家庭内事故のきっかけで多いのは「転落」、「転倒」　［図表2-2-7　p38］

カラオケ参加率

　『情報メディア白書　1997年版』電通総研　1997.1
　　◇性・年代別カラオケ参加率　［図表III-2-4　p235］

仮釈放率

　『犯罪白書　平成24年版』日経印刷　2012.12
　　◇高齢者の保護観察開始人員・仮釈放率の推移　［4-4-2-4図　p170］

カルチャーセンター

　『図説　高齢者白書　2004年度版』全国社会福祉協議会　2004.12
　　◇カルチャーセンターの事業所数、学級・講座数、学級生・受講者数　［7-2
　　p87］

加齢

　『図説　高齢者白書　2004年度版』全国社会福祉協議会　2004.12
　　◇日本人の加齢に伴う最大酸素摂取量の減少　［8-5　p100］
　　◇持久的な運動をしている人と運動を特別していない人の最大酸素摂取量の加
　　齢に伴う減少（左図）と加齢に伴う最大酸素摂取量の変化率　［8-7　p101］
　　◇加齢に伴う大腿の筋肉を構成する筋線維数の減少傾向　［8-10　p102］
　　◇単位断面積あたりに発揮できる力にみられる加齢変化　［8-11　p102］

　『図説　高齢者白書　2006年度版』全国社会福祉協議会　2007.3
　　◇日本人の加齢に伴う最大酸素摂取量の減少　［8-5　p110］
　　◇持久的な運動をしている人と運動を特別していない人の最大酸素摂取量の加
　　齢に伴う減少（左図）と加齢に伴う最大酸素摂取量の変化率（右上図：絶対値
　　でみた変化率、右下図：25歳の値に対する割合でみた変化率）　［8-7　p111］
　　◇加齢に伴う大腿の筋肉を構成する筋線維数の減少傾向　［8-10　p112］
　　◇単位断面積あたりに発揮できる力にみられる加齢変化　［8-11　p112］

　『労働白書　平成9年版』日本労働研究機構　1997.6
　　◇加齢による従業員の能力の変化の個人差の程度　［第113表　p407］

環境

　『消費者白書　平成25年版』勝美印刷　2013.7
　　◇高齢になるほど環境に配慮した商品選択を心掛ける傾向　［図表1-2-6　p17］

44

統計図表レファレンス事典　高齢化社会　　　　　　　　　　**かんこと**

『モバイル社会白書　2007』NTT出版　2007.7
　　◇携帯電話事業者の環境への取り組みの内容に対する認知度（年代別）（複数回答）〔資料3-5-21　p232〕

観劇参加率

『情報メディア白書　1997年版』電通総研　1997.1
　　◇性・年代別観劇参加率〔図表Ⅲ-2-8　p236〕

看護職員

『医療白書　2013年度版』日本医療企画　2013.9
　　◇1事業所当たり常勤換算看護・介護職員数〔表9　p179〕

『介護白書　平成16年版』ぎょうせい　2004.7
　　◇1事業所当たり常勤換算看護・介護職員数〔図3-1-10　p101〕
　　◇介護保険施設常勤換算看護・介護職員1人当たり在所者数〔表3-1-16　p102〕

『介護白書　平成19年版』TAC出版　2007.10
　　◇介護保険施設の常勤換算看護・介護職員1人当たり在所者数〔表2-1-24　p112〕
　　◇施設の種類別にみた介護・看護職員の勤務形態の構成割合〔表2-1-26　p114〕

『介護白書　平成22年版』オフィスTM　2010.10
　　◇看護師・介護職の年代別賃金カーブ〔図1-2-6　p33〕
　　◇介護保険施設の常勤換算看護・介護職員1人当たり在所者数〔表2-1-21　p101〕

『介護白書　平成25年版』オフィスTM　2013.10
　　◇1事業所当たりの常勤換算看護・介護職員数〔表2-1-15　p085〕
　　◇介護保険施設の常勤換算看護・介護職員1人当たり在所者数〔表2-1-16　p085〕

『看護白書　平成19年版』日本看護協会出版会　2007.11
　　◇定年退職予定者の希望する研修内容（複数回答）〔表1　p61〕
　　◇定年退職看護職員の雇用時に求める経験や能力（複数回答）〔表3　p63〕
　　◇看護職員年齢階級別の就業者割合の変化〔図7　p89〕
　　◇年齢階層別就業看護職員数（2004年）〔図表3　p239〕

『看護白書　平成22年版』日本看護協会出版会　2010.10
　　◇年齢別・職場における悩みや不満の上位3項目〔表10　p37〕
　　◇年齢別・短時間正職員制度の認知状況〔図3　p40〕
　　◇年齢階級別の平均睡眠時間〔表1　p161〕
　　◇年齢階層別就業看護職員数（2008年）〔図表3　p167〕

『看護白書　平成25年版』日本看護協会出版会　2013.10
　　◇看護師の平均賃金額（年齢別）〔図1　p214〕
　　◇年齢階層別就業看護職員数（2012年）〔図表3　p235〕

看護と仕事

『高齢社会白書　平成22年版』佐伯印刷　2010.7

45

かんしゃ　　　　　　　　　　　　　　統計図表レファレンス事典　高齢化社会

　　　◇介護・看護を理由に離職・転職した人数　［図1-2-3-16　p32］
　　　◇介護・看護を理由に離職・転職した人の年齢構成割合（18年10月～19年9月
　　　　に離職・転職した人）　［図1-2-3-17　p32］
　　『男女共同参画白書　平成25年版』新高速印刷　2013.6
　　　◇介護・看護を理由に前職を離職した完全失業者の割合（男女別）　［第1-4-10
　　　　図　p97］
　　『連合白書　2013』コンポーズ・ユニ　2013.1
　　　◇介護・看護を理由に離職・転職した人数　［図1　p61］

患者

　　『介護白書　平成19年版』TAC出版　2007.10
　　　◇医療療養病床における入院患者の医療区分　［図3-2-5　p39］
　　　◇介護療養病床における入院患者の要介護度状態等区分　［図3-2-6　p40］
　　『図表で見る医療保障　平成25年度版』ぎょうせい　2013.9
　　　◇医療・介護施設における患者・入所者の医療区分（1）施設類型別の医療区分
　　　　（調査時点：平成22年6月23日）　［51　p112］
　　　◇医療・介護施設における患者・入所者の医療区分（2）医療区分の年次推移
　　　　［51　p112］
　　『精神保健福祉白書　2013年版』中央法規出版　2012.12
　　　◇傷病小分類別年齢階級別総患者数　［表8　p187］
　　『日本統計年鑑　平成27年』総務省統計局　2014.11
　　　◇傷病分類，年齢階級・入院・外来別推計患者数（平成23年）　［表21-14　p686
　　　　～687］

完全失業者数

　　『厚生労働白書　平成16年版』ぎょうせい　2004.6
　　　◇完全失業者数，および年齢別完全失業率の推移　［詳細データ3　p309］
　　『女性白書　2013』ほるぷ出版　2013.8
　　　◇性、年齢階級別完全失業者数の推移　［図表付-52　p227］
　　『女性労働の分析　2011年』21世紀職業財団　2012.8
　　　◇年齢階級別完全失業者数の推移　［付表11　p143］
　　『東北経済白書　平成16年版』経済産業調査会　2004.12
　　　◇年齢・男女別完全失業者数及び完全失業率（平成15年）　［表1-2-10　p39］
　　『東北経済白書　平成18年版』経済産業調査会　2007.1
　　　◇年齢・男女別完全失業者数及び完全失業率（平成17年）　［表1-2-8　p42］
　　『労働経済白書　平成16年版』ぎょうせい　2004.9
　　　◇年齢階級別完全失業者数及び完全失業率の推移　［第5表　p306］
　　『労働経済白書　平成19年版』国立印刷局　2007.8
　　　◇年齢階級別・求職理由別完全失業者数の構成比の推移　［付2-（2）-9表　p279］

統計図表レファレンス事典　高齢化社会　　　　　　　　　　　　　**かんせん**

『労働経済白書　平成25年版』新高速印刷　2013.9
　　◇年齢階級別完全失業者数及び完全失業率の推移　［第5表　p参13］
『労働白書　平成9年版』日本労働研究機構　1997.6
　　◇年齢階級別完全失業者数及び完全失業率の推移　［第5表　p437］

完全失業率

　　⇒失業率 をも見よ

『大阪経済・労働白書　平成16年版』大阪能率協会　2004.10
　　◇年齢階層別完全失業率の推移（全国・近畿）［表10　p224］
『大阪経済・労働白書　平成19年版』大阪能率協会　2007.9
　　◇年齢層別完全失業率（平成18年平均）［図表I-3-12　p69］
　　◇年齢階級別完全失業率（全国・大阪府平成18年）［図表III-1-7　p144］
　　◇年齢階級別完全失業率・常用有効求人倍率（全国・大阪府　平成18年）［図
　　　表III-1-26　p155］
　　◇年齢階級別完全失業率の推移（全国・大阪府）［表7　p210］
『大阪経済・労働白書　平成21年版』大阪能率協会　2010.3
　　◇年齢階級別完全失業率（全国・大阪府　平成21年10～12月）［図表III-1-7　p181］
　　◇年齢階級別完全失業率・常用有効求人倍率（全国・大阪府　平成20年）［図
　　　表III-1-26　p191］
　　◇年齢階級別完全失業率の推移（全国・大阪府）［表7　p246］
『厚生労働白書　平成16年版』ぎょうせい　2004.6
　　◇完全失業者数、および年齢別完全失業率の推移　［詳細データ3　p309］
『厚生労働白書　平成25年版』日経印刷　2013.9
　　◇年齢階級別完全失業率の推移　［図表1-2-11　p19］
『高齢社会白書　平成9年版』大蔵省印刷局　1997.6
　　◇完全失業率・有効求人倍率の推移　［図3-1-6　p101］
『高齢社会白書　平成16年度』ぎょうせい　2004.6
　　◇年齢階級別にみた完全失業率、有効求人倍率　［図1-2-27　p30］
　　◇完全失業率・有効求人倍率の推移　［図2-3-3　p71］
『高齢社会白書　平成19年版』ぎょうせい　2007.6
　　◇年齢階級別にみた完全失業率、有効求人倍率　［図1-2-47　p48］
　　◇完全失業率・有効求人倍率の推移　［図2-3-2　p97］
『高齢社会白書　平成22年版』佐伯印刷　2010.7
　　◇年齢階級別にみた完全失業率、就業率　［図1-2-4-7　p37］
『高齢社会白書　平成25年版』印刷通販　2013.7
　　◇完全失業率の推移　［図1-2-4-3　p31］
『国土交通白書　2013』日経印刷　2013.7
　　◇世代別にみた完全失業率の推移　［図表16　p8］

47

かんせん　　　　　　　　　　　　統計図表レファレンス事典　高齢化社会

『失業対策年鑑　平成7年度版』労務行政研究所　1997.3
　　◇年齢別完全失業率の推移　［第2-2表　p103］
『少子化社会白書　平成16年版』ぎょうせい　2004.12
　　◇年齢別完全失業率　［第1-2-39図　p47］
『女性労働の分析　2006年』21世紀職業財団　2007.7
　　◇年齢階級別完全失業率　［図表1-6　p6］
　　◇年齢階級別完全失業率　［図表1-7　p7］
『女性労働の分析　2009年』21世紀職業財団　2010.5
　　◇年齢階級別完全失業率と潜在的な失業率　［図表2-2-11　p71］
『女性労働の分析　2011年』21世紀職業財団　2012.8
　　◇年齢階級別完全失業率　［図表1-2-8　p9］
　　◇年齢階級別完全失業率の推移　［付表12　p144］
『女性労働白書　平成15年版』21世紀職業財団　2004.5
　　◇年齢階級別完全失業率　［第1-1表　p8］
　　◇年齢階級別完全失業率　［第1-7図　p8］
『男女共同参画白書　平成16年版』国立印刷局　2004.6
　　◇年齢階級別完全失業率の年次推移　［第1-序-32図　p33］
『中国地域経済白書　2004』中国地方総合研究センター　2004.7
　　◇年齢階層別完全失業率の推移（全国）　［図2.5.11　p106］
　　◇年齢階層別完全失業率（2003年）　［図2.5.12　p106］
『中国地域経済白書　2007』中国地方総合研究センター　2007.9
　　◇年齢階層別完全失業率の推移　［図2.5.2　p108］
『中小企業白書　2004年版』ぎょうせい　2004.5
　　◇年齢階級別完全失業率の推移　［第1-1-30図　p28］
『中小企業白書　2007年版』ぎょうせい　2007.6
　　◇年齢階級別完全失業率推移　［第3-3-11図　p224］
『東北経済白書　平成16年版』経済産業調査会　2004.12
　　◇年齢別完全失業率の推移　［図1-2-49　p39］
　　◇年齢・男女別完全失業者数及び完全失業率（平成15年）　［表1-2-10　p39］
『東北経済白書　平成18年版』経済産業調査会　2007.1
　　◇年齢別完全失業率　［図1-2-47　p41］
　　◇年齢・男女別完全失業者数及び完全失業率（平成17年）　［表1-2-8　p42］
『日本子ども資料年鑑　2007』KTC中央出版　2007.2
　　◇男女別, 年齢階級別完全失業率の推移　［XI-3-1図　p375］
『日本子ども資料年鑑　2013』KTC中央出版　2013.2
　　◇男女別, 年齢階級別完全失業率の推移　［XI-3-1図　p369］
『日本労働年鑑　1997年版』労働旬報社　1997.6

48

統計図表レファレンス事典　高齢化社会　　　　　　　　　　　　　　　　ききよう

◇年齢階層別人口・労働力・完全失業率の変化　［第2表　p44］

『働く女性の実情　平成8年版』21世紀職業財団　1996.12
　　◇年齢階級別の完全失業率　［第1-1表　p7］

『婦人白書　1997』ほるぷ出版　1997.8
　　◇女性年齢階級別完全失業率の推移　［図表8　p54］

『労働経済白書　平成16年版』ぎょうせい　2004.9
　　◇年齢階級別完全失業率の推移　［第3表　p192］
　　◇年齢階級別完全失業者数及び完全失業率の推移　［第5表　p306］

『労働経済白書　平成19年版』国立印刷局　2007.8
　　◇年齢階級別完全失業率の推移　［第1-(1)-16図　p17］
　　◇年齢階級別完全失業率の推移　［第2-(3)-24図　p157］

『労働経済白書　平成25年版』新高速印刷　2013.9
　　◇年齢階級別完全失業者数及び完全失業率の推移　［第5表　p参13］

『労働白書　平成9年版』日本労働研究機構　1997.6
　　◇年齢階級別完全失業者数及び完全失業率の推移　［第5表　p437］

完全失業率（高齢者）

『図説 高齢者白書　2004年度版』全国社会福祉協議会　2004.12
　　◇60代前半期の完全失業率　［5-3　p70］

『図説 高齢者白書　2006年度版』全国社会福祉協議会　2007.3
　　◇60歳代前半期の完全失業率　［5-3　p80］

『労働経済白書　平成19年版』国立印刷局　2007.8
　　◇高年齢層における完全失業率の推移　［第2-(3)-32図　p163］

『労働白書　平成9年版』日本労働研究機構　1997.6
　　◇高年齢者の完全失業率の推移（男子）　［第2-(1)-21図　p239］

【き】

危害商品・サービス

『消費者白書　平成25年版』勝美印刷　2013.7
　　◇2012年度の高齢者の危害上位商品・サービスは「化粧品」、「医療」等　［図表2-2-3　p35］

起業

『アメリカ中小企業白書　2008・2009』同友館　2009.10
　　◇性別及び年齢別新興起業家率、1999年及び2005年　［図7.2　p214］

49

ききよう　　　　　　　　　　　　　　統計図表レファレンス事典　高齢化社会

◇性別及び年齢別新興起業家数、1999年及び2005年　［図7.3　p214］
　◇新興起業家：性別、年齢、民族的背景　［表7.2　p221］

企業年金
　⇒年金 をも見よ
『企業年金白書　平成9年版』ライフデザイン研究所　1997.3
　◇基本年金の上乗せ給付率　［1-2-11図　p32］
　◇平成7年度末企業年金資産状況　［1-3-1表　p34］
　◇企業年金資産この10年間の推移　［1-3-2図　p35］
　◇企業年金資産の受託機関別シェアの推移　［1-3-3表　p35］
　◇企業年金の利回りと含み損益率（平成7年度、平均値）　［1-4-2表　p44］
　◇わが国の企業年金の通算制度の現状　［3-2-8表　p71］
　◇自助努力型（拠出型）企業年金保険の推移　［8-8表　p125］
　◇企業年金の歴史　［（表）10　p128〜133］
　◇経済　［（表）1　p129］
『経済財政白書　平成25年版』日経印刷　2013.8
　◇企業年金の資産運用　［第3-2-8図　p312］
『厚生労働白書　平成16年版』ぎょうせい　2004.6
　◇確定給付企業年金の実施件数　［詳細データ2　p437］
『高齢社会白書　平成9年版』大蔵省印刷局　1997.6
　◇企業年金の適用状況の推移　［表3-1-20　p122］
『高齢社会白書　平成16年度』ぎょうせい　2004.6
　◇企業年金等の適用状況の推移　［表2-3-10　p82］
『高齢社会白書　平成19年版』ぎょうせい　2007.6
　◇企業年金等の適用状況の推移　［表2-3-8　p107］
『高齢社会白書　平成22年版』佐伯印刷　2010.7
　◇企業年金等の適用状況の推移　［表2-3-3　p90］
『国民春闘白書　2008年』学習の友社　2007.12
　◇企業の年金積立状況　［［5］　p19］
『世界の厚生労働　2007』TKC出版　2007.4
　◇企業年金を提供している事業所の割合〔アメリカ〕　［表1-23　p37］
　◇企業年金・医療保険制度を提供している事業所の割合　［表2-94　p216］
『世界の厚生労働　2013』正陽文庫　2013.4
　◇企業年金・医療保険制度を提供している事業所の割合〔アメリカ〕　［表2-1-16　p134］
『通商白書（総論）　平成9年版』大蔵省印刷局　1997.5
　◇主要先進国の企業年金の通算制度　［第4-2-8表　p265］
『土地白書　平成19年版』国立印刷局　2007.7

統計図表レファレンス事典　高齢化社会　　　**きつえん**

◇企業年金の不動産投資にあたってのネックや阻害要因　［図表1-1-74　p55］

『連合白書　2010』コンポーズ・ユニ　2009.12
◇適格退職年金から他の企業年金等への移行状況　［p97］

『連合白書　2013』コンポーズ・ユニ　2013.1
◇企業年金加入者数の推移　［図1　p71］

基礎代謝量

『図説　高齢者白書　2004年度版』全国社会福祉協議会　2004.12
◇特別な運動をしていない閉経前の女性と閉経後の女性の基礎代謝量と女性
の基礎代謝量と最大酸素摂取量の関係　［8-23　p108］

『図説　高齢者白書　2006年度版』全国社会福祉協議会　2007.3
◇特別な運動をしていない閉経前の女性と閉経後の女性の基礎代謝量（上）と
女性の基礎代謝量と最大酸素摂取量の関係（下）　［8-23　p118］

基礎年金

⇒年金 をも見よ

『厚生白書　平成9年版』厚生問題研究会　1997.6
◇基礎年金番号の仕組み　［図1-5-2　p205］

『厚生労働白書　平成16年版』ぎょうせい　2004.6
◇基礎年金の給付に要する費用の状況　［詳細データ4　p433］

『高齢社会白書　平成19年版』ぎょうせい　2007.6
◇基礎年金国庫負担割合の引上げとその道筋　［図2-3-6　p104］

『国民春闘白書　2008年』学習の友社　2007.12
◇土台の基礎年金は破産状態　［［5］　p79］

『図説　高齢者白書　2004年度版』全国社会福祉協議会　2004.12
◇基礎年金国庫負担額の見通し―2000年改正後（1999年度価格）　［4-2　p62］

起訴猶予率

『犯罪白書　平成21年版』太平印刷社　2009.11
◇一般刑法犯 起訴猶予率（罪名別・年齢層別）　［3-4-2-1図　p121］

『犯罪白書　平成24年版』日経印刷　2012.12
◇起訴猶予率・執行猶予率（罪名別・年齢層別）　［4-4-2-1図　p168］

喫煙

『国民栄養の現状　平成9年版』第一出版　1997.10
◇喫煙習慣者の割合（性・年齢階級別）　［図41　p56］
◇喫煙の状況（年齢階級別）　［第31表　p113］
◇喫煙習慣者の年次推移（年齢階級別）　［第37表　p116］

きのうけ　　　　　　　　　　　　　　　統計図表レファレンス事典　高齢化社会

技能継承

『大阪経済・労働白書　平成19年版』大阪能率協会　2007.9
　◇定年間際の従業員からの継承が問題となっている技能（製造業）　［図表I-3-23　p74］
　◇定年間際の従業員からの継承が問題となっている能力（非製造業）　［図表I-3-24　p75］

『九州経済白書　2007年度版』九州経済調査協会　2007.2
　◇団塊世代の退職に伴う技術・技能継承に対する認識　［図表4-23　p129］

『国民生活白書　平成19年版』時事画報社　2007.7
　◇団塊の世代の3分の2は自分の技能を後継者に伝えるべきと考えている　［第3-3-20図　p181］
　◇団塊世代の技能継承には「ベテラン技術者の定年延長・継続雇用」、「マンツーマン指導の充実」により対応　［第3-4-6図　p197］

『東京の中小企業の現状　平成18年度』東京都産業労働局　2007.3
　◇団塊世代の退職による技術・技能継承の影響　［図表II-2-23　p103］
　◇団塊世代退職による技術・技能継承の解決策　［図表II-2-24　p104］

技能者

『情報通信白書　平成25年版』日経印刷　2013.7
　◇技術系職員数の減少と高齢化　［図表2-2-2-14　p236］

『ものづくり白書　2013年版』経済産業調査会　2013.7
　◇高年齢技能者の仕事場所、仕事内容について、退職前と比べた現在の状況　［図214-2　p198］
　◇高年齢技能者の主な仕事担当（複数回答）　［図214-3　p198］
　◇高年齢技能者を活用するメリット（複数回答）　［図214-4　p199］
　◇高年齢技能者が働き続けることで、発生する職場の課題（複数回答）　［図214-5　p199］

虐待（高齢者）

『警察白書　平成25年版』日経印刷　2013.7
　◇養護者による高齢者虐待の相談・通報件数等（平成18～23年度）　［図II-60　p51］
　◇養護者による高齢者虐待の種別・類型（平成23年度）　［図II-61　p51］

『厚生労働白書　平成22年版』日経印刷　2010.8
　◇平成20年度　高齢者虐待の防止、高齢者の養護者に対する支援等に関する法律に基づく対応状況等に関する調査結果　［図表2-8-4　p308］

『高齢社会白書　平成19年版』ぎょうせい　2007.6
　◇虐待を受けている高齢者の属性　［図1-2-71　p62］

『高齢社会白書　平成22年版』佐伯印刷　2010.7

52

統計図表レファレンス事典　高齢化社会　　　　　　　　　　　　　　　　**きゅうよ**

　　　◇虐待を受けている高齢者の属性　［図1-2-6-8　p48］
　　『高齢社会白書　平成25年版』印刷通販　2013.7
　　　◇養護者による虐待を受けている高齢者の属性　［図1-2-6-10　p41］
　　『人権教育・啓発白書　平成25年版』勝美印刷　2013.6
　　　◇高齢者に対する暴行・虐待に関する人権侵犯事件数（開始件数）/高齢者福祉
　　　施設における人権侵犯事件数（開始件数）　［p58］
　　『図説　高齢者白書　2004年度版』全国社会福祉協議会　2004.12
　　　◇把握している虐待を受けた高齢者の人数　［11-1　p129］
　　　◇虐待の具体的な内容　［11-2　p129］

求人・求職

　　『大阪経済・労働白書　平成16年版』大阪能率協会　2004.10
　　　◇高年齢者の求職・就職状況　［図表2-10　p156］
　　『大阪経済・労働白書　平成19年版』大阪能率協会　2007.9
　　　◇年齢別常用有効求人・求職の動き（各年10月）　［図表III-1-18　p149］
　　　◇中高年齢者の求職・就職状況（大阪府）　［図表III-1-31　p158］
　　『大阪経済・労働白書　平成21年版』大阪能率協会　2010.3
　　　◇年齢別常用有効求人・求職の動き（各年12月）　［図表III-1-18　p186］
　　　◇中高年齢者の求職・就職状況（大阪府）　［図表III-1-31　p194］
　　『失業対策年鑑　平成7年度版』労務行政研究所　1997.3
　　　◇年齢別常用月間有効求職者数、月間有効求人数、就職件数の推移　［第1-31
　　　表　p41］

求人倍率

　　⇒新規求人倍率, 有効求人倍率 をも見よ

　　『生活と貯蓄 関連統計　平成9年度版』貯蓄広報中央委員会　1997.4
　　　◇年齢階層別求人倍率　［（表）　p139］

給与

　　⇒賃金 をも見よ

　　『大阪経済・労働白書　平成21年版』大阪能率協会　2010.3
　　　◇性、年齢階級別所定内給与額（産業計、企業規模計 大阪府 平成20年）　［図
　　　表III-2-2　p203］
　　　◇企業規模、性、年齢階級別所定内給与額及び対前年増減率（産業計 大阪府）
　　　［図表III-2-3　p204］
　　『女性白書　2013』ほるぷ出版　2013.8
　　　◇短時間労働者の性、年齢階級別1時間当たり所定内給与額　［図表付-77　p244］
　　『新社会人白書　2012年』労働調査会　2010.10
　　　◇「年齢や経験を重視して給与が上がるシステム」を希望する回答　［p198］

53

きゆうよ   統計図表レファレンス事典　高齢化社会

『男女共同参画の現状と施策　平成9年版』大蔵省印刷局　1997.7
　　◇年齢別に見た所定内給与の男女間格差　［表2-2-7　p28］
『日本統計年鑑　平成27年』総務省統計局　2014.11
　　◇男女，年齢階級別常用労働者の月間きまって支給する現金給与額（平成25年）
　　　［図16-3］
　　◇企業規模・産業，年齢階級別常用労働者の月間きまって支給する現金給与額
　　　（平成2〜25年）　［表16-12　p512〜513］

休養

『消費者白書　平成25年版』勝美印刷　2013.7
　　◇高齢単身世帯は、テレビや休養等の時間が長い　［図表2-1-6　p28］

恐喝

『介護白書　平成19年版』TAC出版　2007.10
　　◇振り込め詐欺・恐喝の認知・検挙状況の比較（平成16・17年）　［表3-4-1　p169］
『警察白書　平成19年度版』ぎょうせい　2007.7
　　◇振り込め詐欺（恐喝）の認知・検挙の状況　［図1-19　p72］
　　◇オレオレ詐欺（恐喝）要求名目別認知件数の推移　［図1-20　p72］
　　◇振り込め詐欺（恐喝）の認知検挙状況　［表1-2　p73］
『犯罪白書　平成19年版』佐伯印刷　2007.11
　　◇振り込め詐欺・恐喝の手口別認知件数・検挙件数・検挙人員・検挙率・被害
　　　総額　［1-1-2-4表　p13］
『犯罪白書　平成21年版』太平印刷社　2009.11
　　◇振り込め詐欺（恐喝）認知件数・検挙件数・検挙人員・検挙率・被害総額
　　　［1-1-2-8表　p14］
『犯罪白書　平成24年版』日経印刷　2012.12
　　◇振り込め詐欺（恐喝）認知件数・検挙件数・被害総額の推移　［1-1-2-9図
　　　p14］

共済組合　⇒退職年金　を見よ

共同生活

『介護白書　平成16年版』ぎょうせい　2004.7
　　◇訪問看護ステーションと痴呆対応型共同生活介護における職員の資質向上
　　　等のための取り組み状況　［図3-1-11　p103］
『介護白書　平成19年版』TAC出版　2007.10
　　◇経営主体別にみた認知症対応型共同生活介護事業所における共同生活住居
　　　（ユニット）の状況　［表2-1-13　p104］
『介護白書　平成25年版』オフィスTM　2013.10
　　◇経営主体別認知症対応型共同生活介護事業所における共同生活住居（ユニッ

54

統計図表レファレンス事典　高齢化社会　　　　　　　　　　　　きよしゆ

ト）の状況　［表2-1-6　p077］

漁業就業者

『図説 漁業白書　平成8年度版』農林統計協会　1997.5
　◇高齢漁家の漁家所得（7年）　［図III-4-2　p78］
　◇男子漁業就業者の年齢構成の推移　［図III-6-1　p83］
　◇自営・雇われ別、年齢別漁業就業者数の推移　［III-4　p183］

『男女共同参画の現状と施策　平成9年版』大蔵省印刷局　1997.7
　◇漁業に従事している女性の報酬・給与等の受け取り方（年齢別）　［図2-2-11
　　(2)　p36］

『日本経済統計集　1989～2007』日外アソシエーツ　2009.6
　◇海面漁業就業者数（平成元年～18年）　［図表7-11　p265～266］

『日本統計年鑑　平成27年』総務省統計局　2014.11
　◇海面漁業就業者数（平成10～24年）　［表7-41　p265］

虚弱高齢者

『高齢社会白書　平成9年版』大蔵省印刷局　1997.6
　◇寝たきり・痴呆性・虚弱高齢者の将来推計　［図6-2-4　p56］

居住形態

『介護白書　平成16年版』ぎょうせい　2004.7
　◇虚弱化したときに望む居住形態　［図2-1-8　p29］

『介護白書　平成19年版』TAC出版　2007.10
　◇虚弱化したときの居住形態（複数回答）　［図1-4-14　p89］

『高齢社会白書　平成16年度』ぎょうせい　2004.6
　◇虚弱化したときに望む居住形態　［図1-2-60　p49］

『高齢社会白書　平成19年版』ぎょうせい　2007.6
　◇虚弱化したときに望む居住形態（複数回答）　［図1-2-60　p56］

『高齢社会白書　平成22年版』佐伯印刷　2010.7
　◇虚弱化したときに望む居住形態（複数回答）　［図1-2-6-2　p44］

『高齢社会白書　平成25年版』印刷通販　2013.7
　◇虚弱化したときに望む居住形態　［図1-2-6-2　p36］
　◇団塊の世代の住居形態　［図1-3-5-1　p65］

『図説 高齢者白書　2006年度版』全国社会福祉協議会　2007.3
　◇山形県・東京都・鹿児島県の65歳以上の居住形態　［2-14　p58］
　◇虚弱化したときの居住形態　［6-3　p88］

『土地白書　平成16年版』国立印刷局　2004.7
　◇高齢者（65歳以上）の居住形態の推移　［図表1-3-38　p68］

きよしゆ　　　　　　　　　　　統計図表レファレンス事典　高齢化社会

『ライフデザイン白書　1998-99』ライフデザイン研究所　1997.12
　　◇高齢期に希望する居住形態　［図表12-14　p240］
　　◇高齢期に希望する居住形態（性・年齢別）　［図表12-15　p240］
　　◇高齢期に希望する居住形態　［図表12-16　p241］
『ライフデザイン白書　2004-2005』第一生命経済研究所　2003.10
　　◇高齢期に独りになったときの望ましい居住形態　［図表7-6　p180］
　　◇高齢期に独りになったときの望ましい居住形態（性・年代別）　［図表7-7
　　p181］
　　◇高齢期に独りになったときの望ましい居住形態（居住形態別、都市規模別）
　　［図表7-8　p182］

居住状況

『介護白書　平成16年版』ぎょうせい　2004.7
　　◇高齢者の居住の安定確保に関する法律施行令第2条に規定する国土交通大臣
　　が定める算定の方法　［表4-3　p253］
『高齢社会白書　平成19年版』ぎょうせい　2007.6
　　◇「団塊の世代」の居住状況　［表1-1-18　p18］

居住地域

『高齢社会白書　平成9年版』大蔵省印刷局　1997.6
　　◇高齢者が居住地域に感じる問題点　［表8-1-1　p68］
『高齢社会白書　平成16年度』ぎょうせい　2004.6
　　◇居住地域の不便な点　［図1-2-64　p51］
『高齢社会白書　平成19年版』ぎょうせい　2007.6
　　◇居住地域の不便な点（複数回答）　［図1-2-62　p57］
『国土交通白書　2007』ぎょうせい　2007.5
　　◇「団塊の世代」の居住地域の状況　［図表I-2-4-4　p53］
『国土交通白書　2013』日経印刷　2013.7
　　◇老後の居住地の意向　［図表125　p51］

漁村

『水産白書　平成22年版』農林統計協会　2010.6
　　◇漁村及び全国の高齢化率の比較　［図I-1-1　p15］
『水産白書　平成25年版』農林統計協会　2013.7
　　◇漁港背後集落の人口と高齢化率の推移　［図III-5-2　p164］

居宅介護サービス

『介護白書　平成16年版』ぎょうせい　2004.7
　　◇要介護度ごとの在宅（居宅）サービス利用態様　［p45］

統計図表レファレンス事典　高齢化社会　　　　　　　　　　　　　　　　**きよたく**

　　◇居宅サービスの利用状況　［図3-3-12　p194］
　　◇要介護度別にみた居宅・施設サービス部受給者1人当たり費用額（平成14年
　　　4月審査分）　［図4-15　p248］
　　『介護白書　平成19年版』TAC出版　2007.10
　　◇居宅サービス事業所の種類別にみた9月中の利用者1人当たり利用回数　［図
　　　2-1-8　p102］
　　◇居宅サービス事業所の種類別にみた利用者数、延利用者数、9月中の利用者
　　　1人当たり利用回数　［表2-1-11　p102］
　　『介護白書　平成22年版』オフィスTM　2010.10
　　◇［台湾］居宅サービス資源　［p201］
　　『過疎対策データブック　平成22年3月』丸井工文社　2010.3
　　◇居宅介護サービスの利用状況　［図表1-7-4　p94］
　　『高齢社会白書　平成16年度』ぎょうせい　2004.6
　　◇要介護者等の世帯構造別にみた居宅サービスの利用状況　［表1-2-47　p41］

居宅介護サービス給付費

　　『介護白書　平成16年版』ぎょうせい　2004.7
　　◇居宅給付費における、一人あたり給付費、利用者数の動向　［図2-1-18　p42］
　　◇要介護度別にみた居宅給付費増　［図2-1-19　p43］

居宅介護サービス事業所

　　『介護白書　平成16年版』ぎょうせい　2004.7
　　◇福祉関係居宅サービスの組み合わせ別にみた事業所の状況　［図3-1-5　p94］
　　『介護白書　平成19年版』TAC出版　2007.10
　　◇居宅サービス事業所の種類別にみた利用人員階級別事業所数の構成割合［介
　　　護サービス］　［表2-1-9　p100］
　　『介護白書　平成22年版』オフィスTM　2010.10
　　◇（介護予防）居宅サービス事業所・介護保険施設の常勤換算従事者数（3—1）
　　　［統計表2　p105］
　　◇（介護予防）居宅サービス事業所・介護保険施設の常勤換算従事者数（3—2）
　　　［統計表2　p106］
　　◇（介護予防）居宅サービス事業所・介護保険施設の常勤換算従事者数（3—3）
　　　［統計表2　p107］
　　『日本統計年鑑　平成27年』総務省統計局　2014.11
　　◇居宅サービス及び地域密着型サービス事業所数（平成12〜24年）　［表20-35
　　　p666］

居宅介護サービス従事者

　　『介護白書　平成16年版』ぎょうせい　2004.7
　　◇居宅サービス事業所の常勤換算従事者数　［表3-1-18　p107］

『介護白書　平成19年版』TAC出版　2007.10
　　◇居宅サービス事業所の種類別にみた常勤換算従事者数の状況　［表2-1-23 p112］
　　◇居宅サービス事業所の常勤換算従事者数　［統計表2　p120］

『介護白書　平成22年版』オフィスTM　2010.10
　　◇居宅サービス事業所の種類別にみた常勤換算従事者数の状況　［表2-1-20 p101］

『介護白書　平成25年版』オフィスTM　2013.10
　　◇居宅サービス事業所・介護保険施設の1施設・事業所当たり常勤換算従事者数（3-1）［統計表　p086］
　　◇居宅サービス事業所・介護保険施設の1施設・事業所当たり常勤換算従事者数（3-2）［統計表　p087］
　　◇居宅サービス事業所・介護保険施設の1施設・事業所当たり常勤換算従事者数（3-3）［統計表　p088］

居宅介護サービス受給者

『医療白書　2010年度版』日本医療企画　2010.11
　　◇介護保険におけるサービス種類別居宅サービス受給者数（2005年7月と2010年7月審査分の比較）［図3　p54］

『介護白書　平成16年版』ぎょうせい　2004.7
　　◇居宅サービス受給者増加の内訳（2001年10月→2002年10月）［図2-1-12　p32］

『介護白書　平成19年版』TAC出版　2007.10
　　◇要介護度別にみた居宅介護サービスの受給者割合　［図1-1-5　p8］

『介護白書　平成22年版』オフィスTM　2010.10
　　◇要介護度別にみた居宅介護サービスの受給者割合　［図4-1-5　p185］

居宅介護サービス利用者

『介護白書　平成16年版』ぎょうせい　2004.7
　　◇要介護度別の居宅サービス利用者総数に占める各サービス利用者の割合　［図2-1-22　p48］
　　◇要介護度別にみた居宅サービス利用者総数に対するサービス別利用者の割合　［図3-3-11　p193］

『介護白書　平成19年版』TAC出版　2007.10
　　◇居宅サービス事業所の種類別にみた9月中の1事業所当たり利用者数［介護サービス］　［図2-1-6　p100］
　　◇居宅サービス事業所の種類別にみた要介護度別利用者数の構成割合［介護サービス］　［図2-1-7　p101］
　　◇居宅サービス事業所の種類別にみた要介護度別利用者数の構成割合［介護サービス］　［表2-1-10　p101］

統計図表レファレンス事典　高齢化社会　　きんむえ

近居

⇒同居，別居 をも見よ

『国民生活白書　平成19年版』時事画報社　2007.7
　◇増える親世代との近居　［第1-3-1図　p52］

近所付き合い

『高齢社会白書　平成16年度』ぎょうせい　2004.6
　◇近所の人たちとの交流　［図1-2-48　p42］

『高齢社会白書　平成19年版』ぎょうせい　2007.6
　◇近所の人たちとの交流　［図1-2-52　p51］

『高齢社会白書　平成22年版』佐伯印刷　2010.7
　◇近所の人たちとの交流　［図1-2-5-1　p38］
　◇ふだん、近所の人との付き合いがほとんどない人の割合　［図1-3-4　p54］

『高齢社会白書　平成25年版』印刷通販　2013.7
　◇近所づきあいの程度　［図1-2-6-15　p44］

『ライフデザイン白書　2004-2005』第一生命経済研究所　2003.10
　◇近所づきあいの程度(性・年代別)　［図表15　p28］

勤続年数

『通商白書(総論)　平成9年版』大蔵省印刷局　1997.5
　◇米国における年齢階級別勤続年数の推移　［第4-1-30図　p247］
　◇日本における年齢階級別勤続年数の推移(男性平均値)　［第4-1-31図　p248］

『働く女性の実情　平成8年版』21世紀職業財団　1996.12
　◇年齢階級別平均勤続年数の推移　［付表24　p付33］

『ものづくり白書　2010年版』経済産業調査会　2010.6
　◇短時間労働者の勤続年数構成及び一般労働者に対する賃金比率の推移(年齢構成の相違調整済み)　［図313-15　p181］

『労働経済白書　平成19年版』国立印刷局　2007.8
　◇雇用形態・年齢階級別平均勤続年数　［第2-(2)-2図　p101］

『労働経済白書　平成22年版』日経印刷　2010.8
　◇雇用形態・年齢階級別平均勤続年数　［第1-(1)-20図　p27］

勤務延長制度

『失業対策年鑑　平成7年度版』労務行政研究所　1997.3
　◇規模別勤務延長制度、再雇用制度の実施状況　［第2-4表　p108］

『新規開業白書　平成9年版』中小企業リサーチセンター　1997.7
　◇勤務延長制度、再雇用制度の導入企業割合　［表　p37］

『図説 高齢者白書　2004年度版』全国社会福祉協議会　2004.12

きんむけ   統計図表レファレンス事典　高齢化社会

　　　◇一律定年制における勤務延長制度、再雇用制度の有無　［5-6　p72］
　　　◇勤務延長制度、再雇用制度の設定予定　［5-7　p72］
　　　◇勤務延長制度、再雇用制度の導入に伴う課題　［5-8　p73］
　　　◇一律定年制における勤務延長制度、再雇用制度の適用対象者の範囲　［5-9
　　　　p74］
　　　◇一律定年制における勤務延長制度、再雇用制度の適用基準の内容　［5-10
　　　　p74］
　　『図説　高齢者白書　2006年度版』全国社会福祉協議会　2007.3
　　　◇一律定年制における勤務延長制度、再雇用制度の有無　［5-5　p82］
　　　◇一律定年制における勤務延長制度、再雇用制度の適用対象者の範囲　［5-6
　　　　p83］
　　　◇勤務延長・再雇用の適用基準の内容　［5-7　p83］
　　『労働白書　平成9年版』日本労働研究機構　1997.6
　　　◇定年経験の有無別、再雇用・勤務延長の状況別55歳当時の職種との変化状
　　　　況（男子高年齢者）　［第2-(1)-18表　p236］
　　　◇企業規模別勤務延長制度及び再雇用制度導入企業割合　［第2-(2)-4図　p245］
　　　◇企業規模別勤務延長制度・再雇用制度適用割合　［第2-(2)-5図　p246］
　　　◇企業規模別勤務延長・再雇用における労働者の処遇の変化　［第2-(2)-6図
　　　　p248］
　　　◇勤務延長制度及び再雇用制度導入企業割合の推移　［第97表　p397］
　　　◇企業規模別勤務延長制度及び再雇用制度を設ける予定がない企業割合　［第
　　　　99表　p398］

勤務形態

　　『高齢社会白書　平成19年版』ぎょうせい　2007.6
　　　◇高齢者の勤務形態　［図1-2-46　p47］

勤務時間短縮

　　『女性労働の分析　2009年』21世紀職業財団　2010.5
　　　◇介護のための勤務時間短縮等の措置の制度の有無・措置内容別事業所割合
　　　　［付表73　p185］
　　『女性労働の分析　2011年』21世紀職業財団　2012.8
　　　◇介護のための勤務時間短縮等の措置の制度の有無・措置内容別事業所割合
　　　　［付表73　p214］
　　『女性労働白書　平成15年版』21世紀職業財団　2004.5
　　　◇介護のための勤務時間短縮等の措置の導入状況　［第1-21図　p26］

金融商品

　　『消費者白書　平成25年版』勝美印刷　2013.7
　　　◇金融商品に関する高齢者からの相談には流行が見られる　［図表2-2-18　p46］

60

統計図表レファレンス事典　高齢化社会　　　　　　　　　　くるふか

金融・保険サービス

『消費者白書　平成25年版』勝美印刷　2013.7
　　◇高齢者のトラブルは「金融・保険サービス」が件数、平均支払額とも深刻
　　［図表2-2-15　p44］

筋力

『図説　高齢者白書　2004年度版』全国社会福祉協議会　2004.12
　　◇加齢に伴う大腿の筋肉を構成する筋線維数の減少傾向　［8-10　p102］
　　◇高齢者にみられる筋力トレーニングによる筋力の増加　［8-12　p103］
　　◇若い人と高齢者にみられる筋力トレーニングによる筋量の増加とトレーニ
　　ング中止後の筋量の減少　［8-13　p103］
　　◇5秒間の最大下筋力発揮中の力の変動　［8-14　p103］
　　◇8週間の筋力トレーニングによる高齢者の歩行速度の増加　［8-20　p106］

『図説　高齢者白書　2006年度版』全国社会福祉協議会　2007.3
　　◇加齢に伴う大腿の筋肉を構成する筋線維数の減少傾向　［8-10　p112］
　　◇高齢者にみられる筋力トレーニングによる筋力の増加　［8-12　p113］
　　◇若い人と高齢者にみられる筋力トレーニングによる筋量の増加とトレーニ
　　ング中止後の筋量の減少　［8-13　p113］
　　◇5秒間の最大下筋力発揮中の力の変動　［8-14　p113］
　　◇8週間の筋力トレーニングによる高齢者の歩行速度の増加　［8-20　p116］

勤労意思

『生活と貯蓄　関連統計　平成9年度版』貯蓄広報中央委員会　1997.4
　　◇高齢者の勤労意思　［（表）　p112］

【く】

グループ活動

『高齢社会白書　平成16年度』ぎょうせい　2004.6
　　◇高齢者のグループ活動への参加状況　［図1-2-50　p43］

『高齢社会白書　平成19年版』ぎょうせい　2007.6
　　◇高齢者のグループ活動への参加状況（複数回答）　［図1-2-53　p51］
　　◇グループ活動に参加したきっかけ（複数回答）　［図1-2-54　p52］
　　◇グループ活動に参加しなかった理由（複数回答）　［図1-2-55　p52］

『高齢社会白書　平成22年版』佐伯印刷　2010.7
　　◇高齢者のグループ活動への参加状況（複数回答）　［図1-2-5-2　p39］
　　◇高齢者のグループ活動への参加状況（生きがいの有無別）　［図1-2-5-3　p39］

61

くるふほ　　　　　　　　　　　　　　　　　統計図表レファレンス事典　高齢化社会

　　◇高齢者のグループ活動への参加意向　［図1-2-5-5　p40］
　『高齢社会白書　平成25年版』印刷通販　2013.7
　　◇高齢者のグループ活動への参加状況（複数回答）　［図1-2-5-1　p32］
　　◇高齢者のグループ活動への参加意向　［図1-2-5-2　p32］
　『食料・農業・農村白書　平成22年版』佐伯印刷　2010.6
　　◇高齢者が「行っている」または「今後行ってみたい」地域社会関連グループ
　　活動（複数回答）　［図3-107　p194］

グループホーム

　『医療白書　1997年版』日本医療企画　1997.10
　　◇グループホームの現状と将来予測　［図6-4　p180］
　『関西活性化白書　2004年版』関西社会経済研究所　2004.5
　　◇65歳以上人口1千人当たりのグループホーム事業者数　［図3-132　p254］
　『関西経済白書　2010年版』関西社会経済研究所　2010.9
　　◇65歳以上人口1万人当たりのグループホーム事業者数　［図表　資1-70　p266］
　『発達障害白書　2014年版』明石書店　2013.9
　　◇入居者の年齢層の分布〔グループホーム〕　［第1表　p110］

【け】

ケア

　『医療白書　1997年版』日本医療企画　1997.10
　　◇高齢者ケアにおける医療と福祉のバランス（日本とスウェーデン）　［図6-5
　　p182］

ケアハウス

　『男女共同参画の現状と施策　平成9年版』大蔵省印刷局　1997.7
　　◇新ゴールドプランの施設サービスの整備目標―(3)ケアハウス　［図6-1-2
　　p163］

ケアプラン

　『介護白書　平成16年版』ぎょうせい　2004.7
　　◇ケアプランの状況（ケアプランに組み入れられているサービス種類別の利用
　　者割合）　［図2-1-28　p62］
　『介護白書　平成22年版』オフィスTM　2010.10
　　◇介護サービス計画書（ケアプラン）作成のために使用しているアセスメント
　　ツール　［図1-3-1　p35］

統計図表レファレンス事典　高齢化社会　　　　　　　　　　　　　　　　　　けいたい

ケアマネージメント

『介護白書　平成16年版』ぎょうせい　2004.7
　◇ケアマネジメント機関の状況　［図2-1-30　p63］

『日本福祉年鑑　'97〜'98』講談社　1997.7
　◇ケアマネージメントのプロセス　［図2　p125］

ケアマネジャー

『介護白書　平成16年版』ぎょうせい　2004.7
　◇利用者一人一月当たりのケアマネジャー労働投入時間　［図2-1-29　p62］
　◇ケアマネジャーの状況　［表2-1-17　p62］
　◇実働ケアマネジャーの状況　［表2-1-18　p64］

経営者年齢

『中小企業白書　2004年版』ぎょうせい　2004.5
　◇経営者をやめた時の年齢と事業の資産状況　［第2-3-102図　p224］

『東京の中小企業の現状（製造業編）　平成21年度』東京都産業労働局　2010.3
　◇経営者の年齢　［図表I-2-51　p82］
　◇経営者の年齢（前回調査）　［図表I-2-52　p82］
　◇業種と経営者年齢　［図表I-2-53　p83］

継続雇用制度

『経済財政白書　平成22年版』日経印刷　2010.8
　◇定年制、継続雇用制度の実施状況　［第2-2-20図　p214］

『高齢社会白書　平成9年版』大蔵省印刷局　1997.6
　◇60歳定年制及び65歳継続雇用制度の普及状況　［図3-1-3　p98］

『国民春闘白書　2013年』学習の友社　2012.12
　◇定年退職者のうち継続雇用された割合　［10　p10］

『国民生活白書　平成19年版』時事画報社　2007.7
　◇団塊世代の技能継承には「ベテラン技術者の定年延長・継続雇用」、「マン
　　ツーマン指導の充実」により対応　［第3-4-6図　p197］

『失業対策年鑑　平成7年度版』労務行政研究所　1997.3
　◇〔継続雇用制度導入奨励金支給額〕　［（表）　p113］

『連合白書　2005』コンポーズ・ユニ　2004.12
　◇継続雇用制度（定年延長含む）の導入状況　［p67］

携帯電話

『インターネット白書　2004』インプレス　ネットビジネスカンパニー　2004.7
　◇年代別　携帯電話の1日当たりの平均インターネット利用回数　［資料3-1-4
　　p169］

63

けいたい 　　　　　　　　　　　　　　　　　統計図表レファレンス事典　高齢化社会

『ケータイ白書　2008』インプレスR&D　2007.12
　◇使用機種ランキングトップ3［性年代別］　［資料1-3-6　p37］
　◇携帯電話・PHSにおけるプロフサービスの利用状況［性年代別］　［資料1-
　　11-8　p131］
『情報通信白書　平成16年版』ぎょうせい　2004.7
　◇60歳以上の携帯電話・PHS利用者が最も多く送信する電子メールの送信先
　　［図表7　p41］
『情報メディア白書　1997年版』電通総研　1997.1
　◇携帯電話の年齢別所有率(1995年)　［図表I-22-12　p136］
『図説 高齢者白書　2006年度版』全国社会福祉協議会　2007.3
　◇世帯主の年齢階級別の携帯電話(PHSを含む)の所有数量(平成11・16年)
　　［3-9　p66］
『モバイル社会白書　2007』NTT出版　2007.7
　◇年代別携帯電話の保有状況(昨年との比較)　［資料2-1-03　p13］
　◇年代別携帯電話の購入者　［資料2-1-23　p27］
　◇年代別携帯電話の利用料金　［資料2-1-25　p29］
　◇年代別携帯電話のパケット料金　［資料2-1-26　p30］
　◇年代別携帯電話のパケット定額割引の利用者割合　［資料2-1-27　p31］
　◇年代別携帯電話の有料コンテンツ料金　［資料2-1-28　p31］
　◇若年層と高齢層別利用機能・サービス(複数回答)(全体順位20位まで)　［資
　　料2-1-30　p32］
　◇若年層と高齢層別利用コンテンツ(複数回答)(全体順位20位まで)　［資料
　　2-1-32　p33］
　◇若年層と高齢層別携帯電話の通話を利用する場面(複数回答)　［資料2-1-34
　　p34］
　◇若年層と高齢層別携帯電話のメールを利用する場面(複数回答)　［資料2-1-
　　35　p35］
　◇若年層と高齢層別携帯電話のコンテンツを利用する場面(複数回答)　［資
　　料2-1-36　p35］
　◇高齢層(55歳以上)における携帯電話のメールを利用する場面(複数回答)
　　［資料2-1-37　p36］
　◇高齢層(55歳以上)における携帯電話のコンテンツを利用する場面(複数回
　　答)　［資料2-1-38　p36］
　◇若年層と高齢層別携帯電話利用の魅力(複数回答)　［資料2-1-39　p37］
　◇若年層と高齢層別携帯電話保有における課題(複数回答)　［資料2-1-40　p37］
　◇高齢層(55歳以上)における携帯電話保有における課題(複数回答)　［資料
　　2-1-41　p38］
　◇若年層と高齢層別携帯電話に求めるデザインや使い心地(複数回答)　［資
　　料2-1-42　p38］
　◇携帯電話だと気軽に撮影できるとの回答割合(性別年代別)　［資料2-2-12
　　p53］

統計図表レファレンス事典　高齢化社会　　　　　　　　　　　　　　　　　　　**けつえき**

◇年齢別携帯電話の利用率の推移　［資料3-1-10　p118］
◇携帯電話事業者の環境への取り組みの内容に対する認知度（年代別）（複数回答）　［資料3-5-21　p232］
◇性別年代別の携帯電話の電源や電池に関する取り組みの期待（複数回答）　［資料3-5-26　p235］
◇携帯電話や基地局などから出る電磁波（電波）による健康への影響について気になる場面（年代別）（複数回答）　［資料3-5-29　p239］
◇携帯電話の局所SAR（比吸収率）が機種ごとに携帯電話会社から公表されていることの認知度（年代別）　［資料3-5-36　p242］
◇通信事業者が携帯電話の局所SAR（比吸収率）のような電波の影響の強さを示す値を公表していることへの評価（年代別）　［資料3-5-39　p243］
◇高齢者向け携帯電話　［資料3-6-22　p266］

刑法犯

『警察白書　平成25年版』日経印刷　2013.7
　　◇高齢者の刑法犯検人員及び高齢者の割合の推移（平成元～24年）　［図II-62　p52］
『日本統計年鑑　平成27年』総務省統計局　2014.11
　　◇刑法犯の犯行時の年齢別検挙人員及び補導人員（平成2～24年）　［表25-5　p779］
『犯罪白書　平成9年版』大蔵省印刷局　1997.10
　　◇交通関係業過を除く刑法犯の少年・女子・高齢者の構成比の推移　［I-4図　p49］

契約労働者

『日本子ども資料年鑑　2007』KTC中央出版　2007.2
　　◇性, 就業形態, 年齢階級別, 有期契約労働者の割合及び平均年齢（平成17年）　［XI-3-6表　p377］

血圧

『国民栄養の現状　平成9年版』第一出版　1997.10
　　◇血圧の状況（性・年齢階級別）　［図38　p54］
　　◇血圧の状況（性・年齢階級別）　［第27表　p110］
　　◇最低・最高血圧の分布（性・年齢階級別）　［第28表　p111］
　　◇血圧降下剤使用の年次推移（性・年齢階級別）　［第35表　p115］

血液検査対象者数

『国民栄養の現状　平成9年版』第一出版　1997.10
　　◇血液検査対象者数（性・年齢階級別）　［表8　p65］

けつしき　　　　　　　　　　　　　　統計図表レファレンス事典　高齢化社会

血色素量

『国民栄養の現状　平成9年版』第一出版　1997.10
　◇血色素量低値者の割合（性・年齢階級別）　［図50　p65］
　◇性・年齢階級別血色素量の平均値、標準偏差　［表9　p65］
　◇血色素量の分布（性・年齢階級別）　［第39表　p117］

結晶性知能

『厚生白書　平成9年版』厚生問題研究会　1997.6
　◇結晶性知能は老年期でも維持　［図4-1-11　p108］

血糖値

『国民栄養の現状　平成9年版』第一出版　1997.10
　◇血糖値高値（110mg/dl以上）者の割合（性・年齢階級別）　［図58　p69］
　◇血糖値（食後3時間以上）の平均値、標準偏差（性・年齢階級別）　［表13　p69］
　◇血糖値の分布（食後3時間以上、性・年齢階級別）　［第45表　p120］

ゲーム

『情報メディア白書　1997年版』電通総研　1997.1
　◇性・年代別テレビゲーム参加率　［図表III-2-15　p238］
　◇性・年代別ゲームセンター・ゲームコーナー参加率　［図表III-2-16　p238］
『CESAゲーム白書　2013』コンピュータエンターテインメント協会　2013.7
　◇ゲームユーザーの年齢別内訳［米国］　［p155］

県間移動数

『図説　高齢者白書　2004年度版』全国社会福祉協議会　2004.12
　◇類型別県間移動数：1954〜2003年　［1-36　p43］
『図説　高齢者白書　2006年度版』全国社会福祉協議会　2007.3
　◇類型別県間移動数：1954〜2005年　［1-36　p49］

検挙人員

『警察白書　平成25年版』日経印刷　2013.7
　◇年齢層別検挙人員の推移（平成15〜24年）　［図II-63　p52］
『犯罪白書　平成21年版』太平印刷社　2009.11
　◇一般刑法犯　検挙人員の年齢層別構成比の推移　［1-1-1-5図　p6］
　◇一般刑法犯　検挙人員の推移（年齢層別）　［3-4-1-1図　p118］
　◇一般刑法犯　検挙人員の人口比の推移（年齢層別）　［3-4-1-2図　p119］
『犯罪白書　平成24年版』日経印刷　2012.12
　◇一般刑法犯　検挙人員の年齢層別構成比の推移　［1-1-1-5図　p6］
　◇一般刑法犯　検挙人員の推移（年齢層別）　［4-4-1-1図　p165］

統計図表レファレンス事典　高齢化社会　　　　　　　　　　　　　　　　　　　　　**けんこう**

◇一般刑法犯　検挙人員の人口比の推移（年齢層別）　［4-4-1-2図　p166］

検挙人員（高齢者）

『犯罪白書　平成21年版』太平印刷社　2009.11
　　◇高齢者の検挙人員の推移（罪名別）　［3-4-1-3図　p119］
　　◇一般刑法犯　高齢者の検挙人員の罪名別構成比（男女別）　［3-4-1-4図　p120］

『犯罪白書　平成24年版』日経印刷　2012.12
　　◇一般刑法犯　高齢者の検挙人員の罪名別構成比（男女別）　［4-4-1-3図　p166］
　　◇高齢者の検挙人員の推移（罪名別）　［4-4-1-4図　p167］

健康

『医療白書　2010年度版』日本医療企画　2010.11
　　◇年齢階層別医療・介護・健康人口　［図1　p207］

『介護白書　平成16年版』ぎょうせい　2004.7
　　◇健康上の問題で日常生活に影響がある者の状況　［図3-3-4　p180］

『介護白書　平成19年版』TAC出版　2007.10
　　◇健康状態　［表1-3-2　p69］
　　◇健康の維持・増進（複数回答）　［図1-3-12　p76］

『厚生白書　平成9年版』厚生問題研究会　1997.6
　　◇大多数の高齢者が健康であると回答　［図4-1-9　p107］

『高齢社会白書　平成9年版』大蔵省印刷局　1997.6
　　◇健康・福祉関連サービスの経営組織別事業所数の構成割合　［図3-2-26　p158］

『高齢社会白書　平成16年度』ぎょうせい　2004.6
　　◇健康についての意識　［図1-2-30　p32］
　　◇健康の維持増進のために心掛けていることの内容　［図1-2-31　p33］

『高齢社会白書　平成19年版』ぎょうせい　2007.6
　　◇60歳以上の高齢者の健康についての意識（国際比較）　［図1-2-28　p37］

『高齢社会白書　平成22年版』佐伯印刷　2010.7
　　◇日常生活の満足度と健康状態　［図1-2-3-3　p25］
　　◇60歳以上の高齢者の健康についての意識（国際比較）　［図1-2-3-5　p26］

『高齢社会白書　平成25年版』印刷通販　2013.7
　　◇健康状態に関する意識　［図1-2-3-3　p21］
　　◇団塊の世代の健康状態　［図1-3-4-1　p63］

『国民健康・栄養調査報告　平成16年』第一出版　2006.11
　　◇健康や栄養に関する学習の場の状況（性・年齢階級別）　［第71表　p193］
　　◇健康や栄養に関する学習の場への参加状況（性・年齢階級別）　［第72表　p194］
　　◇「健康日本21」の認知状況（性・年齢階級別）　［第75表　p195］

『国民健康・栄養の現状　平成19年』第一出版　2010.5

けんこう 統計図表レファレンス事典　高齢化社会

◇「健康日本21」の認知状況（性・年齢階級別）　［第68表　p227］

『国民生活白書　平成19年版』時事画報社　2007.7
　◇健康が心配な高齢者が多い　［第2-2-22図　p117］

『消費者白書　平成25年版』勝美印刷　2013.7
　◇高齢者は健康関連に優先的にお金を使いたいと考えている　［図表2-1-9　p30］

『日本統計年鑑　平成27年』総務省統計局　2014.11
　◇6歳以上世帯員の年齢階級別健康状態（平成22年）　［表21-10　p681］

『モバイル社会白書　2007』NTT出版　2007.7
　◇携帯電話や基地局などから出る電磁波（電波）による健康への影響について
　気になる場面（年代別）（複数回答）　［資料3-5-29　p239］

『ライフデザイン白書　1998-99』ライフデザイン研究所　1997.12
　◇身体の健康状態（年齢別）　［図表2-9　p28］

健康関連指標

『厚生労働白書　平成19年版』ぎょうせい　2007.9
　◇1人当たり老人医療費が高いグループの健康関連指標　［図表3-6-11　p95］
　◇1人当たり老人医療費が低いグループの健康関連指標　［図表3-6-12　p95］

健康寿命

『高齢社会白書　平成22年版』佐伯印刷　2010.7
　◇欧米及びアジア諸国の健康寿命（2007年）　［表1-2-3-4　p26］

『高齢社会白書　平成25年版』印刷通販　2013.7
　◇健康寿命と平均寿命の推移　［図1-2-3-4　p22］

『国民健康・栄養の現状　平成22年』第一出版　2013.8
　◇健康寿命の認知度（性・年齢階級別）　［第103表　p167］

健康食品

『消費者白書　平成25年版』勝美印刷　2013.7
　◇高齢者の「健康食品の送り付け商法」に関する2012年度の消費生活相談は
　前年度比5.6倍に　［図表2-2-27　p56］

健康診断

『厚生労働白書　平成19年版』ぎょうせい　2007.9
　◇都道府県別 1人当たり老人医療費と健診受診率（20歳以上）の相関関係　［図
　表3-6-2　p87］

『高齢社会白書　平成16年度』ぎょうせい　2004.6
　◇過去1年間の健康診断等の受診状況　［表1-2-32　p33］

『男女共同参画の現状と施策　平成9年版』大蔵省印刷局　1997.7
　◇健康診断、人間ドックの性・年齢階級別受診率（過去1年間）　［図3-3-3　p103］

68

統計図表レファレンス事典　高齢化社会　　　　　　　　　　　　　　　　　　　けんちく

健康保険

『国民春闘白書　2013年』学習の友社　2012.12
　◇現役も高齢者も丸ごと負担増―協会けんぽの12年度都道府県別保険料率
　　［1　p78］

『図表で見る医療保障　平成25年度版』ぎょうせい　2013.9
　◇年齢階級別構成割合（協会けんぽ,組合健保）―平成23年10月1日―　［p148］
　◇年齢階級別平均標準報酬月額（協会けんぽ,組合健保）―平成23年10月1日―
　　［p148］

『日本統計年鑑　平成27年』総務省統計局　2014.11
　◇全国健康保険協会管掌健康保険：一般被保険者（平成7〜24年度）　［表20-
　　11A　p646］
　◇全国健康保険協会管掌健康保険：法第3条第2項被保険者（平成7〜24年度）
　　［表20-11B　p646］

健康保険法

『高齢社会白書　平成19年版』ぎょうせい　2007.6
　◇健康保険法等の一部を改正する法律の概要　［表2-3-20　p119］

言語性IQ

『厚生白書　平成9年版』厚生問題研究会　1997.6
　◇言語性IQは高齢者になっても維持　［図4-1-12　p108］

検察官処遇意見

『犯罪白書　平成9年版』大蔵省印刷局　1997.10
　◇年齢層別検察官処遇意見及び家庭裁判所終局処理結果の構成比（平成8年）
　　［資料II-36（表）　p480］

研修

『看護白書　平成19年版』日本看護協会出版会　2007.11
　◇定年退職予定者の希望する研修内容（複数回答）　［表1　p61］

建築物

『高齢社会白書　平成9年版』大蔵省印刷局　1997.6
　◇高齢者、身体障害者等が円滑に利用できる建築物のイメージ　［図3-4-10
　　p203］

『障害者白書　平成9年版』大蔵省印刷局　1997.12
　◇高齢者、身体障害者等が円滑に利用できる特定建築物のイメージ　［図1-2-
　　4　p219］

69

【こ】

後期高齢化率

『関西活性化白書　2004年版』関西社会経済研究所　2004.5
　◇後期高齢化（75歳以上）率（2003年）　［図3-128　p252］

後期高齢者

『介護経営白書　2013年度版』日本医療企画　2013.10
　◇高齢者数の増加は後期高齢者の増加によるもの　［表1　p80］

『介護白書　平成16年版』ぎょうせい　2004.7
　◇要介護認定者に占める前期高齢者と後期高齢者数　［図3-3-20　p201］
　◇要介護認定者に占める前期高齢者と後期高齢者の割合の変化　［図3-3-21　p201］

『九州経済白書　2007年度版』九州経済調査協会　2007.2
　◇後期高齢者（75歳以上）の交通手段の推移（北部九州圏）　［図表3-24　p104］

『高齢社会白書　平成9年版』大蔵省印刷局　1997.6
　◇前期高齢者人口と後期高齢者人口　［表1-3-1　p18］
　◇前期・後期高齢者人口の将来推計　［図1-3-2　p19］

『高齢社会白書　平成19年版』ぎょうせい　2007.6
　◇前期高齢者と後期高齢者の要介護等認定の状況　［表1-2-34　p40］

『首都圏白書　平成25年版』勝美印刷　2013.7
　◇H22年からH52年までの前期・後期高齢者増減数と伸び率の比較　［図表1-5-1　p29］

『男女共同参画の現状と施策　平成9年版』大蔵省印刷局　1997.7
　◇前期・後期高齢者人口の将来推計　［図2-4-2　p64］

後期高齢者医療事業

『地方財政白書　平成22年版』日経印刷　2010.3
　◇後期高齢者医療事業の決算の状況（その1　歳入）　［第105図　p127］
　◇後期高齢者医療事業の決算の状況（その2　歳出）　［第105図　p128］
　◇後期高齢者医療事業決算の状況　［第122表　p資121〜資122］

『地方財政白書　平成25年版』日経印刷　2013.4
　◇後期高齢者医療事業の歳入決算の状況　［第91図　p116］
　◇後期高齢者医療事業の歳出決算の状況　［第92図　p117］
　◇後期高齢者医療事業決算の状況　［第121表　p資120〜121］

統計図表レファレンス事典　高齢化社会　　　　　　　　　　　　　　　**こうきよ**

後期高齢者医療制度

『医療白書　2010年度版』日本医療企画　2010.11
　　◇市町村国保の市町村間および後期高齢者医療制度の広域連合間の比較（2008
　　年度）　［表1　p6］

『国民春闘白書　2013年』学習の友社　2012.12
　　◇後期高齢者医療制度の保険料（平均5.8％増額）—2012〜13年度都道府県別保
　　険料　［5　p79］

『図表で見る医療保障　平成22年度版』ぎょうせい　2010.7
　　◇後期高齢者医療制度の都道府県別1人当たり医療費（速報値）　［67　p162］

『図表で見る医療保障　平成25年度版』ぎょうせい　2013.9
　　◇後期高齢者医療制度　都道府県別1人当たり医療費—平成23年度—　［77　p164］

後期高齢者医療費

『日本統計年鑑　平成27年』総務省統計局　2014.11
　　◇制度区分別国民医療費（平成7〜23年度）　［表20-7　p640］
　　◇後期高齢者医療費及び医療給付費（平成2〜24年度）　［表20-31　p663］
　　◇後期高齢者診療費の状況（平成7〜24年度）　［表20-32　p663］

公共交通機関

　　⇒交通手段　をも見よ

『運輸白書　平成8年度』大蔵省印刷局　1997.1
　　◇高齢者・障害者等のための公共交通機関施設整備等の状況　［（表）　p30］

『高齢社会白書　平成9年版』大蔵省印刷局　1997.6
　　◇高齢者等のための公共交通機関施設整備等の状況　［表3-4-9　p200］

『高齢社会白書　平成16年度』ぎょうせい　2004.6
　　◇高齢者等のための公共交通機関施設整備等の状況　［表2-3-46　p118］

『高齢社会白書　平成19年版』ぎょうせい　2007.6
　　◇高齢者等のための公共交通機関施設整備等の状況　［表2-3-38　p138］

『高齢社会白書　平成22年版』佐伯印刷　2010.7
　　◇高齢者等のための公共交通機関施設整備等の状況　［表2-3-25　p117］

『高齢社会白書　平成25年版』印刷通販　2013.7
　　◇高齢者等のための公共交通機関施設整備等の状況　［表2-3-15　p103］

『障害者白書　平成9年版』大蔵省印刷局　1997.12
　　◇高齢者・障害者等のための公共交通機関施設整備等の状況　［表2-2-22　p323］

『日本子ども資料年鑑　2007』KTC中央出版　2007.2
　　◇高齢者・障害者等のための公共交通機関施設整備等の状況（平成16年度）
　　［XI-6-7表　p390］

『日本子ども資料年鑑　2010』KTC中央出版　2010.2

こうさ　　　　　　　　　　　　　　　統計図表レファレンス事典　高齢化社会

　　　　◇高齢者・障害者等のための公共交通機関施設整備等の状況（平成19年度）
　　　　　［XI-6-3表　p390］
　　『日本子ども資料年鑑　2013』KTC中央出版　2013.2
　　　　◇高齢者・障害者等のための公共交通機関施設整備等の状況（平成22年度）
　　　　　［XI-6-3表　p384］

講座　⇒学級・講座 を見よ

耕作放棄地率
　　『図説 食料・農業・農村白書　平成15年度』農林統計協会　2004.6
　　　　◇農業地域類型別・地帯別にみた高齢化率と耕作放棄地率の関係（平成2〜12
　　　　　年）　［図II-43　p156］

厚生転貸融資
　　『企業年金白書　平成9年版』ライフデザイン研究所　1997.3
　　　　◇厚生転貸融資利用者の平均像の推移　［4-1-4表　p78］

厚生年金
　　　　⇒年金 をも見よ

　　『企業年金白書　平成9年版』ライフデザイン研究所　1997.3
　　　　◇予定利率と厚生年金本体利回りの乖離に関する対応　［1-4-6図　p50］
　　　　◇公的年金額（平成6年改正額、7年度・8年度価格）―厚生年金の給付　［3-11
　　　　　表　p96］
　　『経済財政白書　平成16年版』国立印刷局　2004.7
　　　　◇厚生年金における新制度と現行制度の違い　［付図1-27　p267］
　　『厚生白書　平成9年版』厚生問題研究会　1997.6
　　　　◇厚生年金の保険料率の将来見通し　［（図）　p395］
　　　　◇厚生年金の財政見通し（改正後）　［詳細データ（表）1　p396］
　　『厚生労働白書　平成16年版』ぎょうせい　2004.6
　　　　◇厚生年金の財政見通し　［詳細データ1　p440］
　　『高齢社会白書　平成9年版』大蔵省印刷局　1997.6
　　　　◇60歳台前半の厚生年金の見直し　［図3-1-16　p117］
　　『国民春闘白書　2005年』学習の友社　2004.12
　　　　◇100年の安心？ 実は100年の大収奪（厚生年金）　［表3　p81］
　　『国民春闘白書　2010年』学習の友社　2009.11
　　　　◇厚生年金の財政見通し（平成21年財政検証）　［5　p79］
　　『国民春闘白書　2013年』学習の友社　2012.12
　　　　◇厚生年金の年金額格差　［3　p81］
　　『図説 高齢者白書　2004年度版』全国社会福祉協議会　2004.12

統計図表レファレンス事典　高齢化社会　　　　　　　　　　　　　　　こうせい

　　◇厚生年金および国民年金の保険料（率）の引き上げ　［4-3　p62］

　『中小企業白書　平成9年版』大蔵省印刷局　1997.5
　　◇厚生年金の保険料率の将来見通し（平成6年財政再計算結果）　［第3-3-12図　p504］

　『日本統計年鑑　平成27年』総務省統計局　2014.11
　　◇財政投融資：原資及び使途（平成7〜26年度）　［表5-9A　p156］

　『婦人白書　1997』ほるぷ出版　1997.8
　　◇厚生年金の財政見通し（新人口推計対応試算）　［図表5　p148］

　『連合白書　2013』コンポーズ・ユニ　2013.1
　　◇短時間労働者の厚生年金加入状況　［図2　p44］

　『労働白書　平成9年版』日本労働研究機構　1997.6
　　◇1人当たり老齢年金月額（厚生年金保険）の推移　［第2-(1)-7図　p220］

厚生年金基金

　『企業年金白書　平成9年版』ライフデザイン研究所　1997.3
　　◇厚生年金基金数と加入員数の推移　［1-2-1図　p25］
　　◇厚生年金基金新設数の推移　［1-2-2図　p26］
　　◇設立形態・給付形態別の基金数・設立事業所数・加入員数（平成7年度末）　［1-2-3表　p27］
　　◇厚生年金基金の給付形態　［1-2-4図　p27］
　　◇厚生年金基金の年金給付状況（平成6年度新規裁定者）　［1-2-5表　p29］
　　◇加算型厚生年金基金の加算年金給付状況（新規裁定者）　［1-2-6表　p30］
　　◇厚生年金基金への移行実績　［1-2-7図　p31］
　　◇厚生年金基金の契約形態別利回りの推移（平均値）　［1-3-5表　p38］
　　◇厚生年金基金の資産構成内容（平成7年度末）　［1-3-6図　p38］
　　◇厚生年金基金の運用規制の変化　［1-3-7表　p39］
　　◇設立形態・給付算定方法別にみた加算型基金数（平成6年度末）　［6-7表　p113］
　　◇設立形態別・年金資産階級別にみた基金数（平成6年度末）　［6-8表　p113］
　　◇厚生年金基金の年金、一時金選択の実態　［6-9表　p114］
　　◇厚生年金基金の設立認可基準のポイント　［6-11表　p115］
　　◇厚生年金基金制度と適格年金制度の比較　［6-12表　p116］
　　◇厚生年金基金制度研究会報告書要旨　［6-16表　p119〜120］

　『厚生白書　平成9年版』厚生問題研究会　1997.6
　　◇厚生年金基金の仕組み　［(図)　p389］
　　◇厚生年金基金の基金数、加入者数、積立金の推移　［詳細データ(表)1　p389］

　『厚生労働白書　平成16年版』ぎょうせい　2004.6
　　◇厚生年金基金の基金数・加入員数等の推移　［詳細データ1　p437］

　『女性白書　2010』ほるぷ出版　2010.8

こうせい   統計図表レファレンス事典　高齢化社会

◇厚生年金支給額の男女比較　［図表1　p95］

『生活と貯蓄 関連統計　平成9年度版』貯蓄広報中央委員会　1997.4
◇厚生年金基準を設立している企業従業員の年金受給額　［（表）　p94］

厚生年金受給者

『女性白書　2004』ほるぷ出版　2004.8
◇厚生年金老齢年金受給権者の概況　［図表付-93　p235］

『女性白書　2007』ほるぷ出版　2007.8
◇厚生年金・老齢年金受給権者の概況　［図表付-92　p266］

『女性白書　2013』ほるぷ出版　2013.8
◇厚生年金月額別受給者数（平成23年度末）　［図表1　p113］

厚生年金保険

『企業年金白書　平成9年版』ライフデザイン研究所　1997.3
◇厚生年金保険適用事業所数、船舶所有者数の推移（年度末現在）　［3-2表　p92］

『厚生白書　平成9年版』厚生問題研究会　1997.6
◇厚生年金保険・国民年金の積立金の累積状況の年次推移　［詳細データ（表）1　p394］

『厚生労働白書　平成16年版』ぎょうせい　2004.6
◇厚生年金保険・国民年金の積立金の累積状況の年次推移　［詳細データ1　p439］

『国民春闘白書　2005年』学習の友社　2004.12
◇厚生年金保険受給者平均年金月額の推移　［表2　p81］

『国民春闘白書　2013年』学習の友社　2012.12
◇厚生年金保険 老齢給付の年金月額階級別受給権者数（2010年度末）　［2　p66］

『社会保障年鑑　1997年版』東洋経済新報社　1997.7
◇厚生年金保険適用状況　［表III-19　p230］

『女性白書　2010』ほるぷ出版　2010.8
◇性別年金額階級別厚生年金保険老齢年金受給権者数（2007年度末現在）　［図表付-87　p277］

『女性白書　2013』ほるぷ出版　2013.8
◇性別年金月額階級別厚生年金保険老齢年金受給権者数　［図表付-90　p251］

『日本経済統計集　1989～2007』日外アソシエーツ　2009.6
◇厚生年金保険（平成元年度～3年度）　［図表12-12　p384～388］
◇厚生年金保険（平成4年度～12年度）　［図表12-12　p389～391］
◇厚生年金保険（平成13年度～17年度）　［表12-12　p389～391］

『日本統計年鑑　平成27年』総務省統計局　2014.11

統計図表レファレンス事典　高齢化社会　　**こうつう**

◇社会保険適用者数（平成7〜23年度）　［表20-8　p641］
◇厚生年金保険（平成7〜23年度）　［表20-15　p648］

厚生福祉施設整備事業債

『日本統計年鑑　平成27年』総務省統計局　2014.11
◇目的・借入先別地方債現在高（昭和60年度〜平成23年度）　［表5-16　p175］

交通

『交通安全白書　平成9年度』大蔵省印刷局　1997.7
◇高齢者の交通上の悩みごと　［第38図　p47］

交通安全活動

『交通安全白書　平成9年度』大蔵省印刷局　1997.7
◇高齢者の参加している活動　［第2表　p39］

交通安全教育

『交通安全白書　平成9年度』大蔵省印刷局　1997.7
◇高齢者交通安全教育実施形態別参加状況　［第34図　p45］
◇高齢者交通安全教育機会別参加状況　［第35図　p45］

交通安全対策

『交通安全白書　平成9年度』大蔵省印刷局　1997.7
◇高齢者が要望する交通安全対策　［第39図　p48］
『交通安全白書　平成25年版』勝美印刷　2013.7
◇高齢者に対する交通安全対策について　［p65］

交通事故

『介護白書　平成16年版』ぎょうせい　2004.7
◇電動車いすの交通事故件数の推移　［図4-5　p240］
『交通安全白書　平成9年度』大蔵省印刷局　1997.7
◇高齢者の交通事故体験の状況　［第36図　p46］
◇年齢層別・状態別致死率の状況（平成8年）　［第43図　p51］
◇当事者別・高齢者が関係した交通死亡事故件数の推移　［第50図　p59］
◇高齢者が第1当事者の場合の状態別死亡事故件数の推移　［第51図　p59］
『交通安全白書　平成16年版』国立印刷局　2004.6
◇自動車（第1当事者）運転者の若者・高齢者別死亡事故発生件数の推移　［第1-24図　p21］
『交通安全白書　平成19年版』佐伯印刷　2007.6
◇自動車（第1当事者）運転者の若者・高齢者別死亡事故発生件数の推移　［第1.32図　p20］

75

こうつう　　　　　　　　　　　　　統計図表レファレンス事典　高齢化社会

『交通安全白書　平成22年版』印刷通販　2010.7
　　◇自動車（第1当事者）運転者の若者・高齢者別死亡事故発生件数の推移　［第
　　1-32図　p21］
『交通安全白書　平成25年版』勝美印刷　2013.7
　　◇自動車（第1当事者）運転者の若者・高齢者別死亡事故発生件数の推移　［第
　　1-31図　p21］
『高齢社会白書　平成19年版』ぎょうせい　2007.6
　　◇高齢者による交通事故件数の推移（各年12月末）　［図1-2-65　p59］
『高齢社会白書　平成22年版』佐伯印刷　2010.7
　　◇高齢者による交通事故件数の推移（各年12月末）　［図1-2-6-5　p46］

交通事故死傷者

『交通安全白書　平成9年度』大蔵省印刷局　1997.7
　　◇年齢層別交通事故死者構成率と人口構成率の比較（平成8年）　［第4図　p15］
　　◇欧米主要国の年齢層別交通事故死者構成率と人口構成率（1995年）　［第4図
　　p489］
　　◇アジア諸国等の年齢層別交通事故死者構成率（1995年）　［第6図　p494］
『犯罪白書　平成9年版』大蔵省印刷局　1997.10
　　◇交通事故死亡者の年齢層別構成比　［I-25図　p72］
『犯罪白書　平成16年版』国立印刷局　2004.11
　　◇交通事故の年齢層別死傷者数・死傷率　［1-1-3-3図　p27］

交通事故死傷者数

『警察白書　平成9年版』大蔵省印刷局　1997.9
　　◇年齢層別交通事故死者数（平成8年）　［図2-3　p50］
　　◇状態別、年齢層別死者数（平成8年）　［図2-5　p53］
　　◇年齢層別にみた交通事故死者数の構成率と人口構成率の比較（平成8年）
　　　［図2-6　p54］
　　◇年齢層別交通事故死者数の推移（昭和61～平成8年）　［図2-7　p58］
　　◇歩行者の年齢層別の交通事故死者数と負傷者数（平成8年）　［統計（表）2-5
　　p283］
『警察白書　平成16年版』ぎょうせい　2004.10
　　◇年齢層別にみた交通事故死者数の構成率と人口構成率の比較（平成15年）
　　　［図6-10　p202］
　　◇状態別、年齢層別死者数（平成15年）　［図6-11　p203］
　　◇歩行者の年齢層別の交通事故死者数と負傷者数（平成15年）　［統計6-5　p331］
『警察白書　平成19年度版』ぎょうせい　2007.7
　　◇年齢層別にみた交通事故死者数の構成率と人口構成率の比較（平成18年）
　　　［図3-10　p160］
　　◇状態別、年齢層別死者数（平成18年）　［図3-11　p160］

76

統計図表レファレンス事典　高齢化社会　　　**こうつう**

『警察白書　平成22年度版』ぎょうせい　2010.7
　　◇状態別、年齢層別死者数（平成21年）　［図3-2　p128］

『警察白書　平成25年版』日経印刷　2013.7
　　◇状態別、年齢層別死者数（平成24年）　［図4-2　p138］

『交通安全白書　平成9年度』大蔵省印刷局　1997.7
　　◇年齢層別交通事故死者数の推移　［第5図　p16］
　　◇年齢層別人口10万人当たり交通事故死者数の推移　［第6図　p17］
　　◇年齢層別自動車乗車中の交通事故死者数（平成8年）　［第9図　p19］
　　◇年齢層別二輪車乗車中の交通事故死者数（平成8年）　［第10図　p20］
　　◇年齢層別自転車乗用中の交通事故死者数と負傷者数（平成8年）　［第11図　p20］
　　◇年齢層別歩行中の交通事故死者数と負傷者数（平成8年）　［第12図　p21］

『交通安全白書　平成16年版』国立印刷局　2004.6
　　◇年齢層別交通事故死者数の推移　［第1-5図　p12］
　　◇年齢層別人口10万人当たり交通事故死者数の推移　［第1-6図　p13］
　　◇年齢層別自動車乗車中の交通事故死者数　［第1-11図　p15］

『交通安全白書　平成19年版』佐伯印刷　2007.6
　　◇年齢層別交通事故死者数の推移　［第1.9図　p10］
　　◇年齢層別人口10万人当たり交通事故死者数の推移　［第1.10図　p10］
　　◇年齢層別交通事故負傷者数の推移　［第1.11図　p11］
　　◇平成18年中の状態別・年齢層別交通事故死者数　［第1.16図　p13］
　　◇平成18年中の状態別・年齢層別交通事故死者数（対前年比）　［第1.17図　p13］

『交通安全白書　平成22年版』印刷通販　2010.7
　　◇年齢層別交通事故死者数（平成21年）　［第1-8図　p10］
　　◇年齢層別交通事故死者数の推移　［第1-9図　p10］
　　◇年齢層別交通事故負傷者数の推移　［第1-10図　p11］
　　◇平成21年中の状態別・年齢層別交通事故死者数　［第1-15図　p13］
　　◇平成21年中の状態別・年齢層別交通事故死者数（対前年比）　［第1-16図　p14］
　　◇男女別・状態別・年齢層別交通事故死者数（平成21年）　［第1-18図　p15］
　　◇年齢層別死者数の構成率（平成21年）　［第1図　p171］
　　◇年齢層別・状態別にみた24時間死者数と30日死者数の比較（平成21年）　［第2表　p172］

『交通安全白書　平成25年版』勝美印刷　2013.7
　　◇年齢層別交通事故死者数（平成24年）　［第1-8図　p10］
　　◇年齢層別交通事故死者数の推移　［第1-9図　p11］
　　◇年齢層別交通事故負傷者数の推移　［第1-10図　p11］
　　◇平成24年中の状態別・年齢層別交通事故死者数　［第1-15図　p14］
　　◇平成24年中の状態別・年齢層別交通事故死者数（対前年比）　［第1-16図　p14］
　　◇男女別・状態別・年齢層別交通事故死者数（平成24年）　［第1-18図　p15］

77

こうつう　　　　　　　　　　　　　　　　　　統計図表レファレンス事典　高齢化社会

　　◇年齢層別死者数の構成率（平成24年）　［第2図　p161］
　　◇年齢層別・状態別にみた24時間死者数と30日死者数の比較（平成24年）　［第
　　　2表　p162］
　『高齢社会白書　平成9年版』大蔵省印刷局　1997.6
　　◇年齢層別交通事故死者数の推移　［表8-4-1　p77］
　『高齢社会白書　平成16年度』ぎょうせい　2004.6
　　◇年齢層別交通事故死者数の推移　［図1-2-65　p52］
　『高齢社会白書　平成19年版』ぎょうせい　2007.6
　　◇年齢層別交通事故死者数の推移　［図1-2-64　p58］
　『高齢社会白書　平成22年版』佐伯印刷　2010.7
　　◇年齢層別交通事故死者数の推移　［図1-2-6-4　p46］
　『高齢社会白書　平成25年版』印刷通販　2013.7
　　◇年齢層別交通事故死者数の推移　［図1-2-6-5　p38］
　『青少年白書　平成8年度版』大蔵省印刷局　1997.1
　　◇年齢層別、男女別交通事故死傷者数　［第2-2-8表　p96］
　『青少年白書　平成16年版』国立印刷局　2004.7
　　◇年齢層別、男女別交通事故死傷者数　［第1-2-9表　p12］
　『青少年白書　平成19年版』時事画報社　2007.7
　　◇年齢層別,男女別交通事故死傷者数（平成17,18年）　［第1-2-12表　p13］
　『青少年白書　平成21年版』日経印刷　2009.8
　　◇年齢層別交通事故死者数の推移　［第1-3-2図　p38］
　　◇年齢層別交通事故負傷者数の推移　［第1-3-3図　p38］
　　◇年齢層別・状態別交通事故死者数（平成20年）　［第1-3-4図　p39］
　　◇年齢層別・状態別交通事故負傷者数（平成20年）　［第1-3-5図　p39］
　『世界統計白書　2010年版』木本書店　2010.6
　　◇主要国の年齢層別交通事故死者数構成比　［p431］
　『日本子ども資料年鑑　2007』KTC中央出版　2007.2
　　◇年齢階級別交通事故死者数の推移　［XI-5-3表　p387］
　　◇年齢階級別二輪車乗車中の交通事故死者数（平成17年）　［XI-5-4表　p387］
　　◇年齢階級別歩行中の交通事故死者数と負傷者数（平成17年）　［XI-5-5表　p387］
　『日本子ども資料年鑑　2010』KTC中央出版　2010.2
　　◇年齢階級別交通事故負傷者数（平成20年）　［XI-5-2表　p388］
　　◇年齢階級別交通事故死者数の推移　［XI-5-3表　p388］
　『日本子ども資料年鑑　2013』KTC中央出版　2013.2
　　◇年齢階級別交通事故負傷者数（平成23年）　［XI-5-2表　p381］
　　◇年齢階級別交通事故死者数の推移　［XI-5-3表　p382］
　『日本統計年鑑　平成27年』総務省統計局　2014.11

統計図表レファレンス事典　高齢化社会　　　**こうつう**

◇年齢階級別道路交通事故死傷者数（平成25年）　［表26-24　p818］

交通事故死傷者数（外国）

『交通安全白書　平成16年版』国立印刷局　2004.6
　　◇主な欧米諸国の年齢層別交通事故死者数の構成率と人口構成率　［第4図　p191］

『交通安全白書　平成19年版』佐伯印刷　2007.6
　　◇主な欧米諸国の年齢層別交通事故死者数の構成率と人口構成率（2005年）　［第4図　p144］

『交通安全白書　平成22年版』印刷通販　2010.7
　　◇主な欧米諸国の年齢層別交通事故死者数の構成率と人口構成率（2008年）　［第4図　p170］

『交通安全白書　平成25年版』勝美印刷　2013.7
　　◇主な欧米諸国の年齢層別交通事故死者数の構成率と人口構成率（2011年）　［第4図　p159］

交通事故死傷者数（高齢者）

『介護白書　平成16年版』ぎょうせい　2004.7
　　◇交通事故死者数に占める65歳以上の高齢者の割合の推移　［表4-1　p240］

『警察白書　平成16年版』ぎょうせい　2004.10
　　◇交通事故死者数に占める65歳以上の高齢者の割合の推移（昭和58〜平成15年）　［表6-6　p216］

『警察白書　平成25年版』日経印刷　2013.7
　　◇高齢歩行者時間帯別死者数（平成24年）　［図4-13　p144］

『交通安全白書　平成9年度』大蔵省印刷局　1997.7
　　◇高齢者の状態別交通事故死者数の推移　［第14図　p23］
　　◇高齢者の男女別状態別交通事故死者数（平成8年）　［第15図　p23］
　　◇高齢者の交通事故死者数の推移　［第40図　p49］
　　◇全人口に占める高齢者の割合（人口構成率）と全交通事故死者数に占める高齢者の割合（死者構成率）　［第41図　p50］
　　◇高齢者の状態別交通事故死者数の推移　［第44図　p52］
　　◇前期高齢者及び後期高齢者の状態別交通事故死者数の推移　［第45図　p53］
　　◇自動車乗車中における高齢者の交通事故死者数の推移　［第46図　p54］
　　◇男女別・状態別高齢者の交通事故死者数の推移　［第47図　p56］
　　◇男女別・前期高齢者及び後期高齢者の状態別交通事故死者数の比較（平成8年）　［第48図　p57］
　　◇状態別・高齢者の交通事故死者数のうちの法令違反者数の状況（平成8年）　［第53図　p62］
　　◇法令違反を犯した高齢者の交通事故死者数の状況（歩行中）（平成8年）　［第54図　p62］

こうつう   統計図表レファレンス事典　高齢化社会

◇法令違反を犯した高齢者の交通事故死者数の状況（自転車乗用中）（平成8年）
　　［第55図　p63］
◇法令違反を犯した高齢者の交通事故死者数の状況（自動車又は二輪車運転
　中）（平成8年）　［第56図　p63］
◇運転免許の有無別に見た高齢者10万人当たり交通事故死者数の状況（平成8
　年）　［第57図　p64］
『交通安全白書　平成16年版』国立印刷局　2004.6
◇高齢者の状態別交通事故死者数の推移　［第1-13図　p16］
◇若者・高齢者の自動車運転中交通事故死者数の推移　［第1-14図　p17］
『交通安全白書　平成19年版』佐伯印刷　2007.6
◇高齢者の状態別交通事故死者数の推移　［第1.19図　p14］
『交通安全白書　平成22年版』印刷通販　2010.7
◇高齢者の状態別交通事故死者数の推移　［第1-12図　p12］
『交通安全白書　平成25年版』勝美印刷　2013.7
◇高齢者の状態別交通事故死者数の推移　［第1-12図　p12］
『高齢社会白書　平成9年版』大蔵省印刷局　1997.6
◇65歳以上の高齢者の状態別交通事故死者数の推移　［表8-4-2　p77］
『高齢社会白書　平成16年度』ぎょうせい　2004.6
◇65歳以上の高齢者の状態別交通事故死者数の推移　［図1-2-66　p53］
『犯罪白書　平成16年版』国立印刷局　2004.11
◇交通事故の若年層・高齢層の状態別死傷者数の推移　［1-1-3-4図　p28］

交通手段

⇒公共交通機関 をも見よ

『九州経済白書　2007年度版』九州経済調査協会　2007.2
◇高齢者の代表交通手段別トリップ数の推移（北部九州圏）　［図表3-21　p103］
◇前期高齢者（65〜74歳）の交通手段の推移（北部九州圏）　［図表3-23　p104］
◇後期高齢者（75歳以上）の交通手段の推移（北部九州圏）　［図表3-24　p104］

公的年金

⇒年金 をも見よ

『介護白書　平成22年版』オフィスTM　2010.10
◇高齢者世帯における公的年金・恩給の総所得に占める割合別世帯数の構成
　［図1-2-2　p77］
『介護白書　平成25年版』オフィスTM　2013.10
◇高齢者世帯における公的年金・恩給の総所得に占める割合別世帯数の構成
　割合　［図1-2-2　p067］
『企業年金白書　平成9年版』ライフデザイン研究所　1997.3
◇公的年金積立金状況の推移　［3-9表　p95］

80

統計図表レファレンス事典　高齢化社会　　　　　　　　　　　　　　**こうてき**

　　◇公的年金の資金運用事業各年度別運用額の推移　〔3-10表　p95〕
　『経済財政白書　平成25年版』日経印刷　2013.8
　　◇公的年金の資産運用　〔第3-2-9図　p313〜314〕
　『厚生労働白書　平成16年版』ぎょうせい　2004.6
　　◇公的年金は、国民の生活に不可欠の存在です　〔図表5-3-1　p209〕
　『高齢社会白書　平成9年版』大蔵省印刷局　1997.6
　　◇高齢者世帯における公的年金・恩給の総所得に占める割合別世帯数の構成
　　　割合　〔図3-1-14　p114〕
　『高齢社会白書　平成22年版』佐伯印刷　2010.7
　　◇高齢者世帯における公的年金・恩給の総所得に占める割合別世帯数の構成
　　　割合　〔図1-2-2-3　p20〕
　『高齢社会白書　平成25年版』印刷通販　2013.7
　　◇高齢者世帯における公的年金・恩給の総所得に占める割合別世帯数の構成
　　　割合　〔図1-2-2-3　p17〕
　『国民春闘白書　2010年』学習の友社　2009.11
　　◇高齢期の生活設計における公的年金の位置付け　〔2　p79〕
　『国民春闘白書　2013年』学習の友社　2012.12
　　◇公的年金積立金状況　〔4　p81〕
　『図説　高齢者白書　2004年度版』全国社会福祉協議会　2004.12
　　◇高齢者世帯の「公的年金・恩給」のシェア　〔3-5　p54〕
　『図説　高齢者白書　2006年度版』全国社会福祉協議会　2007.3
　　◇高齢者世帯の「公的年金・恩給」のシェア　〔3-5　p64〕
　『生活と貯蓄　関連統計　平成9年度版』貯蓄広報中央委員会　1997.4
　　◇主な公的年金の受給権者数と一人あたり年金額　〔（表）　p93〕
　『世界統計白書　2010年版』木本書店　2010.6
　　◇公的年金の加入状況（国内）　〔p566〕
　『男女共同参画の現状と施策　平成9年版』大蔵省印刷局　1997.7
　　◇性・高齢階級別にみた公的年金、恩給受給割合　〔図2-4-10　p69〕
　『通商白書　2010年版』日経印刷　2010.7
　　◇主要国の公的年金カバー率　〔第2-3-4-3図　p196〕
　『婦人白書　1997』ほるぷ出版　1997.8
　　◇高齢者世帯における公的年金・恩給の総所得に占める割合別世帯数の構成
　　　割合　〔図表付-43　p237〕
　『ライフデザイン白書　2004-2005』第一生命経済研究所　2003.10
　　◇公的年金の生活費カバー率（性・年代別）　〔図表31　p42〕
　　◇公的年金の生活費カバー率認識（年代別）　〔図表8-6　p208〕
　　◇「公的年金」の重視度（「自分と配偶者の老後費用」に対する不安感別）　〔図
　　　表8-7　p209〕

81

こうてき　　　　　　　　　　　　　　　　　統計図表レファレンス事典　高齢化社会

『連合白書　2005』コンポーズ・ユニ　2004.12
　◇生活費を公的年金だけでカバーできる見通しの有無　［p67］

公的年金額

『企業年金白書　平成9年版』ライフデザイン研究所　1997.3
　◇公的年金受給者1人当たり平均年金月額（平成6年度末現在）　［3-6表　p94］
　◇公的年金額（平成6年改正額、7年度・8年度価格）―厚生年金の給付　［3-11
　　表　p96］
　◇公的年金額（平成6年改正額、7年度・8年度価格）―国民年金の給付　［3-11
　　表　p96］

『厚生労働白書　平成16年版』ぎょうせい　2004.6
　◇公的年金受給者の年金総額の推移（年度末現在）　［詳細データ3　p433］

『日本統計年鑑　平成27年』総務省統計局　2014.11
　◇公的年金受給権者数及び1人当たり年金額：新制度分（平成12～23年度）
　　［表20-10A　p643］
　◇公的年金受給権者数及び1人当たり年金額：旧制度分（平成12～23年度）
　　［表20-10B　p644～645］

公的年金加入者数

『企業年金白書　平成9年版』ライフデザイン研究所　1997.3
　◇公的年金加入者数の推移（年度末現在）　［3-1表　p92］

『厚生白書　平成9年版』厚生問題研究会　1997.6
　◇公的年金加入者数の年次推移　［詳細データ（表）1　p387］

『厚生労働白書　平成16年版』ぎょうせい　2004.6
　◇公的年金加入者数の年次推移（年度末現在）　［詳細データ1　p432］

『婦人白書　1997』ほるぷ出版　1997.8
　◇公的年金加入者数の年次推移　［図表付-110　p264］

公的年金受給者数

『企業年金白書　平成9年版』ライフデザイン研究所　1997.3
　◇公的年金受給者数の推移（年度末現在）　［3-4表　p93］

『厚生労働白書　平成16年版』ぎょうせい　2004.6
　◇公的年金受給者数の推移（年度末現在）　［詳細データ2　p432］

『日本統計年鑑　平成27年』総務省統計局　2014.11
　◇公的年金受給権者数及び1人当たり年金額：新制度分（平成12～23年度）
　　［表20-10A　p643］
　◇公的年金受給権者数及び1人当たり年金額：旧制度分（平成12～23年度）
　　［表20-10B　p644～645］

統計図表レファレンス事典　高齢化社会　　　こうてき

公的年金制度

『企業年金白書　平成9年版』ライフデザイン研究所　1997.3
　　◇公的年金制度の体系　［2-1-1図　p58］

『厚生白書　平成9年版』厚生問題研究会　1997.6
　　◇公的年金制度における世代間扶養の仕組み　［図1-5-1　p202］
　　◇公的年金制度の体系　［（図）　p386］

『厚生労働白書　平成16年版』ぎょうせい　2004.6
　　◇公的年金制度一覧　［詳細資料1　p431］

『高齢社会白書　平成9年版』大蔵省印刷局　1997.6
　　◇公的年金制度の体系　［図3-1-15　p115］
　　◇公的年金制度一覧―国民年金制度　［表3-1-18　p120］
　　◇公的年金制度一覧―被用者年金制度　［表3-1-18　p120］
　　◇公的年金制度の再編成の推進について　［表3-1-19　p121］

『高齢社会白書　平成19年版』ぎょうせい　2007.6
　　◇公的年金制度一覧　［表2-3-7　p106］

『世界経済の潮流　2010年I』日経印刷　2010.6
　　◇公的年金制度のカバー範囲　［第2-4-5図　p274］

『世界統計白書　2010年版』木本書店　2010.6
　　◇主要国における公的年金制　［p564〜565］

『世界統計白書　2013年版』木本書店　2013.9
　　◇主要国における公的年金制度　［p520］

『日本福祉年鑑　’97〜’98』講談社　1997.7
　　◇公的年金制度再編制図　［図1　p113］

『婦人白書　1997』ほるぷ出版　1997.8
　　◇公的年金制度一覧　［図表付-109　p263］

『OECD日本経済白書　2007』中央経済社　2007.5
　　◇公的年金制度の長期予測　［第3.7表　p87］

公的年金被保険者数

『女性白書　2010』ほるぷ出版　2010.8
　　◇公的年金被保険者数の推移　［図表付-83　p275］
　　◇性別公的年金被保険者数の推移　［図表付-84　p276］

『女性白書　2013』ほるぷ出版　2013.8
　　◇公的年金被保険者数の推移　［図表付-87　p249］
　　◇性別公的年金被保険者数の推移　［図表付-88　p250］

83

こうとう　　　　　　　　　　　　　　　　　　統計図表レファレンス事典　高齢化社会

強盗

『犯罪白書　平成9年版』大蔵省印刷局　1997.10
　◇強盗の犯行時年齢層別構成比　［I-9図　p57］

行動

『女性白書　2013』ほるぷ出版　2013.8
　◇性、主な行動の種類・生活時間4区分別総平均時間の推移（週全体、65歳以上）　［図表付-150　p290］

購入数量

『図説　農業白書　平成8年度版』農林統計協会　1997.5
　◇1人当たり年間購入数量（金額）の5年ごとの推移（世帯主年齢階級別）　［図I-2　p10］

高年齢求職者給付金

『失業対策年鑑　平成7年度版』労務行政研究所　1997.3
　◇高年齢求職者給付金の額（一般の受給資格者に対する給付）　［第2-21表　p179］
　◇高年齢求職者給付金の額（短時間労働被保険者であった者に対する給付）　［第2-22表　p179］
『社会保障年鑑　1997年版』東洋経済新報社　1997.7
　◇高年齢求職者給付金給付日数　［第13表　p106］

高年齢雇用継続給付制度

『高齢社会白書　平成9年版』大蔵省印刷局　1997.6
　◇高年齢雇用継続給付制度の概要　［表3-1-5　p100］

高年齢雇用継続給付費

『日本統計年鑑　平成27年』総務省統計局　2014.11
　◇高齢者及び児童・家族関係給付費（昭和60年度〜平成23年度）　［表20-4　p637］

高年齢者雇用安定法

『九州経済白書　2007年度版』九州経済調査協会　2007.2
　◇高年齢者雇用安定法改正への対応　［図表IV-24　p40］

高年齢者雇用援助制度

『労働白書　平成9年版』日本労働研究機構　1997.6
　◇高年齢者雇用援助制度の活用状況別高年齢者を増やす予定の事業所割合　［第2-(3)-8図　p285］

高年齢者職業経験活用センター

『高齢社会白書　平成9年版』大蔵省印刷局　1997.6

統計図表レファレンス事典　高齢化社会　　　　　　　　　　　　　　　　　　　　**こうれい**

　　◇高年齢者職業経験活用センターの概要　［表3-1-7　p102］
　『失業対策年鑑　平成7年度版』労務行政研究所　1997.3
　　◇高年齢者職業経験活用センターの概念図　［第2-1図　p125］

高年齢者職業相談

　『失業対策年鑑　平成7年度版』労務行政研究所　1997.3
　　◇高年齢者職業相談室紹介状況　［第2-5表　p120］
　　◇高年齢者職業相談状況　［第2-6表　p120］

高年齢者多数雇用助成金

　『失業対策年鑑　平成7年度版』労務行政研究所　1997.3
　　◇〔高年齢者多数雇用助成金支給額〕　［（表）　p117］

幸福感

　『高齢社会白書　平成9年版』大蔵省印刷局　1997.6
　　◇高齢者の幸福感　［表9-2-2　p82］

公務員

　『公務員白書　平成9年版』大蔵省印刷局　1997.6
　　◇最近5年間における高年齢職員（55歳以上の職員）の在職者数及び在職率の推
　　　移　［資料（表）1-25　p290〜291］
　『公務員白書　平成25年版』日経印刷　2013.6
　　◇指定職の年齢層別在職者数の推移　［図6　p24］

行楽

　『日本統計年鑑　平成27年』総務省統計局　2014.11
　　◇年齢階級別旅行・行楽の行動者率（平成23年）　［表23-28　p759］

高齢化

　『医療白書　1997年版』日本医療企画　1997.10
　　◇人口高齢化速度の国際比較（5年単位）　［表1-1　p3］
　『介護白書　平成16年版』ぎょうせい　2004.7
　　◇高齢化の現状　［表1-1-1　p2］
　　◇高齢化の推移と将来推計　［図1-1-1　p3］
　『介護白書　平成19年版』TAC出版　2007.10
　　◇高齢化の現状　［表1-1-1　p58］
　　◇高齢化の推移と将来推計　［図1-1-1　p59］
　『介護白書　平成22年版』オフィスTM　2010.10
　　◇高齢化の推移と将来推計　［図1-1-1　p69］
　　◇高齢化の現状　［表1-1-1　p69］

こうれい　　　　　　　　　　　　　　　統計図表レファレンス事典　高齢化社会

『介護白書　平成25年版』オフィスTM　2013.10
　◇高齢化の現状　［表1-1-1　p060］
　◇高齢化の推移と将来推計　［図1-1-1　p061］

『経済財政白書　平成16年版』国立印刷局　2004.7
　◇担い手の高齢化が進行　［第3-4-2図　p212］

『経済財政白書　平成22年版』日経印刷　2010.8
　◇高齢化と社会保障費　［第1-3-21図　p129］

『厚生白書　平成9年版』厚生問題研究会　1997.6
　◇高齢化の進行に伴い増加する成人病　［図2-1-4　p51］
　◇先進諸国における高齢化の進展　［図4-1-3　p101］

『厚生労働白書　平成19年版』ぎょうせい　2007.9
　◇国民医療費、老人医療費、高齢化率の推移　［図表1-2-2　p17］

『高齢社会白書　平成9年版』大蔵省印刷局　1997.6
　◇高齢化への評価　［表1-3-1　p9］

『高齢社会白書　平成16年度』ぎょうせい　2004.6
　◇高齢化の現状　［表1-1-1　p2］
　◇高齢化の推移と将来推計　［図1-1-3　p3］

『高齢社会白書　平成19年版』ぎょうせい　2007.6
　◇高齢化の現状　［表1-1-1　p3］
　◇高齢化の推移と将来推計　［図1-1-4　p5］

『高齢社会白書　平成22年版』佐伯印刷　2010.7
　◇高齢化の現状　［表1-1-1　p2］
　◇高齢化の推移と将来推計　［図1-1-4　p4］

『高齢社会白書　平成25年版』印刷通販　2013.7
　◇高齢化の現状　［表1-1-1　p2］
　◇高齢化の推移と将来推計　［図1-1-4　p5］

『首都圏白書　平成16年版』国立印刷局　2004.6
　◇人口・世帯数増減と高齢化進行の相関　［図表1-1-6　p14］
　◇少子化・高齢化の進行状況　［図表1-1-12　p18］
　◇高齢化に伴う問題とそれに対する取組の状況　［図表1-1-21　p23］
　◇首都圏における高齢化の現状　［図表2-3-11　p76］
　◇首都圏における近年の高齢化の進行状況　［図表2-3-12　p76］

『首都圏白書　平成19年版』国立印刷局　2007.6
　◇首都圏における高齢化の現状　［図表2-3-6　p37］
　◇首都圏における近年の高齢化の進行状況　［図表2-3-7　p37］

『消費者白書　平成25年版』勝美印刷　2013.7
　◇着実に進展する人口の高齢化　［図表1-1-6　p8］

統計図表レファレンス事典　高齢化社会　　　　　　　　　　　　　　**こうれい**

　　◇高齢化は今後ますます進行していく　〔図表2-1-1　p24〕
　『情報通信白書　平成22年版』ぎょうせい　2010.7
　　◇三大都市圏とそれ以外の道県の高齢化と人口増減率（2004年、2009年比較）
　　　〔図表1-2-1-7　p36〕
　　◇全国規模で人口が減少する時代の到来と高齢化の加速　〔図表2-2-1-1　p99〕
　『情報通信白書　平成25年版』日経印刷　2013.7
　　◇技術系職員数の減少と高齢化　〔図表2-2-2-14　p236〕
　『食料・農業・農村白書　平成25年版』日経印刷　2013.7
　　◇食品関係企業による高齢化への対応（2つまで回答）　〔図2-4-9　p118〕
　『図説　農業白書　平成8年度版』農林統計協会　1997.5
　　◇農業就業人口の人口曲線からみた高齢化の進行　〔図IV-5　p226〕
　　◇農業就業人口の人口曲線からみた高齢化の進行（男性）　〔（図）　p図説27〕
　『図表で見る医療保障　平成22年度版』ぎょうせい　2010.7
　　◇人口の高齢化の将来予測　〔10　p24〕
　『図表で見る医療保障　平成25年度版』ぎょうせい　2013.9
　　◇人口の高齢化の将来予測　〔10　p20〕
　『生活と貯蓄　関連統計　平成9年度版』貯蓄広報中央委員会　1997.4
　　◇人口高齢化度の国際比較　〔（表）　p99〕
　　◇人口・世帯数の推移と高齢化の進行　〔（表）　p100〕
　『製造基盤白書（ものづくり白書）　2004年版』ぎょうせい　2004.6
　　◇ものづくり人材の種類ごとの高齢化の状況　〔図221-3（1）　p352〕
　　◇ものづくり人材の種類ごとの高齢化の状況（規模別）　〔図221-3（2）　p352〕
　　◇製造部門技能者の高齢化の状況（業種別）　〔図221-3（3）　p353〕
　　◇ものづくり人材の高齢化に対しての対応（規模別）　〔図221-4（1）　p353〕
　　◇ものづくり人材の高齢化に対しての対応（業種別）　〔図221-4（2）　p354〕
　『地域の経済　2012』日経印刷　2012.12
　　◇被災3県及び全国の将来推計　〔第2-3-6図　p123〕
　『中小企業白書　平成9年版』大蔵省印刷局　1997.5
　　◇先進諸国の高齢化の倍化年数　〔第3-3-7表　p501〕
　『日中経済産業白書　2012/2013』日中経済協会　2013.7
　　◇中国各地方の人口高齢化（2011年）　〔図表9　p20〕
　『ボランティア白書　'96-'97』日本青年奉仕協会　1997.3
　　◇高齢化の状況　〔表I-18　p20〕
　『目で見る医療保険白書　平成16年版』ぎょうせい　2004.3
　　◇人口の高齢化の将来予測　〔10　p22〕
　『ものづくり白書　2010年版』経済産業調査会　2010.6
　　◇主要国における高齢化の進展　〔図211-10　p52〕

こうれい　　　　　　　　　　　　　　統計図表レファレンス事典　高齢化社会

高齢化社会

『厚生白書　平成9年版』厚生問題研究会　1997.6
　　◇7割以上の教師が高齢社会を取り上げたいと回答　［図4-1-7　p105］
　　◇高齢者にとっても、高齢社会に対する印象はさまざま　［図4-1-14　p109］

『春闘図解　'97』労働経済社　1997.2
　　◇急速にやってくる高齢社会　［図25　p41］

『通商白書　2010年版』日経印刷　2010.7
　　◇各国が高齢化社会から高齢社会になるまでにかかる期間（倍化年数）　［第
　　2-5-1-5表　p215］

高齢化集落

『食料・農業・農村白書　平成22年版』佐伯印刷　2010.6
　　◇小規模・高齢化集落の住民が生活上一番困っていること、不安なこと　［図
　　4-7　p224］
　　◇小規模・高齢化集落の住民が別の地域に移りたい理由（上位3つ回答）　［図
　　4-8　p224］

高齢化対策

『過疎対策の現況　平成8年度版』丸井工文社　1997.8
　　◇高齢化対策の現在・今後重要事項（複数回答：3）　［第2-28図　p99］
　　◇高齢化対策の取り組み状況　［第2-55表　p99］
　　◇高齢化対策の取り組み状況　［第2-56表　p100］

『高齢社会白書　平成9年版』大蔵省印刷局　1997.6
　　◇施策に関する国民の意識　［表1-3-6　p12］

高齢化率

『介護白書　平成16年版』ぎょうせい　2004.7
　　◇都道府県別高齢化率の推移　［表1-2-1　p4］
　　◇市区町村別に見た高齢化率（高齢化率による市区町村の分布）　［図1-2-1
　　p6］

『介護白書　平成19年版』TAC出版　2007.10
　　◇都道府県別高齢化率（65歳以上）の推移　［表1-1-2　p60］
　　◇市町村の高齢化率別の推移　［図1-1-2　p61］
　　◇高齢化率が高い市町村・低い市町村　［表1-1-3　p61］

『介護白書　平成22年版』オフィスTM　2010.10
　　◇都道府県別高齢化率の推移　［表1-1-2　p71］

『介護白書　平成25年版』オフィスTM　2013.10
　　◇高齢化率の前回将来推計との比較　［図1-1-2　p061］
　　◇都道府県別高齢化率の推移　［表1-1-2　p062］

88

統計図表レファレンス事典　高齢化社会　　　　　　　　　　　　　　**こうれい**

『関西活性化白書　2004年版』関西社会経済研究所　2004.5
　◇高齢化率の変化　［図3-127　p252］

『関西経済白書　2010年版』関西社会経済研究所　2010.9
　◇高齢化率の推移　［図表 資1-5　p231］

『関西経済白書　2013年版』アジア太平洋研究所　2013.9
　◇高齢化率の推移　［図表I-5　p(5)］

『九州経済白書　2010年版』九州経済調査協会　2010.2
　◇日帰りレジャー地域と近隣都市の人口、高齢化率（推計）　［図表4-35　p86］

『建設白書　平成9年版』大蔵省印刷局　1997.8
　◇主要国の高齢化率　［図表1-50　p69］

『厚生労働白書　平成19年版』ぎょうせい　2007.9
　◇都道府県別 1人当たり国民医療費の変化率と高齢化率の変化率の相関関係
　　［図表3-6-1　p86］

『高齢社会白書　平成9年版』大蔵省印刷局　1997.6
　◇先進諸国の高齢化率の推移及び予測　［図1-4-1　p20］
　◇都道府県別の高齢化率と高齢者数　［表1-6-1　p23］

『高齢社会白書　平成16年度』ぎょうせい　2004.6
　◇都道府県別高齢化率の推移　［表1-1-4　p5］
　◇市区町村別にみた高齢化率（高齢化率による市区町村の分布）　［図1-1-5
　　p6］
　◇世界の高齢化率の推移　［図1-1-18　p13］

『高齢社会白書　平成19年版』ぎょうせい　2007.6
　◇都道府県別高齢化率の推移　［表1-1-8　p9］
　◇高齢化率が高い市町村及び低い市町村　［表1-1-9　p9］
　◇市町村の高齢化率別の推移　［図1-1-10　p10］
　◇世界の高齢化率の推移　［図1-1-15　p16］

『高齢社会白書　平成22年版』佐伯印刷　2010.7
　◇都道府県別高齢化率の推移　［表1-1-8　p7］
　◇世界の高齢化率の推移　［図1-1-13　p11］

『高齢社会白書　平成25年版』印刷通販　2013.7
　◇都道府県別高齢化率の推移　［表1-1-8　p8］
　◇世界の高齢化率の推移　［図1-1-13　p12］

『国土交通白書　2010』日経印刷　2010.7
　◇都道府県別の高齢化率　［図表4　p5］
　◇市町村の人口規模と高齢化率（2005年）　［図表27　p16］

『首都圏白書　平成16年版』国立印刷局　2004.6
　◇将来推計人口及び高齢化率の推移　［図表3-1-4　p128］

『少子化社会白書　平成16年版』ぎょうせい　2004.12

89

こうれい　　　　　　　　　　　　　　　　統計図表レファレンス事典　高齢化社会

　　　◇高齢化率別市区町村割合　［第1-3-8図　p64］
　　『情報通信白書　平成25年版』日経印刷　2013.7
　　　◇日本の人口推計と高齢化率の推移　［図表2-3-1-1　p245］
　　　◇世界の高齢化率の推移　［図表2-3-1-3　p246］
　　『食料・農業・農村白書　平成22年版』佐伯印刷　2010.6
　　　◇DIDs・非DIDsの人口と高齢化率の推移と見通し　［図4-2　p219］
　　　◇農村地域の高齢化率（2005年、農業地域別）　［図4-3　p220］
　　　◇非DIDsの人口減少率（2005年－2035年）と高齢化率（2035年）（都道府県別）
　　　　［図4-5　p221］
　　　◇農業就業人口割合（2005年）と非DIDsの人口減少率（2005-2035年）、高齢化
　　　　率（2035年）（都道府県別）　［図4-6　p221］
　　『森林・林業白書　平成22年版』全国林業改良普及協会　2010.6
　　　◇林業就業者数及び高齢化率の推移　［図IV-17　p74］
　　　◇振興山村の人口及び高齢化率の推移　［図IV-31　p83］
　　『森林・林業白書　平成25年版』農林統計協会　2013.7
　　　◇振興山村の人口及び高齢化率の推移　［資料V-39　p155］
　　『水産白書　平成22年版』農林統計協会　2010.6
　　　◇漁村及び全国の高齢化率の比較　［図I-1-1　p15］
　　『水産白書　平成25年版』農林統計協会　2013.7
　　　◇漁港背後集落の人口と高齢化率の推移　［図III-5-2　p164］
　　『図説　食料・農業・農村白書　平成15年度』農林統計協会　2004.6
　　　◇農業地域類型別・地帯別にみた高齢化率と耕作放棄地率の関係（平成2～12
　　　　年）　［図II-43　p156］
　　『生活と貯蓄　関連統計　平成9年度版』貯蓄広報中央委員会　1997.4
　　　◇都道府県別人口高齢化度　［（表）　p97］
　　『世界の厚生労働　2007』TKC出版　2007.4
　　　◇各国の高齢化率（65歳以上人口/総人口）の推移　［図1-1　p4］
　　『男女共同参画白書　平成25年版』新高速印刷　2013.6
　　　◇高齢化率及び高齢者数の将来推計（男女別）　［第1-4-1図　p91］
　　『地域の経済　2009』佐藤印刷　2010.2
　　　◇林業就業者数と高齢化率　［第2-2-15図　p64］
　　『労働経済白書　平成16年版』ぎょうせい　2004.9
　　　◇先進諸国における高齢化率と合計特殊出生率の推移　［付1-（1）-1表　p197］

高齢化率（外国）

　　『世界の厚生労働　2007』TKC出版　2007.4
　　　◇フランスの人口、高齢者人口、高齢化率の推移　［表1-57　p84］
　　『通商白書　2010年版』日経印刷　2010.7

統計図表レファレンス事典　高齢化社会　　　　　　　　　　　　　　**こうれい**

　◇アジア諸国の高齢化率（総人口に占める65歳以上人口の推移と見通し）　［第3-2-1-39図　p318］

高齢化率（地方）

『関西経済白書　2007年版』関西社会経済研究所　2007.6
　◇関西各府県別の高齢化率の推移　［図表2-62　p113］
　◇滋賀県内市町村の高齢化率　［図表2-84　p141］
　◇京都府内市町村の高齢化率　［図表2-86　p143］
　◇大阪府内市町村の高齢化率　［図表2-88　p145］
　◇兵庫県内市町村の高齢化率　［図表2-90　p147］
　◇奈良県内市町村の高齢化率　［図表2-92　p149］
　◇和歌山県内市町村の高齢化率　［図表2-94　p151］
　◇福井県内市町村の高齢化率　［図表2-96　p153］
『首都圏白書　平成22年版』佐伯印刷　2010.7
　◇首都圏の市区町村別高齢化率（平成47年）　［図表2-1-8　p40］
『中国地域経済白書　2010年』中国地方総合研究センター　2010.9
　◇島嶼部市町村の人口減少と高齢化率の推移　［図6.2.7　p143］

高齢期

『ライフデザイン白書　2004-2005』第一生命経済研究所　2003.10
　◇望ましい高齢期（性別、性・年代別、世帯年収別）　［図表7-1　p175］

高齢期援助対策

『日本労働年鑑　1997年版』労働旬報社　1997.6
　◇中高年向け高齢期援助対策別企業比率　［図5　p口絵］

高齢期就業準備奨励金

『失業対策年鑑　平成7年度版』労務行政研究所　1997.3
　◇〔高齢期就業準備奨励金支給額〕　［（表）　p115］

高齢者

『介護経営白書　2013年度版』日本医療企画　2013.10
　◇高齢者数の増加は後期高齢者の増加によるもの　［表1　p80］
『介護白書　平成25年版』オフィスTM　2013.10
　◇65歳以上の高齢者数の推移　［表1-1-1　p023］
『厚生白書　平成9年版』厚生問題研究会　1997.6
　◇大学生の高齢者像は「地味、遅い、弱い、非生産的」　［図4-1-4　p105］
　◇65歳以上を老人とみなす人は3割を下回っている　［表4-1-8　p106］
『厚生労働白書　平成19年版』ぎょうせい　2007.9
　◇都道府県別　高齢者数（65歳以上）の推移　［図表3-1-1　p67］

91

こうれい   統計図表レファレンス事典　高齢化社会

『高齢社会白書　平成9年版』大蔵省印刷局　1997.6
　　◇都道府県別の高齢化率と高齢者数　[表1-6-1　p23]

『高齢社会白書　平成16年度』ぎょうせい　2004.6
　　◇100歳以上の高齢者数の年次推移　[図1-1-2　p3]
　　◇高齢者のイメージ　[図2-2-5　p64]
　　◇高齢者に対する扱い　[図2-2-7　p65]

『高齢社会白書　平成19年版』ぎょうせい　2007.6
　　◇高齢者を対象としたポスター　[図2-3-12　p110]

『高齢社会白書　平成25年版』印刷通販　2013.7
　　◇65歳以上の高齢者の増加数　[図1-3-1-1　p53]

『首都圏白書　平成22年版』佐伯印刷　2010.7
　　◇高齢者数の全国シェアの推移　[図表2-1-10　p40]

『首都圏白書　平成25年版』勝美印刷　2013.7
　　◇鉄道沿線の高齢者数の増減率（平成22年→平成52年）　[図表1-1-14　p11]
　　◇高齢者数の全国シェアの推移　[図表2-1-9　p42]

『図説　高齢者白書　2004年度版』全国社会福祉協議会　2004.12
　　◇世代別高齢者数の将来推計　[12-14　p147]

『世界の厚生労働　2013』正陽文庫　2013.4
　　◇児童及び高齢者割合の推計〔中国〕　[表4-1-7　p306]

『男女共同参画の現状と施策　平成9年版』大蔵省印刷局　1997.7
　　◇家族形態別にみた65歳以上の高齢者の構成割合の年次推移　[図2-4-6　p67]

『男女共同参画白書　平成16年版』国立印刷局　2004.6
　　◇性・家族形態別にみた65歳以上の高齢者の割合　[第1-4-1図　p78]

『男女共同参画白書　平成25年版』新高速印刷　2013.6
　　◇高齢化率及び高齢者数の将来推計（男女別）　[第1-4-1図　p91]

『通商白書　平成16年版』ぎょうせい　2004.7
　　◇米国・日本における高齢者数の推移と将来予測　[第1-4-9図　p42]

『婦人白書　1997』ほるぷ出版　1997.8
　　◇家族形態別にみた65歳以上の者の数の年次推移　[図表付-28　p231]
　　◇家族形態別にみた65歳以上の者の数の構成割合の年次推移　[図表付-29
　　　p231]
　　◇性・年齢階級別にみた配偶者の有無および家族形態別65歳以上の者の数の
　　　構成割合　[図表付-32　p232]

高齢者医療給付費

『日本統計年鑑　平成27年』総務省統計局　2014.11
　　◇制度別社会保障給付費（昭和55年度〜平成23年度）　[表20-2　p635]
　　◇高齢者及び児童・家族関係給付費（昭和60年度〜平成23年度）　[表20-4　p637]

92

統計図表レファレンス事典　高齢化社会　　　　　　　　　　　　　　　こうれい

高齢者医療制度

『高齢社会白書　平成19年版』ぎょうせい　2007.6
　◇新たな高齢者医療制度の創設　［図2-3-17　p117］

高齢社会対策関係予算

『介護白書　平成22年版』オフィスTM　2010.10
　◇高齢社会対策関係予算分野別総括表　［p171］

『高齢社会白書　平成9年版』大蔵省印刷局　1997.6
　◇高齢社会対策関係予算　［表2-1-1　p92］
　◇高齢社会対策関係予算分野別総括表　［（表1）　p254～255］
　◇高齢社会対策関係予算省庁別総括表　［（表2）　p256～257］
　◇高齢社会対策関係予算分野別内訳　［（表3）　p258～286］

『高齢社会白書　平成16年度』ぎょうせい　2004.6
　◇高齢社会対策関係予算（一般会計）　［表2-1-1　p57］
　◇高齢社会対策関係予算分野別総括表　［p148～149］

『高齢社会白書　平成19年版』ぎょうせい　2007.6
　◇高齢社会対策関係予算（一般会計）　［表2-1-1　p93］

『高齢社会白書　平成22年版』佐伯印刷　2010.7
　◇高齢社会対策関係予算（一般会計）　［表2-1-1　p77］

高齢社会対策大綱

『高齢社会白書　平成16年度』ぎょうせい　2004.6
　◇「高齢社会対策大綱」に対する期待　［図2-2-9　p67］

高齢者関係給付費

『介護白書　平成16年版』ぎょうせい　2004.7
　◇高齢者関係給付費の推移　［表1-4-1　p12］

『高齢社会白書　平成9年版』大蔵省印刷局　1997.6
　◇高齢者関係給付費　［表2-2-1　p93］

『高齢社会白書　平成16年度』ぎょうせい　2004.6
　◇高齢者関係給付費の推移　［表1-1-16　p12］

『少子化社会白書　平成16年版』ぎょうせい　2004.12
　◇高齢者関係給付費と児童・家族関係給付費の推移　［第1-3-28表　p83］

『図説 高齢者白書　2006年度版』全国社会福祉協議会　2007.3
　◇高齢者関係給付費　［表3　p31］

高齢者疑似体験

『運輸白書　平成8年度』大蔵省印刷局　1997.1

93

こうれい　　　　　　　　　　　　　　　統計図表レファレンス事典　高齢化社会

◇高齢者疑似体験　［2-1-36図　p156］

高齢者雇用関係助成金制度

『高齢社会白書　平成9年版』大蔵省印刷局　1997.6
　◇高齢者雇用関係助成金制度の概要　［表3-1-4　p99］

『高齢社会白書　平成19年版』ぎょうせい　2007.6
　◇高齢者雇用関係助成金制度の概要　［表2-3-1　p97］

高齢者社会教育

『厚生白書　平成9年版』厚生問題研究会　1997.6
　◇大部分の児童生徒が関心を示す高齢者社会教育　［表4-1-6　p105］

高齢者生活福祉センター

『男女共同参画の現状と施策　平成9年版』大蔵省印刷局　1997.7
　◇新ゴールドプランの施設サービスの整備目標―(4)高齢者生活福祉センター
　　［図6-1-2　p163］

高齢者増加率

『国土交通白書　2010』日経印刷　2010.7
　◇市町村の人口規模と高齢者の増加率(2005年2035年)の推計　［図表28　p17］

『通商白書　平成16年版』ぎょうせい　2004.7
　◇米国・日本における高齢者の年平均増加率予測　［第1-4-10図　p42］

高齢者総合相談センター

『高齢社会白書　平成9年版』大蔵省印刷局　1997.6
　◇高齢者総合相談センターの仕組み　［図3-2-17　p147］

高齢者パート就労促進制度

『世界の厚生労働　2007』TKC出版　2007.4
　◇(連邦雇用庁が助成した)高齢者パート就労促進制度活用者数〔ドイツ〕
　　［表1-50　p76］

高齢者比率

『過疎対策データブック　平成16年1月』丸井工文社　2004.1
　◇高齢者比率及び若年者比率の推移(将来推計を含む)　［図表1-2-18　p25～
　　26］
　◇高齢者比率・若年者比率の段階別過疎地域市町村数　［図表1-2-19　p26］
　◇高齢者比率の度数分布　［図表1-7-1　p66］
　◇高齢者比率及び若年者比率の推移(将来推計を含む)　［図表7　p243］

『過疎対策データブック　平成18年12月』丸井工文社　2007.1
　◇高齢者比率及び若年者比率の推移(将来推計を含む)　［図表1-2-17　p24］

94

統計図表レファレンス事典　高齢化社会　　　　　　　　　　　　**こうれい**

　　◇高齢者比率・若年者比率の段階別過疎関係市町村数　［図表1-2-18　p25］
　　◇高齢者比率の度数分布　［図表1-7-1　p61］
　　◇高齢者比率及び若年者比率の推移　［図表7　p254］
　『過疎対策データブック　平成22年3月』丸井工文社　2010.3
　　◇高齢者比率及び若年者比率の推移　［図表1-2-17　p49］
　　◇高齢者比率・若年者比率の段階別過疎関係市町村数　［図表1-2-18　p50］
　　◇高齢者比率の度数分布　［図表1-7-1　p92］
　『過疎対策の現況　平成8年度版』丸井工文社　1997.8
　　◇高齢者比率及び若年者比率の推移　［第2-10図　p42］
　　◇高齢者比率の段階別過疎地域市町村数内訳　［第2-13表　p43］
　　◇人口減少率の高い団体等（過疎地域）—（3）高齢者比率の高い団体（平成7年）
　　　　［第7表　p364］
　　◇人口減少率の高い団体等（過疎地域）—（4）高齢者比率の低い団体（平成7年）
　　　　［第7表　p364］
　『通商白書　2010年版』日経印刷　2010.7
　　◇アジアと日本の高齢者比率　［第2-5-1-3図　p214］
　『通信白書　平成9年版』大蔵省印刷局　1997.5
　　◇高齢者比率と地域情報化　［第1-4-75図　p168］

高齢者福祉施設

　『過疎対策データブック　平成16年1月』丸井工文社　2004.1
　　◇高齢者福祉施設の整備状況　［図表1-7-2　p67］
　『過疎対策データブック　平成18年12月』丸井工文社　2007.1
　　◇高齢者福祉施設の整備状況（施設数）　［図表1-7-3　p62］
　　◇高齢者福祉施設の整備状況　［図表17　p260］
　『過疎対策データブック　平成22年3月』丸井工文社　2010.3
　　◇65歳以上1万人に対しての高齢者福祉施設の整備状況（定員）　［図表1-7-2
　　　p93］
　　◇高齢者福祉施設の整備状況（施設数）　［図表1-7-3　p93］
　『過疎対策の現況　平成8年度版』丸井工文社　1997.8
　　◇過疎地域における高齢者福祉施設の整備状況　［第2-58表　p102］
　『人権教育・啓発白書　平成25年版』勝美印刷　2013.6
　　◇高齢者に対する暴行・虐待に関する人権侵犯事件数（開始件数）/高齢者福祉
　　　施設における人権侵犯事件数（開始件数）　［p58］

高齢者保健福祉サービス

　『厚生白書　平成9年版』厚生問題研究会　1997.6
　　◇主要な高齢者保健福祉サービスの概要と目標量　［詳細資料（表）1　p365］
　『婦人白書　1997』ほるぷ出版　1997.8

こくみん　　　　　　　　　　統計図表レファレンス事典　高齢化社会

◇主要な高齢者保健福祉サービスの概要と目標量　［図表付-113　p265］

国民医療費　⇒医療費 を見よ

国民健康づくり対策

『高齢社会白書　平成9年版』大蔵省印刷局　1997.6
　◇第2次国民健康づくり対策（アクテイブ80ヘルスプラン）の施策一覧　［表3-2-1　p126］

国民健康保険

『医療白書　2010年度版』日本医療企画　2010.11
　◇市町村国保の市町村間および後期高齢者医療制度の広域連合間の比較（2008年度）　［表1　p6］

『介護白書　平成16年版』ぎょうせい　2004.7
　◇国保連合会苦情申立内容別累計　［図2-1-31　p64］

『図説 高齢者白書　2004年度版』全国社会福祉協議会　2004.12
　◇国民健康保険世帯主の職業の変化　［10-3　p121］

『図説 高齢者白書　2006年度版』全国社会福祉協議会　2007.3
　◇国民健康保険世帯主の職業の変化　［10-3　p131］

『図表で見る医療保障　平成22年度版』ぎょうせい　2010.7
　◇都道府県別1人当たり医療費（国民健康保険（老人保健分を含む））―平成19年度―　［62　p152］

『日本統計年鑑　平成27年』総務省統計局　2014.11
　◇制度区分別国民医療費（平成7〜23年度）　［表20-7　p640］

『目で見る医療保険白書　平成16年版』ぎょうせい　2004.3
　◇老人医療費の割合の推移（国民健康保険）　［53　p128］
　◇都道府県別1人当たり医療費（国民健康保険）（老人保健分を含む）―平成13年度　［59　p140］

国民年金

⇒年金 をも見よ

『企業年金白書　平成9年版』ライフデザイン研究所　1997.3
　◇公的年金額（平成6年改正額、7年度・8年度価格）―国民年金の給付　［3-11表　p96］

『厚生白書　平成9年版』厚生問題研究会　1997.6
　◇〔国民年金の加入員〕　［（表）　p390］
　◇厚生年金保険・国民年金の積立金の累積状況の年次推移　［詳細データ（表）1　p394］
　◇国民年金の保険料の将来見通し　［（図）　p395］
　◇国民年金の財政見通し　［詳細データ（表）2　p397］

統計図表レファレンス事典　高齢化社会　　　　　**こくみん**

『厚生労働白書　平成16年版』ぎょうせい　2004.6
　　◇厚生年金保険・国民年金の積立金の累積状況の年次推移　[詳細データ1
　　　p439]
　　◇国民年金の財政見通し　[詳細データ2　p441]

『国民春闘白書　2013年』学習の友社　2012.12
　　◇国民年金（基礎年金）の低年金水準と格差　[2　p81]

『失業対策年鑑　平成7年度版』労務行政研究所　1997.3
　　◇失対紹介対象者の国民年金の受給状況　[第4-13表　p591]

『社会保障年鑑　1997年版』東洋経済新報社　1997.7
　　◇国民年金適用状況　[表III-18　p230]

『女性白書　2010』ほるぷ出版　2010.8
　　◇性別年金額階級別国民年金老齢年金受給権者数（2007年度末現在）　[図表
　　　付-86　p277]

『女性白書　2013』ほるぷ出版　2013.8
　　◇性別年金月額階級別国民年金老齢年金受給権者数　[図表付-89　p250]

『図説 高齢者白書　2004年度版』全国社会福祉協議会　2004.12
　　◇厚生年金および国民年金の保険料（率）の引き上げ　[4-3　p62]

『日本経済統計集　1989〜2007』日外アソシエーツ　2009.6
　　◇国民年金（平成元年度〜11年度）　[図表12-13　p392〜395]
　　◇国民年金（平成12年度〜14年度）　[図表12-13　p396〜398]
　　◇国民年金（平成15年度〜17年度）　[図表12-13　p396〜398]

『日本統計年鑑　平成27年』総務省統計局　2014.11
　　◇財政投融資：原資及び使途（平成7〜26年度）　[表5-9A　p156]
　　◇社会保険適用者数（平成7〜23年度）　[表20-8　p641]
　　◇国民年金（平成7〜23年度）　[表20-16　p648]

国民年金基金

『厚生白書　平成9年版』厚生問題研究会　1997.6
　　◇国民年金基金の種類　[（表）　p390]
　　◇国民年金基金の年金給付　[詳細資料（図）1　p391]

『厚生労働白書　平成16年版』ぎょうせい　2004.6
　　◇国民年金基金の基金数・加入員数の推移　[詳細データ5　p437]

国民年金受給権者

『女性白書　2004』ほるぷ出版　2004.8
　　◇国民年金老齢年金受給権者の概況　[図表付-92　p235]

『女性白書　2007』ほるぷ出版　2007.8
　　◇国民年金・老齢年金受給権者の概況　[図表付-91　p266]

こくみん　　　　　　　　　　　　　統計図表レファレンス事典　高齢化社会

国民年金制度

『厚生白書　平成9年版』厚生問題研究会　1997.6
　　◇国民年金制度　［詳細資料（表）2　p387］

『高齢社会白書　平成9年版』大蔵省印刷局　1997.6
　　◇公的年金制度一覧—国民年金制度　［表3-1-18　p120］

国民年金納付率

『国民春闘白書　2010年』学習の友社　2009.11
　　◇国民年金保険料の納付率の推移（現年度分）　［p79］

『女性白書　2010』ほるぷ出版　2010.8
　　◇国民年金納付率の推移　［図表5　p99］

国民年金被保険者

『連合白書　2007』コンポーズ・ユニ　2006.12
　　◇国民年金第1号被保険者の内訳　［p46］

『連合白書　2013』コンポーズ・ユニ　2013.1
　　◇国民年金第1号被保険者の就業状況の推移　［図1　p44］

国民年金預託金

『日本統計年鑑　平成27年』総務省統計局　2014.11
　　◇財政融資資金（平成2年度, 平成7〜25年）　［表14-9　p429］

国民負担率

『高齢社会白書　平成9年版』大蔵省印刷局　1997.6
　　◇国民負担率と社会保障給付費の推移　［図4-3-1　p40］

『図説 高齢者白書　2004年度版』全国社会福祉協議会　2004.12
　　◇国民負担率の国際比較　［表5　p27］

心の支え

『介護白書　平成19年版』TAC出版　2007.10
　　◇高齢者の心の支えになっている人（複数回答）　［図1-2-2　p67］

『高齢社会白書　平成19年版』ぎょうせい　2007.6
　　◇心の支えになっている人（複数回答）　［図1-2-5　p23］

『高齢社会白書　平成22年版』佐伯印刷　2010.7
　　◇心の支えとなっている人（複数回答）　［図1-2-1-6　p15］

心の病

『国民春闘白書　2008年』学習の友社　2007.12
　　◇心の病の最も多い年齢層　［[7]　p67］

統計図表レファレンス事典　高齢化社会　　　　　　　　　　　　　　　こまりこ

『産業人メンタルヘルス白書　2007年版』メンタル・ヘルス研究所　2007.8
　　◇心の病が多い年齢層　［図5　p59］
　　◇心の病が多い年齢層（企業との比較）　［図6　p59］
　　◇Q6.「心の病」はどの年齢層で最も多いですか。　［表10　p96］
　　◇Q6―1.「心の病」の最多年齢層と自治体カテゴリのクロス集計　［表11　p96］

個人支出

『消費社会白書　2013』JMR生活総合研究所　2012.11
　　◇老後への備えの程度や老後の見通しと個人支出増減、個人支出意向、節約
　　姿勢との関連　［図表1-19　p20］

個人年金保険

『企業年金白書　平成9年版』ライフデザイン研究所　1997.3
　　◇個人年金保険の保有契約件数と新規契約件数の推移　［4-2-7図　p85］
　　◇個人年金の契約状況の推移　［8-3表　p123］
　　◇個人年金保険加入率（全生命保険会社）　［8-4図　p124］

骨折

『介護白書　平成16年版』ぎょうせい　2004.7
　　◇わが国の骨折発症後の一年後の姿　［表3-3-12　p224］
　　◇骨折受傷の原因　［図3-3-33　p225］

孤独死

『医療白書　2013年度版』日本医療企画　2013.9
　　◇松戸市内の孤独死年度推移　［図2　p106］

『介護白書　平成16年版』ぎょうせい　2004.7
　　◇わが国における大腿骨頸部骨折患者数予測　［図3-3-34　p225］

『高齢社会白書　平成22年版』佐伯印刷　2010.7
　　◇孤立死の発生状況　［図1-3-9　p58］

『高齢社会白書　平成25年版』印刷通販　2013.7
　　◇単身居住者で死亡から相当期間経過後に発見された件数　［図1-2-6-18　p45］
　　◇孤独死を身近な問題と感じるものの割合　［図1-2-6-19　p45］

困りごと

　　⇒心配ごと，悩み，不安　をも見よ

『高齢社会白書　平成22年版』佐伯印刷　2010.7
　　◇困ったときに頼れる人がいない人の割合　［図1-3-2　p53］
　　◇困っている世帯への手助け　［図1-3-14　p61］

『高齢社会白書　平成25年版』印刷通販　2013.7

こよう

統計図表レファレンス事典　高齢化社会

　　◇困ったときに頼れる人がいない人の割合　［図1-2-6-16　p44］
　『消費者白書　平成25年版』勝美印刷　2013.7
　　◇大都市の高齢者は困ったときに頼れる人がいない人の割合が大きい　［図表
　　2-1-8　p30］
　『食料・農業・農村白書　平成22年版』佐伯印刷　2010.6
　　◇小規模・高齢化集落の住民が生活上一番困っていること、不安なこと　［図
　　4-7　p224］

雇用

　『企業年金白書　平成9年版』ライフデザイン研究所　1997.3
　　◇雇用制度などの今後の動向　［3-2-5図　p69］
　　◇雇用動向　［（表）4　p131］
　『図説 高齢者白書　2006年度版』全国社会福祉協議会　2007.3
　　◇65歳までの雇用確保措置の義務化をどう考えるか（複数回答）　［5-9　p85］
　『世界の厚生労働　2007』TKC出版　2007.4
　　◇各国の（雇用分野を含む）年齢差別禁止法　［表1-13　p11］
　『労働経済白書　平成19年版』国立印刷局　2007.8
　　◇男女別、年齢階級別にみた雇用形態別割合の推移　［第1-（1）-20図　p22］
　　◇年齢階級別正規雇用割合の推移　［第2-（3）-25図　p157］
　『労働白書　平成9年版』日本労働研究機構　1997.6
　　◇年齢階級別残存率の推移　［第2-（2）-3図　p244］

雇用（高齢者）

　『海外労働白書　平成9年版』日本労働研究機構　1997.6
　　◇欧米主要国の雇用失業対策―（6）高齢者対策　［別表2　p548］
　『九州経済白書　2007年度版』九州経済調査協会　2007.2
　　◇高年齢者雇用安定法改正への対応　［図表IV-24　p40］
　　◇高齢者の雇用予定（全国、2004年）　［図表4-16　p122］
　　◇高齢者の雇用を増やす理由（全国、2004年）　［図表4-17　p122］
　『高齢社会白書　平成9年版』大蔵省印刷局　1997.6
　　◇高齢者雇用対策の体系　［図3-1-1　p96］
　『高齢社会白書　平成19年版』ぎょうせい　2007.6
　　◇高齢者の雇用形態　［図1-2-45　p46］
　　◇60歳以上の労働者の雇用予定　［図1-2-48　p48］
　『国民春闘白書　2013年』学習の友社　2012.12
　　◇企業が高齢者を雇用する理由　［3　p71］
　『世界経済の潮流　2007年春』国立印刷局　2007.6
　　◇若年者・女性・高齢者の雇用情勢の推移　［第1-1-2図　p7］

統計図表レファレンス事典　高齢化社会　　　　　　　　　　　　　　　　**こようし**

『日本労働年鑑　1997年版』労働旬報社　1997.6
　　◇中小企業における高齢者活用事例の回答率　［図4　p口絵］
『ライフデザイン白書　1998-99』ライフデザイン研究所　1997.12
　　◇民間企業の高齢者雇用の状況　［図表2-31　p48］
『連合白書　2010』コンポーズ・ユニ　2009.12
　　◇現在の高齢者雇用制度　［p86］
『労働白書　平成9年版』日本労働研究機構　1997.6
　　◇高年齢雇用継続給付の給付額　［（図）　p225］
　　◇50歳以上高年齢者の割合別60歳以上の雇用を進める上での問題点　［第2-
　　　(3)-6図　p282］
　　◇高年齢労働者を増やす予定別高年齢労働者雇用のための特別の措置の実施
　　　割合　［第2-(3)-7図　p283］
　　◇高年齢者雇用援助制度の活用状況別高年齢者を増やす予定の事業所割合
　　　［第2-(3)-8図　p285］
　　◇企業規模別最高雇用年齢の構成比　［第98表　p398］
　　◇高齢者雇用のために現在とっている特別の措置・高齢者増減の理由別事業
　　　所割合　［第106表　p402］
　　◇60歳以上の短時間勤務雇用の現状と今後の見込み（主要業務）　［第118表
　　　p412］
　　◇60歳以上の労働者の雇用に対する考え方　［第119表　p413］
　　◇50歳以上高年齢者の割合別高年齢者を増やす予定の有無別事業所数の割合
　　　［第121表　p414］

雇用延長

『国民春闘白書　2013年』学習の友社　2012.12
　　◇高齢者の雇用延長と若年新規採用の関係　［8　p71］
『労働白書　平成9年版』日本労働研究機構　1997.6
　　◇企業規模別雇用延長への課題（複数回答）　［第107表　p403］

雇用者

『高齢社会白書　平成22年版』佐伯印刷　2010.7
　　◇性年齢別雇用形態別雇用者数及び非正規雇用者率（役員を除く）　［図1-2-4-
　　　4　p35］
　　◇雇用者数の推移（全産業）　［図1-2-4-5　p36］
『高齢社会白書　平成25年版』印刷通販　2013.7
　　◇雇用者数の推移（全産業）　［図1-2-4-1　p30］
『女性白書　2007』ほるぷ出版　2007.8
　　◇年齢階級別女性雇用者数および構成比の推移　［図表付-59　p250］
『女性白書　2010』ほるぷ出版　2010.8
　　◇性、年齢階級別人口に占める雇用形態別雇用者の割合（2009年）　［図表付-

101

こようし　　　　　　　　　　　　　　　　　統計図表レファレンス事典　高齢化社会

　　69　p268〕

　『女性労働の分析　2006年』21世紀職業財団　2007.7
　　◇自営業主（内職者を除く）・雇用者の年齢階級別割合（非農林業）　〔図表2-8
　　　p34〕

　『女性労働の分析　2009年』21世紀職業財団　2010.5
　　◇年齢階級別雇用者数の推移　〔付表14-1　p116〕
　　◇年齢階級別雇用者数の構成比及び15歳以上人口に占める雇用者の割合の推
　　　移　〔付表14-2　p117〕

　『女性労働白書　平成15年版』21世紀職業財団　2004.5
　　◇年齢階級別雇用者数、構成比及び15歳以上人口に占める雇用者の割合の推
　　　移　〔付表10　p付20〜21〕

　『働く女性の実情　平成8年版』21世紀職業財団　1996.12
　　◇年齢階級別雇用者数、構成比及び15歳以上人口に占める雇用者の割合の推
　　　移　〔付表15　p付26〜27〕

　『連合白書　2007』コンポーズ・ユニ　2006.12
　　◇年齢階層別の非典型雇用者の構成比　〔p62〕

　『労働経済白書　平成19年版』国立印刷局　2007.8
　　◇年齢階級別の雇用形態別雇用者数　〔付1-(1)-3表　p263〕

　『労働経済白書　平成22年版』日経印刷　2010.8
　　◇男女別、年齢階級別にみた雇用形態別雇用者割合の推移　〔第1-(1)-17図
　　　p24〕
　　◇年齢階級別、雇用形態別雇用者数　〔付1-(1)-11表　p224〕

　『労働白書　平成9年版』日本労働研究機構　1997.6
　　◇高年齢非農林業雇用者の従業者階級別構成の変化（男子）　〔第2-(1)-19図
　　　p237〕
　　◇年齢階級別雇用者数　〔第8表　p440〕

雇用者比率

　『女性白書　2007』ほるぷ出版　2007.8
　　◇雇用形態の内訳別年齢階級別雇用者比率（女性）　〔図表4　p41〕

　『女性労働の分析　2006年』21世紀職業財団　2007.7
　　◇女性の年齢階級別雇用者比率　〔図表1-9　p8〕

雇用復帰支援手当

　『世界の厚生労働　2007』TKC出版　2007.4
　　◇雇用復帰支援手当（ARE）の制度加入期間及び年齢別支給期間〔フランス〕
　　　〔表1-68　p93〕

102

統計図表レファレンス事典　高齢化社会　　　**こんてん**

雇用保護制度

『経済財政白書　平成19年版』時事画報社　2007.8
　◇雇用保護制度が若年者及び高齢者の雇用率に与える影響　［第3-2-6図　p199］

雇用率

『経済財政白書　平成19年版』時事画報社　2007.8
　◇雇用保護制度が若年者及び高齢者の雇用率に与える影響　［第3-2-6図　p199］

コレステロール

『国民栄養の現状　平成9年版』第一出版　1997.10
　◇総コレステロール高値者の割合(性・年齢階級別)　［図52　p66］
　◇総コレステロールの平均値、標準偏差(性・年齢階級別)　［表10　p66］
　◇HDL－コレステロール低値者(40mg/dl未満)の割合(性・年齢階級別)　［図54　p67］
　◇HDL－コレステロールの平均値、標準偏差(性・年齢階級別)　［表11　p67］
　◇総コレステロール値の分布(性・年齢階級別)　［第41表　p118］
　◇HDL－コレステロール値の分布(性・年齢階級別)　［第43表　p119］

コンテンツ

『ケータイ白書　2008』インプレスR&D　2007.12
　◇お試しコンテンツ利用後の有料コンテンツ登録状況［性年代別］　［資料1-9-8　p89］
　◇コンテンツやウェブサイトの探し方(複数回答)［性年代別］　［資料1-9-10　p91］
　◇コンテンツやウェブサイトの最も多い探し方［性年代別］　［資料1-9-12　p93］
　◇今後利用してみたいコンテンツやウェブサイトのジャンル(複数回答)［性年代別］　［資料1-9-28　p104］

『情報通信白書　平成16年版』ぎょうせい　2004.7
　◇有料インターネットコンテンツ世代別利用率　［図表1　p182］

『モバイル社会白書　2007』NTT出版　2007.7
　◇年代別携帯電話の有料コンテンツ料金　［資料2-1-28　p31］
　◇若年層と高齢層別利用コンテンツ(複数回答)(全体順位20位まで)　［資料2-1-32　p33］
　◇若年層と高齢層別携帯電話のコンテンツを利用する場面(複数回答)　［資料2-1-36　p35］
　◇高齢層(55歳以上)における携帯電話のコンテンツを利用する場面(複数回答)　［資料2-1-38　p36］

103

さいかい　　　　　　　　　　　統計図表レファレンス事典　高齢化社会

【さ】

災害時要援護者

『国土交通白書　2010』日経印刷　2010.7
　　◇土砂災害による死亡・行方不明者に占める災害時要援護者の割合（平成17～
　　21年）　［図表II-6-2-10　p162］

『国土交通白書　2013』日経印刷　2013.7
　　◇土砂災害による死亡・行方不明者に占める災害時要援護者の割合（平成20～
　　24年）　［図表II-7-2-4　p191］

『消防白書　平成21年版』日経印刷　2009.11
　　◇市町村における災害時要援護者の避難支援対策の調査結果　［第1-5-2図　p79］

『防災白書　平成25年版』日経印刷　2013.7
　　◇災害時要援護者名簿の整備状況　［図表1-3-15　p87］

災害対策

『介護白書　平成19年版』TAC出版　2007.10
　　◇災害に備えてとっている対策（複数回答）　［図1-4-12　p86］
　　◇災害に備えてとっている対策（複数回答）　［表1-4-3　p87］

在学者数

『日本統計年鑑　平成27年』総務省統計局　2014.11
　　◇年齢階級，教育程度別15歳以上人口（昭和55年～平成22年）　［表2-13　p58］

財形年金貯蓄

『企業年金白書　平成9年版』ライフデザイン研究所　1997.3
　　◇財形貯蓄制度の導入率の推移　［8-5表　p124］
　　◇財形貯蓄制度の導入率（従業員規模別、業種別）　［8-6表　p124］
　　◇財形年金貯蓄の推移　［8-7表　p125］

再雇用

『国民春闘白書　2013年』学習の友社　2012.12
　　◇再雇用で賃金低下が8割以上　［6　p71］
　　◇再雇用で手取り額どうなる？　［7　p71］

『図説　高齢者白書　2006年度版』全国社会福祉協議会　2007.3
　　◇勤務延長・再雇用の適用基準の内容　［5-7　p83］

『労働経済白書　平成16年版』ぎょうせい　2004.9

統計図表レファレンス事典　高齢化社会　　　　　　　　　　　　　さいこん

◇定年退職者の再雇用・60歳を越えた定年制の導入状況　〔付2-(1)-48表　p253〕
『労働白書　平成9年版』日本労働研究機構　1997.6
　◇定年経験の有無別、再雇用・勤務延長の状況別55歳当時の職種との変化状況（男子高年齢者）　〔第2-(1)-18表　p236〕
　◇企業規模別勤務延長・再雇用における労働者の処遇の変化　〔第2-(2)-6図　p248〕

再雇用制度

『失業対策年鑑　平成7年度版』労務行政研究所　1997.3
　◇規模別勤務延長制度、再雇用制度の実施状況　〔第2-4表　p108〕
『新規開業白書　平成9年版』中小企業リサーチセンター　1997.7
　◇勤務延長制度、再雇用制度の導入企業割合　〔表　p37〕
『図説 高齢者白書　2004年度版』全国社会福祉協議会　2004.12
　◇一律定年制における勤務延長制度、再雇用制度の有無　〔5-6　p72〕
　◇勤務延長制度、再雇用制度の設定予定　〔5-7　p72〕
　◇勤務延長制度、再雇用制度の導入に伴う課題　〔5-8　p73〕
　◇一律定年制における勤務延長制度、再雇用制度の適用対象者の範囲　〔5-9　p74〕
　◇一律定年制における勤務延長制度、再雇用制度の適用基準の内容　〔5-10　p74〕
『図説 高齢者白書　2006年度版』全国社会福祉協議会　2007.3
　◇一律定年制における勤務延長制度、再雇用制度の有無　〔5-5　p82〕
　◇一律定年制における勤務延長制度、再雇用制度の適用対象者の範囲　〔5-6　p83〕
『労働白書　平成9年版』日本労働研究機構　1997.6
　◇企業規模別勤務延長制度及び再雇用制度導入企業割合　〔第2-(2)-4図　p245〕
　◇企業規模別勤務延長制度・再雇用制度適用割合　〔第2-(2)-5図　p246〕
　◇勤務延長制度及び再雇用制度導入企業割合の推移　〔第97表　p397〕
　◇企業規模別勤務延長制度及び再雇用制度を設ける予定がない企業割合　〔第99表　p398〕
　◇適用対象者別再雇用制度導入割合の推移　〔第100表　p399〕
　◇企業規模別希望者全員を制度適用対象者とする企業割合　〔第101表　p399〕

再婚率

『図説 高齢者白書　2004年度版』全国社会福祉協議会　2004.12
　◇高齢者の再婚率：1950〜2000年　〔1-30　p41〕
『図説 高齢者白書　2006年度版』全国社会福祉協議会　2007.3
　◇高齢者の再婚率：1950〜2005年　〔1-30　p47〕

105

さいさん　　　　　　　　　　統計図表レファレンス事典　高齢化社会

財産管理制度

『高齢社会白書　平成9年版』大蔵省印刷局　1997.6
　　◇財産管理制度の利用の意向　［表5-3-3　p47］

催事参加率

『情報メディア白書　1997年版』電通総研　1997.1
　　◇性・年代別催し物・博覧会参加率　［図表III-2-23　p240］

再就職

『ライフデザイン白書　2004-2005』第一生命経済研究所　2003.10
　　◇退職後に働きたい理由（老後資金準備額別）　［図表7-3　p177］
『労働白書　平成9年版』日本労働研究機構　1997.6
　　◇高年齢再就職者の1か月当たり賃金水準　［第2-(2)-20図　p263］

在職老齢年金

　　⇒老齢年金 をも見よ

『高齢社会白書　平成9年版』大蔵省印刷局　1997.6
　　◇雇用と連携のとれた年金制度（在職老齢年金の改善、雇用保険との調整）
　　　［図3-1-17　p118］
『世界の厚生労働　2007』TKC出版　2007.4
　　◇年齢別在職老齢年金受給者数と全老齢年金受給者に占める割合〔フランス〕
　　　［表1-64　p91］
　　◇在職老齢年金受給者（賃金労働者）の制度別分布と受給割合〔フランス〕
　　　［表1-66　p91］

在宅介護

『医療白書　2013年度版』日本医療企画　2013.9
　　◇親の介護に対する自分及び家族の対応への満足度　［図8　p127］
『高齢社会白書　平成9年版』大蔵省印刷局　1997.6
　　◇在宅の要介護の高齢者　［表6-2-1　p54］
　　◇在宅介護支援体制の概要　［図3-2-18　p148］
『高齢社会白書　平成16年度』ぎょうせい　2004.6
　　◇同居している主な介護者の介護時間（要介護者等の要介護度別）　［図1-2-46
　　　p41］
『高齢社会白書　平成19年版』ぎょうせい　2007.6
　　◇同居している主な介護者の介護時間（要介護者等の要介護度別）　［図1-2-40
　　　p43］
『高齢社会白書　平成22年版』佐伯印刷　2010.7
　　◇同居している主な介護者の介護時間（要介護者等の要介護度別）　［図1-2-3-

106

統計図表レファレンス事典　高齢化社会　　　　　　　　　　　　　　さいたく

18　p33］
『高齢社会白書　平成25年版』印刷通販　2013.7
　◇同居している主な介護者の介護時間（要介護者等の要介護度別）　［図1-2-3-
　15　p28］
『首都圏白書　平成9年版』大蔵省印刷局　1997.6
　◇在宅の要介護高齢者に対する主たる介護者の続柄（全国）　［図6-4-6　p232］
『女性白書　2013』ほるぷ出版　2013.8
　◇性、就業状態、主な行動分類・生活時間4区分別総平均時間および男女比（週
　全体、自宅で65歳以上の家族の介護をしている人）　［図表付-149　p290］
『女性労働白書　平成15年版』21世紀職業財団　2004.5
　◇同居の主な介護者の男女別年齢階級分布　［第2-51図　p78］
『図説 高齢者白書　2006年度版』全国社会福祉協議会　2007.3
　◇在宅で介護を受けるとした場合の望ましい介護形態　［2-19　p59］
『生活と貯蓄 関連統計　平成9年度版』貯蓄広報中央委員会　1997.4
　◇在宅介護経験　［（図）　p107］
　◇親を在宅で介護する場合に感じる点と不安点　［（図）　p110］
『男女共同参画の現状と施策　平成9年版』大蔵省印刷局　1997.7
　◇新ゴールドプランの在宅サービスの整備目標―(1) ホームヘルパー　［図6-
　1-1　p161］
　◇新ゴールドプランの在宅サービスの整備目標―(2) ショートステイ　［図6-
　1-1　p161］
　◇新ゴールドプランの在宅サービスの整備目標―(3) デイサービス/デイ・ケ
　ア　［図6-1-1　p161］
　◇新ゴールドプランの在宅サービスの整備目標―(4) 在宅介護支援センター
　［図6-1-1　p161］
　◇新ゴールドプランの在宅サービスの整備目標―(5) 老人訪問看護ステーショ
　ン　［図6-1-1　p161］

在宅介護支援センター

『図説 高齢者白書　2004年度版』全国社会福祉協議会　2004.12
　◇在宅介護支援センターの職員による痴呆性高齢者への在宅環境整備の取り
　組み　［6-15　p85］
『男女共同参画の現状と施策　平成9年版』大蔵省印刷局　1997.7
　◇新ゴールドプランの在宅サービスの整備目標―(4) 在宅介護支援センター
　［図6-1-1　p161］

在宅ケアサービス

『新規開業白書　平成9年版』中小企業リサーチセンター　1997.7
　◇在宅ケアサービスとニューハード　［表　p102］

107

在宅サービス

『介護白書　平成16年版』ぎょうせい　2004.7
　◇在宅サービス受給者数と福祉用具貸与の件数　［図3-3-13　p194］

『高齢社会白書　平成9年版』大蔵省印刷局　1997.6
　◇在宅サービスの概要　［表3-2-7　p134］

『男女共同参画の現状と施策　平成9年版』大蔵省印刷局　1997.7
　◇新ゴールドプランの在宅サービスの整備目標―(1) ホームヘルパー　［図6-1-1　p161］

在宅復帰率

『介護白書　平成22年版』オフィスTM　2010.10
　◇地域別在宅復帰率の分布　［図1-3-2　p43］

『介護白書　平成25年版』オフィスTM　2013.10
　◇在宅復帰率【中央値】　［図1-2-2　p042］

最低居住水準

『高齢社会白書　平成9年版』大蔵省印刷局　1997.6
　◇高齢者主世帯の最低居住水準の状況　［表8-2-1　p70］

『高齢社会白書　平成16年度』ぎょうせい　2004.6
　◇高齢者主世帯の誘導居住水準の状況　［表1-2-56　p46］

最低生活保障水準

『社会保障年鑑　1997年版』東洋経済新報社　1997.7
　◇老後生活の最低保障水準（年額）　［第5表　p267］

最低予想生活費

『生活と貯蓄 関連統計　平成9年度版』貯蓄広報中央委員会　1997.4
　◇老後ひと月あたりの最低予想生活費と実際の生活費　［（表）　p105］

再犯

『犯罪白書　平成19年版』佐伯印刷　2007.11
　◇初犯者の年次別・年齢層別5年以内再犯率　［7-3-3-4図　p227］
　◇多数回再犯者の裁判時年齢層別犯歴の件数構成比の推移　［7-3-3-5図　p228］
　◇多数回高齢再犯者の罪名別犯歴の件数構成比　［7-3-4-9図　p236］
　◇初度・再度犯行時・調査時の年齢層別人員　［7-4-2-2図　p253］

殺人

『犯罪白書　平成9年版』大蔵省印刷局　1997.10
　◇殺人の犯行時年齢層別構成比　［I-6図　p53］

統計図表レファレンス事典　高齢化社会　　**しいん**

差別（高齢者）

『高齢社会白書　平成16年度』ぎょうせい　2004.6
　◇高齢者に対する差別や偏見　［図2-2-6　p65］

サラリーマン化

『高齢社会白書　平成19年版』ぎょうせい　2007.6
　◇「団塊の世代」のサラリーマン化　［表1-1-19　p18］

三世代同居

　⇒同居　をも見よ

『厚生労働白書　平成25年版』日経印刷　2013.9
　◇単身世帯と三世代同居の推移　［図表2-3-7　p93］

『国土交通白書　2007』ぎょうせい　2007.5
　◇合計特殊出生率、三世代同居率、0-5歳人口10万人当たり保育所数と女性就
　業率との相関関係　［図表I-2-3　p52］

『女性白書　2007』ほるぷ出版　2007.8
　◇三世代同居率（三世代世帯割合）　［図表付-129　p288］

【し】

死因

『介護白書　平成16年版』ぎょうせい　2004.7
　◇65歳以上の死亡原因と要介護の要因　［図3-3-18　p200］

『厚生労働白書　平成16年版』ぎょうせい　2004.6
　◇年代別死因上位　［図表序7　p9］

『高齢社会白書　平成16年度』ぎょうせい　2004.6
　◇65歳以上の高齢者の主な死因別死亡率の推移　［図1-2-35　p35］

『高齢社会白書　平成19年版』ぎょうせい　2007.6
　◇65歳以上の高齢者の主な死因別死亡率の推移　［図1-2-31　p38］

『高齢社会白書　平成22年版』佐伯印刷　2010.7
　◇65歳以上の高齢者の主な死因別死亡率の推移　［図1-2-3-8　p27］

『高齢社会白書　平成25年版』印刷通販　2013.7
　◇65歳以上の高齢者の主な死因別死亡率の推移　［図1-2-3-7　p23］

『自殺対策白書　平成19年版』佐伯印刷　2007.12
　◇平成18年における年齢階級別（5歳階級）の主な死因の構成割合　［第1-1-9図
　p14］

109

しえいか   統計図表レファレンス事典　高齢化社会

◇平成18年における年齢階級別（5歳階級）の男女別の主な死因の構成割合
　［第1-1-10図　p15］
『自殺対策白書　平成22年版』印刷通販　2010.7
◇平成20年における年齢階級別（5歳階級）の主な死因の構成割合　［第1-15図
　p17］
◇平成20年における死因順位別にみた年齢階級・性別死亡数・死亡率・構成割
　合　［第1-16表　p18］
『自殺対策白書　平成25年版』勝美印刷　2013.7
◇平成23年における死因順位別にみた年齢階級・性別死亡数・死亡率・構成割
　合　［第1-9表　p12］
『図説　高齢者白書　2004年度版』全国社会福祉協議会　2004.12
◇主要死因別にみた死亡率（人口10万人対）の年次推移　［9-3　p112］
『図説　高齢者白書　2006年度版』全国社会福祉協議会　2007.3
◇主要死因別にみた死亡率（人口10万対）の推移　［9-3　p122］
『生活と貯蓄　関連統計　平成9年度版』貯蓄広報中央委員会　1997.4
◇性別、年齢別死亡原因　［（表）　p96］
『青少年白書　平成8年度版』大蔵省印刷局　1997.1
◇特定死因別死亡率の推移（年齢階層別）　［第2-1-1表　p80～81］
『青少年白書　平成16年版』国立印刷局　2004.7
◇特定死因別死亡率（人口10万対）の推移（年齢階層別）　［第1-1-1表　p3］
『男女共同参画の現状と施策　平成9年版』大蔵省印刷局　1997.7
◇年齢別にみた死因　［図3-3-1　p99］
『日本子ども資料年鑑　2013』KTC中央出版　2013.2
◇年齢階級別, 性別, 死因別死亡数（平成23年）　［IV-2-2表　p112～115］
◇年齢階級別, 不慮の事故の死因別死亡数の推移　［IV-9-1表　p141］
『日本統計年鑑　平成27年』総務省統計局　2014.11
◇主要死因, 年齢階級別死亡者数（平成24年）　［表21-16　p690～691］

自衛官

『防衛白書　平成9年版』大蔵省印刷局　1997.8
◇自衛官の階級及び定年　［資料53（表）　p395］
『防衛白書（日本の防衛）　平成16年版』国立印刷局　2004.7
◇定年退職した自衛官数　［p268］
『防衛白書　平成22年版』防衛省　2010.9
◇自衛官の階級と定年年齢　［資料73　p447］

自営業主

『労働白書　平成9年版』日本労働研究機構　1997.6

110

統計図表レファレンス事典　高齢化社会　　**しこけい**

　　◇高年齢者の労働力率と自営業主比率の関係（男子、60〜64歳）　［第2-(1)-
　　12図　p229］

仕送り

　『労働白書　平成9年版』日本労働研究機構　1997.6
　　◇高年齢者の支出の有無別就業率（男子）―(2)仕送りなどの教育費　［第87表
　　p390］

歯科医師数

　『医療白書　1997年版』日本医療企画　1997.10
　　◇業務の種別,性・年齢階級別にみた歯科医師数及び構成割合　［表8-19　p269］

識字

　『世界教育白書　1996』東京書籍　1997.3
　　◇エジプトにおける年齢集団別の識字者および非識字者の推定人口（単位：100
　　万人）、1980年と1995年　［図2.3　p30］

持久性トレーニング

　『図説　高齢者白書　2004年度版』全国社会福祉協議会　2004.12
　　◇高齢者にみられる持久性トレーニングによる最大酸素摂取量の増加　［8-9
　　p101］
　『図説　高齢者白書　2006年度版』全国社会福祉協議会　2007.3
　　◇高齢者にみられる持久性トレーニングによる最大酸素摂取量の増加　［8-9
　　p111］

事故

　　⇒家庭内事故,転倒事故　をも見よ

　『介護白書　平成19年版』TAC出版　2007.10
　　◇けがの有無等（複数回答）　［図1-4-9　p83］
　『消費者白書　平成25年版』勝美印刷　2013.7
　　◇介護ベッド用手すりの死亡・重傷事故は引き続き発生　［図表2-2-4　p35］
　　◇介護ベッドの手すりによる死亡・重傷事故の状況　［図表2-2-5　p36］
　　◇年代別商品等別分類（中分類）（2012年度）　［資料2-4　p236］
　『食料・農業・農村白書　平成22年版』佐伯印刷　2010.6
　　◇農作業中の死亡事故発生件数と高齢者の占める割合の推移　［図3-108　p194］

自己啓発

　『高齢社会白書　平成19年版』ぎょうせい　2007.6
　　◇50歳代の能力開発・自己啓発の状況　［図1-2-49　p49］

111

しごと   統計図表レファレンス事典　高齢化社会

仕事

⇒就業 をも見よ

『経済白書　平成9年版』大蔵省印刷局　1997.7
　　◇年齢及び職業間のミスマッチ指標　［第1-1-6図　p16］

『ライフデザイン白書　2004-2005』第一生命経済研究所　2003.10
　　◇老後の仕事への意向(性・年代別)　［図表27　p38］
　　◇仕事を続けたい平均年齢(性・年代別)　［図表28　p39］
　　◇仕事への不満(性・年代別、性・就労形態別)〈複数回答、上位2項目〉［図表
　　5-9　p137］

『レジャー白書　'97』余暇開発センター　1997.6
　　◇仕事と余暇のどちらかを重視するか(全体、性・年代別)　［図表5　p15］

『レジャー白書　2004』社会経済生産性本部　2004.7
　　◇仕事と余暇のどちらを重視するか(全体、性・年代別)　［図表6　p9］

『レジャー白書　2007』社会経済生産性本部　2007.7
　　◇仕事と余暇のどちらを重視するか(全体、性・年代別)　［図表7　p9］

『労働経済白書　平成19年版』国立印刷局　2007.8
　　◇年齢階級別仕事に対する意欲が高まる要因　［第2-(2)-19表　p114］
　　◇年齢階級別仕事や職業生活に関する強い不安、悩み、ストレスを感じる者
　　の割合　［付2-(2)-11表　p281］
　　◇仕事と生活の調和の考え方(年齢階級別)　［付2-(3)-2表　p284］

『労働白書　平成9年版』日本労働研究機構　1997.6
　　◇仕事に就けなかった高年齢者の希望就労形態(男子)　［第2-(3)-2図　p273］

自殺

『産業人メンタルヘルス白書　2007年版』メンタル・ヘルス研究所　2007.8
　　◇原因・動機別・年齢別自殺者数　［p191］
　　◇年齢別性別自殺者数・自殺率, 性別　［p193］

『産業人メンタルヘルス白書　2010年版』日本生産性本部生産性労働情報センター
　　2010.8
　　◇原因・動機別・年齢別自殺者数　［p219］
　　◇年齢別性別自殺者数・自殺率, 性別　［p221］

『自殺対策白書　平成19年版』佐伯印刷　2007.12
　　◇自殺年齢調整死亡率の推移　［第1-1-5図　p7］
　　◇年齢階級別(10歳階級)の自殺者数の推移　［第1-1-6図　p10］
　　◇平成9年から平成10年の男女別・年齢階級別(10歳階級)の自殺者の増加数・
　　構成割合　［第1-1-7図　p11］
　　◇年齢階級別(10歳階級)の自殺死亡率の推移　［第1-1-8図　p12］
　　◇〈出生年別各年齢階級の自殺死亡率〉［p13］

112

統計図表レファレンス事典　高齢化社会　　　　　　　　　　　　　　　しさつ

　　◇平成18年における職業別・年齢階級別の自殺者数構成割合　〔第1-1-14図　p18〕
　　◇年齢階級別の自殺の原因・動機の構成割合の推移　〔第1-1-16図　p20〕
　　◇年齢階級別の自殺死亡率の年次比較　〔第1-1-20図　p24〕
　　◇平成18年における年齢階級別の自殺の手段別の自殺者数の構成割合　〔第1-1-24図　p27〕
　　◇平成18年における年齢階級別の自殺の場所別の自殺者数の構成割合　〔第1-1-31図　p31〕
　『自殺対策白書　平成22年版』印刷通販　2010.7
　　◇自殺年齢調整死亡率の推移　〔第1-5図　p6〕
　　◇年齢階級別（10歳階級）の自殺者数の長期的推移　〔第1-6図　p9〕
　　◇平成21年における都道府県別の男女別・年齢階級別（10歳階級）の自殺者の構成割合（住居地）〔第1-30図　p28〕
　『自殺対策白書　平成25年版』勝美印刷　2013.7
　　◇自殺年齢調整死亡率の推移　〔第1-5図　p6〕
　　◇年齢階級別（10歳階級）の自殺者数の長期的推移　〔第1-6図　p8〕
　　◇年齢階級別（10歳階級）の自殺者数の推移　〔第1-7図　p9〕
　　◇年齢階級別自殺者数　〔第1-16-2表　p19〕
　　◇平成24年における男女別の年齢階級別の自殺者数　〔第1-21図　p22〕
　　◇平成24年における男女別の年齢階級別の自殺者数の構成割合　〔第1-22図　p23〕
　　◇年齢階級別、職業別自殺者数　〔第1-24表　p24〕
　　◇年齢階級別、原因・動機別自殺者数　〔第1-25表　p25〕
　　◇平成24年における男女別・年齢階級別（10歳階級）・自殺の手段別の自殺者数の構成割合　〔第1-29図　p28〕
　　◇平成24年における男女別・年齢階級別（10歳階級）・自殺の場所別の自殺者数の構成割合　〔第1-30図　p29〕
　　◇平成24年における都道府県別の男女別・年齢階級別（10歳階級）の自殺者の構成割合（住居地）　〔資料8-7図　p171〕
　　◇平成23年における男女別・年齢階級別（10歳階級）・配偶関係別の自殺者数の構成割合　〔資料8-13図　p176〕
　『精神保健福祉白書　2008年版』中央法規出版　2007.12
　　◇原因・動機別・年齢別自殺者数　〔表13　p207〕
　『精神保健福祉白書　2013年版』中央法規出版　2012.12
　　◇原因・動機別年齢階級別自殺者数　〔表25　p202〜205〕

自殺（高齢者）

　『高齢社会白書　平成25年版』印刷通販　2013.7
　　◇高齢者（60歳以上）の自殺者数の推移　〔図1-2-6-20　p46〕
　『自殺対策白書　平成19年版』佐伯印刷　2007.12

113

しさん   統計図表レファレンス事典　高齢化社会

　　◇中高年 (30〜64歳) の年齢階級別の自殺者数・自殺死亡率の推移　［第2-1-16
　　　図　p80］
　　◇高齢者 (65歳以上) の年齢階級別の自殺者数・自殺死亡率の推移　［第2-1-17
　　　図　p81］
　　◇高齢自殺者の生前の慢性疾患による受療の有無　［第2-1-18図　p82］
　『自殺対策白書　平成22年版』印刷通販　2010.7
　　◇中高年 (30〜64歳) の年齢階級別の自殺者数・自殺死亡率の推移　［第1-9図
　　　p12］
　　◇高齢者 (65歳以上) の年齢階級別の自殺者数・自殺死亡率の推移　［第1-10図
　　　p13］

資産

　『図説 高齢者白書　2004年度版』全国社会福祉協議会　2004.12
　　◇年齢階級別にみた資産・貯蓄の満足度　［3-17　p59］
　『図説 高齢者白書　2006年度版』全国社会福祉協議会　2007.3
　　◇年齢階級別にみた資産・貯蓄の満足度　［3-18　p69］
　『中小企業白書　2004年版』ぎょうせい　2004.5
　　◇経営者をやめた時の年齢と事業の資産状況　［第2-3-102図　p224］

資産運用

　『企業年金白書　平成9年版』ライフデザイン研究所　1997.3
　　◇公的年金の資金運用事業各年度別運用額の推移　［3-10表　p95］
　　◇資産運用に関する規制—平成8年4月〜9年3月までの規制体系　［6-13図　p117］
　　◇資産運用に関する規制—平成9年4月からの規制体系 (予定)　［6-13図　p117］
　　◇資産運用方法の拡大　［6-14図　p118］
　　◇生命保険会社の資産運用に関する割合規制　［7-1表　p121］
　『経済財政白書　平成25年版』日経印刷　2013.8
　　◇企業年金の資産運用　［第3-2-8図　p312］
　　◇公的年金の資産運用　［第3-2-9図　p313〜314］

自主運用資産残高

　『企業年金白書　平成9年版』ライフデザイン研究所　1997.3
　　◇自主運用認可基金数と自主運用資産残高の推移　［1-3-8図　p40］

自主運用認可基金

　『企業年金白書　平成9年版』ライフデザイン研究所　1997.3
　　◇自主運用認可基金数と自主運用資産残高の推移　［1-3-8図　p40］

支出

　『高齢社会白書　平成9年版』大蔵省印刷局　1997.6

統計図表レファレンス事典　高齢化社会　　　　　　　　　　しせつこ

　　◇高齢者世帯の所得と支出　［表5-2-1　p43］
　『高齢社会白書　平成19年版』ぎょうせい　2007.6
　　◇日常で負担を感じる支出（3つまでの複数回答）　［図1-2-22　p33］
　『高齢社会白書　平成22年版』佐伯印刷　2010.7
　　◇世帯主の年齢階級別世帯人員一人当たりの1年間の支出　［図1-2-2-5　p21］
　『図説 高齢者白書　2004年度版』全国社会福祉協議会　2004.12
　　◇世帯主の年齢階級別世帯員あたりの年間支出金額、購入量および平均購入
　　　価格（全世帯）　［3-10　p56］
　『日本統計年鑑　平成27年』総務省統計局　2014.11
　　◇1世帯当たり1か月間の収入及び支出（特定世帯, 高齢者世帯）（平成21年）
　　　［表19-9　p620～621］

死傷者

　『警察白書　平成25年版』日経印刷　2013.7
　　◇年齢層別死者数の推移（昭和45～平成24年）　［図4-9　p143］
　　◇年齢層別死傷者の状況（構成率）（平成24年）　［図4-10　p143］
　『消防白書　平成9年版』大蔵省印刷局　1997.12
　　◇〈阪神・淡路大震災〉死者の年齢別、男女別の状況　［（表）16　p368～369］

死傷者（高齢者）

　『九州経済白書　2007年度版』九州経済調査協会　2007.2
　　◇高齢者の状態別死傷者数の推移（福岡県）　［図表3-26　p105］
　『警察白書　平成9年版』大蔵省印刷局　1997.9
　　◇高齢者の状態別死者数の推移（昭和61～平成8年）　［図2-8　p59］
　『警察白書　平成25年版』日経印刷　2013.7
　　◇高齢者の状態別死者数（平成24年）　［図4-11　p143］
　『図説 高齢者白書　2004年度版』全国社会福祉協議会　2004.12
　　◇高齢者（70歳以上）の死亡の場所別死亡者割合　［2-10　p47］
　『図説 高齢者白書　2006年度版』全国社会福祉協議会　2007.3
　　◇高齢者（70歳以上）の死亡の場所別死亡者割合　［2-9　p56］

施設（高齢者向け）

　『運輸白書　平成8年度』大蔵省印刷局　1997.1
　　◇JR（国鉄）の高齢者・障害者用施設整備状況　［1-3-21表　p61］
　『海外情勢白書（世界の厚生労働）　2004』TKC出版　2004.10
　　◇高齢者用施設及び入所者数（インドネシア）　［表2-78　p210］
　『住宅白書　2009-2010』ドメス出版　2009.10
　　◇高齢者住宅・施設供給数（2007年7月）　［表I-3　p71］

115

しつきよ   統計図表レファレンス事典　高齢化社会

『世界の厚生労働　2007』TKC出版　2007.4
　　◇高齢者施設：Panti Lanjut Usia/PSTW（Panti Sosial Tuna Werda）　［表
　　2-113　p275］
『土地白書　平成25年版』勝美印刷　2013.8
　　◇高齢者向け施設数の推移　［図表3-2-9　p112］

失業

『海外労働白書　平成9年版』日本労働研究機構　1997.6
　　◇年齢別失業理由の割合（96年3月現在）　［表2-2-F1　p436］
　　◇年齢別長期失業者の内訳（1996年8月現在）　［図2-2-F8　p440］
　　◇年齢別男女別失業期間　［図2-2-E7　p517］
『失業対策年鑑　平成7年度版』労務行政研究所　1997.3
　　◇基本手当の年齢別上限額　［第2-18表　p174］

失業対策事業紹介対象者

『失業対策年鑑　平成7年度版』労務行政研究所　1997.3
　　◇失対紹介対象者の年齢構成の推移　［第4-4表　p567］
　　◇失対紹介対象者の国民年金の受給状況　［第4-13表　p591］

失業率

　　⇒完全失業率　をも見よ

『海外情勢白書（世界の厚生労働）　2004』TKC出版　2004.10
　　◇主要国の性別・年齢階層別失業率　［付表3-10　p付15］
『海外労働白書　平成9年版』日本労働研究機構　1997.6
　　◇年齢階層別・男女別失業率　［図2-2-A5　p352］
　　◇年齢別失業率の推移　［図2-2-F4　p437］
　　◇年齢別性別失業率の推移　［図2-2-F5　p438］
　　◇年齢階層別失業率の推移　［図2-2-I4　p461］
　　◇年齢別の失業率　［図2-2-C6　p489］
　　◇年齢別失業率（1995年）　［図2-2-C9　p491］
　　◇主要国の性別・年齢階層別失業率　［付表2-（10）　p付15］
『介護白書　平成25年版』オフィスTM　2013.10
　　◇介護分野における人材確保の状況と労働市場の動向～有効求人倍率と失業
　　率の動向～　［図1-1-4　p032］
『世界経済の潮流　2010年I』日経印刷　2010.6
　　◇世代別、学歴別失業率の推移　［第1-3-40図　p125］
『世界の厚生労働　2007』TKC出版　2007.4
　　◇主要国の性別・年齢階層別失業率（2005年）　［付表3-⑩　p付15］
『通商白書　2010年版』日経印刷　2010.7

統計図表レファレンス事典　高齢化社会　　　　　　　　　　　　　**しとうし**

　　◇主要先進国の失業率の推移（全年齢層、若年層）　〔第1-1-1-23図　p22〕
　『労働白書　平成9年版』日本労働研究機構　1997.6
　　◇年齢階級別失業率の国際比較（男子）　〔第2-(1)-14図　p231〕

失業率（外国）

　『海外労働白書　平成9年版』日本労働研究機構　1997.6
　　◇カナダの男女別、年齢階層別失業率　〔表1-2-12　p70〕
　　◇イギリスの年齢階層別・男女別失業率の推移（96年7月）　〔図2-2-B3　p384〕
　『世界経済の潮流　2013年I』日経印刷　2013.6
　　◇フランスの失業率の推移（年代別）　〔第1-4-25図　p87〕
　『世界の厚生労働　2007』TKC出版　2007.4
　　◇各国の高齢者（55〜64歳）の失業率の推移　〔図1-5　p5〕
　　◇アメリカの高齢者（55〜64歳）の失業率の推移　〔図1-9　p34〕
　　◇イギリスの高齢者の失業率の推移　〔図1-14　p45〕
　　◇ドイツの高齢者（55〜64歳）の失業率の推移　〔図1-17　p62〕
　　◇フランスの高齢者（55-64歳）の失業率の推移　〔図1-22　p85〕
　『世界の厚生労働　2013』正陽文庫　2013.4
　　◇年齢階級別居住者失業率〔シンガポール〕　〔表 特3-15　p71〕

執行猶予率

　『犯罪白書　平成24年版』日経印刷　2012.12
　　◇起訴猶予率・執行猶予率（罪名別・年齢層別）　〔4-4-2-1図　p168〕

自動車運転免許

　『警察白書　平成9年版』大蔵省印刷局　1997.9
　　◇年齢別、男女別運転免許保有者数（平成8年）　〔統計（表）2-10　p288〕
　『建設白書　平成9年版』大蔵省印刷局　1997.8
　　◇年齢別性別免許保有者数の推移　〔図2-III-2　p305〕
　『交通安全白書　平成9年度』大蔵省印刷局　1997.7
　　◇高齢者の運転免許保有者数の内訳　〔第4表　p41〕
　　◇高齢者の運転免許保有者数の推移　〔第30図　p41〕
　　◇年齢層別・男女別運転免許保有状況　〔第58図　p146〕
　『交通安全白書　平成25年版』勝美印刷　2013.7
　　◇男女別運転免許保有者数と年齢層別保有者率　〔第1-35図　p50〕
　『国土交通白書　2013』日経印刷　2013.7
　　◇年齢階級別運転免許保有率の推移（全国）　〔図表163　p65〕
　　◇年齢階級別運転免許保有率の推移（東京都）　〔図表164　p65〕
　『首都圏白書　平成25年版』勝美印刷　2013.7

117

しにあか　　　　　　　　　　　　統計図表レファレンス事典　高齢化社会

　　◇自動車運転免許を保有していない高齢者（65歳以上）の外出率　　［図表1-5-6
　　　p33］
　　◇自動車運転免許を保有していない非高齢者（65歳未満）の外出率　　［図表1-5-
　　　7　p33］

シニア海外ボランティア

　　　⇒ボランティア　をも見よ
　　『高齢社会白書　平成9年版』大蔵省印刷局　1997.6
　　　◇シニア海外ボランティア派遣の仕組み　　［図3-3-9　p179］
　　『高齢社会白書　平成16年度』ぎょうせい　2004.6
　　　◇地域別・分野別シニア海外ボランティアの派遣者数　　［図2-3-36　p106］
　　『高齢社会白書　平成19年版』ぎょうせい　2007.6
　　　◇地域別・分野別　シニア海外ボランティアの派遣者数　　［図2-3-28　p128］
　　『高齢社会白書　平成25年版』印刷通販　2013.7
　　　◇地域別・分野別　シニア海外ボランティアの派遣者数　　［図2-3-7　p90］

シニアワーク東京

　　『日本労働年鑑　1997年版』労働旬報社　1997.6
　　　◇シニアワーク東京の総合的需給調整システム　　［第4図　p65］

ジニ係数

　　『高齢社会白書　平成19年版』ぎょうせい　2007.6
　　　◇ジニ係数でみた高齢者の所得格差の状況　　［表1-2-19　p31］
　　『高齢社会白書　平成22年版』佐伯印刷　2010.7
　　　◇年齢階級別ジニ係数（等価所得）　　［図1-2-2-4　p21］
　　『高齢社会白書　平成25年版』印刷通販　2013.7
　　　◇年齢階級別ジニ係数（等価再分配所得）　　［図1-2-2-4　p18］
　　『国土交通白書　2013』日経印刷　2013.7
　　　◇世代別に見たジニ係数の推移（男女別）　　［図表53　p22］

地場産物

　　『食料・農業・農村白書　平成25年版』日経印刷　2013.7
　　　◇学校給食、老人ホームにおける地場産物の利用状況　　［図3-6-10　p247］
　　　◇学校給食、老人ホームにおける地場産物利用拡大の課題（複数回答）　　［図3-
　　　6-11　p248］

死別者割合（高齢者）

　　『図説　高齢者白書　2006年度版』全国社会福祉協議会　2007.3
　　　◇高齢者の年齢別、有配偶者割合、死別者割合、同居率、有訴者率、通院者率
　　　等の状況　　［2-7　p55］

統計図表レファレンス事典　高齢化社会　　　　　　　　　　　　　しほうす

死亡者　⇒死傷者 を見よ

死亡数

『介護白書　平成16年版』ぎょうせい　2004.7
　◇死亡数及び死亡率の推移　［図1-3-1　p7］

『介護白書　平成19年版』TAC出版　2007.10
　◇死亡数及び死亡率の推移　［図1-1-3　p62］

『介護白書　平成22年版』オフィスTM　2010.10
　◇出生数及び死亡数の将来推計　［図1-1-2　p70］
　◇死亡数及び死亡率の推移　［図1-1-3　p72］

『介護白書　平成25年版』オフィスTM　2013.10
　◇死亡数及び死亡率の推移　［図1-1-3　p063］

『厚生労働白書　平成19年版』ぎょうせい　2007.9
　◇年齢階級別に見た死亡数の推移　［図表2-1-14　p36］

『厚生労働白書　平成22年版』日経印刷　2010.8
　◇入院患者100人当たりの年齢階級別死亡数　［図表1-1-7　p107］

『交通安全白書　平成9年度』大蔵省印刷局　1997.7
　◇高齢者の当事者別・状態別・時間帯別死者数（平成8年）　［第49図　p58］

『高齢社会白書　平成9年版』大蔵省印刷局　1997.6
　◇死亡数及び死亡率の推移　［図3-2-1　p29］

『高齢社会白書　平成16年度』ぎょうせい　2004.6
　◇死亡数及び死亡率の推移　［図1-1-6　p6］

『高齢社会白書　平成19年版』ぎょうせい　2007.6
　◇出生数及び死亡数の将来推計　［図1-1-5　p5］
　◇死亡数及び死亡率の推移　［図1-1-11　p12］

『高齢社会白書　平成22年版』佐伯印刷　2010.7
　◇出生数及び死亡数の将来推計　［図1-1-5　p5］
　◇死亡数及び死亡率の推移　［図1-1-9　p8］

『高齢社会白書　平成25年版』印刷通販　2013.7
　◇出生数及び死亡数の将来推計　［図1-1-5　p5］
　◇死亡数及び死亡率の推移　［図1-1-9　p9］
　◇年齢階級別死亡者数　［図1-2-6-21　p47］

『自殺対策白書　平成22年版』印刷通販　2010.7
　◇平成20年における死因順位別にみた年齢階級・性別死亡数・死亡率・構成割合　［第1-16表　p18］

『自殺対策白書　平成25年版』勝美印刷　2013.7
　◇平成23年における死因順位別にみた年齢階級・性別死亡数・死亡率・構成割合　［第1-9表　p12］

119

しほうは   統計図表レファレンス事典　高齢化社会

『首都圏白書　平成9年版』大蔵省印刷局　1997.6
　　◇高齢者の事故別人口10万人当たり死亡者数（平成6年）　［図6-4-4　p231］

『食料・農業・農村白書　平成19年版』農林統計協会　2007.10
　　◇米食圏・非米食圏の心筋梗塞の10万人当たり死亡者数（年齢調整死亡率）
　　　［p67］

『図説 高齢者白書　2004年度版』全国社会福祉協議会　2004.12
　　◇死亡数および普通死亡率：1947～2003年　［1-14　p35］

『図説 高齢者白書　2006年度版』全国社会福祉協議会　2007.3
　　◇死亡数および普通死亡率：1947～2005年　［1-14　p41］

『青少年白書　平成8年度版』大蔵省印刷局　1997.1
　　◇年齢階層別、男女別不慮の事故及び有害作用による死亡者数　［第2-2-7表
　　　p95］

『日本子ども資料年鑑　2013』KTC中央出版　2013.2
　　◇年齢階級別, 性別, 死因別死亡数（平成23年）　［IV-2-2表　p112～115］
　　◇年齢階級別, 不慮の事故の死因別死亡数の推移　［IV-9-1表　p141］

『日本統計年鑑　平成27年』総務省統計局　2014.11
　　◇年齢別死亡数及び死亡率（平成2年～24年）　［表2-26　p69］
　　◇主要死因, 年齢階級別死亡者数（平成24年）　［表21-16　p690～691］

死亡場所

『介護白書　平成16年版』ぎょうせい　2004.7
　　◇死亡場所の内訳・推移　［図2-1-14　p33］

『厚生白書　平成9年版』厚生問題研究会　1997.6
　　◇死亡前3年間の間に自宅から病院に移るものが多数　［図4-2-5　p113］
　　◇自宅を死亡場所として希望するものの実際は病院等で死亡する高齢者が多
　　　い　［図4-2-6　p113］

『高齢社会白書　平成25年版』印刷通販　2013.7
　　◇最期を迎えたい場所　［図1-2-3-17　p28］

死亡率

『介護白書　平成16年版』ぎょうせい　2004.7
　　◇死亡数及び死亡率の推移　［図1-3-1　p7］

『介護白書　平成19年版』TAC出版　2007.10
　　◇死亡数及び死亡率の推移　［図1-1-3　p62］

『介護白書　平成22年版』オフィスTM　2010.10
　　◇死亡数及び死亡率の推移　［図1-1-3　p72］

『介護白書　平成25年版』オフィスTM　2013.10
　　◇死亡数及び死亡率の推移　［図1-1-3　p063］

統計図表レファレンス事典　高齢化社会　　　　**しほうり**

『企業年金白書　平成9年版』ライフデザイン研究所　1997.3
　◇平均寿命の延び（死亡率の改善）に関する対応　［1-4-5図　p50］

『厚生労働白書　平成19年版』ぎょうせい　2007.9
　◇都道府県別　人口10万人当たり悪性新生物による年齢調整死亡率（2005年）
　　［図表3-3-2　p72］
　◇都道府県別　人口10万人当たり心疾患による年齢調整死亡率（2005年）　［図
　　表3-3-3　p73］
　◇都道府県別　人口10万人当たり脳血管疾患による年齢調整死亡率（2005年）
　　［図表3-3-4　p73］
　◇都道府県別　1人当たり老人医療費と在宅等死亡率の相関関係　［図表3-6-6
　　p89］

『高齢社会白書　平成9年版』大蔵省印刷局　1997.6
　◇死亡数及び死亡率の推移　［図3-2-1　p29］

『高齢社会白書　平成16年度』ぎょうせい　2004.6
　◇死亡数及び死亡率の推移　［図1-1-6　p6］
　◇65歳以上の高齢者の主な死因別死亡率の推移　［図1-2-35　p35］

『高齢社会白書　平成19年版』ぎょうせい　2007.6
　◇死亡数及び死亡率の推移　［図1-1-11　p12］
　◇65歳以上の高齢者の主な死因別死亡率の推移　［図1-2-31　p38］

『高齢社会白書　平成22年版』佐伯印刷　2010.7
　◇死亡数及び死亡率の推移　［図1-1-9　p8］
　◇65歳以上の高齢者の主な死因別死亡率の推移　［図1-2-3-8　p27］

『高齢社会白書　平成25年版』印刷通販　2013.7
　◇死亡数及び死亡率の推移　［図1-1-9　p9］
　◇65歳以上の高齢者の主な死因別死亡率の推移　［図1-2-3-7　p23］

『自殺対策白書　平成19年版』佐伯印刷　2007.12
　◇自殺年齢調整死亡率の推移　［第1-1-5図　p7］

『自殺対策白書　平成22年版』印刷通販　2010.7
　◇自殺年齢調整死亡率の推移　［第1-5図　p6］
　◇平成20年における死因順位別にみた年齢階級・性別死亡数・死亡率・構成割
　　合　［第1-16表　p18］

『自殺対策白書　平成25年版』勝美印刷　2013.7
　◇自殺年齢調整死亡率の推移　［第1-5図　p6］
　◇平成23年における死因順位別にみた年齢階級・性別死亡数・死亡率・構成割
　　合　［第1-9表　p12］

『図説 高齢者白書　2004年度版』全国社会福祉協議会　2004.12
　◇死亡数および普通死亡率：1947～2003年　［1-14　p35］
　◇年齢別死亡率：1950,1970,1990,2000年　［1-20　p37］
　◇平均寿命の延びに対する年齢別死亡率変化の寄与率：1950～2000年　［1-22

121

しほうり   統計図表レファレンス事典　高齢化社会

　　p37〕
　　◇主要死因別にみた死亡率（人口10万人対）の年次推移　〔9-3　p112〕
　『図説 高齢者白書　2006年度版』全国社会福祉協議会　2007.3
　　◇死亡数および普通死亡率：1947〜2005年　〔1-14　p41〕
　　◇年齢別死亡率：1950、1970、1990、2000年　〔1-20　p43〕
　　◇平均寿命の延びに対する年齢別死亡率変化の寄与率：1950〜2000年　〔1-22
　　p43〕
　　◇主要死因別にみた死亡率（人口10万対）の推移　〔9-3　p122〕
　『青少年白書　平成8年度版』大蔵省印刷局　1997.1
　　◇特定死因別死亡率の推移（年齢階層別）　〔第2-1-1表　p80〜81〕
　『青少年白書　平成16年版』国立印刷局　2004.7
　　◇特定死因別死亡率（人口10万対）の推移（年齢階層別）　〔第1-1-1表　p3〕
　『日本統計年鑑　平成27年』総務省統計局　2014.11
　　◇年齢別死亡数及び死亡率（平成2年〜24年）　〔表2-26　p69〕

死亡率（高齢者）

　『高齢社会白書　平成16年度』ぎょうせい　2004.6
　　◇高齢者の性・年齢階級別死亡率（1950〜2000年）　〔図1-1-7　p7〕
　『高齢社会白書　平成19年版』ぎょうせい　2007.6
　　◇高齢者の性・年齢階級別死亡率（1950〜2005年）　〔図1-1-12　p12〕
　『高齢社会白書　平成22年版』佐伯印刷　2010.7
　　◇高齢者の性・年齢階級別死亡率（1950〜2008年）　〔図1-1-10　p8〕
　『高齢社会白書　平成25年版』印刷通販　2013.7
　　◇高齢者の性・年齢階級別死亡率（1950〜2011年）　〔図1-1-10　p9〕

字幕放送

　『介護白書　平成19年版』TAC出版　2007.10
　　◇字幕付与可能な放送時間に占める字幕放送時間の割合の推移（総務省ホーム
　　ページより）　〔図3-4-2　p170〕

社会活動

　『高齢社会白書　平成9年版』大蔵省印刷局　1997.6
　　◇高齢者の社会的活動への意識　〔表7-2-1　p63〕
　『高齢社会白書　平成25年版』印刷通販　2013.7
　　◇団塊の世代の社会活動の参加状況（複数回答）　〔図1-3-3-1　p58〕
　　◇団塊の世代の社会活動の不参加理由（複数回答）　〔図1-3-3-2　p59〕
　　◇団塊の世代の社会活動の不参加理由（現在の就業状況別/複数回答）　〔図1-
　　3-3-3　p60〕
　　◇団塊の世代の今後参加したい社会活動（複数回答）　〔図1-3-3-4　p61〕

統計図表レファレンス事典　高齢化社会　　　　　　　　　　　　　　　　しやかい

　　◇団塊の世代の社会活動参加のきっかけ　［図1-3-3-5　p62］
　　◇団塊の世代の社会活動参加のきっかけ（現在、社会活動に参加していない人
　　　が参加のきっかけになると思うこと）　［図1-3-3-6　p62］
　『図説　高齢者白書　2004年度版』全国社会福祉協議会　2004.12
　　◇最も力を入れた活動に参加したきっかけ（複数回答）　［7-9　p93］
　『男女共同参画の現状と施策　平成9年版』大蔵省印刷局　1997.7
　　◇男女、年齢階級別社会的活動の行動者率　［図2-3-19　p60］

社会参加

　『交通安全白書　平成9年度』大蔵省印刷局　1997.7
　　◇高齢者の就業・社会参加等の活動（1日当たり）　［第28図　p38］
　『高齢社会白書　平成9年版』大蔵省印刷局　1997.6
　　◇高齢者が参加している社会参加活動の分野　［表7-4-1　p66］
　『高齢社会白書　平成22年版』佐伯印刷　2010.7
　　◇社会参加活動の有無（おしゃれへの関心度別）　［図1-2-5-4　p40］
　『国土交通白書　2010』日経印刷　2010.7
　　◇65歳以上になったときの地域や社会との関わり合いに対する考え方　［図表
　　　82　p43］
　『図説　高齢者白書　2004年度版』全国社会福祉協議会　2004.12
　　◇社会に役に立ちたい意識　［7-7　p92］
　　◇参加している活動（複数回答）　［7-8　p93］

社会支出

　『連合白書　2010』コンポーズ・ユニ　2009.12
　　◇高齢者関係と次世代関係の社会支出　［p78］

社会人学生

　『高齢社会白書　平成9年版』大蔵省印刷局　1997.6
　　◇大学院の社会人受入れ状況の推移　［図3-3-3　p170］
　『高齢社会白書　平成19年版』ぎょうせい　2007.6
　　◇大学院の社会人学生数の推移　［図2-3-22　p123］
　『高齢社会白書　平成22年版』佐伯印刷　2010.7
　　◇大学院の社会人学生数の推移　［図2-3-15　p106］
　『高齢社会白書　平成25年版』印刷通販　2013.7
　　◇大学院の社会人学生数の推移　［図2-3-9　p94］

社会的入院

　　⇒入院 をも見よ
　『医療白書　2004年度版』日本医療企画　2004.10

123

しやかい　　　　　　　　　　　　　　　統計図表レファレンス事典　高齢化社会

◇老年医学専門医療における社会的入院患者数（1992～96年）　［表2　p276］

社会的評価

『高齢社会白書　平成9年版』大蔵省印刷局　1997.6
◇どのような形で社会的評価を行うのがよいか　［図3-3-12　p184］

社会福祉

『医療白書　1997年版』日本医療企画　1997.10
◇高齢者ケアにおける医療と福祉のバランス（日本とスウェーデン）　［図6-5
p182］

『高齢社会白書　平成9年版』大蔵省印刷局　1997.6
◇医療保険・福祉関連分野の成長　［表4-4-1　p41］
◇保健・医療・福祉マンパワーの現状　［表3-2-13　p143］
◇健康・福祉関連サービスの経営組織別事業所数の構成割合　［図3-2-26　p158］

『高齢社会白書　平成16年度』ぎょうせい　2004.6
◇保健・医療・福祉マンパワーの現状　［表2-3-18　p91］

『国民生活白書　平成16年版』国立印刷局　2004.5
◇防犯・防災、介護・福祉などは地域の人が中心となって取り組む必要を感じ
ている　［第3-1-6図　p105］

社会福祉施設

『企業年金白書　平成9年版』ライフデザイン研究所　1997.3
◇福祉施設事業の実施状況　［6-10表　p114］

社会保障

『図説　高齢者白書　2004年度版』全国社会福祉協議会　2004.12
◇社会保障の給付と負担の見通し（2004年）　［表3　p24］
◇社会保障に係る負担の見通しの内訳　［表4-1　p26］
◇社会保障に係る負担の見通し内訳　［表4-2　p26］

『図説　高齢者白書　2006年度版』全国社会福祉協議会　2007.3
◇社会保障の給付と負担の見通し（2006年）　［表4　p32］

『ライフデザイン白書　2004-2005』第一生命経済研究所　2003.10
◇社会保障・企業保障の重視度（性別、性・年代別）　［図表8-5　p206］

社会保障給付費

『介護経営白書　2013年度版』日本医療企画　2013.10
◇社会保障給付費の将来推計　［表1　p168］

『企業年金白書　平成9年版』ライフデザイン研究所　1997.3
◇社会保障給付費の推移　［3-7表　p94］
◇社会保障給付費、租税・社会保障負担率等の国際比較　［3-8表　p95］

124

統計図表レファレンス事典　高齢化社会　　　　　　　　　　　　　　　　　　しやつき

『高齢社会白書　平成9年版』大蔵省印刷局　1997.6
　　◇国民負担率と社会保障給付費の推移　［図4-3-1　p40］

『高齢社会白書　平成16年度』ぎょうせい　2004.6
　　◇社会保障給付費の推移　［図1-1-15　p12］

『高齢社会白書　平成19年版』ぎょうせい　2007.6
　　◇社会保障給付費の推移　［図1-1-13　p14］

『図説　高齢者白書　2006年度版』全国社会福祉協議会　2007.3
　　◇部門別社会保障給付費　［表1　p30］
　　◇部門別社会保障給付費の対国民所得比　［表2　p30］

『日本統計年鑑　平成27年』総務省統計局　2014.11
　　◇高齢者及び児童・家族関係給付費（昭和60年度～平成23年度）　［表20-4　p637］

社会保障制度

『高齢社会白書　平成16年度』ぎょうせい　2004.6
　　◇社会保障制度における負担と給付の考え方　［図2-2-8　p66］

『世界の厚生労働　2007』TKC出版　2007.4
　　◇高齢者の就労と関連するその他の社会保障制度　［表1-12　p10］

『ライフデザイン白書　2004-2005』第一生命経済研究所　2003.10
　　◇社会保障制度の重視度（年代別）　［図表33　p43］

社会保障費

『経済財政白書　平成22年版』日経印刷　2010.8
　　◇高齢化と社会保障費　［第1-3-21図　p129］

『高齢社会白書　平成22年版』佐伯印刷　2010.7
　　◇社会保障給付費の推移　［図1-1-11　p9］

『高齢社会白書　平成25年版』印刷通販　2013.7
　　◇社会保障給付費の推移　［図1-1-11　p10］

借家率

『中国地域経済白書　2013』中国地方総合研究センター　2013.9
　　◇単独世帯の世帯主の年齢階級別民営の借家率（2010年）　［図2.2.8　p27］

写真制作参加率

『情報メディア白書　1997年版』電通総研　1997.1
　　◇性・年代別写真制作参加率　［図表III-2-19　p239］

借金

『消費者金融白書　平成19年版』消費者金融協会　2007.10
　　◇性・年代別構成比〈平成19年5月の1ヶ月間〉［表8　p28］

125

しゆうき　　　　　　　　　　　　統計図表レファレンス事典　高齢化社会

就業

⇒仕事 をも見よ

『公務員白書　平成9年版』大蔵省印刷局　1997.6
　◇収入を伴う仕事を続けたい年齢　［図4-1　p119］

『高齢社会白書　平成9年版』大蔵省印刷局　1997.6
　◇介護者と仕事　［表6-4-3　p60］

『高齢社会白書　平成25年版』印刷通販　2013.7
　◇団塊の世代の就業形態の変化　［図1-3-2-1　p56］
　◇団塊の世代の就労目的の変化（複数回答）　［図1-3-2-2　p57］
　◇団塊の世代の就労希望年齢　［図1-3-2-3　p57］

『首都圏白書　平成9年版』大蔵省印刷局　1997.6
　◇介護従事と仕事の継続状況（全国）　［図6-4-8　p233］

『春闘図解　’97』労働経済社　1997.2
　◇育児と介護が女性の就業の障害になっている　［図21　p35］

『女性労働白書　平成15年版』21世紀職業財団　2004.5
　◇家族に介護が必要になった場合に困ることは「仕事にでられない、仕事を辞
　　めなければならないこと」とする者の年齢階級別割合　［第2-52図　p79］

『世界の厚生労働　2007』TKC出版　2007.4
　◇年金受給中の就労に対する各国の対応　［表1-8　p8］

『男女共同参画白書　平成22年版』中和印刷　2010.6
　◇就業希望者の男女別・年齢階級別内訳　［第1-特-3図　p8］

『中小企業白書　2004年版』ぎょうせい　2004.5
　◇現在の年齢別就業状況　［第2-3-74図　p210］

『ライフデザイン白書　1998-99』ライフデザイン研究所　1997.12
　◇何歳まで働きたいか（性・年齢別）　［図表2-29　p46］
　◇高齢期と現役期の就労理由　［図表2-30　p47］

『ライフデザイン白書　2004-2005』第一生命経済研究所　2003.10
　◇何歳まで働きたいか（性・年代別、性・職業別、市郡規模別、世帯構成別）
　　［図表7-5　p179］

『連合白書　2013』コンポーズ・ユニ　2013.1
　◇国民年金第1号被保険者の就業状況の推移　［図1　p44］

就業（高齢者）

『介護白書　平成19年版』TAC出版　2007.10
　◇高齢者就業実態　［図3-4-4　p176］

『九州経済白書　2007年度版』九州経済調査協会　2007.2
　◇高齢者の就業の有無及び引退希望年齢の状況（全国、2004年）　［図表IV-23

p40〕

『経済財政白書　平成22年版』日経印刷　2010.8
　◇高齢者の就労意欲とその理由（国際比較）〔第2-2-21図　p215〕

『交通安全白書　平成9年度』大蔵省印刷局　1997.7
　◇高齢者の就業・社会参加等の活動（1日当たり）〔第28図　p38〕

『高齢社会白書　平成9年版』大蔵省印刷局　1997.6
　◇高齢者の就業・不就業状況〔表5-5-1　p50〕
　◇高齢者の就業意欲の外国との比較〔表5-5-2　p51〕

『高齢社会白書　平成16年度』ぎょうせい　2004.6
　◇高年齢者の就業・不就業状況〔図1-2-25　p29〕
　◇高齢就業希望者の就業希望理由別割合（若年層参考掲載）〔表1-2-26　p30〕

『高齢社会白書　平成19年版』ぎょうせい　2007.6
　◇高齢者の就業・不就業状況〔図1-2-43　p45〕
　◇高齢就業希望者の就業希望理由別割合〔表1-2-44　p46〕

『高齢社会白書　平成22年版』佐伯印刷　2010.7
　◇高年齢者の就業・不就業状況〔図1-2-4-1　p34〕
　◇いつまで働きたいか〔図1-2-4-2　p34〕
　◇高齢就業希望者の就業希望理由別割合〔表1-2-4-3　p35〕

『生活と貯蓄 関連統計　平成9年度版』貯蓄広報中央委員会　1997.4
　◇高齢者の就業状況〔（表）　p112〕

『世界の厚生労働　2007』TKC出版　2007.4
　◇高齢者の就労と関連するその他の社会保障制度〔表1-12　p10〕

『中小企業白書　2004年版』ぎょうせい　2004.5
　◇高齢者が希望する就業形態（55歳以上69歳以下）〔第2-1-56図　p92〕

『労働白書　平成9年版』日本労働研究機構　1997.6
　◇55歳当時の職種別現在の就業状況（男子、55〜64歳）〔第2-(1)-17図　p235〕
　◇高年齢者の年齢別就業状態（男子）〔第2-(3)-1図　p272〕
　◇55歳当時事務職であった者の現在の就業状況（男子、現在60〜64歳）〔第89表　p391〕

従業員

『企業年金白書　平成9年版』ライフデザイン研究所　1997.3
　◇従業員数調整の対象年齢層〔3-2-2図　p67〕

『中小企業白書　2004年版』ぎょうせい　2004.5
　◇年齢別就業先従業員規模〔第2-3-89図　p217〕

『日本民間放送年鑑　平成9年版』日本民間放送連盟　1997.12
　◇年齢別従業員構成 付・女子内数〔図1　p120〕
　◇年齢別従業員構成の推移〔図2　p120〕

しゆうき　　　　　　　　　　　　　　　　　　　統計図表レファレンス事典　高齢化社会

従業員拠出制

『企業年金白書　平成9年版』ライフデザイン研究所　1997.3
　◇規模別にみた適格年金掛金の従業員拠出制の有無　[5-5表　p105]

就業者

『過疎対策の現況　平成8年度版』丸井工文社　1997.8
　◇産業別年齢別就業者数（平成7年）　[第2-24表　p58]
　◇産業別年齢別就業者数の割合・その1（平成7年）　[第2-25表　p59]
　◇産業別年齢別就業者数の割合・その2（平成7年）　[第2-26表　p59]

『関西経済白書　2007年版』関西社会経済研究所　2007.6
　◇関西の就業者数の推移と年齢別寄与度　[図表1-32　p31]

『森林・林業白書　平成22年版』全国林業改良普及協会　2010.6
　◇産業別、年齢階層別就業者数　[26　p8]

『図説　食料・農業・農村白書　平成15年度』農林統計協会　2004.6
　◇就業者数（農業）の対前年増減率及び年齢階層別寄与度の推移　[図II-8　p117]

『図説　森林・林業白書　平成15年度』日本林業協会　2004.7
　◇産業別、年齢階層別就業者数　[25　p157]

『中小企業白書　2010年版』日経印刷　2010.6
　◇年齢別の人口及び就業者数（2008年）　[第2-1-37図　p133]

『ものづくり白書　2010年版』経済産業調査会　2010.6
　◇年齢階層別就業者数（製造業）　[図123-4　p42]

『労働経済白書　平成16年版』ぎょうせい　2004.9
　◇就業者数の年齢階級別割合の推移　[第1-（1）-20図　p72]

『労働経済白書　平成19年版』国立印刷局　2007.8
　◇就業者（うち従業者）に占める週の労働時間が60時間以上の非農林業就業者
　の比率（男女別、年齢階級別）　[付2-（3）-6表　p285]

就業者（高齢者）

『図説　高齢者白書　2004年度版』全国社会福祉協議会　2004.12
　◇男子高齢者の職業別就業者割合：2000年　[1-34　p42]

『図説　高齢者白書　2006年度版』全国社会福祉協議会　2007.3
　◇男子高齢者の職業別就業者割合：2005年　[1-34　p48]

『製造基盤白書（ものづくり白書）　2004年版』ぎょうせい　2004.6
　◇就業者に占める若年者・高齢者の割合の推移　[図212-6　p346]

『中小企業白書　2010年版』日経印刷　2010.6
　◇就業者に占める女性と高齢者の割合　[第2-1-38図　p133]

『ものづくり白書　2013年版』経済産業調査会　2013.7
　◇製造業における60歳以上の就業者数及び就業者の割合の推移　[図214-1

128

統計図表レファレンス事典　高齢化社会　　**しゆうき**

　　p197]

『連合白書　2010』コンポーズ・ユニ　2009.12
　　◇製造業の就業者数と高齢・若年就業者割合の推移　［p102]

『労働白書　平成9年版』日本労働研究機構　1997.6
　　◇高年齢就業者の就業理由（男子）　［第2-(1)-8図　p222]
　　◇高年齢就業者の産業別構成の変化（男子）　［第2-(1)-15図　p232]
　　◇高年齢就業者の職業別構成の変化（男子）　［第2-(1)-16図　p233]

就業率

『九州経済白書　2007年度版』九州経済調査協会　2007.2
　　◇九州における女性の年齢階層別就業率と労働力率　［図表4-19　p124]

『経済財政白書　平成22年版』日経印刷　2010.8
　　◇性別・年齢別就業率の変化（2002年－2007年）　［第3-1-3図　p276]

『高齢社会白書　平成22年版』佐伯印刷　2010.7
　　◇年齢階級別にみた完全失業率、就業率　［図1-2-4-7　p37]

『国土交通白書　2007』ぎょうせい　2007.5
　　◇三大都市圏と地方圏の年齢別女性就業率　［図表I-2-4-1　p52]

『障害者白書　平成19年版』佐伯印刷　2007.7
　　◇年齢階層別就業率　［図表2-1-40　p199]

『障害者白書　平成25年版』印刷通販　2013.8
　　◇年齢階層別就業率　［図表1-20　p15]

『女性労働の分析　2011年』21世紀職業財団　2012.8
　　◇年齢階級別就業率の変化　［図表2-2-3　p45]
　　◇年齢階級別就業率及び潜在的労働力率　［図表2-2-4　p46]

就業率（高齢者）

『厚生白書　平成9年版』厚生問題研究会　1997.6
　　◇我が国の高齢者の就業率は高率　［図4-1-10　p107]

『厚生労働白書　平成19年版』ぎょうせい　2007.9
　　◇都道府県別 1人当たり老人医療費と高齢者就業率（70歳以上人口に占める就業者の割合）の相関関係　［図表3-6-3　p87]

『首都圏白書　平成25年版』勝美印刷　2013.7
　　◇東京圏高齢者の就業率の推移　［図表1-5-8　p33]

『世界経済の潮流　2007年春』国立印刷局　2007.6
　　◇フィンランドの高齢者就業率の推移　［第1-2-15図　p37]

『世界の厚生労働　2007』TKC出版　2007.4
　　◇各国の高齢者（55～64歳）の就業率の推移　［図1-4　p5]
　　◇EU-15主要国の高齢者（55-64歳）の就業率の推移（男女計）　［図1-7　p29]

129

しゆうし　　　　　　　　　　　　　統計図表レファレンス事典　高齢化社会

　　◇アメリカの高齢者(55〜64歳)の就業率の推移　[図1-8　p34]
　　◇イギリスの高齢者(55-64歳)の就業率の推移　[図1-13　p45]
　　◇ドイツの高齢者(55-64歳)の就業率の推移　[図1-16　p62]
　　◇フランスの高齢者(55-64歳)の就業率の推移　[図1-21　p85]
　『労働経済白書　平成19年版』国立印刷局　2007.8
　　◇高年齢層における就業率の推移　[第2-(3)-31図　p162]
　『労働白書　平成9年版』日本労働研究機構　1997.6
　　◇高年齢者の支出の有無別就業率(男子)—(1)住宅ローンの返済費　[第87表
　　　p390]
　　◇高年齢者の支出の有無別就業率(男子)—(2)仕送りなどの教育費　[第87表
　　　p390]

収支

　『生活と貯蓄　関連統計　平成9年度版』貯蓄広報中央委員会　1997.4
　　◇勤労者世帯の年齢階層別収支　[(表)　p32〜33]
　　◇高齢者世帯の収支　[(表)　p103]
　『男女共同参画白書　平成16年版』国立印刷局　2004.6
　　◇高齢無職単身世帯の収支　[第1-序-57図　p47]

自由時間

　『生活と貯蓄　関連統計　平成9年度版』貯蓄広報中央委員会　1997.4
　　◇高齢期における自由時間にしてみたいこと　[(表)　p112]
　『レジャー白書　'97』余暇開発センター　1997.6
　　◇自由時間と収入についての考え方(性・年代別)　[付図5　p116]

就職率

　『失業対策年鑑　平成7年度版』労務行政研究所　1997.3
　　◇年齢別常用有効求人倍率、就職率の推移(男女計)　[第1-30表　p40]

終身雇用制度

　　⇒長期雇用 をも見よ

　『企業年金白書　平成9年版』ライフデザイン研究所　1997.3
　　◇年功序列制度、終身雇用制度の景気本格回復後の動向　[3-2-4図　p68]

住生活基本計画

　『高齢社会白書　平成19年版』ぎょうせい　2007.6
　　◇住生活基本計画(全国計画)における高齢社会対策に関する目標、成果指標
　　　及び基本的な施策　[表2-3-32　p132]
　『高齢社会白書　平成22年版』佐伯印刷　2010.7
　　◇住生活基本計画(全国計画)における高齢社会対策に関する目標、成果指標

130

統計図表レファレンス事典　高齢化社会　　　　　　　　　　　　しゆうた

　　　及び基本的な施策　［表2-3-20　p111］

住宅

　『介護白書　平成19年版』TAC出版　2007.10
　　　◇居住歴　［図1-4-1　p77］
　　　◇住宅の種類　［図1-4-2　p78］
　　　◇居住歴　［表1-4-1　p78］
　　　◇住宅の建築時期　［図1-4-3　p79］
　　　◇居室の数　［図1-4-4　p79］
　　　◇住宅の広さ　［図1-4-5　p80］
　　　◇住宅で困っていること（複数回答）　［図1-4-6　p80］
　　　◇住宅や住環境に関する優先度（複数回答）　［図1-4-13　p88］

　『関西経済白書　2010年版』関西社会経済研究所　2010.9
　　　◇世帯類型別居住室の畳数分布　［図表3-3-1　p141］

　『九州経済白書　2007年度版』九州経済調査協会　2007.2
　　　◇世帯主年齢階級別にみた住宅形態別住宅ストック増減数の推計（2003-05年・
　　　九州）　［図表2-21　p90］

　『経済財政白書　平成22年版』日経印刷　2010.8
　　　◇住宅に関する高齢者の意識（国際比較）　［第2-3-9図　p240］

　『高齢社会白書　平成9年版』大蔵省印刷局　1997.6
　　　◇親の住宅援助と出生　［表3-3-8　p36］
　　　◇高齢者夫婦世帯の住宅・宅地資産の分布　［図5-4-1　p48］
　　　◇高齢者が住宅に感じる問題点　［表8-1-2　p69］
　　　◇住宅統計調査の最低居住水準　［表8-2-2　p70］
　　　◇高齢者の住宅の所有関係別住宅数　［表8-2-3　p71］
　　　◇3大都市圏別高齢者のいる主世帯の住宅の所有関係　［図8-2-4　p72］
　　　◇公共賃貸住宅建替10箇年戦略の建替戸数の目標量　［表3-4-2　p190］

　『高齢社会白書　平成16年度』ぎょうせい　2004.6
　　　◇高齢者夫婦世帯等の住宅・宅地資産の分布　［図1-2-22　p27］
　　　◇高齢者の住宅の所有関係　［図1-2-55　p46］
　　　◇住宅で困っていること　［図1-2-58　p48］

　『高齢社会白書　平成19年版』ぎょうせい　2007.6
　　　◇住宅で困っていること（複数回答）　［図1-2-61　p56］

　『高齢社会白書　平成22年版』佐伯印刷　2010.7
　　　◇現在の住居に関する満足度　［図1-2-6-1　p44］

　『高齢社会白書　平成25年版』印刷通販　2013.7
　　　◇現在の住居に関する満足度　［図1-2-6-1　p35］

　『住宅白書　2009-2010』ドメス出版　2009.10

131

しゆうた   統計図表レファレンス事典　高齢化社会

◇住居の種類（年代別、就労形態別）　［表I-7　p87］

『首都圏白書　平成25年版』勝美印刷　2013.7
　　◇60代の老後の住まいの意向　［図表1-2-9　p17］
　　◇東京圏の世帯主の年齢別住宅延べ床面積比較　［図表1-2-11　p18］

『図説 高齢者白書　2004年度版』全国社会福祉協議会　2004.12
　　◇高齢者のいる主世帯の世帯の型別住宅の所有の関係別割合　全国（2003年）
　　　［6-2　p77］
　　◇高齢者のいる主世帯の世帯の型別住宅の建て方別割合　全国（2003年）　［6-
　　　3　p77］

『図説 高齢者白書　2006年度版』全国社会福祉協議会　2007.3
　　◇住宅で困っていること　［6-1　p87］

『土地白書　平成9年版』大蔵省印刷局　1997.6
　　◇定期借地権付き住宅を購入した時点での世帯主の年齢、家族の構成　［図表
　　　5-3-16　p226］

『ライフデザイン白書　1998-99』ライフデザイン研究所　1997.12
　　◇定年後（老後）の住まいに関する考え方　［図表2-32　p48］
　　◇一人になったときの住まい（性・年齢別）　［図表2-33　p49］
　　◇住宅や居住環境に対する考え〈(4) 親と同居する場合：二世帯住宅—お風呂
　　　や台所を共有した形〉［図表11-5　p222］
　　◇住宅や居住環境に対する考え〈(5) 子供夫婦と同居する場合—お風呂や台所
　　　を共有した形〉［図表11-6　p223］

『労働白書　平成9年版』日本労働研究機構　1997.6
　　◇世帯主の年齢階級別にみた住宅・宅地資産格差　［第1-(3)-14図　p205］

住宅（高齢者向け）

『医療白書　2013年度版』日本医療企画　2013.9
　　◇高齢者専用賃貸住宅/サービス付き高齢者向け住宅の動向推移　［図12　p183］
　　◇高齢者専用賃貸住宅/サービス付き高齢者向け住宅の登録数の推移　［表10
　　　p183］
　　◇サービス付き高齢者向け住宅の推移と予測　［図13　p185］

『介護経営白書　2013年度版』日本医療企画　2013.10
　　◇サービス付き高齢者向け住宅の登録状況（H25.8末時点）　［図1　p58］
　　◇サービス付き高齢者向け住宅の都道府県別登録状況（H25.7末時点）　［図2
　　　p58］

『関西経済白書　2010年版』関西社会経済研究所　2010.9
　　◇住宅のバリアフリー化の現状　［図表3-1-8　p132］

『九州経済白書　2007年度版』九州経済調査協会　2007.2
　　◇高齢者向け増改築需要の推計（九州・山口）　［図表2-14　p86］

『高齢社会白書　平成9年版』大蔵省印刷局　1997.6

132

統計図表レファレンス事典　高齢化社会　　　　　　　　　　　　　　　　　　　　しゆうた

　　◇住宅における高齢者のための設備の工事の状況　［表8-2-6　p73］
　　◇公営住宅等の高齢者向け住宅建設戸数　［表3-4-3　p192］
　　◇長寿社会対応住宅設計指針の概要　［表3-4-4　p193］
　　◇高齢者向け公共賃貸住宅整備計画の概要　［表3-4-6　p195］
『高齢社会白書　平成16年度』ぎょうせい　2004.6
　　◇将来改造したい構造・設備　［図1-2-59　p48］
　　◇公営住宅等の高齢者向け住宅建設戸数　［表2-3-41　p113］
『高齢社会白書　平成19年版』ぎょうせい　2007.6
　　◇公営住宅等の高齢者向け住宅建設戸数　［表2-3-33　p133］
　　◇高齢者が居住する住宅の設計に係る指針の概要　［表2-3-34　p134］
『高齢社会白書　平成22年版』佐伯印刷　2010.7
　　◇公営住宅等の高齢者向け住宅建設戸数　［表2-3-21　p113］
『高齢社会白書　平成25年版』印刷通販　2013.7
　　◇団塊の世代の住まいの意向　［図1-3-5-2　p65］
　　◇公営住宅等の高齢者向け住宅建設戸数　［表2-3-14　p101］
『住宅白書　2009-2010』ドメス出版　2009.10
　　◇高齢者住宅・施設供給数（2007年7月）　［表I-3　p71］
『首都圏白書　平成16年版』国立印刷局　2004.6
　　◇高齢者向け優良賃貸住宅の認定状況（首都圏）　［図表2-3-13　p77］
『首都圏白書　平成19年版』国立印刷局　2007.6
　　◇高齢者向け優良賃貸住宅の認定状況（首都圏）　［図表2-3-8　p38］
『首都圏白書　平成22年版』佐伯印刷　2010.7
　　◇高齢者向け優良賃貸住宅の認定状況（首都圏）　［図表2-5-21　p81］
『図説　高齢者白書　2004年度版』全国社会福祉協議会　2004.12
　　◇建築時期別にみた高齢者等のための設備がある住宅割合　全国（2003年）
　　　［6-4　p77］
　　◇第1号被保険者（65歳以上）の福祉用具・住宅改修の利用状況　［6-11　p82］
『図説　高齢者白書　2006年度版』全国社会福祉協議会　2007.3
　　◇第1号被保険者（65歳以上）の福祉用具・住宅改修の利用状況　［6-15　p95］
『中国地域経済白書　2013』中国地方総合研究センター　2013.9
　　◇高齢者等のための設備がある住宅の割合（2008年）　［図2.2.11　p29］
　　◇サ付き住宅の登録状況（全国）　［図2.2.12　p30］
　　◇サ付き住宅の登録状況と全国シェア（2013年6月末時点）　［表2.2.2　p30］
『土地白書　平成25年版』勝美印刷　2013.8
　　◇サービス付き高齢者向け住宅の登録状況の推移　［図表3-2-10　p113］
『日本統計年鑑　平成27年』総務省統計局　2014.11
　　◇住宅の種類・所有の関係・建て方・建築の時期，設備状況別住宅数（平成25
　　年）　［表18-10　p588］

133

しゆうた　　　　　　　　　　　　　統計図表レファレンス事典　高齢化社会

住宅火災

『介護白書　平成16年版』ぎょうせい　2004.7
　◇住宅火災における年齢階層別死者発生状況（放火自殺者等を除く）　［図4-7
　p242］

『高齢社会白書　平成25年版』印刷通販　2013.7
　◇住宅火災における死者数　［図1-2-6-9　p40］

『消防白書　平成15年版』ぎょうせい　2003.12
　◇住宅火災における年齢階層別死者発生状況（放火自殺者を除く）　［第1-1-16
　図　p28］

『消防白書　平成24年版』勝美印刷　2012.12
　◇住宅火災における年齢階層別死者発生状況（放火自殺者等を除く。）　［第1-
　1-13図　p55］

住宅金融公庫

『高齢社会白書　平成9年版』大蔵省印刷局　1997.6
　◇住宅金融公庫金利体系の改善の概要　［表3-4-5　p194］

住宅ローン

『労働白書　平成9年版』日本労働研究機構　1997.6
　◇高年齢者の支出の有無別就業率（男子）―（1）住宅ローンの返済費　［第87表
　p390］

収入

⇒年収　をも見よ

『介護白書　平成19年版』TAC出版　2007.10
　◇毎月の収入　［図1-3-7　p73］
　◇主な収入源（3つまで順に回答）　［図1-3-8　p74］

『高齢社会白書　平成16年度』ぎょうせい　2004.6
　◇世帯主の年齢が65歳以上の世帯の収入と消費　［表1-2-18　p25］

『高齢社会白書　平成19年版』ぎょうせい　2007.6
　◇世帯主の年齢が65歳以上の世帯の収入と消費　［表1-2-20　p32］

『高齢社会白書　平成25年版』印刷通販　2013.7
　◇団塊の世代の世帯の主な収入源　［図1-3-1-2　p54］
　◇団塊の世代の世帯収入　［図1-3-1-3　p54］

『国民春闘白書　2008年』学習の友社　2007.12
　◇「老後」「収入」で目立つ悩み・不安　［［5］　p39］

『消費者白書　平成25年版』勝美印刷　2013.7
　◇世帯主が高齢者である場合、貯蓄が多く、収入は少ない　［図表2-1-2　p25］

134

統計図表レファレンス事典　高齢化社会　　　　　　　　　　しゅしん

『女性白書　2007』ほるぷ出版　2007.8
　　◇性、年齢階級、収入の種類別夫婦高齢者世帯（65歳以上の夫婦のみの世帯）
　　の年間収入　［図表5　p107］
　　◇性、年齢階級別単身勤労者世帯の月平均収入　［図表8　p108］

『女性白書　2013』ほるぷ出版　2013.8
　　◇年金〔年金以外の収入〕　［図表3　p115］

『図説　高齢者白書　2004年度版』全国社会福祉協議会　2004.12
　　◇年齢階級別にみた所得・収入の満足度　［3-16　p59］

『図説　高齢者白書　2006年度版』全国社会福祉協議会　2007.3
　　◇年齢階級別にみた所得・収入の満足度　［3-17　p69］

『生活と貯蓄　関連統計　平成9年度版』貯蓄広報中央委員会　1997.4
　　◇老後生活費の主な収入源の国際比較　［（表）　p106］

『日本子ども資料年鑑　2007』KTC中央出版　2007.2
　　◇年齢階級別収入の状況（平成4・14年）　［II-2-31図　p81］

『日本統計年鑑　平成27年』総務省統計局　2014.11
　　◇1世帯当たり1か月間の収入及び支出（特定世帯, 高齢者世帯）（平成21年）
　　［表19-9　p620～621］

『レジャー白書　'97』余暇開発センター　1997.6
　　◇自由時間と収入についての考え方（性・年代別）　［付図5　p116］

『労働経済白書　平成19年版』国立印刷局　2007.8
　　◇年齢階級別実収入、消費支出及び平均消費性向の動向（全国勤労者世帯、2006
　　年平均）　［第1-（3）-11図　p68］

『労働経済白書　平成22年版』日経印刷　2010.8
　　◇年齢階級別実収入、消費支出及び平均消費性向の動向（2009年、全国勤労者
　　世帯）　［第1-（3）-7図　p62］

『労働白書　平成9年版』日本労働研究機構　1997.6
　　◇世帯主の年齢階級、所得階層別実収入構成比（勤労者世帯）　［第82表　p386］
　　◇総収入額階級別高年齢者割合（男子）　［第86表　p390］

就労　⇒就業 を見よ

受診

『介護白書　平成16年版』ぎょうせい　2004.7
　　◇年齢階級別に見た一人当たり外来受診日数　［図3-3-5　p181］

『日本統計年鑑　平成27年』総務省統計局　2014.11
　　◇年齢階級, ふだんの就業状態, 行動の種類別総平均時間（週全体）（平成23年）
　　［表23-23　p752～753］

135

しゅす   統計図表レファレンス事典　高齢化社会

ジュース

『図説 高齢者白書　2004年度版』全国社会福祉協議会　2004.12
　　◇ジュースの年間支出金額　［3-11　p56］

受療率

『医療白書　1997年版』日本医療企画　1997.10
　　◇年齢階級別にみた受療率（人口10万人当たりの患者数）の推移　［図9-3　p283］

『厚生労働白書　平成19年版』ぎょうせい　2007.9
　　◇人口10万人当たり年齢階級別受療率（1970年、1975年）　［図表1-2-1　p16］
　　◇人口10万人当たり年齢階級別受療率（入院）（2005年）　［図表2-1-6　p31］
　　◇都道府県別 人口10万人当たり生活習慣病（悪性新生物、心疾患、脳血管疾
　　　患、糖尿病）による受療率（入院）（70歳以上）（2005年）　［図表3-3-5　p74］
　　◇都道府県別 人口10万人当たり生活習慣病（悪性新生物、心疾患、脳血管疾
　　　患、糖尿病）による受療率（外来）（70歳以上）（2005年）　［図表3-3-6　p74］

『高齢社会白書　平成16年度』ぎょうせい　2004.6
　　◇受療率の推移　［図1-2-33　p34］
　　◇主な傷病別にみた受療率（人口10万対）　［表1-2-34　p34］

『高齢社会白書　平成19年版』ぎょうせい　2007.6
　　◇年齢階級別にみた受療率の推移　［図1-2-29　p37］
　　◇主な傷病別にみた受療率（人口10万対）　［表1-2-30　p38］

『高齢社会白書　平成22年版』佐伯印刷　2010.7
　　◇年齢階級別にみた受療率の推移　［図1-2-3-6　p26］
　　◇主な傷病別にみた受療率（人口10万対）　［表1-2-3-7　p27］

『高齢社会白書　平成25年版』印刷通販　2013.7
　　◇年齢階級別にみた受療率の推移　［図1-2-3-5　p22］
　　◇主な傷病別にみた受療率（人口10万対）　［表1-2-3-6　p23］

『図説 高齢者白書　2004年度版』全国社会福祉協議会　2004.12
　　◇性・年齢階級別受療率（人口10万人対）―入院、外来　［9-2　p112］

『図説 高齢者白書　2006年度版』全国社会福祉協議会　2007.3
　　◇性・年齢階級別受療率（人口10万対）―入院、外来―　［9-2　p122］

『日本統計年鑑　平成27年』総務省統計局　2014.11
　　◇年齢階級別受療率（人口10万対）（昭和59年～平成23年）　［表21-11　p681］

準備（老後）

『高齢社会白書　平成16年度』ぎょうせい　2004.6
　　◇高齢者の老後の備え　［図1-2-21　p27］

『高齢社会白書　平成19年版』ぎょうせい　2007.6
　　◇高齢者の老後の備え　［図1-2-25　p35］

136

統計図表レファレンス事典　高齢化社会　　**しようか**

『消費社会白書　2013』JMR生活総合研究所　2012.11
　　◇自身の老後の見通しや老後への備えとその属性差　［図表1-16　p17］
　　◇老後不安項目と老後への備えの程度、老後の見通しとの関連　［図表1-18
　　　p19］
　　◇老後への備えの程度や老後の見通しと個人支出増減、個人支出意向、節約
　　　姿勢との関連　［図表1-19　p20］
『ライフデザイン白書　1998-99』ライフデザイン研究所　1997.12
　　◇高齢期への準備項目　［図表2-37　p52］
　　◇高齢期への準備項目（時系列変化）　［図表2-38　p53］
　　◇高齢期への準備項目（年齢別）　［図表2-39　p53］
　　◇高齢期への準備項目　［図表12-12　p238］
　　◇高齢期への準備項目　［図表12-13　p239］
『ライフデザイン白書　2004-2005』第一生命経済研究所　2003.10
　　◇高齢期の生活に備えての準備（性・年代別）〈複数回答〉［図表29　p40］
　　◇老後の準備種類数（性・年代別）　［図表30　p41］
　　◇高齢期に向けて準備していること〈複数回答〉［図表7-17　p191］
　　◇高齢期に向けて準備していること（老後生活資金準備額別）〈複数回答〉［図
　　　表7-18　p192］
　　◇高齢期の生活への準備と生活不安（性・年代別）　［図表8-3　p203］

生涯学習

『高齢社会白書　平成9年版』大蔵省印刷局　1997.6
　　◇生涯学習の推進体制の整備　［図3-3-1　p166］
　　◇地域生涯学習振興基本構想の概要　［表3-3-2　p167］
『高齢社会白書　平成16年度』ぎょうせい　2004.6
　　◇全国の民間生涯学習関連事業所数　［表2-3-34　p104］
『高齢社会白書　平成19年版』ぎょうせい　2007.6
　　◇生涯学習の推進体制の整備　［図2-3-21　p122］
『高齢社会白書　平成25年版』印刷通販　2013.7
　　◇行ってみたい生涯学習の内容（複数回答）　［図1-2-5-4　p34］
『図説 高齢者白書　2006年度版』全国社会福祉協議会　2007.3
　　◇この1年間の生涯学習の実施状況　［7-1　p99］
　　◇生涯学習をしている理由　［7-2　p99］
　　◇生涯学習の場　［7-3　p100］
　　◇生涯学習情報の入手先　［7-6　p101］
　　◇生涯学習のニーズ　［7-7　p102］
　　◇してみたい生涯学習の内容　［7-8　p102］
　　◇生涯学習をしてみたい理由　［7-9　p102］
　　◇生涯学習の活用実態　［7-10　p103］

しようか　　　　　　　　　統計図表レファレンス事典　高齢化社会

　　◇生涯学習の評価　［7-11　p103］
　　◇望ましい生涯学習の評価　［7-12　p103］
　『ライフデザイン白書　2004-2005』第一生命経済研究所　2003.10
　　◇団塊世代の生涯学習取り組み状況（性・年代別）〈複数回答〉［図表23　p35］
　　◇生涯学習の実施状況（性・年代別）　［図表24　p36］

障害者

　　⇒精神障害者，知的障害者，身体障害者 をも見よ

　『情報通信白書　平成22年版』ぎょうせい　2010.7
　　◇年齢階級別の障がい者人口（平成18年）　［図表1-3-2-2　p71］
　『図説 高齢者白書　2004年度版』全国社会福祉協議会　2004.12
　　◇要介護（要支援）認定者（第1号被保険者）の痴呆性老人自立度・障害老人自
　　　立度に関する推計　［6-13　p84］

生涯未婚率

　『高齢社会白書　平成16年度』ぎょうせい　2004.6
　　◇生涯未婚率と初婚年齢　［表1-1-12　p10］

少子高齢化

　『九州経済白書　2007年度版』九州経済調査協会　2007.2
　　◇人口減少・少子高齢化が自社に及ぼす影響　［図表III-1　p18］
　　◇人口減少・少子高齢化に対する企業経営上の認識　［図表III-2　p18］
　　◇人口減少・少子高齢化が市場規模に及ぼす影響（現状）　［図表III-3　p19］
　　◇人口減少・少子高齢化が市場規模に及ぼす影響（将来：概ね5年後）　［図表
　　　III-4　p19］
　　◇人口減少・少子高齢化に対する対策（販売ルート・商品内容別）　［図表III-
　　　5　p19］
　　◇人口減少・少子高齢化に対する販売ルートに関する対策の内容（現状）　［図
　　　表III-6　p20］
　　◇人口減少・少子高齢化に対する販売ルートに関する対策の内容（将来）　［図
　　　表III-7　p20］
　　◇人口減少・少子高齢化に対する商品・サービスに関する対策の内容（現状）
　　　［図表III-8　p20］
　　◇人口減少・少子高齢化に対する商品・サービスに関する対策の内容（将来）
　　　［図表III-9　p20］
　　◇人口減少・少子高齢化による自治体の最重要課題　［図表V-2　p44］
　　◇人口減少・少子高齢化の進展の影響　［図表2-11　p85］
　　◇人口減少・少子高齢化への対策状況（販売チャンネル・店舗展開等）　［図表
　　　2-18　p88］
　　◇人口減少・少子高齢化への対策状況（商品・サービス対応）　［図表2-19　p88］

統計図表レファレンス事典　高齢化社会　　　**しようひ**

『国土交通白書　2010』日経印刷　2010.7
　　◇人口減少社会、少子高齢化社会に対するイメージ　［図表10　p7］

消費

『経済財政白書　平成22年版』日経印刷　2010.8
　　◇高齢者層における消費の特徴（日米比較）　［第2-2-8図　p197］
　　◇日米の高齢者の消費構成の推移　［第2-2-9図　p198］

『高齢社会白書　平成16年度』ぎょうせい　2004.6
　　◇世帯主の年齢が65歳以上の世帯の収入と消費　［表1-2-18　p25］

『高齢社会白書　平成19年版』ぎょうせい　2007.6
　　◇世帯主の年齢が65歳以上の世帯の収入と消費　［表1-2-20　p32］

『消費者白書　平成25年版』勝美印刷　2013.7
　　◇高齢期の消費生活において身体機能の衰えによる不安が大きい　［図表2-1-10　p31］

『ものづくり白書　2013年版』経済産業調査会　2013.7
　　◇世代別の消費パターンの違い（男性）　［図133-9　p123］

消費支出

『九州経済白書　2007年度版』九州経済調査協会　2007.2
　　◇世帯主年齢階級別の1世帯当り月間消費支出（2004年、全国、総世帯・全世帯）　［図表II-1　p13］
　　◇世帯主年齢階級別の年間消費支出総額の将来推計（九州・山口）　［図表II-3　p14］
　　◇1世帯当り年間消費支出の世帯主年齢階級による項目別消費支出水準（全国、2004年）　［図表II-4　p15］

『高齢社会白書　平成9年版』大蔵省印刷局　1997.6
　　◇高齢者夫婦世帯の消費支出　［表5-2-4　p45］

『高齢社会白書　平成16年度』ぎょうせい　2004.6
　　◇世帯主の年齢が65歳以上の世帯における消費支出構成比の推移　［図1-2-19　p25］

『女性白書　2010』ほるぷ出版　2010.8
　　◇性、年齢階級別単身世帯の家計消費支出（2009年）　［図表付-42　p252］

『女性白書　2013』ほるぷ出版　2013.8
　　◇性、年齢階級別単身世帯の家計消費支出　［図表付-42　p222］

『図説 高齢者白書　2004年度版』全国社会福祉協議会　2004.12
　　◇世帯主の年齢階級別、費目別の消費支出額：総世帯（平成15年）　［3-7　p55］
　　◇1世帯あたり月平均消費支出金額と対前年実績増減率の推移（2人以上世帯・単独世帯）　［3-12　p57］
　　◇単身世帯の年齢階級別1世帯あたり月平均消費支出金額と対前年実質増減率

139

しようひ　　　　　　　　　　　　　　　　統計図表レファレンス事典　高齢化社会

（平成15年）　［3-13　p57］

『図説 高齢者白書　2006年度版』全国社会福祉協議会　2007.3
　　◇世帯主の年齢階級別、費目別の消費支出額：総世帯（平成17年）　［3-7　p65］
　　◇1世帯あたり月平均消費支出金額と対前年実質増減率の推移（60歳以上単身世帯・単身世帯平均）　［3-12　p66］

『図説 食料・農業・農村白書　平成15年度』農林統計協会　2004.6
　　◇一人当たり実質消費支出の変化（世帯主の年齢別）　［図I-19　p50］

『ライフデザイン白書　2004-2005』第一生命経済研究所　2003.10
　　◇主要家計費目の消費支出に占める割合（世帯主年代別）　［図表7　p21］

『労働経済白書　平成19年版』国立印刷局　2007.8
　　◇年齢階級別実収入、消費支出及び平均消費性向の動向（全国勤労者世帯、2006年平均）　［第1-(3)-11図　p68］

『労働経済白書　平成22年版』日経印刷　2010.8
　　◇年齢階級別実収入、消費支出及び平均消費性向の動向（2009年、全国勤労者世帯）　［第1-(3)-7図　p62］

消費者契約法

『介護白書　平成16年版』ぎょうせい　2004.7
　　◇消費者契約法の認知度　［図4-2　p237］

消費者物価

『物価レポート　'97』経済企画協会　1997.10
　　◇世帯主の年齢別の上昇率　［図表1-1-7　p4］

消費者物価指数

『物価レポート　'97』経済企画協会　1997.10
　　◇年齢別消費者物価指数のウエイト　［図表1-1-6　p4］

消費生活相談

『警察白書　平成25年版』日経印刷　2013.7
　　◇全国の消費生活センターに寄せられた利殖勧誘事犯の可能性のある既遂被害に関する相談のうち、契約当事者が高齢者であったものの割合の推移（平成21〜24年）　［図II-55　p49］
　　◇全国の消費生活センターに寄せられた特定商取引等事犯の可能性のある既遂被害に関する相談のうち、契約当事者が高齢者であったものの割合の推移（平成21年〜24年）　［図II-56　p49］

『高齢社会白書　平成19年版』ぎょうせい　2007.6
　　◇契約当事者が70歳以上の消費相談件数　［図1-2-70　p62］

『高齢社会白書　平成22年版』佐伯印刷　2010.7
　　◇契約当事者が70歳以上の消費相談件数　［図1-2-6-7　p48］

140

統計図表レファレンス事典　高齢化社会　　　　　　　　　　　　**しようひ**

　　◇契約当事者が70歳以上の販売方法別相談件数（平成20年度分）　〔図1-3-13
　　　p60〕
　『高齢社会白書　平成25年版』印刷通販　2013.7
　　◇契約当事者が70歳以上の消費相談件数　〔図1-2-6-8　p40〕
　『消費者白書　平成25年版』勝美印刷　2013.7
　　◇高齢者の消費生活相談件数は、2008年度以降増加　〔図表2-2-1　p33〕
　　◇高齢者の消費生活相談は、人口の伸び以上に増加している　〔図表2-2-2　p34〕
　　◇高齢者の相談件数の変化には、「電話勧誘販売」、「通信販売」、「訪問販売」
　　　が寄与　〔図表2-2-9　p40〕
　　◇高齢者の「まだ契約・申込していない」段階での相談割合が増えている
　　　〔図表2-2-10　p41〕
　　◇高齢者の「電話勧誘販売」に関する相談では「まだ契約・申込していない」
　　　段階での相談が占める割合が大きい　〔図表2-2-12　p42〕
　　◇高齢者のトラブルでは、「電話勧誘販売」で相談時に「まだ契約・申込して
　　　いない」割合が2010年度から2011年度にかけて急増　〔図表2-2-13　p42〕
　　◇高齢者の相談1件当たりの平均金額は10年前に比べ増加している　〔図表2-
　　　2-14　p43〕
　　◇2012年度の高齢者の相談は「ファンド型投資商品」に関するものがトップ
　　　に　〔図表2-2-17　p45〕
　　◇金融商品に関する高齢者からの相談には流行が見られる　〔図表2-2-18　p46〕
　　◇高齢者の詐欺的なものに関する相談のうち、利殖商法に関する相談が増加
　　　〔図表2-2-19　p47〕
　　◇高齢者の「健康食品の送り付け商法」に関する2012年度の消費生活相談は
　　　前年度比5.6倍に　〔図表2-2-27　p56〕
　　◇「葬式」に関する高齢者からの消費生活相談は増加傾向　〔図表2-2-28　p57〕
　　◇高齢者・未成年者の相談は本人以外から相談が寄せられる傾向　〔図表2-3-
　　　1　p66〕
　　◇7割以上の高齢者が消費生活センターを認知　〔図表2-3-3　p68〕
　　◇60歳以上からの消費生活相談が全体の約3割を占める（2012年度）　〔図表3-
　　　1-4　p74〕
　　◇インターネットに関する相談は、内容により年代別構成比が異なる　〔図表
　　　3-3-12　p106〕

消費性向

　『経済財政白書　平成22年版』日経印刷　2010.8
　　◇平均消費性向の世帯主年齢別寄与度分解　〔第2-2-5図　p193〕
　　◇高齢無職世帯の貯蓄残高と消費性向　〔第2-2-12図　p202〕
　『労働経済白書　平成19年版』国立印刷局　2007.8
　　◇年齢階級別実収入、消費支出及び平均消費性向の動向（全国勤労者世帯、2006
　　　年平均）　〔第1-（3）-11図　p68〕
　『労働経済白書　平成22年版』日経印刷　2010.8

141

しようひ　　　　　　　　　　　　　統計図表レファレンス事典　高齢化社会

◇年齢階級別実収入、消費支出及び平均消費性向の動向（2009年、全国勤労者
世帯）　［第1-(3)-7図　p62］

傷病

『介護白書　平成16年版』ぎょうせい　2004.7
◇介護保険施設入所者の主な傷病割合　［図3-3-27　p206］

商品

『消費者白書　平成25年版』勝美印刷　2013.7
◇高齢になるほど環境に配慮した商品選択を心掛ける傾向　［図表1-2-6　p17］
◇年代別商品等別分類（中分類）（2012年度）　［資料2-4　p236］

消防団員

『消防白書　平成19年版』ぎょうせい　2007.12
◇消防団員の年齢構成　［第2-1-3図　p164］

情報通信機器

『介護白書　平成16年版』ぎょうせい　2004.7
◇60歳以上の情報通信機器利用率（平成13年）　［図4-6　p241］

『図説 高齢者白書　2006年度版』全国社会福祉協議会　2007.3
◇単身世帯の年齢階級別情報・通信関連耐久消費財の所有数量増加率　［3-11
p66］

『ライフデザイン白書　2004-2005』第一生命経済研究所　2003.10
◇情報通信機器の利用率（性別、性・年代別）　［図表4-17　p121］
◇情報通信機器利用の困難率（性別、性・年代別）　［図表4-19　p123］

職業

『図説 高齢者白書　2004年度版』全国社会福祉協議会　2004.12
◇国民健康保険世帯主の職業の変化　［10-3　p121］

『図説 高齢者白書　2006年度版』全国社会福祉協議会　2007.3
◇国民健康保険世帯主の職業の変化　［10-3　p131］

職業訓練

『世界の厚生労働　2007』TKC出版　2007.4
◇年齢階級別職業訓練受講率〔フランス〕　［図1-26　p102］

職業紹介

『日本統計年鑑　平成27年』総務省統計局　2014.11
◇年齢階級別常用職業紹介状況（平成7～24年度）　［表16-29　p531］
◇中高年齢者職業紹介状況（平成2～24年度）　［表16-32　p533］

142

統計図表レファレンス事典　高齢化社会　　**しよくり**

食事

『国民栄養の現状　平成9年版』第一出版　1997.10
　　◇朝昼夕別にみた1日の食事構成比（全国、年齢階級別）　［第17表の1　p99］
　　◇朝昼夕別にみた1日の食事構成比（男、年齢階級別）　［第17表の2　p99］
　　◇朝昼夕別にみた1日の食事構成比（女、年齢階級別）　［第17表の3　p100］
　　◇食事量に対する自己評価（年齢階級別）　［第71表　p137］

職種別定年制

　　⇒定年制 をも見よ
『労働白書　平成9年版』日本労働研究機構　1997.6
　　◇企業規模別「職種別定年制」導入企業割合の推移　［第95表　p397］

食の安全

『九州経済白書　2004年版』九州経済調査協会　2004.2
　　◇安全な食の購入に対する要望（年齢階級別）　［図1-23　p12］

食品産業

『食料・農業・農村白書　平成25年版』日経印刷　2013.7
　　◇食品関係企業による高齢化への対応（2つまで回答）　［図2-4-9　p118］

食物

『食料白書　1997年版』食料・農業政策研究センター　1997.3
　　◇好きな食べ物（東京・年代別）　［表III-12　p81］
　　◇好きな食べ物（ニューヨーク・年代別）　［表III-13　p81］
　　◇好きな食べ物（パリ・年代別）　［表III-14　p81］

食料支出

『食料・農業・農村白書　平成19年版』農林統計協会　2007.10
　　◇単身世帯の食料消費支出の様子（18年、年平均1か月1世帯当たり、男女別、
　　　年齢階層別）　［図I-29　p42］
『食料・農業・農村白書　平成25年版』日経印刷　2013.7
　　◇単身世帯における年齢階層別男女別食料支出（平成23（2011）年）　［図2-3-
　　　15　p98］
　　◇高齢者がいる世帯とそれ以外の世帯の1人当たり食料支出の状況（平成24
　　　（2012）年）　［図2-3-18　p99,参26］
　　◇世帯主の年齢階層別にみた世帯の主要食品の購入単価（平成24（2012）年）
　　　［表2-3-7　p100］
　　◇高齢者がいる世帯における食料支出内訳の推移（1人1か月当たり）　［図2-3-
　　　19　p100,参27］
　　◇世帯主の年齢階層別食料支出割合（全世帯）の推移と見通し　［図2-3-26　p104］

143

しよさん   統計図表レファレンス事典　高齢化社会

　◇世帯類型別、世帯主の年齢階層別食料支出割合の推移と見通し　〔図2-3-27
　　p105〕

助産師

　『看護白書　平成19年版』日本看護協会出版会　2007.11
　　◇年次別助産師就業者の年齢分布割合　〔図2　p184〕

所得

　『介護白書　平成22年版』オフィスTM　2010.10
　　◇高齢者世帯の所得　〔表1-2-1　p77〕

　『介護白書　平成25年版』オフィスTM　2013.10
　　◇高齢者世帯の所得　〔表1-2-1　p067〕

　『厚生白書　平成9年版』厚生問題研究会　1997.6
　　◇世帯主の年齢階級別にみた1世帯当たり・世帯人員1人当たり平均可処分所
　　　得金額　〔図1-2-2　p166〕
　　◇世帯主の年齢階級別にみた世帯人員1人当たり可処分所得金額の分布　〔図
　　　1-2-3　p167〕

　『高齢社会白書　平成9年版』大蔵省印刷局　1997.6
　　◇高齢者世帯の所得と支出　〔表5-2-1　p43〕
　　◇高齢者世帯の年間所得の分布　〔図5-2-2　p44〕
　　◇高齢者世帯世帯員の年間所得の分布　〔図5-2-3　p44〕

　『高齢社会白書　平成16年度』ぎょうせい　2004.6
　　◇高齢者世帯の所得　〔表1-2-13　p22〕
　　◇高齢者の性・世帯の家族類型別一人当たり所得（平成12（2000）年の所得）
　　　〔図1-2-14　p23〕
　　◇高齢者の所得水準（平成12（2000）年、所得の種類別）　〔図1-2-15　p23〕
　　◇高齢者世帯の年間所得の分布　〔図1-2-16　p24〕

　『高齢社会白書　平成19年版』ぎょうせい　2007.6
　　◇高齢者世帯の年間所得の分布　〔図1-2-17　p30〕
　　◇高齢者世帯の所得　〔表1-2-16　p30〕
　　◇ジニ係数でみた高齢者の所得格差の状況　〔表1-2-19　p31〕

　『高齢社会白書　平成22年版』佐伯印刷　2010.7
　　◇高齢者世帯の所得　〔表1-2-2-2　p20〕

　『高齢社会白書　平成25年版』印刷通販　2013.7
　　◇高齢者世帯の所得　〔表1-2-2-2　p17〕

　『女性白書　2004』ほるぷ出版　2004.8
　　◇世帯主の年齢階級別にみた1世帯当たり・世帯人員1人当たり平均所得金額
　　　〔図表付-32　p204〕
　　◇65歳以上の者のいる世帯の世帯構造別にみた所得の種類別1世帯当たり平均

統計図表レファレンス事典　高齢化社会　　**しよとす**

　　　所得金額および構成割合　［図表付-35　p206］
　『女性白書　2007』ほるぷ出版　2007.8
　　　◇世帯主の年齢階級別にみた1世帯当たり・世帯人員1人当たり平均所得金額
　　　　［図表付-33　p236］
　『新規開業白書　2013年版』同友館　2013.7
　　　◇高齢者世帯と全世帯の年間所得の分布　［図4-1　p120］
　『図説　高齢者白書　2004年度版』全国社会福祉協議会　2004.12
　　　◇「高齢者世帯」における所得の種類別にみた1世帯あたり平均所得金額の年
　　　　次推移　［2-19　p50］
　　　◇高齢者世帯と全世帯の年平均所得額　［3-1　p53］
　　　◇世帯主の年齢階級別にみた1世帯あたりの所得（平成14年）　［3-2　p53］
　　　◇世帯構造別、世帯主の年齢階級別の年平均所得（平成13・14年）　［3-3　p53］
　　　◇高齢者世帯の所得構造　［3-4　p54］
　　　◇高齢者世帯と全世帯の所得分布（平成14年）　［3-6　p54］
　　　◇年齢階級別にみた所得・収入の満足度　［3-16　p59］
　『図説　高齢者白書　2006年度版』全国社会福祉協議会　2007.3
　　　◇高齢者世帯と全世帯の年平均所得額　［3-1　p63］
　　　◇世帯主の年齢階級別にみた1世帯あたりの所得（平成16年）　［3-2　p63］
　　　◇世帯構造別、世帯主の年齢階級別の年平均所得（平成14・15年）　［3-3　p63］
　　　◇高齢者世帯の所得構造　［3-4　p64］
　　　◇高齢者世帯と全世帯の所得分布（平成15・16年）　［3-6　p64］
　　　◇年齢階級別にみた所得・収入の満足度　［3-17　p69］
　『生活と貯蓄　関連統計　平成9年度版』貯蓄広報中央委員会　1997.4
　　　◇高齢者世帯の所得　［（表）　p104］
　『男女共同参画の現状と施策　平成9年版』大蔵省印刷局　1997.7
　　　◇65歳以上の高齢者のいる世帯の世帯構造別にみた所得の種類別1世帯当たり
　　　　平均所得金額　［表2-4-3　p68］
　　　◇65歳以上の高齢者のいる世帯の世帯構造別所得分布　［図2-4-8　p69］
　　　◇高齢者世帯における所得の種類別構成割合　［図2-4-9　p69］
　『婦人白書　1997』ほるぷ出版　1997.8
　　　◇世帯主の年齢階級別にみた1世帯当たり・世帯人員1人当たり平均所得金額
　　　　［図表付-36　p234］

ショートステイ

　『介護白書　平成19年版』TAC出版　2007.10
　　　◇短期入所生活介護事業所におけるユニットケアの年次推移　［図2-1-9　p103］
　『介護白書　平成22年版』オフィスTM　2010.10
　　　◇短期入所生活介護事業所におけるユニットケアの年次推移　［図2-1-7　p92］
　『男女共同参画の現状と施策　平成9年版』大蔵省印刷局　1997.7

145

しよはん　　　　　　　　　　　　　　　統計図表レファレンス事典　高齢化社会

◇新ゴールドプランの在宅サービスの整備目標―(2)ショートステイ　［図6-1-1　p161］

初犯

『犯罪白書　平成19年版』佐伯印刷　2007.11
　◇初度・再度犯行時・調査時の年齢層別人員　［7-4-2-2図　p253］

自立

『情報通信白書　平成25年版』日経印刷　2013.7
　◇高齢者の加齢による自立度　［図表2-3-2-2　p249］

『男女共同参画白書　平成19年版』日経印刷　2007.6
　◇高齢者等の自立を容易にする社会基盤の整備　［第2-7-1表　p131］

シルバー人材センター

『大阪経済・労働白書　平成19年版』大阪能率協会　2007.9
　◇シルバー人材センター会員数等の状況（大阪府）　［図表III-1-32　p158］

『大阪経済・労働白書　平成21年版』大阪能率協会　2010.3
　◇シルバー人材センター会員数等の状況（大阪府）　［図表III-1-32　p194］

『高齢社会白書　平成9年版』大蔵省印刷局　1997.6
　◇シルバー人材センターの仕組みと実績　［図3-1-8　p103］

『失業対策年鑑　平成7年度版』労務行政研究所　1997.3
　◇シルバー人材センター（高年齢者労働能力活用事業）の概要　［第2-2図　p131］
　◇シルバー人材センター設置市（区）町村一覧表（平成7年度）　［第2-8表　p134
　　～136］

『日本労働年鑑　1997年版』労働旬報社　1997.6
　◇シルバー人材センターで取り扱う主な仕事種類　［第3表　p60］
　◇シルバー人材センター・会員数の変化　［第4表　p61］

シルバーハウジング・プロジェクト

『高齢社会白書　平成9年版』大蔵省印刷局　1997.6
　◇シルバーハウジング・プロジェクトの概念図　［図3-4-7　p196］

新規求人倍率

⇒新規求人倍率,有効求人倍率　をも見よ

『労働経済白書　平成19年版』国立印刷局　2007.8
　◇年齢階級別有効求人倍率・新規求人倍率（2006年）　［第2-(3)-33図　p163］

新規受理人員

『犯罪白書　平成16年版』国立印刷局　2004.11
　◇仮出獄新規受理人員の罪名別構成比の推移（年齢層別）　［5-5-2-13図　p360］

146

統計図表レファレンス事典　高齢化社会　　　　　　　　　　　　　　　**しんこう**

　　◇仮出獄新規受理人員の入所度数別構成比の推移（年齢層別）　［5-5-2-14図
　　　p361］
　　◇仮出獄新規受理人員の保護観察当初の居住状況別構成比の推移（年齢層別）
　　　［5-5-2-15図　p361］

人権（高齢者）

『人権教育・啓発白書　平成25年版』勝美印刷　2013.6
　　◇高齢者に関する人権問題　［第1-9図　p11］
　　◇〔参考〕高齢者に関する人権上の問題点（平成19年6月調査）　［p12］
　　◇高齢者に対する暴行・虐待に関する人権侵犯事件数（開始件数）/高齢者福祉
　　　施設における人権侵犯事件数（開始件数）　［p58］

人権（女性）

『男女共同参画の現状と施策　平成9年版』大蔵省印刷局　1997.7
　　◇性・年齢別にみた女性の人権が尊重されていないと感じること―(3)売春・
　　　買春　［図3-1-2　p76］
　　◇性・年齢別にみた女性の人権が尊重されていないと感じること―(7)「令夫
　　　人」のように女性にだけ用いられる言葉　［図3-1-2　p76］
　　◇性・年齢別にみた女性の人権が尊重されていないと感じること―(8)女性の
　　　容ぼうを競うミス・コンテスト　［図3-1-2　p76］

人口

『医療白書　2013年度版』日本医療企画　2013.9
　　◇日本の年齢別人口推計　［図1　p95］
　　◇年齢階級別人口推移　［図1　p217］

『科学技術白書　平成9年版』大蔵省印刷局　1997.6
　　◇年齢3区分別人口割合の推移：中位推計の結果　［第1-1-2図　p9］

『過疎対策データブック　平成16年1月』丸井工文社　2004.1
　　◇男女別・年齢階層別の人口構成　［図表1-2-12　p20］
　　◇過疎地域の年齢階層別人口構成比の推移　［図表1-2-13　p21］
　　◇年齢階層別人口及び構成比　［図表1-2-14　p22］
　　◇過疎地域及び全国の年齢階層別人口構成　［図表6　p243］

『過疎対策データブック　平成18年12月』丸井工文社　2007.1
　　◇男女別・年齢階層別の人口構成　［図表1-2-11　p19］
　　◇過疎地域の年齢階層別人口構成比の推移　［図表1-2-12　p20］
　　◇年齢階層別人口及び構成比　［図表1-2-13　p21］

『過疎対策データブック　平成22年3月』丸井工文社　2010.3
　　◇男女別・年齢階層別の人口構成　［図表1-2-11　p43］
　　◇過疎地域の年齢階層別人口構成比の推移　［図表1-2-12　p44］
　　◇年齢階層別人口及び構成比　［図表1-2-13　p45］

147

しんこう　　　　　　　　　　　　　　　統計図表レファレンス事典　高齢化社会

『過疎対策の現況　平成8年度版』丸井工文社　1997.8
　　◇年齢階層別人口構成比の推移　[第2-9図　p38]
　　◇年齢5歳階級別人口及び構成比　[第2-10表　p39]

『関西経済白書　2007年版』関西社会経済研究所　2007.6
　　◇年齢階級別の人口変化　[図表2-54　p104]
　　◇年齢3区分別人口の推移　[図表2-55　p106]

『企業年金白書　平成9年版』ライフデザイン研究所　1997.3
　　◇年齢別人口および割合の推移　[2-2表　p91]

『九州経済白書　2007年度版』九州経済調査協会　2007.2
　　◇年齢階級別人口構成比の推移　[図表I-10　p7]
　　◇全国の年齢3階級別人口の将来推計　[図表I-13　p8]
　　◇都市・農村漁村別にみた年齢階級別人口の将来推計　[図表I-17　p10]

『建設白書　平成9年版』大蔵省印刷局　1997.8
　　◇年齢別人口構成比の推移　[図表1-15　p16]

『厚生白書　平成9年版』厚生問題研究会　1997.6
　　◇年齢3区分別人口割合の推移：中位推計の結果　[図1-1-4　p159]
　　◇年齢区分別人口の推移と将来推計　[詳細データ（表）1　p287]

『公務員白書　平成9年版』大蔵省印刷局　1997.6
　　◇年齢階層別人員構成比の推移　[図2-5　p87]

『高齢社会白書　平成16年度』ぎょうせい　2004.6
　　◇世界人口の動向等　[表1-1-17　p13]

『高齢社会白書　平成19年版』ぎょうせい　2007.6
　　◇年齢区分別将来人口推計　[図1-1-3　p4]
　　◇世界人口の動向等　[表1-1-14　p14]

『高齢社会白書　平成22年版』佐伯印刷　2010.7
　　◇年齢区分別将来人口推計　[図1-1-3　p3]
　　◇世界人口の動向等　[表1-1-12　p10]

『高齢社会白書　平成25年版』印刷通販　2013.7
　　◇年齢区分別将来人口推計　[図1-1-3　p4]
　　◇世界人口の動向等　[表1-1-12　p11]

『国土交通白書　2007』ぎょうせい　2007.5
　　◇人口の年齢別構成割合の比較　[図表I-1-2-10　p17]

『国土交通白書　2010』日経印刷　2010.7
　　◇世代別人口の推移　[図表3　p4]

『国土交通白書　2013』日経印刷　2013.7
　　◇圏域別の人口（全年齢）の推移（2010年＝100）　[図表4　p4]
　　◇圏域別の人口（全年齢）の変化率（2010年→2040年）　[図表5　p4]

統計図表レファレンス事典　高齢化社会　　　　　　　　　　　　　　　　　　　　　　しんこう

　　◇年齢階級別人口の推移　［図表127　p52］
　『社会保障年鑑　1997年版』東洋経済新報社　1997.7
　　◇年齢別人口構成比　［第4表　p76］
　『首都圏白書　平成16年版』国立印刷局　2004.6
　　◇人口・世帯数増減と高齢化進行の相関　［図表1-1-6　p14］
　『少子化社会白書　平成16年版』ぎょうせい　2004.12
　　◇女性の年齢階級別人口の推移　［第1-4-6図　p92］
　『情報メディア白書　1997年版』電通総研　1997.1
　　◇年齢・性別人口構成（1995年）　［図表1-2　p289］
　『情報メディア白書　2007』ダイヤモンド社　2007.1
　　◇年齢3区分別人口構成　［図表III-9-5　p283］
　『情報メディア白書　2010』ダイヤモンド社　2010.1
　　◇性・年齢別人口構成〈各年3月末〉［図表III-11-2　p297］
　　◇年齢3区分別人口構成　［図表III-11-4　p298］
　『情報メディア白書　2013』ダイヤモンド社　2013.1
　　◇性・年齢別人口構成〈各年3月末〉［図表III-9-2　p267］
　　◇年齢3区分別人口構成　［図表III-9-4　p268］
　『食料・農業・農村白書　平成22年版』佐伯印刷　2010.6
　　◇年齢別人口の推移と見通し　［図2-3　p59］
　『女性白書　2010』ほるぷ出版　2010.8
　　◇年齢3区分別人口の推移　［図表付-2　p230］
　『女性白書　2013』ほるぷ出版　2013.8
　　◇年齢3区分別人口の推移　［図表付-2　p200］
　『図説 高齢者白書　2004年度版』全国社会福祉協議会　2004.12
　　◇主要国の人口、人口密度および人口増加率：2001年　［1-2　p31］
　　◇年齢（3区分）別人口の推移と将来推計：1920～2050年　［1-4　p32］
　　◇年齢3区分別人口：1884～2050年　［1-5　p32］
　　◇年齢3区分別人口割合：1884～2050年　［1-6　p32］
　　◇人口ピラミッドの比較：1950年,2000年,2050年　［1-7　p33］
　『図説 高齢者白書　2006年度版』全国社会福祉協議会　2007.3
　　◇世界各国の人口、人口密度および人口増加率：2005年　［1-2　p37］
　　◇年齢（3区分）別人口の推移と将来推計：1920～2055年　［1-4　p38］
　　◇年齢3区分別人口：1884～2055年　［1-5　p38］
　　◇年齢3区分別人口割合：1884～2055年　［1-6　p38］
　　◇人口ピラミッドの比較：1950年、2005年、2055年　［1-7　p39］
　　◇15歳以上人口の動向　［5-1　p79］
　『図説 農業白書　平成8年度版』農林統計協会　1997.5

しんこう　　　　　　　　　　　　　　　統計図表レファレンス事典　高齢化社会

　　◇我が国全体と農業との人口ピラミッド（年齢別シェア）の比較　［図I-15　p34］
　　◇我が国全体と農業との人口ピラミッド（年齢別シェア）の比較　［（図）　p図説5］

『生活と貯蓄　関連統計　平成9年度版』貯蓄広報中央委員会　1997.4
　　◇人口・世帯数の推移と高齢化の進行　［（表）　p100］

『世界教育白書　1996』東京書籍　1997.3
　　◇世界の地域別年齢別人口構成変化、1980年から2000年　［図1.1　p18］

『世界統計白書　2013年版』木本書店　2013.9
　　◇世界各国の人口予測と年齢別構成　［p19〜22］

『世界の厚生労働　2007』TKC出版　2007.4
　　◇各国の総人口、生産年齢（15〜64歳）人口及び高齢者（65歳以上）人口の推移
　　　［表1-1　p4］

『男女共同参画白書　平成22年版』中和印刷　2010.6
　　◇年齢階級別人口の将来推計　［第1-特-8図　p15］

『中小企業白書　2010年版』日経印刷　2010.6
　　◇年齢別の人口及び就業者数（2008年）　［第2-1-37図　p133］

『電子工業年鑑　'97』電波新聞出版部　1997.3
　　◇年齢区分別人口の推移と将来推計　［第4表　p672］

『土地白書　平成25年版』勝美印刷　2013.8
　　◇年齢別人口の推移　［図表3-1-1　p96］

『日本統計年鑑　平成27年』総務省統計局　2014.11
　　◇年齢別人口（大正9年〜平成25年）　［表2-7　p49〜51］
　　◇都道府県, 年齢5歳階級別人口（平成22年）　［表2-10　p54〜55］
　　◇年齢階級, 配偶関係別15歳以上人口（昭和50年〜平成22年）　［表2-12　p58］
　　◇5年前の常住地, 年齢階級別人口（平成22年）　［表2-31　p75］
　　◇年齢階級別人口（2006〜12）　［表27-2　p828〜829］

『日本労働年鑑　1997年版』労働旬報社　1997.6
　　◇年齢階層別人口・労働力・完全失業率の変化　［第2表　p44］

『婦人白書　1997』ほるぷ出版　1997.8
　　◇年齢3区分別人口割合の推移（中位推計）　［図表1　p177］

人口（外国）

『海外情勢白書（世界の厚生労働）　2004』TKC出版　2004.10
　　◇年齢階級別人口の推移（イタリア）　［表1-23　p39］
　　◇2001年の年齢階級別人口（イタリア）　［表1-24　p40］

『介護白書　平成22年版』オフィスTM　2010.10
　　◇台湾の高齢者人口の動向　［p199］

『子ども・子育て白書　平成22年版』佐伯印刷　2010.7

統計図表レファレンス事典　高齢化社会　　　　**しんこう**

　　◇諸外国における年齢（3区分）別人口の割合　［第1-2-3表　p35］

『少子化社会対策白書　平成25年版』勝美印刷　2013.8
　　◇諸外国における年齢（3区分）別人口の割合　［第1-1-24表　p23］

『少子化社会白書　平成19年版』日経印刷　2007.11
　　◇諸外国における年齢（3区分）別人口の割合　［第1-1-5表　p6］

『世界の厚生労働　2007』TKC出版　2007.4
　　◇フランスの人口、高齢者人口、高齢化率の推移　［表1-57　p84］

『通商白書　2010年版』日経印刷　2010.7
　　◇インドと中国の年齢階層別人口予測　［第1-2-4-10図　p95］
　　◇アフリカ人口の年齢構成（2010年）　［第1-2-5-20図　p120］
　　◇中国人口の年齢構成（2010年）　［第1-2-5-21図　p120］
　　◇インド人口の年齢構成（2010年）　［第1-2-5-22図　p120］
　　◇東南アジアの年齢構成（2010年）　［第1-2-5-23図　p121］
　　◇中南米カリブ海諸国人口の年齢構成（2010年）　［第1-2-5-24図　p121］

『日本統計年鑑　平成27年』総務省統計局　2014.11
　　◇年齢階級別人口（2006〜12）　［表27-2　p828〜829］

『日本福祉年鑑　'97〜'98』講談社　1997.7
　　◇韓国の老人人口と平均寿命の推移　［表6　p194］

人口（高齢者）

『医療白書　2007年度版』日本医療企画　2007.7
　　◇世界の統計①健康アウトカム　人口年齢構成：65歳以上人口割合　［I　p220〜221］

『医療白書　2013年度版』日本医療企画　2013.9
　　◇人口全体に占める「子ども・高齢者」の割合の推移（1940-2050年）　［図3　p87］

『介護経営白書　2013年度版』日本医療企画　2013.10
　　◇都市部における75歳以上人口の推移　［表2　p194］

『介護白書　平成16年版』ぎょうせい　2004.7
　　◇高齢者人口（65〜74歳、75歳以上）とその割合　［図3-3-2　p179］

『介護白書　平成19年版』TAC出版　2007.10
　　◇都道府県別の受給者数（65歳以上人口10万対）　［図1-2-3　p17］

『介護白書　平成25年版』オフィスTM　2013.10
　　◇「認知症高齢者の日常生活自立度」II以上の高齢者数の推計（括弧内は65歳以上人口対比）　［図1-1-1　p024］

『関西活性化白書　2004年版』関西社会経済研究所　2004.5
　　◇療養病床等を有する病院一床当たりの高齢者人口（2002年）　［図3-125　p250］

『関西経済白書　2007年版』関西社会経済研究所　2007.6

しんこう　　　　　統計図表レファレンス事典　高齢化社会

　　◇65歳以上人口比率の変化　［図表2-56　p107］
　『関西経済白書　2010年版』関西社会経済研究所　2010.9
　　◇1人当たり地方税と65歳以上人口比率による都市分類（2007年度, 全国）　［図表5-1-8　p203］
　『九州経済白書　2007年度版』九州経済調査協会　2007.2
　　◇60歳以上の年齢階級別将来推計人口　［図表I-14　p9］
　　◇15～19歳、60～64歳の年齢階級の人口推移（九州・山口）　［図表IV-11　p35］
　　◇19歳以下と70歳以上の人口と割合の推移（九州・山口）　［図表3-19　p102］
　『警察白書　平成25年版』日経印刷　2013.7
　　◇高齢者人口の推移（昭和25～平成22年）　［図II-13　p22］
　『厚生白書　平成9年版』厚生問題研究会　1997.6
　　◇主要国の65歳以上人口割合　［詳細データ（表）2　p287］
　『厚生労働白書　平成25年版』日経印刷　2013.9
　　◇65歳以上人口　［図表1-1-7　p10］
　『交通安全白書　平成9年度』大蔵省印刷局　1997.7
　　◇高齢者人口の推移　［第1表　p37］
　　◇全人口に占める高齢者の割合（人口構成率）と全交通事故死者数に占める高齢者の割合（死者構成率）　［第41図　p50］
　『高齢社会白書　平成9年版』大蔵省印刷局　1997.6
　　◇高齢者人口の比較　［表1-2-2　p4］
　　◇65歳以上の高齢者人口　［表1-1-1　p16］
　　◇65歳以上人口の将来推計　［表1-2-1　p17］
　　◇前期高齢者人口と後期高齢者人口　［表1-3-1　p18］
　　◇前期・後期高齢者人口の将来推計　［図1-3-2　p19］
　『高齢社会白書　平成19年版』ぎょうせい　2007.6
　　◇高齢者人口の対前年度増加数の推移　［図1-1-2　p3］
　　◇高齢世代人口と生産年齢人口の比率　［表1-1-6　p6］
　『高齢社会白書　平成22年版』佐伯印刷　2010.7
　　◇高齢者人口の対前年度増加数の推移　［図1-1-2　p3］
　　◇高齢世代人口と生産年齢人口の比率　［表1-1-6　p6］
　『高齢社会白書　平成25年版』印刷通販　2013.7
　　◇高齢者人口の対前年度増加数の推移　［図1-1-2　p3］
　　◇高齢世代人口の比率　［図1-1-6　p6］
　『国土交通白書　2007』ぎょうせい　2007.5
　　◇65歳以上人口割合の推移の国際比較　［図表I-1-3-3　p27］
　『社会福祉の動向　2007』中央法規出版　2007.1
　　◇主要国の65歳以上人口割合　［表II-2-1　p95］
　　◇高齢人口の推移　［表II-2-2　p95］

統計図表レファレンス事典　高齢化社会　　　　　　　　　　　　　　　　　　**しんこう**

『社会福祉の動向　2010』中央法規出版　2010.3
　　◇主要国の65歳以上人口割合　［表7-1　p211］
　　◇高齢人口の推移　［表7-2　p211］

『社会福祉の動向　2013』中央法規出版　2013.1
　　◇主要国の65歳以上人口割合　［表7-1　p219］
　　◇高齢人口の推移　［表7-2　p219］

『首都圏白書　平成9年版』大蔵省印刷局　1997.6
　　◇65歳以上人口の割合　［図2-2-10　p36］
　　◇65歳以上人口推移(対全国シェア)　［図2-2-11　p37］

『首都圏白書　平成22年版』佐伯印刷　2010.7
　　◇高齢者の将来推計人口の指数　［図表2-1-9　p40］

『首都圏白書　平成25年版』勝美印刷　2013.7
　　◇高齢者の将来推計人口の指数　［図表2-1-8　p42］

『食料白書　1997年版』食料・農業政策研究センター　1997.3
　　◇高齢者(65歳以上)の人口比率　［表III-7　p72］

『図説 高齢者白書　2004年度版』全国社会福祉協議会　2004.12
　　◇世界の主要地域別65歳以上人口割合：1950,2000,2050年　［1-10　p34］
　　◇主要国の65歳以上人口割合：1950〜2050年　［1-11　p34］
　　◇主要国の65歳以上人口割合別の到達年次とその倍化年数　［1-12　p34］
　　◇65歳以上人口割合変化の要素分解　［1-15　p35］
　　◇都道府県別65歳以上人口割合：1970〜2030年　［1-23　p38］
　　◇65歳以上人口割合の大きい市町村・小さい市町村(上位10)：2000年　［1-24　p39］
　　◇65歳以上人口割合のレベル別市町村数：1995〜2030年　［1-25　p39］

『図説 高齢者白書　2006年度版』全国社会福祉協議会　2007.3
　　◇世界の主要地域別65歳以上人口割合：1950、2000、2050年　［1-10　p40］
　　◇主要国の65歳以上人口割合：1950〜2050年　［1-11　p40］
　　◇主要国の65歳以上人口割合別の到達年次とその倍化年数　［1-12　p40］
　　◇65歳以上人口割合変化の要素分解　［1-15　p41］
　　◇都道府県別65歳以上人口割合：1950〜2030年　［1-23　p44］
　　◇65歳以上人口割合の大きい市町村・小さい市町村(上位10)：2005年　［1-24　p45］
　　◇65歳以上人口割合のレベル別市町村数：2000〜2030年　［1-25　p45］

『図表で見る医療保障　平成22年度版』ぎょうせい　2010.7
　　◇都道府県別65歳以上人口の割合(平成20年)　［63　p154］

『世界経済の潮流　2004年秋』国立印刷局　2004.11
　　◇65歳以上人口の比率　［第2-1-3図　p70］

『世界経済の潮流　2010年I』日経印刷　2010.6

しんこう　　　　　　　　　　　　　統計図表レファレンス事典　高齢化社会

　　◇65歳以上人口の割合　［第2-2-5図　p246］
　『世界の厚生労働　2007』TKC出版　2007.4
　　◇各国の総人口、生産年齢（15〜64歳）人口及び高齢者（65歳以上）人口の推移
　　　［表1-1　p4］
　『男女共同参画の現状と施策　平成9年版』大蔵省印刷局　1997.7
　　◇先進諸国における65歳以上人口割合の推移　［図2-4-1　p63］
　　◇前期・後期高齢者人口の将来推計　［図2-4-2　p64］
　　◇65歳以上人口の採来推計　［表2-4-1　p64］
　『中小企業白書　平成9年版』大蔵省印刷局　1997.5
　　◇主要国の65歳以上人口割合　［第3-3-8図　p501］
　『中小企業白書　2004年版』ぎょうせい　2004.5
　　◇高齢者人口及び若年人口割合の推移　［第2-1-47図　p87］
　『通商白書（総論）　平成9年版』大蔵省印刷局　1997.5
　　◇主要先進国の65歳以上人口割合の推移　［第4-3-3図　p302］
　『土地白書　平成16年版』国立印刷局　2004.7
　　◇高齢者人口（65歳以上）の推移（平成12年＝100とした指数）　［図表1-3-2　p43］
　『日本統計年鑑　平成27年』総務省統計局　2014.11
　　◇将来推計人口（平成26〜122年）　［表2-2　p36］
　　◇年齢階級別人口及び年齢構成指数（昭和10年〜平成25年）　［表2-8　p52］
　　◇都道府県, 年齢3区分別人口（平成12〜22年）　［表2-9　p53］
　　◇年齢階級別人口（2006〜12）　［表27-2　p828〜829］
　『犯罪白書　平成16年版』国立印刷局　2004.11
　　◇5か国における高齢者（60歳以上）人口の比率　［5-3-2-15表　p291］
　『婦人白書　1997』ほるぷ出版　1997.8
　　◇配偶者の有無および家族形態別にみた65歳以上の者の数と子との同居率
　　　［図表付-31　p232］
　『ホスピス緩和ケア白書　2013』日本ホスピス・緩和ケア研究振興財団　2013.3
　　◇90歳以上人口増からモデルなき挑戦が始まる　［図1　p48］
　『目で見る医療保険白書　平成16年版』ぎょうせい　2004.3
　　◇都道府県別65歳以上人口の割合（平成13年）　［60　p142］
　『文部科学白書　平成18年版』国立印刷局　2007.3
　　◇高齢者人口とその占める割合　［図表1-2-7　p27］
　『労働白書　平成9年版』日本労働研究機構　1997.6
　　◇高年齢者が15歳以上人口に占める割合の推移　［第84表　p388］

人口（地方）

　『大阪経済・労働白書　平成19年版』大阪能率協会　2007.9
　　◇関西圏府県の年齢階級別人口と構成比　［図表I-1-27　p20］

154

統計図表レファレンス事典　高齢化社会　　　　　　　　　　　　　　**しんこう**

　　◇大阪府の年齢階層別人口の推移　［図表I-1-28　p20］

『関西活性化白書　2004年版』関西社会経済研究所　2004.5
　　◇関西の年齢階層別人口比の推移　［図3-2　p174］

『関西経済白書　2010年版』関西社会経済研究所　2010.9
　　◇関西の年齢別人口比の推移　［図表 資1-2　p230］

『関西経済白書　2013年版』アジア太平洋研究所　2013.9
　　◇関西の年齢階層別人口比の推移　［図表資I-2　p（4）］

『九州経済白書　2007年度版』九州経済調査協会　2007.2
　　◇九州・山口の年齢3階級別人口の将来推計　［図表I-12　p8］

『国土交通白書　2013』日経印刷　2013.7
　　◇年齢階級別人口増減の推移（東京都）　［図表87　p37］
　　◇年齢階級別人口増減の推移（近隣三県）　［図表90　p39］
　　◇世代別に見た東京都に居住する人口割合の推移　［図表94　p40］

『首都圏白書　平成19年版』国立印刷局　2007.6
　　◇人口増加市区及び東京圏における年代別人口　［図表1-1-8　p6］
　　◇首都圏の年齢3区分別人口割合の推移　［図表2-1-2　p26］
　　◇首都圏における総人口に占める年齢3区分別人口割合の状況　［1-2　p84］

『首都圏白書　平成22年版』佐伯印刷　2010.7
　　◇首都圏における総人口に占める年齢3区分別人口割合の状況　［1-2　p116］

『首都圏白書　平成25年版』勝美印刷　2013.7
　　◇首都圏における総人口に占める年齢3区分別人口割合の状況　［1-2　p104］

人口減少

『過疎対策の現況　平成8年度版』丸井工文社　1997.8
　　◇人口減少率の高い団体等（過疎地域）—(3) 高齢者比率の高い団体（平成7年）
　　　［第7表　p364］
　　◇人口減少率の高い団体等（過疎地域）—(4) 高齢者比率の低い団体（平成7年）
　　　［第7表　p364］

『九州経済白書　2007年度版』九州経済調査協会　2007.2
　　◇人口減少・少子高齢化が自社に及ぼす影響　［図表III-1　p18］
　　◇人口減少・少子高齢化に対する企業経営上の認識　［図表III-2　p18］
　　◇人口減少・少子高齢化が市場規模に及ぼす影響（現状）　［図表III-3　p19］
　　◇人口減少・少子高齢化が市場規模に及ぼす影響（将来：概ね5年後）　［図表
　　　III-4　p19］
　　◇人口減少・少子高齢化に対する対策（販売ルート・商品内容別）　［図表III-
　　　5　p19］
　　◇人口減少・少子高齢化に対する販売ルートに関する対策の内容（現状）　［図
　　　表III-6　p20］
　　◇人口減少・少子高齢化に対する販売ルートに関する対策の内容（将来）　［図

155

しんこう　　　　　　　　　　　統計図表レファレンス事典　高齢化社会

　　　表III-7　p20]
　　◇人口減少・少子高齢化に対する商品・サービスに関する対策の内容（現状）
　　　　［図表III-8　p20]
　　◇人口減少・少子高齢化に対する商品・サービスに関する対策の内容（将来）
　　　　［図表III-9　p20]
　　◇人口減少・少子高齢化による自治体の最重要課題　［図表V-2　p44]
　　◇人口減少・少子高齢化の進展の影響　［図表2-11　p85]
　　◇人口減少・少子高齢化への対策状況（販売チャンネル・店舗展開等）　［図表
　　　　2-18　p88]
　　◇人口減少・少子高齢化への対策状況（商品・サービス対応）　［図表2-19　p88]

『国土交通白書　2010』日経印刷　2010.7
　　◇人口減少社会、少子高齢社会に対するイメージ　［図表10　p7]

『情報通信白書　平成22年版』ぎょうせい　2010.7
　　◇全国規模で人口が減少する時代の到来と高齢化の加速　［図表2-2-1-1　p99]

『食料・農業・農村白書　平成22年版』佐伯印刷　2010.6
　　◇非DIDsの人口減少率（2005年－2035年）と高齢化率（2035年）（都道府県別）
　　　　［図4-5　p221]
　　◇農業就業人口割合（2005年）と非DIDsの人口減少率（2005-2035年）、高齢化
　　　　率（2035年）（都道府県別）　［図4-6　p221]

『中国地域経済白書　2010年』中国地方総合研究センター　2010.9
　　◇島嶼部市町村の人口減少と高齢化率の推移　［図6.2.7　p143]

振興山村

『森林・林業白書　平成22年版』全国林業改良普及協会　2010.6
　　◇振興山村の人口及び高齢化率の推移　［図IV-31　p83]

『森林・林業白書　平成25年版』農林統計協会　2013.7
　　◇振興山村の人口及び高齢化率の推移　［資料V-39　p155]

人口指数

『図説 高齢者白書　2004年度版』全国社会福祉協議会　2004.12
　　◇従属人口指数：1884～2050年　［1-8　p33]
　　◇従属人口指数：1920～2050年　［1-9　p33]

『図説 高齢者白書　2006年度版』全国社会福祉協議会　2007.3
　　◇従属人口指数：1884～2055年　［1-8　p39]
　　◇従属人口指数：1920～2055年　［1-9　p39]

新ゴールドプラン

『厚生白書　平成9年版』厚生問題研究会　1997.6
　　◇新ゴールドプランの進捗状況　［表1-3-11　p182]

156

統計図表レファレンス事典　高齢化社会　　　　　　　　　　　　しんしつ

『高齢社会白書　平成9年版』大蔵省印刷局　1997.6
　　◇新ゴールドプランの概要　［表3-2-5　p132］
『社会保障年鑑　1997年版』東洋経済新報社　1997.7
　　◇新ゴールドプランの概要　［第23表　p141］
『男女共同参画の現状と施策　平成9年版』大蔵省印刷局　1997.7
　　◇新ゴールドプランの在宅サービスの整備目標―(1)ホームヘルパー　［図6-
　　1-1　p161］
　　◇新ゴールドプランの在宅サービスの整備目標―(2)ショートステイ　［図6-
　　1-1　p161］
　　◇新ゴールドプランの在宅サービスの整備目標―(3)デイサービス/デイ・ケ
　　ア　［図6-1-1　p161］
　　◇新ゴールドプランの在宅サービスの整備目標―(4)在宅介護支援センター
　　［図6-1-1　p161］
　　◇新ゴールドプランの在宅サービスの整備目標―(5)老人訪問看護ステーショ
　　ン　［図6-1-1　p161］
　　◇新ゴールドプランの施設サービスの整備目標―(1)特別養護老人ホーム
　　［図6-1-2　p163］
　　◇新ゴールドプランの施設サービスの整備目標―(2)老人保健施設　［図6-1-
　　2　p163］
　　◇新ゴールドプランの施設サービスの整備目標―(3)ケアハウス　［図6-1-2
　　p163］
　　◇新ゴールドプランの施設サービスの整備目標―(4)高齢者生活福祉センター
　　［図6-1-2　p163］
『婦人白書　1997』ほるぷ出版　1997.8
　　◇新ゴールドプランの推進状況　［図表4　p139］

人材

『東京の中小企業の現状（製造業編）　平成21年度』東京都産業労働局　2010.3
　　◇年齢別の人材過不足状況（39歳以下）　［図表I-2-62　p92］
　　◇年齢別の人材過不足状況（40〜54歳）　［図表I-2-63　p93］
　　◇年齢別の人材過不足状況（55歳以上）　［図表I-2-64　p93］
『婦人白書　1997』ほるぷ出版　1997.8
　　◇文部省高齢者人材活用事業　［図表6　p183］

人事

『図説　高齢者白書　2006年度版』全国社会福祉協議会　2007.3
　　◇人事労務管理上の課題（複数回答）　［5-8　p85］

心疾患

『厚生労働白書　平成19年版』ぎょうせい　2007.9

157

しんしゆ   統計図表レファレンス事典　高齢化社会

◇都道府県別　人口10万人当たり心疾患による年齢調整死亡率（2005年）　［図表3-3-3　p73］
◇都道府県別　人口10万人当たり生活習慣病（悪性新生物、心疾患、脳血管疾患、糖尿病）による受療率（入院）（70歳以上）（2005年）　［図表3-3-5　p74］
◇都道府県別　人口10万人当たり生活習慣病（悪性新生物、心疾患、脳血管疾患、糖尿病）による受療率（外来）（70歳以上）（2005年）　［図表3-3-6　p74］

新受刑者

『犯罪白書　平成9年版』大蔵省印刷局　1997.10
◇新受刑者の年齢層別構成比　［II-35図　p238］
◇新受刑者の男女・年齢層別構成比（昭和21年～平成8年）　［資料II-25（表）p466］

『犯罪白書　平成16年版』国立印刷局　2004.11
◇高齢新受刑者数の推移　［5-3-2-12図　p290］

『犯罪白書　平成19年版』佐伯印刷　2007.11
◇新受刑者の男女別・年齢層別構成比　［2-4-1-5図　p61］
◇60歳以上の新受刑者の年齢層別人員の推移　［2-4-1-6図　p61］
◇初入新受刑者の年齢層別・罪名別保護処分歴　［7-3-4-7図　p234］

身体障害者

⇒障害者 をも見よ

『厚生白書　平成9年版』厚生問題研究会　1997.6
◇年齢階級別にみた身体障害者の年次推移（人口千人対）　［詳細データ（表）3　p299］

『社会福祉の動向　2013』中央法規出版　2013.1
◇年齢別身体障害者の数　［表6-3　p186］

『障害者白書　平成9年版』大蔵省印刷局　1997.12
◇年齢階級別にみた身体障害者数　［表2-1-3　p253］
◇年齢階級別にみた身体障害者の年次推移（人口千人対）　［表2-1-4　p253］

『障害者白書　平成22年版』日経印刷　2010.7
◇年齢階層別障害者数の推移（身体障害児・者・在宅）　［図表2-2　p253］

『障害者白書　平成25年版』印刷通販　2013.8
◇年齢階層別障害者数の推移（身体障害児・者・在宅）　［図表1-2　p4］
◇年齢階層別身体障害児・者数（在宅）の人口比（対千人）　［図表1-3　p4］
◇障害発生時の年齢階級（身体障害者・在宅）　［図表1-9　p7］

身長

『国民栄養の現状　平成9年版』第一出版　1997.10
◇身長の平均値（男、年齢階級別）　［第79表の1　p146］

統計図表レファレンス事典　高齢化社会　　　　　　　　　　　　せいかつ

　　　◇身長の平均値（女、年齢階級別）　［第79表の2　p147］
　　『日本統計年鑑　平成27年』総務省統計局　2014.11
　　　◇高齢者の体格・体力（平成24年）　［表21-4　p677］

心配ごと

　　　⇒困りごと，悩み，不安 をも見よ

　　『介護白書　平成19年版』TAC出版　2007.10
　　　◇心配ごとの相談相手（複数回答）　［図1-3-5　p72］
　　『高齢社会白書　平成22年版』佐伯印刷　2010.7
　　　◇同居形態別にみた心配ごとや悩みごと　［図1-2-1-11　p18］

【せ】

生活

　　　⇒日常生活 をも見よ

　　『医療白書　2013年度版』日本医療企画　2013.9
　　　◇自分の親が認知症になった場合の生活への影響　［図5　p125］
　　『介護白書　平成19年版』TAC出版　2007.10
　　　◇生活の満足度　［図1-3-1　p70］
　　『観光白書　平成9年版』大蔵省印刷局　1997.6
　　　◇今後の生活の力点―性別・年齢階層別　［図1-8　p24］
　　『企業年金白書　平成9年版』ライフデザイン研究所　1997.3
　　　◇去年と比べた生活の向上感の推移　［4-2-1図　p80］
　　　◇老後の生活水準に対する考え　［4-2-4図　p82］
　　『高齢社会白書　平成9年版』大蔵省印刷局　1997.6
　　　◇生活の総合満足度　［表9-2-4　p83］
　　『高齢社会白書　平成25年版』印刷通販　2013.7
　　　◇生活を充実させて楽しむことを重視する人の割合　［図1-2-6-13　p43］
　　　◇団塊の世代の要介護時に希望する生活場所　［図1-3-4-2　p63］
　　『国民栄養の現状　平成9年版』第一出版　1997.10
　　　◇生活の中で気をつけたこと（年齢階級別）　［図48　p64］
　　　◇生活で気をつけたこと（年齢階級別）　［第72表　p138］
　　『男女共同参画白書　平成16年版』国立印刷局　2004.6
　　　◇男女、ふだんの就業状態、年齢階級、行動の種類別総平均時間（週全体）
　　　　［第14表　p189］

159

せいかつ　　　　　　　　　　　　統計図表レファレンス事典　高齢化社会

『中国地域経済白書　2007』中国地方総合研究センター　2007.9
　　◇年齢別にみた生活の向上感（全国）　［図2.1.28　p69］

『ライフデザイン白書　1998-99』ライフデザイン研究所　1997.12
　　◇重要度と満足度の平均得点による比較（性・年齢別）―「経済、消費生活」
　　［図表2-48　p61］

『労働経済白書　平成19年版』国立印刷局　2007.8
　　◇仕事と生活の調和の考え方（年齢階級別）　［付2-(3)-2表　p284］

生活（高齢者）

『介護白書　平成22年版』オフィスTM　2010.10
　　◇高齢者の暮らし向き　［図1-2-3　p78］

『介護白書　平成25年版』オフィスTM　2013.10
　　◇高齢者の暮らし向き　［図1-2-3　p068］

『高齢社会白書　平成9年版』大蔵省印刷局　1997.6
　　◇老後の生活のイメージ　［表9-2-1　p82］

『高齢社会白書　平成22年版』佐伯印刷　2010.7
　　◇高齢者の暮らし向き　［図1-2-2-1　p19］

『高齢社会白書　平成25年版』印刷通販　2013.7
　　◇高齢者の暮らし向き　［図1-2-2-1　p16］

『国土交通白書　2010』日経印刷　2010.7
　　◇老後における子供との暮らし方　［図表46　p24］

『国民春闘白書　2010年』学習の友社　2009.11
　　◇高齢期の生活設計における公的年金の位置付け　［2　p79］

『社会保障年鑑　1997年版』東洋経済新報社　1997.7
　　◇老後生活の最低保障水準（年額）　［第5表　p267］

『図説 高齢者白書　2004年度版』全国社会福祉協議会　2004.12
　　◇中高年（45～60歳）が予定する60歳代前半の生活の賄い方（複数回答）　［5-
　　2　p70］
　　◇自立した生活を営む高齢者と他人の手を借りて生活をする高齢者の3種類の
　　歩き方での歩行速度と歩幅の関係　［8-19　p106］

『図説 高齢者白書　2006年度版』全国社会福祉協議会　2007.3
　　◇中高年（45～60歳）が予定する60歳代前半の生活の賄い方（複数回答）　［5-
　　2　p80］
　　◇自立した生活を営む高齢者と他人の手を借りて生活をする高齢者の3種類の
　　歩き方での歩行速度（上）と歩幅（下）の関係　［8-19　p116］

『世界統計白書　2010年版』木本書店　2010.6
　　◇高齢者の生活と意識　［p535］

『ライフデザイン白書　1998-99』ライフデザイン研究所　1997.12

160

統計図表レファレンス事典　高齢化社会　　　　　　　　　　　　　　　　　せいかつ

◇重要度と満足度の平均得点による比較（性・年齢別）―「老後の生活」　［図表2-49　p61］

『ライフデザイン白書　2004-2005』第一生命経済研究所　2003.10
　◇高齢期の生活に備えての準備（性・年代別）〈複数回答〉［図表29　p40］
　◇高齢期の生活への準備と生活不安（性・年代別）　［図表8-3　p203］

生活意識

『高齢社会白書　平成9年版』大蔵省印刷局　1997.6
　◇高齢者世帯における生活意識　［図5-1-1　p42］

『高齢社会白書　平成16年度』ぎょうせい　2004.6
　◇高齢者世帯における生活意識　［図1-2-11　p21］

『高齢社会白書　平成19年版』ぎょうせい　2007.6
　◇高齢者世帯における生活意識　［図1-2-12　p28］

生活支援

『高齢社会白書　平成19年版』ぎょうせい　2007.6
　◇長期生活支援資金の概要　［表2-3-9　p108］

『男女共同参画白書　平成22年版』中和印刷　2010.6
　◇「高齢男女の自立した生活に対する支援」に関する主な施策　［第1-4-6図
　p76］

生活時間

『高齢社会白書　平成9年版』大蔵省印刷局　1997.6
　◇高齢者の生活時間の状況　［表7-1-1　p62］

生活資金（老後）

『生活と貯蓄 関連統計　平成9年度版』貯蓄広報中央委員会　1997.4
　◇老後の生活資金の準備状況　［（表）　p106］

『ライフデザイン白書　2004-2005』第一生命経済研究所　2003.10
　◇老後資金必要額と準備可能額（年代別）　［図表32　p43］
　◇老後資金準備状況（世帯年収別、市郡規模別、年代別）　［図表8-4　p204］
　◇老後資金準備状況（公的年金重視度別、老後費用への不安感別）　［図表8-8
　p209］

生活習慣

『厚生白書　平成9年版』厚生問題研究会　1997.6
　◇年代別にみた生活習慣の比較　［図2-2-3　p59］

『高齢社会白書　平成19年版』ぎょうせい　2007.6
　◇年齢階級別にみた生活習慣の状況　［図1-2-42　p44］

161

せいかつ　　　　　　　　　　　　　　統計図表レファレンス事典　高齢化社会

生活習慣病

『厚生白書　平成9年版』厚生問題研究会　1997.6
　　◇高齢化の進行に伴い増加する成人病　［図2-1-4　p51］

『厚生労働白書　平成19年版』ぎょうせい　2007.9
　　◇都道府県別　人口10万人当たり生活習慣病（悪性新生物、心疾患、脳血管疾患、糖尿病）による受療率（入院）（70歳以上）（2005年）　［図表3-3-5　p74］
　　◇都道府県別　人口10万人当たり生活習慣病（悪性新生物、心疾患、脳血管疾患、糖尿病）による受療率（外来）（70歳以上）（2005年）　［図表3-3-6　p74］

『高齢社会白書　平成19年版』ぎょうせい　2007.6
　　◇生活習慣病対策の基本的な枠組み　［図2-3-11　p109］

『国民健康・栄養調査報告　平成16年』第一出版　2006.11
　　◇生活習慣病の認知状況（性・年齢階級別）　［第76表　p196］

『図説　食料・農業・農村白書　平成15年度』農林統計協会　2004.6
　　◇高齢者が治療を受けている生活習慣病の種類　［図I-26　p61］

生活費

『企業年金白書　平成9年版』ライフデザイン研究所　1997.3
　　◇ゆとりある老後生活費（年齢・市郡規模・世帯年収別）　［4-2-5表　p83］

『高齢社会白書　平成16年度』ぎょうせい　2004.6
　　◇高齢期の生活費不足分の対応方法　［図1-2-12　p22］

『高齢社会白書　平成19年版』ぎょうせい　2007.6
　　◇高齢期の生活費不足分の対応方法（3つまでの複数回答）　［図1-2-15　p29］

『生活と貯蓄　関連統計　平成9年度版』貯蓄広報中央委員会　1997.4
　　◇老後ひと月あたりの最低予想生活費と実際の生活費　［（表）　p105］
　　◇老後生活費の主な収入源の国際比較　［（表）　p106］
　　◇老後の生活に対する不安感の理由　［（表）　p113］

『連合白書　2005』コンポーズ・ユニ　2004.12
　　◇生活費を公的年金だけでカバーできる見通しの有無　［p67］

生活保護

『高齢社会白書　平成16年度』ぎょうせい　2004.6
　　◇性・年齢別にみた被保護人員（単身世帯再掲）　［表1-2-17　p24］

『高齢社会白書　平成19年版』ぎょうせい　2007.6
　　◇性・年齢別にみた被保護人員数（単身世帯再掲）　［表1-2-18　p31］

『高齢社会白書　平成22年版』佐伯印刷　2010.7
　　◇被保護者人員の変移　［図1-2-2-9　p23］

『高齢社会白書　平成25年版』印刷通販　2013.7
　　◇被保護人員の変移　［図1-2-2-8　p20］

162

統計図表レファレンス事典　高齢化社会　　　　　　　　　　　せいそう

『国民春闘白書　2008年』学習の友社　2007.12
　　◇生活保護の半分以下の年金・高い保険料　［[1]　p78］

『社会福祉の動向　2007』中央法規出版　2007.1
　　◇年齢階級別被保護人員と保護率の推移　［表II-1-2　p68］

『社会福祉の動向　2010』中央法規出版　2010.3
　　◇年齢階級別被保護人員と保護率の推移　［表2-2　p24］

『社会福祉の動向　2013』中央法規出版　2013.1
　　◇被保護人員の年齢段階級別構成比の推移　［表3-2　p62］

『図説　高齢者白書　2004年度版』全国社会福祉協議会　2004.12
　　◇世帯類型別にみた被保護世帯と一般世帯の推移　［4-11　p67］
　　◇世帯類型別にみた保護受給期間別構成割合の推移　［4-12　p67］
　　◇2003年度契約者における生活保護受給世帯の割合　［11-17　p134］

『図説　高齢者白書　2006年度版』全国社会福祉協議会　2007.3
　　◇世帯類型別にみた被保護世帯と一般世帯の推移　［4-11　p77］
　　◇世帯類型別にみた保護受給期間別構成割合の推移　［4-12　p77］

『日本子ども資料年鑑　2007』KTC中央出版　2007.2
　　◇年齢階級別生活保護受給人員の割合と保護率の推移　［VI-1-1表　p186］

『日本統計年鑑　平成27年』総務省統計局　2014.11
　　◇生活保護被保護実世帯数, 実人員及び保護費（平成7〜24年度）　［表20-39　p668］
　　◇生活保護開始世帯数及び廃止世帯数（昭和60年〜平成24年）　［表20-41　p669］

精神科医療

『精神保健福祉白書　2008年版』中央法規出版　2007.12
　　◇総患者数, 年齢階級×傷病小分類［精神科医療］　［p151］

精神障害者

　　⇒障害者 をも見よ

『厚生白書　平成9年版』厚生問題研究会　1997.6
　　◇年齢階級別・性別にみた精神薄弱児・者数　［詳細データ（表）3　p304］

『障害者白書　平成9年版』大蔵省印刷局　1997.12
　　◇年齢階級別・性別にみた精神薄弱児・者数（在宅者）　［表2-1-16　p260］

『障害者白書　平成22年版』日経印刷　2010.7
　　◇年齢階層別障害者数の推移（精神障害者・在宅）　［図表2-5　p254］

成人病　⇒生活習慣病 を見よ

製造業

『大阪経済・労働白書　平成19年版』大阪能率協会　2007.9

163

せいそん　　　　　　　　　　　　　　　　　　統計図表レファレンス事典　高齢化社会

　　　◇定年間際の従業員からの継承が問題となっている技能（製造業）　［図表I-3-
　　　　23　p74］
　『海外情勢白書（世界の厚生労働）　2004』TKC出版　2004.10
　　　◇各国の賃金の年齢間格差（製造業、男性）　［付表4-5　p付21］
　『企業年金白書　平成9年版』ライフデザイン研究所　1997.3
　　　◇転職による退職金の低下率（製造業1,000人以上、男子）　［3-2-7図　p70］
　『製造基盤白書（ものづくり白書）　2004年版』ぎょうせい　2004.6
　　　◇製造部門技能者の高齢化の状況（業種別）　［図221-3（3）　p353］
　『東京の中小企業の現状（製造編）　平成21年度』東京都産業労働局　2010.3
　　　◇経営者の年齢　［図表I-2-51　p82］
　　　◇経営者の年齢（前回調査）　［図表I-2-52　p82］
　　　◇業種と経営者年齢　［図表I-2-53　p83］
　　　◇年齢別の人材過不足状況（39歳以下）　［図表I-2-62　p92］
　　　◇年齢別の人材過不足状況（40〜54歳）　［図表I-2-63　p93］
　　　◇年齢別の人材過不足状況（55歳以上）　［図表I-2-64　p93］
　『ものづくり白書　2010年版』経済産業調査会　2010.6
　　　◇年齢階層別就業者数（製造業）　［図123-4　p42］
　『ものづくり白書　2013年版』経済産業調査会　2013.7
　　　◇製造業における60歳以上の就業者数及び就業者の割合の推移　［図214-1
　　　　p197］
　『連合白書　2010』コンポーズ・ユニ　2009.12
　　　◇製造業の就業者数と高齢・若年就業者割合の推移　［p102］
　『労働白書　平成9年版』日本労働研究機構　1997.6
　　　◇企業規模、年齢階級別製造業男子の賃金の推移（所定内給与）　［第27表　p460
　　　　〜461］
　　　◇労働者の種類、学歴、年齢階級別製造業男子の賃金の推移（所定内給与）
　　　　［第28表　p462〜463］

生存権

　『国民春闘白書　2010年』学習の友社　2009.11
　　　◇生存権保障に反する低年金　［1　p78］

生存率

　『図説　高齢者白書　2004年度版』全国社会福祉協議会　2004.12
　　　◇平均寿命および特定年齢までの生存率：1921〜2050年　［1-21　p37］
　　　◇生命表上の特定年齢まで生存する割合　［2-7　p46］
　『図説　高齢者白書　2006年度版』全国社会福祉協議会　2007.3
　　　◇平均寿命および特定年齢までの生存率：1921〜2055年　［1-21　p43］
　　　◇生命表上の特定年齢まで生存する割合　［2-6　p54］

統計図表レファレンス事典　高齢化社会　　　　　　　　　　　　　　せいはん

成年後見関係事件

『介護白書　平成16年版』ぎょうせい　2004.7
　◇成年後見関係事件申立件数表　［図4-9　p244］
　◇成年後見関係事件における申立ての動機別割合　［図4-10　p244］

『図説　高齢者白書　2004年度版』全国社会福祉協議会　2004.12
　◇成年後見関係事件申立件数　［11-4　p130］
　◇成年後見関係事件における本人の男女別・年齢別割合　［11-5　p130］
　◇成年後見関係事件における本人の生活状況別割合　［11-6　p131］
　◇成年後見関係事件における申立ての動機別割合　［11-7　p131］
　◇成年後見関係事件における申立人と本人との関係別割合　［11-8　p131］

『図説　高齢者白書　2006年度版』全国社会福祉協議会　2007.3
　◇成年後見関係事件申立件数表　［11-1　p141］
　◇成年後見関係事件における本人の男女別・年齢別割合　［11-2　p141］
　◇成年後見関係事件における申立ての動機別割合　［11-3　p141］
　◇成年後見関係事件における申立人と本人との関係別割合　［11-4　p141］
　◇成年後見関係事件の市町村長申立件数（家庭裁判所管内別）　［11-5　p143］
　◇成年後見関係事件審理期間別の割合　［11-6　p143］
　◇成年後見関係事件鑑定費用別割合　［11-7　p143］

成年後見制度

『介護白書　平成22年版』オフィスTM　2010.10
　◇法定後見開始の審判の申立てに必要な費用　［p175］

『高齢社会白書　平成19年版』ぎょうせい　2007.6
　◇成年後見制度の概要　［表2-3-10　p108］

『図説　高齢者白書　2004年度版』全国社会福祉協議会　2004.12
　◇世帯の経済状況別地域福祉権利擁護事業・成年後見制度の利用　［11-16　p134］

成年後見人

『介護白書　平成16年版』ぎょうせい　2004.7
　◇成年後見人等と本人の関係別割合　［図4-11　p245］

『図説　高齢者白書　2006年度版』全国社会福祉協議会　2007.3
　◇成年後見人等と本人との関係別割合　［11-8　p143］

性犯罪

『犯罪白書　平成19年版』佐伯印刷　2007.11
　◇性犯罪3回以上の者の1犯目性犯罪時年齢層　［7-3-4-19図　p244］

165

せいめい　　　　　　　　　　　　　統計図表レファレンス事典　高齢化社会

生命表

『企業年金白書　平成9年版』ライフデザイン研究所　1997.3
　◇平成7年簡易生命表　［1-1表　p88］

『図説　高齢者白書　2004年度版』全国社会福祉協議会　2004.12
　◇生命表上の特定年齢まで生存する割合　［2-7　p46］

『図説　高齢者白書　2006年度版』全国社会福祉協議会　2007.3
　◇生命表上の特定年齢まで生存する割合　［2-6　p54］

『日本統計年鑑　平成27年』総務省統計局　2014.11
　◇年齢別平均余命の推移（明治24年～平成24年）　［表2-27　p70］
　◇生命表（平成24年）　［表2-28　p71］

世帯

『経済財政白書　平成22年版』日経印刷　2010.8
　◇世帯主年齢別の世帯数の推移　［第2-3-6図　p235］

『首都圏白書　平成16年版』国立印刷局　2004.6
　◇人口・世帯数増減と高齢化進行の相関　［図表1-1-6　p14］

『情報メディア白書　2007』ダイヤモンド社　2007.1
　◇世帯数（世帯主年齢別）の順位比較　［図3　p15］

『図説　高齢者白書　2004年度版』全国社会福祉協議会　2004.12
　◇家族類型別一般世帯数および割合：1960～2020年　［1-26　p40］
　◇一般世帯数および平均世帯人員：1960～2020年　［1-27　p40］
　◇世帯数と平均世帯人員の推移　［2-1　p45］
　◇世帯構成割合の推移　［2-2　p45］
　◇生活意識別世帯数の構成割合　［3-15　p59］

『図説　高齢者白書　2006年度版』全国社会福祉協議会　2007.3
　◇家族類型別一般世帯数および割合：1960～2020年　［1-26　p46］
　◇一般世帯数および平均世帯人員：1960～2020年　［1-27　p46］
　◇世帯数と平均世帯人員の推移　［2-1　p51］
　◇世帯構成割合の推移　［2-2　p51］
　◇生活意識別世帯数の構成割合　［3-16　p69］

『生活と貯蓄　関連統計　平成9年度版』貯蓄広報中央委員会　1997.4
　◇人口・世帯数の推移と高齢化の進行　［（表）　p100］

『日本統計年鑑　平成27年』総務省統計局　2014.11
　◇世帯の種類・家族類型, 年齢階級別世帯人員の割合（平成22年）　［表2-19　p62］
　◇家計を主に支える者の年齢, 世帯の種類, 住宅の所有の関係別普通世帯数（平成25年）　［表18-18　p592］
　◇土地の所有状況, 世帯人員・家計を主に支える者の年齢・世帯の型・世帯の

166

統計図表レファレンス事典　高齢化社会　　　　　　　　　　　　　　せたい

　　年間収入階級・家計を主に支える者の従業上の地位別世帯数（平成20年）
　　［表18-21　p594］

世帯（高齢者）

　『介護白書　平成19年版』TAC出版　2007.10
　　◇65歳以上の者のいる世帯及び構成割合　［図1-2-1　p66］

　『介護白書　平成22年版』オフィスTM　2010.10
　　◇世帯構造別にみた65歳以上の者のいる世帯数及び構成割合（世帯別構造別）
　　　と全世帯に占める65歳以上の者がいる世帯の割合　［図1-2-1　p76］
　　◇高齢者世帯における公的年金・恩給の総所得に占める割合別世帯数の構成
　　　［図1-2-2　p77］

　『介護白書　平成25年版』オフィスTM　2013.10
　　◇65歳以上の高齢者のいる世帯数及び構成割合（世帯構造別）と全世帯に占め
　　　る65歳以上の高齢者がいる世帯の割合　［図1-2-1　p066］
　　◇高齢者世帯における公的年金・恩給の総所得に占める割合別世帯数の構成
　　　割合　［図1-2-2　p067］

　『過疎対策データブック　平成16年1月』丸井工文社　2004.1
　　◇高齢者世帯割合　［図表1-2-21　p27～28］
　　◇高齢者世帯割合のブロック別状況　［図表1-2-22　p28］

　『過疎対策データブック　平成18年12月』丸井工文社　2007.1
　　◇高齢者世帯割合　［図表1-2-20　p26］
　　◇高齢者世帯割合のブロック別状況　［図表1-2-21　p27］

　『過疎対策データブック　平成22年3月』丸井工文社　2010.3
　　◇高齢者世帯割合　［図表1-2-20　p52］
　　◇高齢者世帯割合のブロック別状況　［図表1-2-21　p53］

　『経済財政白書　平成22年版』日経印刷　2010.8
　　◇高齢者における勤労者世帯と無職世帯の特徴　［第2-2-19図　p213］

　『高齢社会白書　平成9年版』大蔵省印刷局　1997.6
　　◇65歳以上の親族のいる一般世帯の家族類型　［図2-2-1　p25］
　　◇一般世帯総数、高齢世帯数及び平均世帯人員の推移　［図2-2-1　p26］
　　◇高齢世帯の家族類型別の将来推計　［図2-2-2　p27］
　　◇高齢者のいる普通世帯の子の住んでいる場所　［表8-2-5　p72］
　　◇高齢者世帯における公的年金・恩給の総所得に占める割合別世帯数の構成
　　　割合　［図3-1-14　p114］

　『高齢社会白書　平成16年度』ぎょうせい　2004.6
　　◇世帯構造別にみた65歳以上の者のいる世帯数及び構成割合の推移　［図1-2-
　　　1　p14］
　　◇一般世帯総数、家族類型別高齢世帯数の推移　［図1-2-2　p15］
　　◇家族形態別にみた高齢者の割合　［図1-2-5　p17］

167

せたい 統計図表レファレンス事典　高齢化社会

◇世帯主の年齢が65歳以上の世帯における消費支出構成比の推移　［図1-2-19　p25］
◇世帯主の年齢が65歳以上の世帯の収入と消費　［表1-2-18　p25］
◇世帯主の年齢が65歳以上の世帯の貯蓄の分布　［図1-2-20　p26］

『高齢社会白書　平成19年版』ぎょうせい　2007.6
◇65歳以上の高齢者のいる世帯数及び構成割合（世帯構造別）　［図1-2-1　p20］
◇家族形態別にみた高齢者の割合　［図1-2-2　p21］
◇家族構成割合高齢者の男女・年齢階級別　［図1-2-3　p22］
◇世帯主の年齢が65歳以上の世帯の収入と消費　［表1-2-20　p32］
◇世帯主の年齢が65歳以上の世帯の貯蓄の分布　［図1-2-23　p34］

『高齢社会白書　平成22年版』佐伯印刷　2010.7
◇65歳以上の者のいる世帯数及び構成割合（世帯構造別）と全世帯に占める65
歳以上の者がいる世帯の割合　［図1-2-1-1　p12］
◇高齢世帯数（家族類型別）及び一般世帯総数の推移　［図1-2-1-3　p14］
◇家族形態別にみた高齢者の割合　［図1-2-1-4　p14］
◇高齢者世帯における公的年金・恩給の総所得に占める割合別世帯数の構成
割合　［図1-2-2-3　p20］

『高齢社会白書　平成25年版』印刷通販　2013.7
◇65歳以上の者のいる世帯数及び構成割合（世帯構造別）と全世帯に占める65
歳以上の者がいる世帯の割合　［図1-2-1-1　p13］
◇家族形態別にみた高齢者の割合　［図1-2-1-2　p14］
◇高齢者世帯における公的年金・恩給の総所得に占める割合別世帯数の構成
割合　［図1-2-2-3　p17］

『国土交通白書　2010』日経印刷　2010.7
◇高齢者を含む世帯の構成の推移　［図表97　p50］

『国民春闘白書　2008年』学習の友社　2007.12
◇高齢者世帯で「苦しい」世帯の増加が著しい　［[4]　p39］

『首都圏白書　平成19年版』国立印刷局　2007.6
◇首都圏の高齢者のいる世帯数の推移　［図表2-1-4　p27］

『首都圏白書　平成25年版』勝美印刷　2013.7
◇東京圏の世帯数と高齢世帯割合の推移・推計　［図表1-1-7　p5］

『消費者白書　平成25年版』勝美印刷　2013.7
◇世帯主が高齢者である場合、貯蓄が多く、収入は少ない　［図表2-1-2　p25］

『食料・農業・農村白書　平成22年版』佐伯印刷　2010.6
◇農村地域の高齢者世帯の割合（2005年、農業地域別）　［図4-4　p220］

『食料・農業・農村白書　平成25年版』日経印刷　2013.7
◇65歳以上の高齢者がいる世帯数及びその割合　［図2-3-9　p92］
◇65歳以上の高齢者がいる世帯数の推移　［図2-3-17　p99, 参26］

168

統計図表レファレンス事典　高齢化社会　　　　　　　　　　　　　　せたい

　　◇高齢者がいる世帯とそれ以外の世帯の1人当たり食料支出の状況（平成24
　　　（2012）年）　［図2-3-18　p99, 参26］
　　◇高齢者がいる世帯における食料支出内訳の推移（1人1か月当たり）　［図2-3-
　　　19　p100, 参27］
『女性白書　2004』ほるぷ出版　2004.8
　　◇世帯構造別にみた高齢者世帯数の年次推移（1）　［図表付-22　p199］
　　◇世帯構造別にみた高齢者世帯数の年次推移（2）　［図表付-23　p200］
　　◇世帯構造別にみた65歳以上の者のいる世帯数の年次推移　［図表付-25　p201］
　　◇世帯構造別にみた65歳以上の者のいる世帯数の構成割合の年次推移　［図表
　　　付-26　p201］
　　◇65歳以上の者のいる世帯の世帯構造別にみた所得の種類別1世帯当たり平均
　　　所得金額および構成割合　［図表付-35　p206］
　　◇65歳以上の者のいる世帯の世帯構造別にみた生活意識別世帯数の構成割合
　　　［図表付-36　p206］
『女性白書　2007』ほるぷ出版　2007.8
　　◇世帯構造別にみた高齢者世帯数の年次推移（1）　［図表付-22　p231］
　　◇世帯構造別にみた高齢者世帯数の年次推移（2）　［図表付-23　p231］
　　◇世帯構造別にみた65歳以上の者のいる世帯数の年次推移　［図表付-25　p232］
　　◇世帯構造別にみた65歳以上の者のいる世帯数の構成割合の年次推移　［図表
　　　付-26　p233］
『女性白書　2010』ほるぷ出版　2010.8
　　◇65歳以上の者のいる世帯数及び構成割合（世帯構造別）　［図表3　p97］
　　◇高齢者のいる世帯の貧困　［図表3　p109］
　　◇世帯構造別高齢者世帯数の推移（1）　［図表付-20　p239］
　　◇世帯構造別高齢者世帯数の推移（2）　［図表付-21　p240］
　　◇世帯構造別65歳以上の者のいる世帯数の推移　［図表付-23　p241］
　　◇世帯構造別65歳以上の者のいる世帯数の構成割合の推移　［図表付-24　p241］
『女性白書　2013』ほるぷ出版　2013.8
　　◇世帯構造別高齢者世帯数の推移（1）　［図表付-20　p209］
　　◇世帯構造別高齢者世帯数の推移（2）　［図表付-21　p210］
　　◇世帯構造別65歳以上の者のいる世帯数の推移　［図表付-23　p211］
　　◇世帯構造別65歳以上の者のいる世帯数の構成割合の推移　［図表付-24　p211］
『図説 高齢者白書　2004年度版』全国社会福祉協議会　2004.12
　　◇高齢世帯の家族類型別世帯数：1970〜2020年　［1-28　p40］
　　◇65歳以上の家族類型別高齢者のいる世帯割合　［2-3　p45］
　　◇65歳以上の高齢者のいる世帯の推移　［2-4　p45］
　　◇家族形態別にみた高齢者（65歳以上）の割合　［2-17　p49］
　　◇高齢者のいる主世帯の推移—全国（1983年〜2003年）　［6-1　p77］
　　◇高齢者のいる主世帯の世帯の型別住宅の所有の関係別割合 全国（2003年）

せたいか　　　　　　　　　　　　　　　　　　　統計図表レファレンス事典　高齢化社会

　　　［6-2　p77］
　　◇高齢者のいる主世帯の世帯の型別住宅の建て方別割合　全国（2003年）　［6-
　　　3　p77］

　『図説　高齢者白書　2006年度版』全国社会福祉協議会　2007.3
　　◇高齢世帯の家族類型別世帯数：1970～2020年　［1-28　p46］
　　◇65歳以上の家族類型別高齢者のいる世帯割合　［2-3　p52］
　　◇65歳以上の高齢者のいる世帯の推移　［2-4　p52］
　　◇家族形態別にみた高齢者（65歳以上）の割合　［2-15　p58］

　『男女共同参画の現状と施策　平成9年版』大蔵省印刷局　1997.7
　　◇世帯構造別にみた65歳以上の高齢者のいる世帯数の年次推移　［図2-4-4　p66］
　　◇65歳以上の高齢者のいる世帯の世帯構造別にみた所得の種類別1世帯当たり
　　　平均所得金額　［表2-4-3　p68］
　　◇65歳以上の高齢者のいる世帯の世帯構造別所得分布　［図2-4-8　p69］

　『地域の経済　2009』佐藤印刷　2010.2
　　◇65歳以上世帯の家族類型別世帯数　［第2-4-7図　p87］

　『中国地域経済白書　2010年』中国地方総合研究センター　2010.9
　　◇高齢世帯（世帯主が65歳以上の世帯）数の推移　［図2.2.20　p50］

　『土地白書　平成16年版』国立印刷局　2004.7
　　◇高齢者（65歳以上）の世帯の構成比　［図表1-3-28　p63］

　『日本統計年鑑　平成27年』総務省統計局　2014.11
　　◇世帯類型・種別世帯数（平成2～24年）　［表20-33　p664］

　『婦人白書　1997』ほるぷ出版　1997.8
　　◇世帯構造別にみた高齢者世帯数の年次推移　［図表付-20　p228］
　　◇世帯構造別にみた65歳以上の者のいる世帯数の年次推移　［図表付-25　p230］
　　◇65歳以上の者のいる夫婦のみの世帯の世帯主の年齢階級別構成割合　［図表
　　　付-27　p230］
　　◇高齢者世帯における公的年金・恩給の総所得に占める割合別世帯数の構成
　　　割合　［図表付-43　p237］

世代間交流

　『高齢社会白書　平成22年版』佐伯印刷　2010.7
　　◇世代間交流の機会の有無　［図1-2-5-11　p43］
　　◇若い世代との交流の機会の参加意向　［図1-2-5-12　p43］

　『高齢社会白書　平成25年版』印刷通販　2013.7
　　◇世代間交流の機会の有無　［図1-2-5-5　p34］
　　◇若い世代との交流の機会の参加意向　［図1-2-5-6　p35］

　『国民生活白書　平成19年版』時事画報社　2007.7
　　◇高齢者は若い世代との交流が少ない　［第2-1-15図　p74］
　　◇高齢者の半数以上の人が若い世代との交流を希望　［第2-1-16図　p75］

統計図表レファレンス事典　高齢化社会　　　　　　　　　　　　　　　　せつしゆ

　　　◇世代間交流には機会の設定が必要と考える高齢者が多い　［第2-1-17図　p75］
　　『図説 高齢者白書　2004年度版』全国社会福祉協議会　2004.12
　　　◇世代交流の経験（複数回答）　［7-14　p96］
　　　◇世代間交流について　［7-15　p97］
　　　◇交流したいこと（複数回答）　［7-16　p97］

世代間扶養

　　『厚生白書　平成9年版』厚生問題研究会　1997.6
　　　◇公的年金制度における世代間扶養の仕組み　［図1-5-1　p202］

赤血球数

　　『国民栄養の現状　平成9年版』第一出版　1997.10
　　　◇赤血球数の分布（性・年齢階級別）　［第40表　p117］

摂取量（インスタント食品）

　　『国民栄養の現状　平成9年版』第一出版　1997.10
　　　◇インスタント食品の摂取量に対する自己評価（年齢階級別）　［第70表　p137］

摂取量（栄養素等）

　　『国民栄養の現状　平成9年版』第一出版　1997.10
　　　◇栄養素等摂取量と調査対象の平均栄養所要量との比較（性・年齢階級別）
　　　　［図28　p45～46］
　　　◇栄養素等摂取量に対する自己評価（年齢階級別）　［図46　p59～60］
　　　◇栄養素等摂取量（全国、年齢階級別）　［第1表の1　p73］
　　　◇栄養素等摂取量（男、年齢階級別）　［第1表の2　p74］
　　　◇栄養素等摂取量（女、年齢階級別）　［第1表の3　p75］
　　　◇栄養素等摂取量（1人世帯、全国、年齢階級別）　［第5表の1　p77］
　　　◇栄養素等摂取量（1人世帯、男、年齢階級別）　［第5表の2　p78］
　　　◇栄養素等摂取量（1人世帯、女、年齢階級別）　［第5表の3　p78］

摂取量（エネルギー）

　　『国民栄養の現状　平成9年版』第一出版　1997.10
　　　◇エネルギーの栄養素別摂取構成比（年齢階級別）　［図29　p47］
　　　◇エネルギー摂取量に対する自己評価（年齢階級別）　［第51表　p127］

摂取量（菓子類）

　　『国民栄養の現状　平成9年版』第一出版　1997.10
　　　◇菓子類の摂取量に対する自己評価（年齢階級別）　［第66表　p135］

摂取量（カルシウム）

『国民栄養の現状　平成9年版』第一出版　1997.10
　◇カルシウム摂取量に対する自己評価（年齢階級別）　［第53表　p128］

摂取量（牛乳・乳製品）

『国民栄養の現状　平成9年版』第一出版　1997.10
　◇牛乳・乳製品の摂取量に対する自己評価（年齢階級別）　［第62表　p133］

摂取量（果物）

『国民栄養の現状　平成9年版』第一出版　1997.10
　◇果物の摂取量に対する自己評価（年齢階級別）　［第65表　p134］

摂取量（米）

『国民栄養の現状　平成9年版』第一出版　1997.10
　◇ごはんの摂取量に対する自己評価（年齢階級別）　［第56表　p130］

摂取量（魚）

『国民栄養の現状　平成9年版』第一出版　1997.10
　◇魚の摂取量に対する自己評価（年齢階級別）　［第59表　p131］

摂取量（酒類）

『国民栄養の現状　平成9年版』第一出版　1997.10
　◇酒類の摂取量に対する自己評価（年齢階級別）　［第68表　p136］

摂取量（酸素）

『図説 高齢者白書　2004年度版』全国社会福祉協議会　2004.12
　◇日本人の加齢に伴う最大酸素摂取量の減少　［8-5　p100］
　◇カナダ人の自立した生活を営む中高年齢者の加齢に伴う最大酸素摂取量の
　　減少　［8-6　p100］
　◇持久的な運動をしている人と運動を特別していない人の最大酸素摂取量の加
　　齢に伴う減少（左図）と加齢に伴う最大酸素摂取量の変化率　［8-7　p101］
　◇高齢者にみられる持久性トレーニングによる最大酸素摂取量の増加　［8-9
　　p101］
　◇歩行トレーニングを1日に30分間の運動を1回行う群と10分間の運動を3回行
　　う群の10週間後の最大酸素摂取量の変化　［8-22　p107］
　◇特別な運動をしていない閉経前の女性と閉経後の女性の基礎代謝量と女性
　　の基礎代謝量と最大酸素摂取量の関係　［8-23　p108］
『図説 高齢者白書　2006年度版』全国社会福祉協議会　2007.3
　◇日本人の加齢に伴う最大酸素摂取量の減少　［8-5　p110］
　◇カナダ人の自立した生活を営む中高年齢者の加齢に伴う最大酸素摂取量の
　　減少　［8-6　p110］

統計図表レファレンス事典　高齢化社会　　　　　　　　　　　　　　　　　せつしゆ

◇持久的な運動をしている人と運動を特別していない人の最大酸素摂取量の加齢に伴う減少（左図）と加齢に伴う最大酸素摂取量の変化率（右上図：絶対値でみた変化率、右下図：25歳の値に対する割合でみた変化率）　［8-7　p111］
◇高齢者にみられる持久性トレーニングによる最大酸素摂取量の増加　［8-9　p111］
◇歩行トレーニングを1日に30分間の運動を1回行う群と10分間の運動を3回行う群の10週間後の最大酸素摂取量の変化　［8-22　p117］
◇特別な運動をしていない閉経前の女性と閉経後の女性の基礎代謝量（上）と女性の基礎代謝量と最大酸素摂取量の関係（下）　［8-23　p118］

摂取量（脂肪）

『国民栄養の現状　平成9年版』第一出版　1997.10
◇脂肪摂取量に対する自己評価（年齢階級別）　［第52表　p127］

摂取量（食塩）

『国民栄養の現状　平成9年版』第一出版　1997.10
◇食塩摂取量（性・年齢階級別、20歳以上）　［図30　p48］
◇食塩摂取量に対する自己評価（年齢階級別）　［第55表　p129］

摂取量（食品）

『国民栄養の現状　平成9年版』第一出版　1997.10
◇主要食品群別摂取量（年齢階級別、15歳以上）　［図31　p49］
◇食品摂取量に対する自己評価（年齢階級別）　［図47　p61〜63］
◇食品群別摂取量（全国、年齢階級別）　［第6表の1　p79］
◇食品群別摂取量（男、年齢階級別）　［第6表の2　p79］
◇食品群別摂取量（女、年齢階級別）　［第6表の3　p80］
◇食品群別摂取量（1人世帯、全国、年齢階級別）　［第10表の1　p82］
◇食品群別摂取量（1人世帯、男、年齢階級別）　［第10表の2　p82］
◇食品群別摂取量（1人世帯、女、年齢階級別）　［第10表の3　p83］

摂取量（清涼飲料水）

『国民栄養の現状　平成9年版』第一出版　1997.10
◇清涼飲料水の摂取量に対する自己評価（年齢階級別）　［第67表　p135］

摂取量（大豆・大豆製品）

『国民栄養の現状　平成9年版』第一出版　1997.10
◇大豆・大豆製品の摂取量に対する自己評価（年齢階級別）　［第61表　p132］

摂取量（卵）

『国民栄養の現状　平成9年版』第一出版　1997.10
◇卵の摂取量に対する自己評価（年齢階級別）　［第60表　p132］

摂取量（鉄）

『国民栄養の現状　平成9年版』第一出版　1997.10
　◇鉄摂取量に対する自己評価（年齢階級別）　［第54表　p128］

摂取量（肉）

『国民栄養の現状　平成9年版』第一出版　1997.10
　◇肉の摂取量に対する自己評価（年齢階級別）　［第58表　p131］

摂取量（パン）

『国民栄養の現状　平成9年版』第一出版　1997.10
　◇パン、めんの摂取量に対する自己評価（年齢階級別）　［第57表　p130］

摂取量（めん）

『国民栄養の現状　平成9年版』第一出版　1997.10
　◇パン、めんの摂取量に対する自己評価（年齢階級別）　［第57表　p130］

摂取量（野菜）

『国民栄養の現状　平成9年版』第一出版　1997.10
　◇その他の野菜の摂取量に対する自己評価（年齢階級別）　［第64表　p134］

摂取量（油脂類）

『国民栄養の現状　平成9年版』第一出版　1997.10
　◇油脂類の摂取量に対する自己評価（年齢階級別）　［第69表　p136］

摂取量（緑黄色野菜）

『国民栄養の現状　平成9年版』第一出版　1997.10
　◇緑黄色野菜の摂取量に対する自己評価（年齢階級別）　［第63表　p133］

設備（高齢者のための）

『九州経済白書　2007年度版』九州経済調査協会　2007.2
　◇高齢者などのための設備の状況（2003年）　［図表2-13　p86］

『高齢社会白書　平成9年版』大蔵省印刷局　1997.6
　◇高齢者に配慮した構造・設備の有無　［表8-2-7　p74］

『図説 高齢者白書　2004年度版』全国社会福祉協議会　2004.12
　◇1999年以降の高齢者等のための設備の工事状況別持ち家に居住する主世帯
　　数―全国（2003年）　［6-5　p77］

『中国地域経済白書　2010年』中国地方総合研究センター　2010.9
　◇高齢者等のための設備がある割合　［図2.2.21　p50］

統計図表レファレンス事典　高齢化社会

せんこく

節約

『消費社会白書　2013』JMR生活総合研究所　2012.11
　◇老後への備えの程度や老後の見通しと個人支出増減、個人支出意向、節約
　　姿勢との関連　［図表1-19　p20］

世話（老後）

『高齢社会白書　平成16年度』ぎょうせい　2004.6
　◇老後の世話と不動産譲与　［図1-2-24　p29］

船員保険（年金）

『日本統計年鑑　平成27年』総務省統計局　2014.11
　◇船員保険（平成7～23年度）　［表20-18　p649］

前期高齢者

『介護白書　平成16年版』ぎょうせい　2004.7
　◇要介護認定者に占める前期高齢者と後期高齢者数　［図3-3-20　p201］
　◇要介護認定者に占める前期高齢者と後期高齢者の割合の変化　［図3-3-21
　　p201］
『九州経済白書　2007年度版』九州経済調査協会　2007.2
　◇前期高齢者（65～74歳）の交通手段の推移（北部九州圏）　［図表3-23　p104］
『高齢社会白書　平成9年版』大蔵省印刷局　1997.6
　◇前期高齢者人口と後期高齢者人口　［表1-3-1　p18］
　◇前期・後期高齢者人口の将来推計　［図1-3-2　p19］
『高齢社会白書　平成19年版』ぎょうせい　2007.6
　◇前期高齢者と後期高齢者の要介護等認定の状況　［表1-2-34　p40］
『首都圏白書　平成25年版』勝美印刷　2013.7
　◇H22年からH52年までの前期・後期高齢者増減数と伸び率の比較　［図表1-
　　5-1　p29］
『男女共同参画の現状と施策　平成9年版』大蔵省印刷局　1997.7
　◇前期・後期高齢者人口の将来推計　［図2-4-2　p64］

全国老人保健施設協会

『介護白書　平成16年版』ぎょうせい　2004.7
　◇社団法人全国老人保健施設協会正会員加入状況（平成16年3月）　［p134］
『介護白書　平成19年版』TAC出版　2007.10
　◇社団法人全国老人保健施設協会正会員加入状況　［3　p136］
『介護白書　平成22年版』オフィスTM　2010.10
　◇社団法人全国老人保健施設協会正会員の加入動向　［p124］
　◇全老健　全国大会の参加者数と発表演題数　［p126］

175

せんさい　　　　　　　　　　　統計図表レファレンス事典　高齢化社会

　　◇全老健の主な研修会の受講者数　［p126］
　　◇社団法人全国老人保健施設協会正会員加入状況　［p127］
　『介護白書　平成25年版』オフィスTM　2013.10
　　◇全老健会員施設に従事する介護職員数　［表1-1-5　p038］
　　◇全国老人保健施設協会正会員の加入動向　［p106］
　　◇全国老人保健施設協会全国大会の参加者数と発表演題数　［p108］
　　◇全老健の主な研修会の受講者数　［p108］
　　◇公益社団法人全国老人保健施設協会　正・準会員加入状況　［p109］

潜在的労働力率

　『女性労働の分析　2011年』21世紀職業財団　2012.8
　　◇年齢階級別就業率及び潜在的労働力率　［図表2-2-4　p46］
　『男女共同参画白書　平成19年版』日経印刷　2007.6
　　◇日本における女性の年齢階級別潜在的労働力率　［第1-特-13図　p19］

全老健　⇒全国老人保健施設協会　を見よ

【そ】

総合設立基金

　『企業年金白書　平成9年版』ライフデザイン研究所　1997.3
　　◇総合設立基金の加入期間による年金受給資格　［1-2-12図　p33］
　　◇総合設立基金の一時金受給資格　［1-2-13図　p33］

葬式

　『消費者白書　平成25年版』勝美印刷　2013.7
　　◇「葬式」に関する高齢者からの消費生活相談は増加傾向　［図表2-2-28　p57］

造船技能者

　『国土交通白書　2007』ぎょうせい　2007.5
　　◇造船技能者の年齢構成　［図表II-5-4-9　p167］

相談

　『図説　高齢者白書　2004年度版』全国社会福祉協議会　2004.12
　　◇2003年度問い合わせ・相談件数　［11-12　p132］

相談相手

　『国民生活白書　平成19年版』時事画報社　2007.7

176

統計図表レファレンス事典　高齢化社会　　　　　　　　　　　　　　**たいけい**

　　◇単身高齢者は家族以外の相談相手が多い　［第2-2-23図　p118］
　　◇単身高齢者は家族以外の相談相手が多い　［第2-2-23図　p233］

卒業者数（旧青学）

　『日本統計年鑑　平成27年』総務省統計局　2014.11
　　◇年齢階級,教育程度別15歳以上人口（昭和55年〜平成22年）　［表2-13　p58］

卒業者数（高校・旧中）

　『日本統計年鑑　平成27年』総務省統計局　2014.11
　　◇年齢階級,教育程度別15歳以上人口（昭和55年〜平成22年）　［表2-13　p58］

卒業者数（小学校・中学校）

　『日本統計年鑑　平成27年』総務省統計局　2014.11
　　◇年齢階級,教育程度別15歳以上人口（昭和55年〜平成22年）　［表2-13　p58］

卒業者数（大学・大学院）

　『日本統計年鑑　平成27年』総務省統計局　2014.11
　　◇年齢階級,教育程度別15歳以上人口（昭和55年〜平成22年）　［表2-13　p58］

卒業者数（短大・高専）

　『日本統計年鑑　平成27年』総務省統計局　2014.11
　　◇年齢階級,教育程度別15歳以上人口（昭和55年〜平成22年）　［表2-13　p58］

【た】

体位

　『国民栄養の現状　平成9年版』第一出版　1997.10
　　◇体位の平均値及び標準偏差（性・年齢階級別）　［第25表　p109］

大学教員

　『我が国の文教施策　平成9年度』大蔵省印刷局　1997.12
　　◇大学教員の年齢構成の推移　［図I-2-2　p27］

体型

　『国民栄養の現状　平成9年版』第一出版　1997.10
　　◇体型に対する自己評価（年齢階級別）　［第73表　p138］

体重

『国民栄養の現状　平成9年版』第一出版　1997.10
　　◇体重の平均値（男、年齢階級別）　［第80表の1　p148］
　　◇体重の平均値（女、年齢階級別）　［第80表の2　p149］

『日本統計年鑑　平成27年』総務省統計局　2014.11
　　◇高齢者の体格・体力（平成24年）　［表21-4　p677］

退職金

『企業年金白書　平成9年版』ライフデザイン研究所　1997.3
　　◇転職による退職金の低下率（製造業1,000人以上、男子）　［3-2-7図　p70］
　　◇退職金制度の形態（全産業・企業規模別）　［4-1表　p97］
　　◇退職金制度の形態別にみた標準者退職金（全産業、男子、会社都合）　［4-2
　　　表　p97］
　　◇モデル総合退職金　［4-3表　p98〜101］
　　◇退職金算定基礎給の類型（会社都合退職）　［4-4表　p102］
　　◇所定内賃金に占める退職一時金算定基礎給の比率（全産業）　［4-5表　p102］
　　◇賃上げ額と退職金算定基礎額との関係（全産業）　［4-6表　p102］
　　◇退職金の勤続年数格差の推移（全産業規模計）　［4-7表　p103］
　　◇会社都合退職金に対する自己都合退職金の格差（全産業規模計）　［4-8表
　　　p103］

『公益法人白書　平成19年版』セブンプランニング　2007.8
　　◇仮に常勤役員が勤続2年又は4年で退職した場合に支給される平均退職金額
　　　規模別割合　［図3-4-2　p82］

『国民春闘白書　2010年』学習の友社　2009.11
　　◇正社員及び職務タイプ、退職金、賞与、諸手当の有無別事業所の割合　［3
　　　p55］

『生活と貯蓄 関連統計　平成9年度版』貯蓄広報中央委員会　1997.4
　　◇退職金の受取額　［（表）　p43］

『特例民法法人白書　平成22年度』全国公益法人協会　2010.9
　　◇仮に常勤役員が勤続4年で退職した場合に支給される平均退職金額規模別割
　　　合　［図3-3-2　p56］

『特例民法法人白書　平成24年度』全国公益法人協会　2012.12
　　◇仮に常勤役員が勤続4年で退職した場合に支給される平均退職金額規模別割
　　　合　［図3-3-2　p57］

『労働白書　平成9年版』日本労働研究機構　1997.6
　　◇企業規模別退職金制度見直しのきっかけ（複数回答）　［第2-(2)-16図　p258］
　　◇企業規模別退職一時金制度見直しの内容（複数回答）　［第2-(2)-17図　p259］
　　◇企業規模別退職一時金算定基礎の種類別動向　［第2-(2)-18図　p260］
　　◇産業別退職金制度の有無及び支給条件―(1)産業、退職金制度の有無別企業

統計図表レファレンス事典　高齢化社会　　　　　　　　　　　　　　　　たいしよ

数の割合　〔第72表　p377〕
◇産業別退職金制度の有無及び支給条件—(2)産業、労働者の退職事由別退職
金支給に必要な最低勤続年数（1社当たり平均年数）　〔第72表　p377〕

退職者拠出金

『図説 高齢者白書　2004年度版』全国社会福祉協議会　2004.12
◇退職者拠出金と適用状況　〔10-9　p123〕

退職準備基金

『世界の厚生労働　2013』正陽文庫　2013.4
◇従業員退職準備基金・従業員年金スキームの保険料率〔インド〕　〔表 特
1-19　p41〕

退職年金

⇒年金 をも見よ

『企業年金白書　平成9年版』ライフデザイン研究所　1997.3
◇統合後の旧JR、JT共済組合の財源構造（金額は平成9年度）　〔2-1-2図　p59〕
『日本経済統計集　1989〜2007』日外アソシエーツ　2009.6
◇国家公務員等共済組合 各省各庁組合（平成元年度〜15年度）　〔図表12-15
p403〜409〕
◇国家公務員等共済組合 各省各庁組合（平成16年度〜18年度）　〔図表12-15
p410〜416〕
◇国家公務員等共済組合 適用法人組合（平成元年度〜8年度）　〔図表12-16
p417〜423〕
◇地方公務員等共済組合（平成元年度〜15年度）　〔図表12-17　p424〜430〕
◇地方公務員等共済組合（平成16年度〜18年度）　〔図表12-17　p431〜437〕
◇私立学校教職員共済組合（平成元年度〜16年度）　〔図表12-18　p438〜444〕
◇私立学校教職員共済（平成17年度,18年度）　〔表12-18　p438〜444〕
◇農林漁業団体職員共済組合（平成元年度〜13年度）　〔図表12-20　p451〜
454〕
『日本統計年鑑　平成27年』総務省統計局　2014.11
◇国家公務員及び地方公務員等共済組合（平成7〜24年度）　〔表20-19　p650
〜651〕
◇私立学校教職員共済（平成7〜24年度）　〔表20-20　p652〕

退職年齢

『公務員白書　平成9年版』大蔵省印刷局　1997.6
◇幹部職員の退職状況等—(1)主要省庁における事務次官・局長の平均退職年
齢　〔資料（表）4-2　p316〕
『世界経済の潮流　2004年春』国立印刷局　2004.5
◇アメリカ：労働力/退職年齢人口比率見通し　〔第2-2-12図　p66〕

179

たいしよ　　　　　　　　　　　　　　　　統計図表レファレンス事典　高齢化社会

『労働白書　平成9年版』日本労働研究機構　1997.6
　　◇高年齢者の考える望ましい退職年齢（男子）　［第2-（1）-13図　p230］

退職報償金

『消防白書　平成9年版』大蔵省印刷局　1997.12
　　◇退職報償金支給額　［第1-13表　p169］

『消防白書　平成21年版』日経印刷　2009.11
　　◇退職報償金支給額　［第2-2-13表　p137］

『消防白書　平成24年版』勝美印刷　2012.12
　　◇退職報償金支給額　［第2-3-12表　p173］

体力

『青少年白書　平成8年度版』大蔵省印刷局　1997.1
　　◇年齢別体力診断テストの結果　［第2-2-5表　p89］

『日本統計年鑑　平成27年』総務省統計局　2014.11
　　◇年齢別体力・運動能力（平成24年）　［表21-3　p677］
　　◇高齢者の体格・体力（平成24年）　［表21-4　p677］

団塊世代

『観光白書　平成19年版』コミュニカ　2007.7
　　◇団塊世代の退職後の年間旅行増加回数　［表I-2-1-6　p11］

『九州経済白書　2007年度版』九州経済調査協会　2007.2
　　◇団塊世代が65歳以降暮らしたい地域（全国）　［図表2-23　p93］
　　◇団塊世代の退職に伴う技術・技能継承に対する認識　［図表4-23　p129］
　　◇団塊世代が全従業者に占める割合　［図表5-12　p138］

『高齢社会白書　平成19年版』ぎょうせい　2007.6
　　◇「団塊の世代」が高齢期に達する時期に推計される高齢者の増加数　［図1-1-16　p17］
　　◇「団塊の世代」の居住状況　［表1-1-18　p18］
　　◇「団塊の世代」のサラリーマン化　［表1-1-19　p18］

『高齢社会白書　平成25年版』印刷通販　2013.7
　　◇団塊の世代の世帯の主な収入源　［図1-3-1-2　p54］
　　◇団塊の世代の世帯収入　［図1-3-1-3　p54］
　　◇団塊の世代の貯蓄額　［図1-3-1-4　p55］
　　◇団塊の世代の貯蓄の目的の変化　［図1-3-1-5　p55］
　　◇団塊の世代の就業形態の変化　［図1-3-2-1　p56］
　　◇団塊の世代の就労目的の変化（複数回答）　［図1-3-2-2　p57］
　　◇団塊の世代の就労希望年齢　［図1-3-2-3　p57］
　　◇団塊の世代の社会活動の参加状況（複数回答）　［図1-3-3-1　p58］

統計図表レファレンス事典　高齢化社会　　　　　　　　　　　　　　　　　　　　**たんしか**

◇団塊の世代の社会活動の不参加理由（複数回答）　［図1-3-3-2　p59］
◇団塊の世代の社会活動の不参加理由（現在の就業状況別/複数回答）　［図1-3-3-3　p60］
◇団塊の世代の今後参加したい社会活動（複数回答）　［図1-3-3-4　p61］
◇団塊の世代の社会活動参加のきっかけ　［図1-3-3-5　p62］
◇団塊の世代の社会活動参加のきっかけ（現在、社会活動に参加していない人が参加のきっかけになると思うこと）　［図1-3-3-6　p62］
◇団塊の世代の健康状態　［図1-3-4-1　p63］
◇団塊の世代の要介護時に希望する生活場所　［図1-3-4-2　p63］
◇団塊の世代の要介護時に希望する介護者　［図1-3-4-3　p64］
◇団塊の世代の住居形態　［図1-3-5-1　p65］

『国土交通白書　2007』ぎょうせい　2007.5
◇「団塊の世代」の居住地域の状況　［図表I-2-4-4　p53］
◇団塊の世代アンケート「60歳を過ぎてからの人生でやってみたいこと」（複数回答）　［図表I-2-6-2　p59］

『国民生活白書　平成19年版』時事画報社　2007.7
◇団塊の世代の3分の2は自分の技能を後継者に伝えるべきと考えている　［第3-3-20図　p181］
◇団塊世代の技能継承には「ベテラン技術者の定年延長・継続雇用」、「マンツーマン指導の充実」により対応　［第3-4-6図　p197］

『食料・農業・農村白書　平成19年版』農林統計協会　2007.10
◇団塊世代の大量の退職による影響にかかる市町村の認識　［図III-39　p172］

『東京の中小企業の現状　平成18年度』東京都産業労働局　2007.3
◇団塊世代の退職による技術・技能継承の影響　［図表II-2-23　p103］
◇団塊世代退職による技術・技能継承の解決策　［図表II-2-24　p104］

『ライフデザイン白書　2004-2005』第一生命経済研究所　2003.10
◇団塊世代の生涯学習取り組み状況（性・年代別）〈複数回答〉［図表23　p35］

『労働経済白書　平成25年版』新高速印刷　2013.9
◇コーホートでみた団塊世代の特徴（産業別）　［第1-(1)-17表　p22］
◇コーホートでみた団塊世代の特徴（職業別）　［第1-(1)-18表　p23］

短期入所生活介護　⇒ショートステイ　を見よ

短時間労働者

『女性白書　2013』ほるぷ出版　2013.8
◇短時間労働者の性、年齢階級別1時間当たり所定内給与額　［図表付-77　p244］

『ものづくり白書　2010年版』経済産業調査会　2010.6
◇短時間労働者の勤続年数構成及び一般労働者に対する賃金比率の推移（年齢構成の相違調整済み）　［図313-15　p181］

181

たんしん　　　　　　　　　　統計図表レファレンス事典　高齢化社会

『連合白書　2013』コンポーズ・ユニ　2013.1
　◇短時間労働者の厚生年金加入状況　［図2　p44］

単身世帯

『厚生労働白書　平成25年版』日経印刷　2013.9
　◇単身世帯と三世代同居の推移　［図表2-3-7　p93］

『高齢社会白書　平成25年版』印刷通販　2013.7
　◇単身居住者で死亡から相当期間経過後に発見された件数　［図1-2-6-18　p45］

『首都圏白書　平成16年版』国立印刷局　2004.6
　◇首都圏単独世帯増加率の男女・年齢階級別寄与度（平成7年〜平成12年）
　　　［図表2-1-4　p57］

『食料・農業・農村白書　平成25年版』日経印刷　2013.7
　◇男女別・年齢階層別単身世帯数の変化　［図2-3-14　p97］

『中国地域経済白書　2013』中国地方総合研究センター　2013.9
　◇単独世帯の世帯主の年齢階級別構成比（2010年）　［図2.2.7　p27］

単身世帯（高齢者）

『介護白書　平成19年版』TAC出版　2007.10
　◇一人暮らしになった年齢　［表1-3-1　p69］

『介護白書　平成25年版』オフィスTM　2013.10
　◇男女別にみた「単身高齢者」と「未婚高齢者」数の将来推計　［表1　p019］
　◇世帯主が65歳以上の単独世帯及び夫婦のみ世帯数の推計　［図1-1-2　p024］

『過疎対策の現況　平成8年度版』丸井工文社　1997.8
　◇1人暮らしの高齢者世帯及び高齢者夫婦世帯数（平成7年）　［第2-16表　p47］

『警察白書　平成25年版』日経印刷　2013.7
　◇一人暮らしの高齢者の動向（平成2〜22年）　［図II-14　p23］

『厚生労働白書　平成19年版』ぎょうせい　2007.9
　◇高齢者の一人暮らし世帯の増加　［図表2-1-10　p34］

『高齢社会白書　平成16年度』ぎょうせい　2004.6
　◇一人暮らしの高齢者の動向　［図1-2-3　p16］

『高齢社会白書　平成19年版』ぎょうせい　2007.6
　◇一人暮らしの高齢者の動向　［図1-2-8　p25］
　◇一人暮らし高齢者の緊急時の連絡先　［図1-2-10　p26］

『高齢社会白書　平成22年版』佐伯印刷　2010.7
　◇一人暮らしの高齢者の動向　［図1-2-1-10　p17］

『高齢社会白書　平成25年版』印刷通販　2013.7
　◇一人暮らし高齢者の動向　［図1-2-1-3　p15］
　◇東京23区内で自宅で死亡した65歳以上一人暮らしの者　［図1-2-6-17　p45］

統計図表レファレンス事典　高齢化社会　　　　　　　　　　　　**たんしん**

『国民生活白書　平成19年版』時事画報社　2007.7
　　◇単身高齢者は家族以外の相談相手が多い　［第2-2-23図　p118］
　　◇単身高齢者は家族以外の相談相手が多い　［第2-2-23図　p233］

『住宅白書　2007-2008』ドメス出版　2007.9
　　◇神戸市の地域見守り（一人暮らし高齢者を対象、2005年3月末）　［表II-1　p168］

『首都圏白書　平成9年版』大蔵省印刷局　1997.6
　　◇世帯数に占める65歳以上単身世帯の割合　［図2-2-13　p38］
　　◇65歳以上人口に占める65歳以上単身世帯の割合　［図2-2-14　p39］
　　◇65歳以上単身世帯の推移（対全国シェア）　［図2-2-15　p40］
　　◇世帯総数に占める夫婦のみ世帯及び高齢者単身世帯の割合　［図6-7-4　p250］

『首都圏白書　平成16年版』国立印刷局　2004.6
　　◇65歳以上単身世帯の状況　［1-3　p144］

『首都圏白書　平成19年版』国立印刷局　2007.6
　　◇高齢者のいる世帯に占める1人暮らし高齢者又は高齢夫婦世帯の割合　［図表2-1-5　p27］
　　◇首都圏における65歳以上単身世帯の状況　［1-3　p84］

『首都圏白書　平成22年版』佐伯印刷　2010.7
　　◇首都圏における65歳以上単身世帯の状況　［1-3　p116］

『首都圏白書　平成25年版』勝美印刷　2013.7
　　◇東京特別区における高齢単身世帯数、子供がいる家族世帯数が一般世帯数に占める割合（左）、公営借家数、民間借家数、狭隘道路に接する住宅総数に占める割合（右）　［図表1-1-10　p8］
　　◇首都圏における65歳以上単身世帯の状況　［1-3　p104］

『消費者白書　平成25年版』勝美印刷　2013.7
　　◇高齢者、特に単身者は一人で過ごす時間が長い　［図表2-1-5　p27］
　　◇高齢単身世帯は、テレビや休養等の時間が長い　［図表2-1-6　p28］
　　◇男性の高齢単身者は困ったときに頼れる人がいない割合が大きい　［図表2-1-7　p29］

『情報通信白書　平成22年版』ぎょうせい　2010.7
　　◇一人暮らし高齢者の動向　［図表1-3-3-2　p80］

『女性白書　2004』ほるぷ出版　2004.8
　　◇性・年齢階級別にみた65歳以上のひとり暮らしの者の数　［図表付-24　p200］

『女性白書　2007』ほるぷ出版　2007.8
　　◇性・年齢階級別にみた高齢者の単独世帯の構成割合　［図表付-24　p232］

『女性白書　2010』ほるぷ出版　2010.8
　　◇65歳以上、男女単独世帯と夫婦のみの世帯の所得階級別構成割合（2008年）　［図表4　p93］
　　◇高齢単身世帯（55〜74歳）における低所得層の割合（年間収入）　［図表4　p97］

183

たんたい　　　　　　　　　　　　　　　　　　　統計図表レファレンス事典　高齢化社会

　　　◇性、年齢階級別高齢単独世帯の構成割合の推移　［図表付-22　p240］
　　『女性白書　2013』ほるぷ出版　2013.8
　　　◇性・年齢階級別高齢単独世帯の構成割合の推移　［図表付-22　p210］
　　『男女共同参画の現状と施策　平成9年版』大蔵省印刷局　1997.7
　　　◇世帯主の年齢階級別にみた60歳以上の女性の単独世帯数の構成割合　［図2-
　　　4-5　p67］
　　『男女共同参画白書　平成16年版』国立印刷局　2004.6
　　　◇高齢無職単身世帯の収支　［第1-序-57図　p47］
　　『男女共同参画白書　平成22年版』中和印刷　2010.6
　　　◇高齢単身世帯（55〜74歳）における低所得層の割合（年間収入）　［第1-4-1図
　　　p73］
　　『男女共同参画白書　平成25年版』新高速印刷　2013.6
　　　◇65歳以上人口に占める単独世帯数の将来推計（男女別）　［第1-4-2図　p91］
　　　◇高齢無職単身世帯（65歳以上）の1か月平均家計収支の構成（男女別）　［第1-
　　　4-5図　p94］
　　『婦人白書　1997』ほるぷ出版　1997.8
　　　◇性・年齢階級別にみた65歳以上の単独世帯数　［図表付-26　p230］
　　　◇年齢階級別にみた有業・無業別単独世帯の公的年金・恩給の受給状況　［図
　　　表付-42　p236］
　　『防災白書　平成19年版』セルコ　2007.7
　　　◇一人暮らしの高齢者数、高齢者全体に占める割合（男女別）の推移　［図表6
　　　p7］

団体養老保険

　　『保険年鑑　平成8年度』大蔵財務協会　1997.12
　　　◇生命保険契約状況調（団体養老保険）　［第3表の5　p525］

たんぱく質

　　『国民栄養の現状　平成9年版』第一出版　1997.10
　　　◇総たんぱく質の平均値、標準偏差（性・年齢階級別）　［表12　p68］
　　　◇総たんぱく質値の分布（性・年齢階級別）　［第44表　p119］

【ち】

地域

　　『九州経済白書　2007年度版』九州経済調査協会　2007.2
　　　◇団塊世代が65歳以降暮らしたい地域（全国）　［図表2-23　p93］

184

統計図表レファレンス事典　高齢化社会　　　　　　　　　　　　　　　　　　**ちいきほ**

『高齢社会白書　平成25年版』印刷通販　2013.7
　　◇地域における不便な点（複数回答）［図1-2-6-4　p37］
『国土交通白書　2010』日経印刷　2010.7
　　◇65歳以上になったときの地域や社会との関わり合いに対する考え方　［図表
　　82　p43］
　　◇65歳以上の人々が暮らしやすい地域とするために行政が実施する施策の有
　　効度　［図表85　p44］
『通信白書　平成9年版』大蔵省印刷局　1997.5
　　◇高齢者比率と地域情報化　［第1-4-75図　p168］

地域活性化

『食料・農業・農村白書　平成22年版』佐伯印刷　2010.6
　　◇農業者が高齢者に望む地域活性化のための活動（複数回答）　［図3-106　p193］

地域活動

『国民生活白書　平成19年版』時事画報社　2007.7
　　◇地域活動に参加して新しい友人や充実感を得る高齢者が多い　［第2-2-3図
　　p98］

地域ケア

『厚生白書　平成9年版』厚生問題研究会　1997.6
　　◇入院医療から社会復帰、さらには「地域ケア」へ　［図3-4-4　p97］

地域福祉権利擁護事業

『図説 高齢者白書　2004年度版』全国社会福祉協議会　2004.12
　　◇相談件数の推移　［11-9　p132］
　　◇新規契約件数の推移　［11-10　p132］
　　◇年度末時点の実利用者数（契約件数）　［11-11　p132］
　　◇世帯の経済状況別地域福祉権利擁護事業・成年後見制度の利用　［11-16
　　p134］
『図説 高齢者白書　2006年度版』全国社会福祉協議会　2007.3
　　◇相談件数の推移（地域福祉権利擁護事業）　［11-9　p145］
　　◇新規契約件数の推移（地域福祉権利擁護事業）　［11-10　p145］
　　◇年度末時点の実利用者数（契約件数）（地域福祉権利擁護事業）　［11-11　p145］

地域保健

『高齢社会白書　平成9年版』大蔵省印刷局　1997.6
　　◇地域保健の新たな体系　［図3-2-4　p129］

ちいきみ　　　　　　　　　　　　　　統計図表レファレンス事典　高齢化社会

地域密着型サービス事業所数

『日本統計年鑑　平成27年』総務省統計局　2014.11
◇居宅サービス及び地域密着型サービス事業所数（平成12〜24年）　［表20-35
p666］

知的障害者

⇒障害者 をも見よ

『障害者白書　平成19年版』佐伯印刷　2007.7
◇年齢階層別障害者数の推移（知的障害者・在宅）　［図表2-1-4　p184］

『障害者白書　平成22年版』日経印刷　2010.7
◇年齢階層別障害者数の推移（知的障害児・者・在宅）　［図表2-4　p254］

『障害者白書　平成25年版』印刷通販　2013.8
◇年齢階層別障害者数の推移（知的障害児・者・在宅）　［図表1-4　p4］

『発達障害白書　2005』日本文化科学社　2004.11
◇知的障害者入所更生施設利用者の高齢化・老化について　［第12図　p94］

痴呆　⇒認知症 を見よ

中小企業

『国民生活白書　平成9年版』大蔵省印刷局　1997.11
◇年齢が高いほど多い中小企業で働く女性　［第I-1-5図　p9］

『中小企業白書　平成9年版』大蔵省印刷局　1997.5
◇中小企業の産業別・年齢別の過不足感DI　［第1-2-11図　p74］

『中小企業白書　2004年版』ぎょうせい　2004.5
◇廃業前の資産状態と債務の整理状況（年齢別）　［第2-3-72図　p209］

『中小企業白書　2007年版』ぎょうせい　2007.6
◇中小店の経営意向（年齢階層別）　［第2-2-52図　p115］

『日本労働年鑑　1997年版』労働旬報社　1997.6
◇中小企業における高齢者活用事例の回答率　［図4　p口絵］

長期雇用

⇒終身雇用制度 をも見よ

『労働経済白書　平成19年版』国立印刷局　2007.8
◇性・年齢階級別長期雇用をよい制度と考える者の割合　［第3-（3）-5図　p224］
◇性・年齢階級別長期雇用をよい制度と考える者の割合　［付3-（3）-2表　p296］

長寿科学総合研究事業

『高齢社会白書　平成9年版』大蔵省印刷局　1997.6
◇長寿科学総合研究事業の概要　［表3-5-1　p209］

統計図表レファレンス事典　高齢化社会　　　　　　　　　　　　　　　　　　　**ちよちく**

朝食

『国民栄養の現状　平成9年版』第一出版　1997.10
　◇朝食の欠食率（性・年齢階級別）　［図34　p51］

貯蓄

『経済財政白書　平成22年版』日経印刷　2010.8
　◇高齢無職世帯の貯蓄残高と消費性向　［第2-2-12図　p202］

『警察白書　平成25年版』日経印刷　2013.7
　◇世帯主の年齢別貯蓄分布状況（平成15、24年）　［図II-15　p23］

『厚生白書　平成9年版』厚生問題研究会　1997.6
　◇世帯主の年齢階級別貯蓄・負債現在高（全世帯）　［図1-2-4　p167］

『高齢社会白書　平成9年版』大蔵省印刷局　1997.6
　◇貯蓄率の推移　［図4-2-1　p39］
　◇高齢者世帯の貯蓄の分布　［表5-3-1　p46］
　◇高齢者の貯蓄への態度　［表5-3-2　p47］

『高齢社会白書　平成16年度』ぎょうせい　2004.6
　◇世帯主の年齢が65歳以上の世帯の貯蓄の分布　［図1-2-20　p26］

『高齢社会白書　平成19年版』ぎょうせい　2007.6
　◇世帯主の年齢が65歳以上の世帯の貯蓄の分布　［図1-2-23　p34］
　◇貯蓄・負債現在高の差額階級別世帯分布　［図1-2-24　p34］

『高齢社会白書　平成22年版』佐伯印刷　2010.7
　◇世帯主の年齢階級別1世帯当たりの貯蓄・負債、年間収入、持家率　［図1-2-2-6　p22］
　◇貯蓄現在高階級別世帯分布　［図1-2-2-7　p22］
　◇貯蓄・負債現在高の差額階級別世帯分布　［図1-2-2-8　p23］

『高齢社会白書　平成25年版』印刷通販　2013.7
　◇世帯主の年齢階級別1世帯当たりの貯蓄・負債、年間収入、持家率　［図1-2-2-5　p18］
　◇貯蓄現在高階級別世帯分布　［図1-2-2-6　p19］
　◇貯蓄の目的　［図1-2-2-7　p19］
　◇団塊の世代の貯蓄額　［図1-3-1-4　p55］
　◇団塊の世代の貯蓄の目的の変化　［図1-3-1-5　p55］

『消費者白書　平成25年版』勝美印刷　2013.7
　◇世帯主が高齢者である場合、貯蓄が多く、収入は少ない　［図表2-1-2　p25］

『女性白書　2010』ほるぷ出版　2010.8
　◇貯蓄ゼロの高齢者世帯の出現率　［図表4　p109］

『図説 高齢者白書　2004年度版』全国社会福祉協議会　2004.12
　◇高齢者世帯の貯蓄額および負債額（平成15年）　［3-14　p58］

187

ちんきん　　　　　　　　　　　　　　　　統計図表レファレンス事典　高齢化社会

◇年齢階級別にみた資産・貯蓄の満足度　〔3-17　p59〕

『図説 高齢者白書　2006年度版』全国社会福祉協議会　2007.3
　　◇高齢者世帯の貯蓄額および負債額（平成17年）　〔3-14　p68〕
　　◇貯蓄現在高別の世帯分布（平成17年）　〔3-15　p68〕
　　◇年齢階級別にみた資産・貯蓄の満足度　〔3-18　p69〕

『生活と貯蓄 関連統計　平成9年度版』貯蓄広報中央委員会　1997.4
　　◇一世帯あたり世帯主年齢別貯蓄保有額の推移　〔（表）　p8〕
　　◇勤労者世帯の世帯主年齢別貯蓄残高、貯蓄年収比　〔（表）　p15〕

『通商白書（総論）　平成9年版』大蔵省印刷局　1997.5
　　◇世帯主年齢階級別の家計貯蓄率（勤労者世帯）（94年）　〔第4-3-11図　p308〕

賃金

　　⇒給与 をも見よ

『企業年金白書　平成9年版』ライフデザイン研究所　1997.3
　　◇賃上げ額と退職金算定基礎額との関係（全産業）　〔4-6表　p102〕

『国民春闘白書　2008年』学習の友社　2007.12
　　◇中高年層の賃上げを抑制　〔〔2〕　p50〕

『国民春闘白書　2010年』学習の友社　2009.11
　　◇雇用形態、性、年齢階級別賃金　〔1　p54〕

『女性白書　2007』ほるぷ出版　2007.8
　　◇女性労働者の産業、年齢階級別賃金　〔図表付-70　p256〕
　　◇パートタイム労働者の性、年齢階級別1時間当たり賃金　〔図表付-77　p260〕
　　◇性、年齢階級、雇用形態別賃金および雇用形態間賃金格差　〔図表付-79　p261〕

『女性労働の分析　2006年』21世紀職業財団　2007.7
　　◇年齢階級別賃金（所定内給与額）の推移　〔図表1-16　p17〕

『青少年白書　平成8年度版』大蔵省印刷局　1997.1
　　◇年齢階級別賃金（産業計、企業規模計、学歴計）　〔第2-4-16図　p140〕

『青少年白書　平成19年版』時事画報社　2007.7
　　◇年齢階級別賃金　〔第1-4-12図　p35〕

『世界の厚生労働　2007』TKC出版　2007.4
　　◇「高齢労働者の賃金保障」利用者数〔ドイツ〕　〔表1-51　p77〕

『日本統計年鑑　平成27年』総務省統計局　2014.11
　　◇年齢, 学歴別モデル所定内賃金及びモデル一時金（平成25年）　〔表16-15　p515〕

『婦人白書　1997』ほるぷ出版　1997.8
　　◇女性労働者の産業、年齢階級別賃金および平均年齢、勤続年数（企業規模計、
　　　学歴計）　〔図表付-79　p251〕
　　◇女性労働者の企業規模、年齢階級別賃金および企業規模格差（産業計、学歴
　　　計）　〔図表付-80　p251〕

統計図表レファレンス事典　高齢化社会　　　　　　　　　　　　　　　**ちんきん**

『連合白書　2007』コンポーズ・ユニ　2006.12
　　◇年齢別の年間総賃金　［p49］
　　◇企業規模、性、年齢階級別所定内賃金　［p50］
『労働経済白書　平成19年版』国立印刷局　2007.8
　　◇年齢階級別賃金決定方法についての過去3年間の納得度の変化　［第2-(2)-
　　　16図　p111］
　　◇年齢階級別賃金格差（製造業）　［第3-(2)-3図　p207］
『労働経済白書　平成22年版』日経印刷　2010.8
　　◇賃金カーブにおける年齢評価部分　［第3-(2)-11図　p173］
『労働白書　平成9年版』日本労働研究機構　1997.6
　　◇企業規模、年齢階級別製造業男子の賃金の推移（所定内給与）　［第27表　p460
　　　～461］
　　◇労働者の種類、学歴、年齢階級別製造業男子の賃金の推移（所定内給与）
　　　［第28表　p462～463］

賃金格差

『海外情勢白書（世界の厚生労働）　2004』TKC出版　2004.10
　　◇各国の賃金の年齢間格差（製造業、男性）　［付表4-5　p付21］
『女性白書　2007』ほるぷ出版　2007.8
　　◇性、年齢階級、雇用形態別賃金および雇用形態間賃金格差　［図表付-79　p261］
『世界の厚生労働　2007』TKC出版　2007.4
　　◇各国の賃金の年齢・性別間格差　［付表4-⑤　p付21］
『婦人白書　1997』ほるぷ出版　1997.8
　　◇女性労働者の企業規模、年齢階級別賃金および企業規模格差（産業計、学歴
　　　計）　［図表付-80　p251］
『労働経済白書　平成19年版』国立印刷局　2007.8
　　◇一般労働者の賃金格差（年齢階級別）　［第3-(2)-8図　p211］
『労働白書　平成9年版』日本労働研究機構　1997.6
　　◇企業規模別賃金の年齢階級間格差　［第2-(2)-14図　p256］

賃金比率

『ものづくり白書　2010年版』経済産業調査会　2010.6
　　◇短時間労働者の勤続年数構成及び一般労働者に対する賃金比率の推移（年齢
　　　構成の相違調整済み）　［図313-15　p181］

189

【つ】

通院

『介護白書　平成19年版』TAC出版　2007.10
　　◇通院の程度　［図1-3-9　p74］

『生活と貯蓄 関連統計　平成9年度版』貯蓄広報中央委員会　1997.4
　　◇年齢別入・通院状況　［（表）　p109］

通院者率

『図説 高齢者白書　2004年度版』全国社会福祉協議会　2004.12
　　◇高齢者の年齢階級別有配偶率、同居率、有訴者率、通院者率等の状況　［2-8　p47］

『図説 高齢者白書　2006年度版』全国社会福祉協議会　2007.3
　　◇高齢者の年齢別、有配偶者割合、死別者割合、同居率、有訴者率、通院者率等の状況　［2-7　p55］

通信販売

『消費者白書　平成25年版』勝美印刷　2013.7
　　◇高齢者の相談件数の変化には、「電話勧誘販売」、「通信販売」、「訪問販売」が寄与　［図表2-2-9　p40］

通信費

『情報通信白書　平成19年版』ぎょうせい　2007.7
　　◇世帯主年齢別の移動電話通信料への年間世帯支出の推移　［図表2-1-30　p195］

『図説 高齢者白書　2006年度版』全国社会福祉協議会　2007.3
　　◇単身世帯の年齢階級別1世帯あたり月平均消費支出通信費　［3-13　p67］

【て】

デイケア

『関西活性化白書　2004年版』関西社会経済研究所　2004.5
　　◇65歳以上人口1千人当たりのデイサービス・デイケア事業者数　［図3-131　p254］

『関西経済白書　2010年版』関西社会経済研究所　2010.9

統計図表レファレンス事典　高齢化社会　　　　　　　　　　　　ていねん

◇65歳以上人口1万人当たりのデイサービス・デイケア事業者数　〔図表　資1-
69　p265〕
『精神保健福祉白書　2010年版』中央法規出版　2009.12
◇病院区分精神科デイ・ケア等実施施設数　〔表11　p175〕
『精神保健福祉白書　2013年版』中央法規出版　2012.12
◇病院区分別精神科デイ・ケア等実施施設数　〔表11　p188〕
『男女共同参画の現状と施策　平成9年版』大蔵省印刷局　1997.7
◇新ゴールドプランの在宅サービスの整備目標―(3)デイサービス/デイ・ケ
ア　〔図6-1-1　p161〕

デイサービス

『関西活性化白書　2004年版』関西社会経済研究所　2004.5
◇65歳以上人口1千人当たりのデイサービス・デイケア事業者数　〔図3-131
p254〕
『関西経済白書　2010年版』関西社会経済研究所　2010.9
◇65歳以上人口1万人当たりのデイサービス・デイケア事業者数　〔図表　資1-
69　p265〕
『男女共同参画の現状と施策　平成9年版』大蔵省印刷局　1997.7
◇新ゴールドプランの在宅サービスの整備目標―(3)デイサービス/デイ・ケ
ア　〔図6-1-1　p161〕

低所得層

『女性白書　2010』ほるぷ出版　2010.8
◇高齢単身世帯(55〜74歳)における低所得層の割合(年間収入)　〔図表4　p97〕
『男女共同参画白書　平成22年版』中和印刷　2010.6
◇高齢単身世帯(55〜74歳)における低所得層の割合(年間収入)　〔第1-4-1図
p73〕

ディスカレッジドワーカー

『労働白書　平成9年版』日本労働研究機構　1997.6
◇高年齢者の非労働力人口に占めるディスカレッジドワーカーの比率の推移
(男子)　〔第2-(1)-22図　p240〕

定年

『大阪経済・労働白書　平成19年版』大阪能率協会　2007.9
◇定年間際の従業員からの継承が問題となっている技能(製造業)　〔図表I-3-
23　p74〕
◇定年間際の従業員からの継承が問題となっている能力(非製造業)　〔図表I-
3-24　p75〕
『看護白書　平成19年版』日本看護協会出版会　2007.11

191

ていねん 統計図表レファレンス事典　高齢化社会

　　◇定年退職予定者の希望する研修内容（複数回答）　［表1　p61］
　　◇定年退職看護職員の雇用時に求める経験や能力（複数回答）　［表3　p63］
　『公務員白書　平成25年版』日経印刷　2013.6
　　◇平成23年度定年退職者数　［表4-1　p131］
　『高齢社会白書　平成22年版』佐伯印刷　2010.7
　　◇定年到達予定者等の状況　［図1-2-4-6　p36］
　『高齢社会白書　平成25年版』印刷通販　2013.7
　　◇定年到達者の状況　［図1-2-4-2　p30］
　『国民春闘白書　2008年』学習の友社　2007.12
　　◇今後も正社員を「定年まで雇用する」企業　［［2］　p53］
　『国民春闘白書　2013年』学習の友社　2012.12
　　◇定年退職者のうち継続雇用された割合　［10　p10］
　『国民生活白書　平成19年版』時事画報社　2007.7
　　◇今後も正社員を「定年まで雇用する」企業は4分の3　［第3-2-2図　p152］
　『失業対策年鑑　平成7年度版』労務行政研究所　1997.3
　　◇定年年齢の推移　［第2-3表　p107］
　『図説 高齢者白書　2004年度版』全国社会福祉協議会　2004.12
　　◇定年年齢の引き上げに伴う課題　［5-5　p71］
　『世界の厚生労働　2007』TKC出版　2007.4
　　◇各国の定年に関する法制度　［表1-14　p11］
　『男女共同参画白書　平成25年版』新高速印刷　2013.6
　　◇定年前後（55〜69歳）の労働力率の長期的推移（男女別）　［第1-4-3図　p93］
　『日本民間放送年鑑　平成9年版』日本民間放送連盟　1997.12
　　◇民放の定年の推移　［表7　p123］
　『防衛白書　平成9年版』大蔵省印刷局　1997.8
　　◇自衛官の階級及び定年　［資料53（表）　p395］
　『防衛白書（日本の防衛）　平成16年版』国立印刷局　2004.7
　　◇定年退職した自衛官数　［p268］
　『防衛白書　平成22年版』防衛省　2010.9
　　◇自衛官の階級と定年年齢　［資料73　p447］
　『ライフデザイン白書　1998-99』ライフデザイン研究所　1997.12
　　◇規定上の定年年齢（就労者で「定年年齢が決められている」と答えた人）
　　　［図表10-7　p208］
　『労働経済白書　平成25年版』新高速印刷　2013.9
　　◇産業別定年制の定め方企業割合、65歳以上定年割合　［付1-（1）-10表　p227］
　『労働白書　平成9年版』日本労働研究機構　1997.6
　　◇定年経験の有無別、再雇用・勤務延長の状況別55歳当時の職種との変化状

192

統計図表レファレンス事典　高齢化社会　　　　　　　　　　**ていねん**

　　況（男子高年齢者）　［第2-(1)-18表　p236］
　　◇企業規模別定年退職予定者への援助　［第104表　p400］

定年制

　　⇒一律定年制，職種別定年制　をも見よ

　『経済財政白書　平成22年版』日経印刷　2010.8
　　◇定年制、継続雇用制度の実施状況　［第2-2-20図　p214］
　『公務員白書　平成9年版』大蔵省印刷局　1997.6
　　◇民間における定年制等の状況―(1)定年制の状況　［資料（表）4-1　p316］
　　◇民間における定年制等の状況―(2)定年後雇用制度の状況　［資料（表）4-1
　　　p316］
　『高齢社会白書　平成9年版』大蔵省印刷局　1997.6
　　◇定年年齢別企業割合の推移　［図3-1-2　p97］
　　◇60歳定年制及び65歳継続雇用制度の普及状況　［図3-1-3　p98］
　『図説　高齢者白書　2004年度版』全国社会福祉協議会　2004.12
　　◇定年年齢別企業割合の推移　［5-4　p71］
　　◇一律定年制における勤務延長制度、再雇用制度の有無　［5-6　p72］
　　◇一律定年制における勤務延長制度、再雇用制度の適用対象者の範囲　［5-9
　　　p74］
　　◇一律定年制における勤務延長制度、再雇用制度の適用基準の内容　［5-10
　　　p74］
　『図説　高齢者白書　2006年度版』全国社会福祉協議会　2007.3
　　◇定年年齢別企業割合の推移　［5-4　p81］
　　◇一律定年制における勤務延長制度、再雇用制度の有無　［5-5　p82］
　　◇一律定年制における勤務延長制度、再雇用制度の適用対象者の範囲　［5-6
　　　p83］
　『日本統計年鑑　平成27年』総務省統計局　2014.11
　　◇企業規模・産業, 定年制の有無及び決め方別企業数の割合（平成25年）　［表
　　　16-26　p529］
　　◇企業規模・産業, 定年年齢階級別企業数の割合（平成25年）　［表16-27　p529］
　『日本労働年鑑　1997年版』労働旬報社　1997.6
　　◇定年年齢別企業比率の推移　［図1　p口絵］
　『ライフデザイン白書　1998-99』ライフデザイン研究所　1997.12
　　◇定年制度の有無（就労者）　［図表10-6　p208］
　　◇定年制度の有無（就労者）　［図表10-8　p209］
　『労働経済白書　平成16年版』ぎょうせい　2004.9
　　◇定年退職者の再雇用・60歳を越えた定年制の導入状況　［付2-(1)-48表　p253］
　『労働経済白書　平成25年版』新高速印刷　2013.9

193

てきかく   統計図表レファレンス事典　高齢化社会

　　◇産業別定年制の定め方企業割合、65歳以上定年割合　［付1-(1)-10表　p227］
　『労働白書　平成9年版』日本労働研究機構　1997.6
　　◇企業規模別定年制導入企業割合の推移　［第2-(2)-1図　p242］
　　◇企業規模別一律定年制導入企業割合の推移　［第2-(2)-2図　p243］
　　◇企業規模別定年後制度賃金減額率別企業割合　［第2-(2)-19図　p261］
　　◇産業別定年制導入企業割合の推移　［第94表　p396］
　　◇企業規模、一律定年年齢別一律定年制導入状況　［第96表　p397］

適格退職年金

　　⇒退職年金　をも見よ
　『企業年金白書　平成9年版』ライフデザイン研究所　1997.3
　　◇適格年金契約件数と加入者数の推移　［1-1-1図　p17］
　　◇適格年金の加入者規模別契約件数　［1-1-2表　p17］
　　◇適格年金の新規契約件数と解約件数の推移　［1-1-3表　p18］
　　◇適格年金結合契約件数の推移　［1-1-4図　p19］
　　◇適格年金の支給開始年齢　［1-1-5図　p20］
　　◇適格年金の支給期間（従業員規模別）　［1-1-6表　p20］
　　◇適格年金制度への移行形態　［1-1-7図　p21］
　　◇適格年金新規契約の加入者1人当たりの掛金月額　［1-1-8図　p22］
　　◇適格年金受給者の平均金額の推移　［1-1-9図　p23］
　　◇適格年金新規契約の給付月額水準（平成7年度）　［1-1-10図　p23］
　　◇特例適格退職年金の契約件数（加入者規模別、平成7年度）　［1-1-11図　p24］
　　◇適格年金契約件数・加入者数・資産額等の推移　［5-1表　p104］
　　◇適格年金新規契約の給付月額の推移　［5-2表　p104］
　　◇適格年金新規契約の加入者1人当たりの掛金月額の推移　［5-3表　p105］
　　◇適格年金の支給期間（企業規模別）　［5-4表　p105］
　　◇適格年金の一時金選択制の有無—企業規模別（平成5年）　［5-7表　p106］
　　◇適格年金の一時金選択制の有無—年次推移（規模計）　［5-7表　p106］
　　◇適格年金のスライド制の有無および主なスライド要素の推移　［5-8表　p107］
　　◇適格年金の要件　［5-9表　p107］
　　◇適格年金への移行形態　［5-10図　p108］
　　◇適格年金の結合契約の要件　［5-11図　p109］
　　◇特例適格退職年金制度の要件　［5-12表　p109］
　　◇厚生年金基金制度と適格年金制度の比較　［6-12表　p116］
　『厚生労働白書　平成16年版』ぎょうせい　2004.6
　　◇適格退職年金の契約数・加入員数等の推移　［詳細データ4　p437］
　『連合白書　2010』コンポーズ・ユニ　2009.12
　　◇適格退職年金から他の企業年金等への移行状況　［p97］

統計図表レファレンス事典　高齢化社会　　　**てんしよ**

データベース構築等基盤設備整備事業

『介護白書　平成16年版』ぎょうせい　2004.7
　　◇高齢者のIT利用特性データベース構築等基盤設備整備事業に関する調査研
　　究　［図4-16　p250］

鉄道沿線

『首都圏白書　平成25年版』勝美印刷　2013.7
　　◇鉄道沿線の高齢者数の増減率（平成22年→平成52年）　［図表1-1-14　p11］

テレビ

『消費者白書　平成25年版』勝美印刷　2013.7
　　◇高齢単身世帯は、テレビや休養等の時間が長い　［図表2-1-6　p28］

『情報メディア白書　1997年版』電通総研　1997.1
　　◇性・年齢からみた時間帯別週平均個人視聴率（1995年/関東地区）　［図表I-
　　12-13　p76］

『日本民間放送年鑑　平成9年版』日本民間放送連盟　1997.12
　　◇男女年層別にみた1日のテレビ視聴時間量（週平均）　［付表　p702］

電子メール　⇒メール を見よ

転職

『介護白書　平成25年版』オフィスTM　2013.10
　　◇直前の介護の仕事を辞めた（他の介護事業所へ転職した）理由　［図1-1-7
　　p034］

『企業年金白書　平成9年版』ライフデザイン研究所　1997.3
　　◇転職に対する意識の変化と年代別の転職意識　［3-2-6図　p69］
　　◇転職による退職金の低下率（製造業1,000人以上、男子）　［3-2-7図　p70］

『高齢社会白書　平成22年版』佐伯印刷　2010.7
　　◇介護・看護を理由に離職・転職した人数　［図1-2-3-16　p32］
　　◇介護・看護を理由に離職・転職した人の年齢構成割合（18年10月～19年9月
　　に離職・転職した人）　［図1-2-3-17　p32］

『ライフデザイン白書　1998-99』ライフデザイン研究所　1997.12
　　◇転職・独立経験（性別、性・年齢別、職業別）　［図表2-18　p38］
　　◇転職・独立意向がある人（性・年齢別）　［図表2-19　p39］

『連合白書　2013』コンポーズ・ユニ　2013.1
　　◇介護・看護を理由に離職・転職した人数　［図1　p61］

『労働経済白書　平成25年版』新高速印刷　2013.9
　　◇一般労働者の年齢階級別転職入職率　［第3-（2）-7図　p162］

195

てんとう   統計図表レファレンス事典　高齢化社会

電動車いす

『介護白書　平成16年版』ぎょうせい　2004.7
◇電動車いすの交通事故件数の推移　［図4-5　p240］

転倒事故

『介護白書　平成19年版』TAC出版　2007.10
◇自宅内での転倒事故　［図1-4-7　p81］
◇自宅内での転倒事故　［表1-4-2　p81］
◇転倒した場所（複数回答）　［図1-4-8　p82］
◇屋外における転倒事故（複数回答）　［図1-4-11　p85］

『高齢社会白書　平成16年度』ぎょうせい　2004.6
◇高齢者の転倒事故　［表1-2-63　p51］

『消費者白書　平成25年版』勝美印刷　2013.7
◇家庭内事故のきっかけで多いのは「転落」、「転倒」　［図表2-2-7　p38］

電話勧誘販売

『消費者白書　平成25年版』勝美印刷　2013.7
◇高齢者のトラブルは「電話勧誘販売」の増加が目立つ　［図表2-2-8　p39］
◇高齢者の相談件数の変化には、「電話勧誘販売」、「通信販売」、「訪問販売」
が寄与　［図表2-2-9　p40］
◇高齢者の「電話勧誘販売」に関する相談では「まだ契約・申込していない」
段階での相談が占める割合が大きい　［図表2-2-12　p42］
◇高齢者のトラブルでは、「電話勧誘販売」で相談時に「まだ契約・申込して
いない」割合が2010年度から2011年度にかけて急増　［図表2-2-13　p42］

【と】

同居

⇒近居, 三世代同居, 二世帯住宅, 別居 をも見よ

『介護白書　平成19年版』TAC出版　2007.10
◇65歳以上の要介護者等と同居している主な介護者の年齢　［図1-2-5　p68］
◇子供との同・別居　［図1-4-15　p90］
◇子供との同・別居　［表1-4-4　p91］

『高齢社会白書　平成9年版』大蔵省印刷局　1997.6
◇家族との同居の状況　［表9-1-1　p79］

『高齢社会白書　平成16年度』ぎょうせい　2004.6
◇同居している主な介護者の介護時間（要介護者等の要介護度別）　［図1-2-46

196

統計図表レファレンス事典　高齢化社会　　　　　　　　　　　　　　　とうきよ

　　p41〕
　『高齢社会白書　平成19年版』ぎょうせい　2007.6
　　　◇高齢者の子どもとの同居の意識　〔図1-2-4　p22〕
　　　◇65歳以上の要介護者等と同居している主な介護者の年齢階級別構成割合
　　　　〔図1-2-39　p42〕
　　　◇同居している主な介護者の介護時間（要介護者等の要介護度別）　〔図1-2-40
　　　　p43〕
　『高齢社会白書　平成22年版』佐伯印刷　2010.7
　　　◇同居形態別にみた心配ごとや悩みごと　〔図1-2-1-11　p18〕
　　　◇同居している主な介護者の介護時間（要介護者等の要介護度別）　〔図1-2-3-
　　　　18　p33〕
　『高齢社会白書　平成25年版』印刷通販　2013.7
　　　◇同居している主な介護者の介護時間（要介護者等の要介護度別）　〔図1-2-3-
　　　　15　p28〕
　『国土交通白書　2013』日経印刷　2013.7
　　　◇20代の配偶関係・親との同居状況　〔図表80　p33〕
　　　◇30〜34歳の配偶関係・親との同居状況　〔図表81　p33〕
　　　◇35〜39歳の配偶関係・親との同居状況　〔図表82　p33〕
　『国民生活白書　平成9年版』大蔵省印刷局　1997.11
　　　◇諸外国に比べて高い我が国の65歳以上高齢者の子供との同居率　〔第I-5-4図
　　　　p143〕
　『国民生活白書　平成19年版』時事画報社　2007.7
　　　◇親世代の子ども世代との同居に対する意識が変化している　〔第1-1-27図
　　　　p31〕
　　　◇子ども世代との同居を希望しない理由は親世代の独立志向の高まり　〔第1-
　　　　1-28図　p31〕
　　　◇介護者は同居家族が依然として多いものの、低下している　〔コラム　図1
　　　　p48〕
　　　◇同居家族との交流量関数の推定　〔付注1-1-1　p211〕
　『住宅白書　2007-2008』ドメス出版　2007.9
　　　◇調査・年齢階級別にみた親と同居する者の割合　〔図II-14　p153〕
　『女性労働白書　平成15年版』21世紀職業財団　2004.5
　　　◇地域別親と同居世帯割合と女性の有業率　〔第2-49図　p75〕
　　　◇同居の主な介護者の男女別年齢階級分布　〔第2-51図　p78〕
　『図説 高齢者白書　2004年度版』全国社会福祉協議会　2004.12
　　　◇高齢者の年齢階級別有配偶率、同居率、有訴者率、通院者率等の状況　〔2-
　　　　8　p47〕
　　　◇配偶者のありなし別にみた同別居の状態　〔2-12　p48〕
　　　◇子との同別居状況別にみた65歳以上の者の数と構成割合、平成13年　〔2-13

197

とうしし　　　　　　　　　　　　　　　　　統計図表レファレンス事典　高齢化社会

　　p48］
　　◇子との同別居状態別にみた高齢者（65歳以上）の割合　［2-16　p49］
　　◇家族との同居の状況　［2-18　p50］

『図説 高齢者白書　2006年度版』全国社会福祉協議会　2007.3
　　◇高齢者の年齢別、有配偶者割合、死別者割合、同居率、有訴者率、通院者率
　　　等の状況　［2-7　p55］
　　◇配偶者のありなし別にみた同別居の状態　［2-10　p57］
　　◇子との同別居状況別にみた65歳以上者の数と構成割合　［2-11　p57］
　　◇家族との同居の状況　［2-13　p58］
　　◇子どもとの同・別居　［6-4　p88］

『生活と貯蓄 関連統計　平成9年度版』貯蓄広報中央委員会　1997.4
　　◇高齢期に子どもとの同居を考えている者の場合　［（表）　p114］

『世界の厚生労働　2007』TKC出版　2007.4
　　◇同居家族の収入に応じた給付額の減額内容〔イギリス〕　［表1-30　p52］

『男女共同参画の現状と施策　平成9年版』大蔵省印刷局　1997.7
　　◇息子・娘夫婦別にみた子供夫婦と同居している65歳以上の高齢者の構成割
　　　合の年次比較　［図2-4-7　p68］

『日本子ども資料年鑑　2007』KTC中央出版　2007.2
　　◇夫婦の親との同居と別居（平成15年）　［II-2-3表　p64］

『婦人白書　1997』ほるぷ出版　1997.8
　　◇息子・娘夫婦別にみた子ども夫婦と同居している65歳以上の者の数の構成
　　　割合の年次推移　［図表付-30　p231］
　　◇配偶者の有無および家族形態別にみた65歳以上の者の数と子との同居率
　　　［図表付-31　p232］

『ライフデザイン白書　1998-99』ライフデザイン研究所　1997.12
　　◇住宅や居住環境に対する考え〈(4)親と同居する場合：二世帯住宅—お風呂
　　　や台所を共有した形〉［図表11-5　p222］
　　◇住宅や居住環境に対する考え〈(5)子供夫婦と同居する場合—お風呂や台所
　　　を共有した形〉［図表11-6　p223］

投資商品

『消費者白書　平成25年版』勝美印刷　2013.7
　　◇2012年度の高齢者の相談は「ファンド型投資商品」に関するものがトップ
　　　に　［図表2-2-17　p45］

糖尿病

『厚生労働白書　平成19年版』ぎょうせい　2007.9
　　◇都道府県別 人口10万人当たり生活習慣病（悪性新生物、心疾患、脳血管疾
　　　患、糖尿病）による受療率（入院）（70歳以上）（2005年）　［図表3-3-5　p74］
　　◇都道府県別 人口10万人当たり生活習慣病（悪性新生物、心疾患、脳血管疾

198

統計図表レファレンス事典　高齢化社会　　　　　　　　　　　　とくへつ

患、糖尿病）による受療率（外来）（70歳以上）（2005年）　［図表3-3-6　p74］
『国民健康・栄養の現状　平成19年』第一出版　2010.5
　　◇糖尿病の家族歴の有無（性・年齢階級別）　［第102表　p264］
　　◇糖尿病の家族の状況（性・年齢階級別）　［第103表　p265〜266］

読書

『情報メディア白書　1997年版』電通総研　1997.1
　　◇年代別1ヵ月の読書冊数と購入冊数　［図表I-1-25　p19］

特定商取引等事犯

『警察白書　平成25年版』日経印刷　2013.7
　　◇全国の消費生活センターに寄せられた特定商取引等事犯の可能性のある既
　　遂被害に関する相談のうち、契約当事者が高齢者であったものの割合の推
　　移（平成21年〜24年）　［図II-56　p49］

特定非営利活動法人　⇒NPO を見よ

特別掛金

『企業年金白書　平成9年版』ライフデザイン研究所　1997.3
　　◇時価評価移行に伴う評価損償却方法―特別掛金を設定して償却　［1-4-10図
　　p55］

特別養護老人ホーム

　　⇒老人ホーム をも見よ

『医療白書　1997年版』日本医療企画　1997.10
　　◇一般病院、特定機能病院、紹介外来型病院、介護力強化型病院、特例許可老
　　人病院、老人保健施設、特別養護老人ホームの比較　［表8-4　p251］

『介護白書　平成16年版』ぎょうせい　2004.7
　　◇特別養護老人ホーム申込者（在宅）の入所緊急性　［図2-1-7　p29］

『関西活性化白書　2004年版』関西社会経済研究所　2004.5
　　◇65歳以上人口1千人当たりの特別養護老人ホーム事業者数　［図3-129　p253］

『高齢社会白書　平成9年版』大蔵省印刷局　1997.6
　　◇特別養護老人ホーム等の高齢者　［表6-2-2　p54］

『国民春闘白書　2010年』学習の友社　2009.11
　　◇特別養護老人ホームの待機者数　［5　p81］

『図説 高齢者白書　2006年度版』全国社会福祉協議会　2007.3
　　◇特別養護老人ホーム入所者における利用者負担の変化　［12-13　p159］

『男女共同参画の現状と施策　平成9年版』大蔵省印刷局　1997.7
　　◇新ゴールドプランの施設サービスの整備目標―(1)特別養護老人ホーム
　　［図6-1-2　p163］

199

とくれい　　　　　　　　　　　統計図表レファレンス事典　高齢化社会

特例許可老人病院

『医療白書　1997年版』日本医療企画　1997.10
　　◇一般病院、特定機能病院、紹介外来型病院、介護力強化型病院、特例許可老
　　人病院、老人保健施設、特別養護老人ホームの比較　［表8-4　p251］

独居老人　⇒単身世帯（高齢者）を見よ

トラブル

『消費者白書　平成25年版』勝美印刷　2013.7
　　◇65歳未満のトラブルは「運輸・通信サービス」の件数が突出　［図表2-2-16
　　p45］
　　◇身近な高齢者のトラブル経験で本人が対応したのは3割　［図表2-3-2　p66］

トリグリセリド値

『国民栄養の現状　平成9年版』第一出版　1997.10
　　◇トリグリセリド値の分布（性・年齢階級別）　［第42表　p118］

【な】

悩み

　　⇒困りごと，心配ごと，不安 をも見よ

『企業年金白書　平成9年版』ライフデザイン研究所　1997.3
　　◇悩みや不安の内容の推移　［4-2-2図　p81］
　　◇悩みや不安の内容　［4-2-3表　p81］

『高齢社会白書　平成22年版』佐伯印刷　2010.7
　　◇同居形態別にみた心配ごとや悩みごと　［図1-2-1-11　p18］

『国民春闘白書　2008年』学習の友社　2007.12
　　◇「老後」「収入」で目立つ悩み・不安　［［5］　p39］

『自殺対策白書　平成25年版』勝美印刷　2013.7
　　◇年齢階級別の「悩みや不安」の推移（平成9年、14年、19年、24年）　［図20
　　p56］

【 に 】

二世帯住宅

⇒同居 をも見よ

『ライフデザイン白書　1998-99』ライフデザイン研究所　1997.12
◇住宅や居住環境に対する考え〈(4) 親と同居する場合：二世帯住宅―お風呂
や台所を共有した形〉［図表11-5　p222］

日常生活

⇒生活 をも見よ

『介護白書　平成19年版』TAC出版　2007.10
◇日常生活での心配ごと　［図1-3-2　p71］
◇日常生活での心配ごとの内容（複数回答）　［図1-3-3　p71］
◇日常生活への影響（複数回答）　［図1-4-10　p84］

『高齢社会白書　平成9年版』大蔵省印刷局　1997.6
◇日常生活に影響のある者の率　［表6-1-1　p52］
◇日常生活に影響のある者の率　［図6-1-2　p53］

『高齢社会白書　平成16年度』ぎょうせい　2004.6
◇65歳以上の高齢者の有訴者率及び日常生活に影響のある者の率　［図1-2-28
p31］
◇日常生活に影響のある者の率　［図1-2-29　p32］

『高齢社会白書　平成19年版』ぎょうせい　2007.6
◇日常生活における心配ごと及びその内容について　［図1-2-9　p25］
◇65歳以上の高齢者の有訴者率及び日常生活に影響のある者率（人口千対）
［図1-2-26　p36］
◇65歳以上の高齢者の日常生活に影響のある者率（人口千対）　［図1-2-27　p36］

『高齢社会白書　平成22年版』佐伯印刷　2010.7
◇65歳以上の高齢者の有訴者率及び日常生活に影響のある者率（人口千対）
［図1-2-3-1　p25］
◇65歳以上の高齢者の日常生活に影響のある者率（複数回答）（人口千対）
［図1-2-3-2　p25］
◇日常生活の満足度と健康状態　［図1-2-3-3　p25］

『高齢社会白書　平成25年版』印刷通販　2013.7
◇65歳以上の高齢者の有訴者率及び日常生活に影響のある者率（人口千対）
［図1-2-3-1　p20］
◇65歳以上の高齢者の日常生活に影響のある者率（複数回答）（人口千対）

にほんけ   統計図表レファレンス事典　高齢化社会

　　　［図1-2-3-2　p21］
　『食育白書　平成25年版』勝美印刷　2013.7
　　　◇65歳以上の高齢者の日常生活に影響のある者率（人口千対）　［図表52　p83］
　『図説　高齢者白書　2004年度版』全国社会福祉協議会　2004.12
　　　◇日常生活に影響ある者（人口千対）　［2-20　p51］
　『図説　高齢者白書　2006年度版』全国社会福祉協議会　2007.3
　　　◇年齢別にみた日常生活動作に支障・影響のあるもの　［2-20　p60］

日本経営者団体連盟

　『企業年金白書　平成9年版』ライフデザイン研究所　1997.3
　　　◇日経連の緊急提言の年金財政シミュレーション　［1-4-1表　p42］

入院

　　　⇒社会的入院　をも見よ
　『介護白書　平成16年版』ぎょうせい　2004.7
　　　◇入院及び入院外のリハビリテーション医療の実施状況（主な疾病別）　［表
　　　3-3-5　p189］
　『厚生労働白書　平成19年版』ぎょうせい　2007.9
　　　◇人口10万人当たり年齢階級別受療率（入院）（2005年）　［図表2-1-6　p31］
　　　◇都道府県別　人口10万人当たり生活習慣病（悪性新生物、心疾患、脳血管疾
　　　患、糖尿病）による受療率（入院）（70歳以上）（2005年）　［図表3-3-5　p74］
　　　◇都道府県別　人口10万人当たり生活習慣病（悪性新生物、心疾患、脳血管疾
　　　患、糖尿病）による受療率（外来）（70歳以上）（2005年）　［図表3-3-6　p74］
　『図説　高齢者白書　2004年度版』全国社会福祉協議会　2004.12
　　　◇性・年齢階級別受療率（人口10万人対）―入院、外来　［9-2　p112］
　『図説　高齢者白書　2006年度版』全国社会福祉協議会　2007.3
　　　◇性・年齢階級別受療率（人口10万対）―入院、外来―　［9-2　p122］
　『生活と貯蓄　関連統計　平成9年度版』貯蓄広報中央委員会　1997.4
　　　◇年齢別入・通院状況　［（表）　p109］

入職率

　『介護白書　平成25年版』オフィスTM　2013.10
　　　◇離職率・入職率の推移　［図1-1-6　p033］

入所受刑者

　『図表で見る医療保障　平成25年度版』ぎょうせい　2013.9
　　　◇年齢階級別医療費―平成22年度―（2）年齢階級別3要素（入院）　［23　p47］
　『犯罪白書　平成21年版』太平印刷社　2009.11
　　　◇高齢入所受刑者人員の推移　［3-4-2-2図　p121］

202

統計図表レファレンス事典　高齢化社会　　　　　**にんちし**

　　◇高齢入所受刑者の罪名別構成比（男女別）　［3-4-2-3図　p122］
　　◇年齢層別構成比（男女別・入所度数別）　［7-3-2-2-1図　p256］
　『犯罪白書　平成24年版』日経印刷　2012.12
　　◇高齢者の入所受刑者人員の推移（入所度数別）　［4-4-2-2図　p169］
　　◇高齢者の入所受刑者の罪名別構成比（男女別）　［4-4-2-3図　p169］

人間関係

　『国民生活白書　平成19年版』時事画報社　2007.7
　　◇つながりは高齢者に偏在し、若年者は孤立傾向　［第2-1-14図　p74］

認知症

　『医療白書　2013年度版』日本医療企画　2013.9
　　◇認知症に関する知識　［図2　p123］
　　◇認知症進行についてのイメージ　［図3　p124］
　　◇認知症の対応・治療へのイメージ　［図4　p124］
　　◇自分の親が認知症になった場合の生活への影響　［図5　p125］
　　◇親の変化に気づいてから専門家に相談するまでの期間　［図6　p126］
　　◇早期に専門家へ相談しなかった理由　［図7　p126］
　　◇認知症について必要な情報が入手できているか　［図9　p127］
　『介護白書　平成19年版』TAC出版　2007.10
　　◇介護老人保健施設における認知症専門棟の状況の年次推移　［表2-1-19　p110］
　『高齢社会白書　平成9年版』大蔵省印刷局　1997.6
　　◇寝たきり・痴呆性・虚弱高齢者の将来推計　［図6-2-4　p56］

認知症高齢者

　『介護白書　平成25年版』オフィスTM　2013.10
　　◇「認知症高齢者の日常生活自立度」II以上の高齢者数の推計（括弧内は65歳
　　　以上人口対比）　［図1-1-1　p024］
　　◇認知症高齢者の居場所別内訳（平成22年9月末現在）　［表1-1-2　p027］
　『厚生労働白書　平成19年版』ぎょうせい　2007.9
　　◇認知症高齢者数の現状と将来推計　［図表2-1-11　p34］
　『高齢社会白書　平成9年版』大蔵省印刷局　1997.6
　　◇痴呆性老人に関する施策一覧　［図3-2-12　p142］
　『高齢社会白書　平成16年度』ぎょうせい　2004.6
　　◇要介護者等のうち痴呆（ランクIII以上）のある者の割合　［表1-2-41　p38］
　『社会福祉の動向　2007』中央法規出版　2007.1
　　◇認知症高齢者数（要介護・要支援認定者）の将来推計　［表II-2-11　p126］
　『社会福祉の動向　2010』中央法規出版　2010.3
　　◇認知症高齢者数（要介護・要支援認定者）の将来推計　［表7-8　p233］

203

にんちし　　　　　　　　　　　　　　　　　統計図表レファレンス事典　高齢化社会

『社会福祉の動向　2013』中央法規出版　2013.1
　　◇認知症高齢者数（要介護・要支援認定者）の将来推計　［表7-9　p244］

『障害者白書　平成19年版』佐伯印刷　2007.7
　　◇認知症高齢者、障害のある人等の相談件数　［図表1-50　p97］
　　◇認知症高齢者、障害のある人等の相談内容（商品・役務別30位まで）（1996
　　　～2005年度）　［図表1-51　p98］

『障害者白書　平成22年版』日経印刷　2010.7
　　◇認知症高齢者、障害のある人等の相談件数（年度別・男女別）（1999～2008
　　　年度）　［図表1-34　p96］
　　◇認知症高齢者、障害のある人等の相談件数（商品・役務別　10位まで）（1999
　　　～2008年度）　［図表1-35　p96］

『障害者白書　平成25年版』印刷通販　2013.8
　　◇認知症高齢者、障害のある人等の相談件数（年度別・男女別）（2002～2011
　　　年度）　［図表2-23　p123］
　　◇認知症高齢者、障害のある人等の相談件数（商品・役務別10位まで）（2002
　　　～2008年度）　［図表2-24-1　p124］
　　◇認知症高齢者、障害のある人等の相談件数（商品・役務別10位まで）（2009
　　　～2011年度）　［図表2-24-2　p124］

『図説　高齢者白書　2004年度版』全国社会福祉協議会　2004.12
　　◇要介護（要支援）認定者（第1号被保険者）の痴呆性老人自立度・障害老人自
　　　立度に関する推計　［6-13　p84］
　　◇要介護（要支援）認定者（第1号被保険者）における痴呆性高齢者の将来推計
　　　［6-14　p84］
　　◇在宅介護支援センターの職員による痴呆性高齢者への在宅環境整備の取り
　　　組み　［6-15　p85］

認知症対応型共同生活介護事業所

『介護白書　平成19年版』TAC出版　2007.10
　　◇経営主体別にみた認知症対応型共同生活介護事業所における共同生活住居
　　　（ユニット）の状況　［表2-1-13　p104］

『介護白書　平成25年版』オフィスTM　2013.10
　　◇経営主体別認知症対応型共同生活介護事業所における共同生活住居（ユニッ
　　　ト）の状況　［表2-1-6　p077］

【ね】

寝たきり

『厚生白書　平成9年版』厚生問題研究会　1997.6

統計図表レファレンス事典　高齢化社会　　　　　　　　　　　**ねんきん**

　　◇寝たきり者の半数は寝たきり期間が3年以上　［図4-2-2　p111］
　　◇寝たきりからの脱出　［図4-2-7　p115］
　『高齢社会白書　平成9年版』大蔵省印刷局　1997.6
　　◇寝たきり・痴呆性・虚弱高齢者の将来推計　［図6-2-4　p56］
　　◇寝たきりの高齢者のいる世帯　［表6-3-2　p57］
　　◇生活自立・寝たきり度の変化　［図6-4-2　p59］
　　◇新寝たきり老人ゼロ作戦の概要　［図3-2-11　p140］
　『図説　高齢者白書　2004年度版』全国社会福祉協議会　2004.12
　　◇死亡前の時期別にみた寝たきり度の変化　［2-9　p47］
　『図説　高齢者白書　2006年度版』全国社会福祉協議会　2007.3
　　◇死亡前の時期別にみた寝たきり度の変化　［2-8　p56］
　『生活と貯蓄　関連統計　平成9年度版』貯蓄広報中央委員会　1997.4
　　◇寝たきり老人の介護者　［（図）　p107］
　　◇寝たきり老人数の見通し　［（表）　p109］
　『男女共同参画の現状と施策　平成9年版』大蔵省印刷局　1997.7
　　◇高齢の寝たきり者の主な介護者の続柄　［図2-4-11　p71］
　　◇高齢の寝たきり者の主な介護者（同居）の年齢階級別構成　［図2-4-12　p71］
　　◇寝たきり者の年齢階級別にみた主な介護者の性別　［図2-4-13　p71］

年金

　　⇒企業年金, 厚生年金, 公的年金, 国民年金, 退職年金, 老齢年金 をも
　　見よ
　『企業年金白書　平成9年版』ライフデザイン研究所　1997.3
　　◇総合設立基金の加入期間による年金受給資格　［1-2-12図　p33］
　　◇日経連の緊急提言の年金財政シミュレーション　［1-4-1表　p42］
　　◇規模別にみた適格年金掛金の従業員拠出制の有無　［5-5表　p105］
　　◇規模別にみた適格年金の退職事由、年齢および勤続年数による受給資格条
　　　件—会社都合　［5-6表　p106］
　　◇規模別にみた適格年金の退職事由、年齢および勤続年数による受給資格条
　　　件—自己都合　［5-6表　p106］
　　◇適格年金のスライド制の有無および主なスライド要素の推移　［5-8表　p107］
　　◇男女別にみた年金給付状況（平成6年度）　［6-5表　p112］
　『規制緩和白書　97年版』大蔵省印刷局　1997.9
　　◇保険・年金　［（表）3　p資373〜376］
　『経済財政白書　平成16年版』国立印刷局　2004.7
　　◇世代ごとの保険料負担と年金給付　［付表1-28　p268］
　『経済財政白書　平成25年版』日経印刷　2013.8
　　◇年金財政の見通しと実績の推移　［第1-3-7図　p124］

ねんきん　　　　　　　　　　　統計図表レファレンス事典　高齢化社会

『厚生白書　平成9年版』厚生問題研究会　1997.6
　◇主な制度改正のながれ　［詳細資料（図）1　p386］
　◇年金額の改善（月額）　［詳細データ（表）1　p388］
　◇年金総額の推移　［詳細データ（表）3　p388］
　◇年金額等の国際比較　［詳細資料（表）1　p393］
　◇年金積立金還元融資（平成9年度）　［詳細資料（図）1　p394］
　◇年金財源強化事業の仕組み　［詳細資料（図）2　p394］
　◇年金事務処理の構成要素　［詳細データ（表）1　p400］

『厚生労働白書　平成22年版』日経印刷　2010.8
　◇記録回復後の年金を受給できるまでの処理期間　［図表2-1-7　p28］
　◇記録訂正による年金額　［図表2-1-8　p29］
　◇年金給付遅延特別加算金の支給状況　［p30］
　◇年金分野についての国際比較　［p98］
　◇年金積立金の運用実績（2001（平成13）年度（自主運用開始）以降）　［図表2-8-11　p323］

『厚生労働白書　平成25年版』日経印刷　2013.9
　◇年金積立金の運用実績（2001年度以降（自主運用開始））　［図表5-1-1　p280］
　◇記録訂正による年金額（年額）の増額（累計）　［図表5-3-3　p291］

『公務員白書　平成9年版』大蔵省印刷局　1997.6
　◇年金たる補償等の支給に係る承認件数　［表8-1　p173］

『公務員白書　平成16年版』国立印刷局　2004.6
　◇年金たる補償等の支給に係る承認件数（平成15年度）　［表6　p206］

『公務員白書　平成19年版』佐伯印刷　2007.6
　◇年金たる補償等の支給に係る承認件数（平成18年度）　［表6　p140］

『公務員白書　平成22年版』日経印刷　2010.6
　◇年金たる補償等の支給に係る承認件数　［表6-2　p154］

『公務員白書　平成25年版』日経印刷　2013.6
　◇平成24年度における年金たる補償等の支給に係る承認件数　［表5-4　p145］

『高齢社会白書　平成9年版』大蔵省印刷局　1997.6
　◇雇用と連携のとれた年金制度（在職老齢年金の改善、雇用保険との調整）　［図3-1-17　p118］

『国民春闘白書　2008年』学習の友社　2007.12
　◇年金額が平均賃金の4割までダウン　［［5］　p77］
　◇生活保護の半分以下の年金・高い保険料　［［1］　p78］

『国民春闘白書　2010年』学習の友社　2009.11
　◇生存権保障に反する低年金　［1　p78］

『国民春闘白書　2013年』学習の友社　2012.12
　◇小泉年金「構造改革」闇の軌跡　［1　p80］

統計図表レファレンス事典　高齢化社会　　　　　　　　　　　　　　　　**ねんきん**

『社会保障年鑑　1997年版』東洋経済新報社　1997.7
　　◇年金積立金の累積状況　［第8表　p100］
　　◇年金積立金還元融資計画　［第10表　p101］
　　◇新制度公的年金受給権者1人当たり年金額　［表III-22　p233］
　　◇旧制度年金受給権者1人当たり年金額　［表III-24　p235］
　　◇年金額の推移　［第10表　p285］

『障害者白書　平成9年版』大蔵省印刷局　1997.12
　　◇年金及び手当額の推移　［表1-2-15　p175］

『障害者白書　平成16年版』国立印刷局　2004.6
　　◇年金及び手当額の推移　［図表1-25　p67］

『障害者白書　平成19年版』佐伯印刷　2007.7
　　◇年金、手当及び給付金の額の推移　［図表1-57　p108］

『障害者白書　平成22年版』日経印刷　2010.7
　　◇年金、手当及び給付金の額の推移　［図表1-41　p108］

『障害者白書　平成25年版』印刷通販　2013.8
　　◇年金、手当及び給付金の額の推移　［図表2-36　p145］

『女性白書　2013』ほるぷ出版　2013.8
　　◇年金収入の内訳　［図表5　p103］
　　◇年金〔金額〕　［図表2　p114］

『図説 高齢者白書　2004年度版』全国社会福祉協議会　2004.12
　　◇マクロ経済スライドによる年金額の調整—年金を受給しはじめたときの給
　　　付額の見込み　［4-4　p63］

『生活と貯蓄 関連統計　平成9年度版』貯蓄広報中央委員会　1997.4
　　◇年金給付水準の国際比較　［（表）　p92］

『世界経済の潮流　2010年I』日経印刷　2010.6
　　◇年金の受給開始年齢及び平均受給期間　［第2-4-7図　p275］

『世界の厚生労働　2007』TKC出版　2007.4
　　◇年金受給中の就労に対する各国の対応　［表1-8　p8］
　　◇各国の私的年金（企業年金及び個人年金）等加入促進措置　［表1-9　p9］

『日本統計年鑑　平成27年』総務省統計局　2014.11
　　◇社会保障給付費（対国民所得比）の部門別推移　［図20-1］
　　◇特別会計歳入歳出額（平成23〜26年度）　［表5-5　p150］
　　◇財政資金対民間収支（平成23〜25年度）　［表5-10　p158］
　　◇部門別社会保障給付費及び対国民所得比（昭和55年度〜平成23年度）　［表
　　　20-1　p635］
　　◇社会保障費用（平成23年度）　［表20-6　p638〜639］

『日本福祉年鑑　’97〜’98』講談社　1997.7
　　◇年金額一覧　［表4　p113］

ねんきん　　　統計図表レファレンス事典　高齢化社会

『婦人白書　1997』ほるぷ出版　1997.8
　◇年金「改定」の流れ　［図表1　p141］
　◇99年年金制度「改定」で予想される主な検討項目　［図表4　p144］
　◇年齢階級別にみた有業・無業別単独世帯の公的年金・恩給の受給状況　［図表付-42　p236］

『連合白書　2013』コンポーズ・ユニ　2013.1
　◇代行割れ基金数および積立不足額の推移　［図2　p71］

『労働白書　平成9年版』日本労働研究機構　1997.6
　◇各国の年金制度の概要　［第2-(3)-5表　p278］

年金（外国）

『海外情勢白書（世界の厚生労働）　2004』TKC出版　2004.10
　◇給付状況（2002）年（フィリピン）　［表2-84　p218］

『世界の厚生労働　2007』TKC出版　2007.4
　◇年金の繰上げ支給制度〔アメリカ〕　［図1-11　p36］
　◇年金の繰下げ支給制度〔アメリカ〕　［図1-12　p37］
　◇ドイツの年金保険者の再編　［図1-19　p63］
　◇60歳以上人口（12,773,284人）に占める年金（一般制度）受給者（10,617,981人）の割合〔フランス〕　［図1-25　p90］
　◇段階的引退制度利用時の部分年金支給割合〔フランス〕　［表1-72　p101］
　◇フィリピンの年金等給付状況（2005年）　［表2-128　p283］

『世界の厚生労働　2013』正陽文庫　2013.4
　◇従業員退職準備基金・従業員年金スキームの保険料率〔インド〕　［表 特1-19　p41］
　◇フィリピンの年金等給付状況（2010年）　［表5-4-10　p402］

年金運用

『企業年金白書　平成9年版』ライフデザイン研究所　1997.3
　◇信託銀行における年金信託財産の運用制限（平成9年1月現在）　［7-2表　p122］

『厚生白書　平成9年版』厚生問題研究会　1997.6
　◇年金資産の推移　［詳細データ（図）2　p390］

『社会保障年鑑　1997年版』東洋経済新報社　1997.7
　◇年金資金等の使途別分類　［第9表　p101］

『土地白書　平成19年版』国立印刷局　2007.7
　◇年金資金運用における不動産投資の重要視の態度　［図表1-1-72　p54］
　◇年金運用資産総額に占める不動産投資比率の可能性　［図表1-1-73　p54］

年金基金

『企業年金白書　平成9年版』ライフデザイン研究所　1997.3

統計図表レファレンス事典　高齢化社会　　　**ねんきん**

　　◇基金の生命保険会社・一般勘定の取り扱いについて　［1-4-3表　p44］
　　◇基金設立状況・加入員数・資産額等の推移　［6-1表　p110］
　　◇都道府県別にみた基金数（平成8年12月1日現在）　［6-2図　p110］
　　◇加入員規模別にみた基金数（平成6年度末）　［6-3表　p111］
　　◇企業の業態別にみた基金数（平成6年度末）　［6-4表　p111］
　　◇給付の型別にみた基金のプラスアルファ（平成6年度理論値）　［6-6表　p112］

年金受給者

　『医療白書　1997年版』日本医療企画　1997.10
　　◇年金受給者の医療給付費とその財源　［表4-8　p75］
　　◇年金受給者医療費の財政調整　［表4-9　p76］

　『社会保障年鑑　1997年版』東洋経済新報社　1997.7
　　◇新制度公的年金受給権者数　［表III-21　p232］
　　◇旧制度年金受給権者数　［表III-23　p234］

　『世界の厚生労働　2007』TKC出版　2007.4
　　◇年金受給者（20,937,549人）の各制度別人口分布（2005年7月1日現在）〔フランス〕　［図1-24　p90］

年金税制

　『企業年金白書　平成9年版』ライフデザイン研究所　1997.3
　　◇年金税制一覧　［（表）11　p134〜135］

年金制度

　『企業年金白書　平成9年版』ライフデザイン研究所　1997.3
　　◇主要先進国の年金制度　［（表）12　p136〜137］

　『経済財政白書　平成16年版』国立印刷局　2004.7
　　◇年金制度改革の主な前提　［第1-5-8図　p80］
　　◇現行年金制度を維持した場合と今回の改正の保険料（率）　［付図1-26　p266］

　『厚生白書　平成9年版』厚生問題研究会　1997.6
　　◇諸外国の年金制度の基本体系　［（表）　p392］

　『世界の厚生労働　2007』TKC出版　2007.4
　　◇年金制度体系〔アメリカ〕　［図1-10　p35］
　　◇年金制度体系〔イギリス〕　［図1-15　p46］
　　◇年金制度の適用対象〔イギリス〕　［表1-28　p46］
　　◇年金制度体系（2005年12月現在）〔ドイツ〕　［図1-18　p63］
　　◇年金制度体系〔フランス〕　［図1-23　p87］
　　◇年金制度の適用対象〔フランス〕　［表1-60　p87］
　　◇イギリスの年金制度体系　［図2-1　p223］

　『世界の厚生労働　2013』正陽文庫　2013.4

209

ねんきん
統計図表レファレンス事典　高齢化社会

　　◇農村部における年金制度（2011年末時点）〔中国〕　　［表4-1-18　p316］

年金貯蓄

　『企業年金白書　平成9年版』ライフデザイン研究所　1997.3
　　◇年金貯蓄保有率と年金貯蓄保有世帯の年金貯蓄現在高の推移（勤労者世帯）
　　　［4-2-6図　p84］
　　◇年金貯蓄保有世帯の年金貯蓄現在高・年金貯蓄保有率の推移（勤労者世帯）
　　　［8-1表　p123］
　　◇年金貯蓄保有世帯の年齢別年金貯蓄現在高・年金貯蓄保有率（勤労者世帯）
　　　［8-2表　p123］

年金保険

　『経済財政白書　平成16年版』国立印刷局　2004.7
　　◇年金保険料引き上げに関するアンケート調査結果　　［第1-6-4図　p100］

　『社会保障年鑑　1997年版』東洋経済新報社　1997.7
　　◇社会保険制度の概要―b）年金保険部門　［第1表　p16〜17］
　　◇社会保険収支状況・年金保険部門　［表III-17　p228〜229］

　『女性白書　2004』ほるぷ出版　2004.8
　　◇年金保険の適用状況　［図表付-90　p234］

　『女性白書　2007』ほるぷ出版　2007.8
　　◇年金保険の適用状況　［図表付-89　p265］

　『通商白書　2007年版』時事画報社　2007.7
　　◇中国の年金保険基金に対する中央財政補塡額の推移　［第1-3-68図　p61］

　『日本統計年鑑　平成27年』総務省統計局　2014.11
　　◇制度別社会保障給付費（昭和55年度〜平成23年度）　［表20-2　p635］
　　◇高齢者及び児童・家族関係給付費（昭和60年度〜平成23年度）　［表20-4　p637］

年金保養基地

　『観光白書　平成9年版』大蔵省印刷局　1997.6
　　◇大規模年金保養基地全国配置図　［図5-2　p150］

　『社会保障年鑑　1997年版』東洋経済新報社　1997.7
　　◇大規模年金保養基地設置箇所　［第11表　p102］

年功序列制度

　『企業年金白書　平成9年版』ライフデザイン研究所　1997.3
　　◇年功序列制度、終身雇用制度の景気本格回復後の動向　［3-2-4図　p68］

　『日本労働年鑑　1997年版』労働旬報社　1997.6
　　◇年功型能力 - 賃金モデル　［第2図　p52］

210

統計図表レファレンス事典　高齢化社会　　　　　　　　　　　　**ねんしゆ**

年功賃金制

『労働経済白書　平成19年版』国立印刷局　2007.8
　　◇性・年齢階級別年功賃金制をよい制度と考える者の割合　［第3-（3）-6図　p225］
　　◇性・年齢階級別年功賃金制をよい制度と考える者の割合　［付3-（3）-3表　p296］

年収

　　⇒収入 をも見よ

『厚生労働白書　平成25年版』日経印刷　2013.9
　　◇年齢階級別年収格差の推移　［p22］
　　◇男女別・年齢別正規雇用の労働者の年収の推移　［図表2-3-18　p101］

『高齢社会白書　平成22年版』佐伯印刷　2010.7
　　◇世帯主の年齢階級別1世帯当たりの貯蓄・負債、年間収入、持家率　［図1-2-
　　2-6　p22］

『高齢社会白書　平成25年版』印刷通販　2013.7
　　◇世帯主の年齢階級別1世帯当たりの貯蓄・負債、年間収入、持家率　［図1-2-
　　2-5　p18］

『国土交通白書　2013』日経印刷　2013.7
　　◇年齢階級別一般労働者の年収の推移（実質）　［図表50　p21］

『国民健康・栄養の現状　平成22年』第一出版　2013.8
　　◇世帯の年間収入（性・年齢階級別）　［第104表　p167］

『消費社会白書　2010』JMR生活総合研究所　2009.11
　　◇性別世代別雇用形態別による個人年収と年収決定構造　［図表1-12　p13］

『新規開業白書　2013年版』同友館　2013.7
　　◇年間所得（世帯主の年齢別）　［図4-5　p125］

『男女共同参画白書　平成22年版』中和印刷　2010.6
　　◇高齢者等（55〜74歳）の本人の就業パターンによる年間収入（平均額）（性別）
　　［第1-4-2図　p73］

『男女共同参画白書　平成25年版』新高速印刷　2013.6
　　◇教育（学歴）別年齢階級別平均年収（男女別,平成24年）　［第1-特-23図　p23］

『日本子ども資料年鑑　2007』KTC中央出版　2007.2
　　◇正社員・非正社員の年齢階級別年収と子育て費用（平成18年）　［II-2-32図
　　p82］

『労働経済白書　平成25年版』新高速印刷　2013.9
　　◇世帯主の年齢階級別年間収入　［付2-（4）-15表　p243］

『労働白書　平成9年版』日本労働研究機構　1997.6
　　◇世帯主の年齢階級別にみた主な年間収入の種類別世帯構成　［第1-（3）-8図
　　p197］

211

年齢構成

『運輸白書　平成8年度』大蔵省印刷局　1997.1
　◇従業員の年齢構成　［（図）　p19］

『建設白書　平成9年版』大蔵省印刷局　1997.8
　◇都市規模階層別年齢構成及び生産年齢人口割合　［図表1-12　p13］

『首都圏白書　平成9年版』大蔵省印刷局　1997.6
　◇年齢構成の推移　［図6-7-3　p249］

『首都圏白書　平成22年版』佐伯印刷　2010.7
　◇首都圏等の年齢別構成（平成21年）　［図表2-1-7　p40］

『首都圏白書　平成25年版』勝美印刷　2013.7
　◇首都圏等の年齢別構成（平成24年）　［図表2-1-7　p42］

【の】

農業者年金

　⇒年金　をも見よ

『日本経済統計集　1989～2007』日外アソシエーツ　2009.6
　◇農業者年金基金（平成4年度～6年度）　［図表12-14　p399～400］
　◇農業者年金（平成14年度～18年度）　［図表12-14　p401～402］
　◇農業者年金基金（平成7年度～13年度）　［表12-14　p401～402］

『日本統計年鑑　平成27年』総務省統計局　2014.11
　◇社会保険適用者数（平成7～23年度）　［表20-8　p641］
　◇農業者年金（平成7～24年度）　［表20-17　p649］

農業就業人口

『食料・農業・農村白書　平成22年版』佐伯印刷　2010.6
　◇農業就業人口割合（2005年）と非DIDsの人口減少率（2005-2035年）、高齢化
　　率（2035年）（都道府県別）　［図4-6　p221］

『食料・農業・農村白書　平成25年版』日経印刷　2013.7
　◇農村地域における65歳以上人口の割合（都道府県別）　［図4-1-3　p参72］

『食料白書　1997年版』食料・農業政策研究センター　1997.3
　◇女性の年齢階層別農家人口、農業就業人口、基幹的農業従事者　［図IV-11
　　p131］
　◇年齢別農家人口、農業就業人口、基幹的農業従事者（女性）および構成比
　　［表IV-7　p131］

『女性白書　2010』ほるぷ出版　2010.8

統計図表レファレンス事典　高齢化社会　　　　　　　　　　　　　　　　　　　　　のうきよ

　　◇性、年齢階級別農業就業人口の推移　［図表付-44　p253］
　　『図説　農業白書　平成8年度版』農林統計協会　1997.5
　　　◇我が国全体と農業との人口ピラミッド（年齢別シェア）の比較　［図I-15　p34］
　　　◇農業就業人口の人口曲線からみた高齢化の進行　［図IV-5　p226］
　　　◇地域別にみた農業就業人口（男性）の1歳刻みの年齢層シェア　［図IV-7　p229］
　　　◇農林業就業人口と延べ週間就業時間の年齢別構成比　［図IV-9　p231］
　　　◇我が国全体と農業との人口ピラミッド（年齢別シェア）の比較　［（図）　p図
　　　　説5］
　　　◇農業就業人口の人口曲線からみた高齢化の進行（男性）　［（図）　p図説27］
　　　◇地域別にみた農業就業人口（男性）の1歳刻みの年齢層シェア　［（図）　p図
　　　　説28］
　　『婦人白書　1997』ほるぷ出版　1997.8
　　　◇地域別にみた農業就業人口（男性）の1歳刻みの年齢層シェア（1995年）　［図
　　　　表4　p121］

農業従事者

　　『食料・農業・農村白書　平成19年版』農林統計協会　2007.10
　　　◇基幹的農業従事者の年齢階層別割合（全国）　［p8］
　　　◇基幹的農業従事者全体に占める65歳以上の割合　［図II-8　p84］
　　『食料・農業・農村白書　平成22年版』佐伯印刷　2010.6
　　　◇高齢農業者の農業への普段のかかわり方　［図3-104　p192］
　　　◇農業者が高齢者に望む地域活性化のための活動（複数回答）　［図3-106　p193］
　　『食料白書　1997年版』食料・農業政策研究センター　1997.3
　　　◇年齢別農家人口、農業就業人口、基幹的農業従事者（女性）および構成比
　　　　［表IV-7　p131］
　　『図説　食料・農業・農村白書　平成15年度』農林統計協会　2004.6
　　　◇就業者数（農業）の対前年増減率及び年齢階層別寄与度の推移　［図II-8　p117］
　　『図説　農業白書　平成8年度版』農林統計協会　1997.5
　　　◇経営形態別にみた基幹的農業従事者の年齢構成　［図IV-8　p230］
　　『男女共同参画の現状と施策　平成9年版』大蔵省印刷局　1997.7
　　　◇農業に専従する女性の報酬・給与などの状況（年齢別）　［図2-2-11（1）　p36］
　　　◇男女別、年齢別農家世帯員の就業状態　［第21表　p266〜267］
　　『日本統計年鑑　平成27年』総務省統計局　2014.11
　　　◇年齢階級別農業従事者数（販売農家）（平成7〜25年）　［表7-5　p237］

農業体験ツアー

　　『観光ビジネス未来白書　2010年版』同友館　2010.3
　　　◇JA全農農業体験ツアー参加者の年齢構成（2007年度実施分）　［p144］
　　　◇JA全農農業体験ツアー参加者の年齢構成（2008年度実施分）　［p144］

213

のうけつ　　　　　　　　　　　　　統計図表レファレンス事典　高齢化社会

脳血管疾患

『厚生労働白書　平成19年版』ぎょうせい　2007.9
　　◇都道府県別　人口10万人当たり脳血管疾患による年齢調整死亡率（2005年）
　　　〔図表3-3-4　p73〕
　　◇都道府県別　人口10万人当たり生活習慣病（悪性新生物、心疾患、脳血管疾
　　　患、糖尿病）による受療率（入院）（70歳以上）（2005年）　〔図表3-3-5　p74〕
　　◇都道府県別　人口10万人当たり生活習慣病（悪性新生物、心疾患、脳血管疾
　　　患、糖尿病）による受療率（外来）（70歳以上）（2005年）　〔図表3-3-6　p74〕

農作業

『食料・農業・農村白書　平成22年版』佐伯印刷　2010.6
　　◇農作業中の死亡事故発生件数と高齢者の占める割合の推移　〔図3-108　p194〕

脳卒中

『介護白書　平成16年版』ぎょうせい　2004.7
　　◇わが国における脳卒中発症一年後の姿　〔図3-3-32　p224〕

農村

『食料・農業・農村白書　平成22年版』佐伯印刷　2010.6
　　◇農村地域の高齢化率（2005年、農業地域別）　〔図4-3　p220〕
　　◇農村地域の高齢者世帯の割合（2005年、農業地域別）　〔図4-4　p220〕
『世界の厚生労働　2013』正陽文庫　2013.4
　　◇農村部における年金制度（2011年末時点）〔中国〕　〔表4-1-18　p316〕

能力開発

『高齢社会白書　平成19年版』ぎょうせい　2007.6
　　◇50歳代の能力開発・自己啓発の状況　〔図1-2-49　p49〕

【は】

配偶関係

『高齢社会白書　平成16年度』ぎょうせい　2004.6
　　◇配偶関係別にみた高齢者の割合　〔図1-2-4　p17〕
『高齢社会白書　平成19年版』ぎょうせい　2007.6
　　◇配偶関係別にみた高齢者の割合　〔図1-2-11　p26〕
『高齢社会白書　平成22年版』佐伯印刷　2010.7
　　◇配偶関係別にみた高齢者の割合　〔図1-2-1-13　p19〕

214

統計図表レファレンス事典　高齢化社会

『高齢社会白書　平成25年版』印刷通販　2013.7
　　◇高齢者の配偶関係別の割合　［図1-2-1-4　p16］
『男女共同参画の現状と施策　平成9年版』大蔵省印刷局　1997.7
　　◇15歳以上人口の年齢別に見た配偶関係別割合の推移（昭和55年〜平成7年）
　　［第2表　p242〜243］

派遣

　　⇒非正規雇用 をも見よ
『国民春闘白書　2008年』学習の友社　2007.12
　　◇短期派遣で働く労働者の年齢構成　［［9］　p57］

パソコン

『インターネット白書　2007』インプレスR&D　2007.7
　　◇自宅パソコンでの1週間当たりのインターネット利用時間［性年代別］　［資
　　料1-6-1　p51］
『情報メディア白書　1997年版』電通総研　1997.1
　　◇性・年代別パソコン通信参加率　［図表III-2-24　p240］
『図説 高齢者白書　2004年度版』全国社会福祉協議会　2004.12
　　◇世帯主の年齢階級別パソコン・ワープロの年間支出金額（全世帯）（平成11
　　年）　［3-9　p56］
『図説 高齢者白書　2006年度版』全国社会福祉協議会　2007.3
　　◇世帯主の年齢階級別のパソコンの所有数量（平成6・11・16年）　［3-10　p66］
　　◇単身世帯の年齢階級別1世帯あたり月平均消費支出教養娯楽用耐久財　［3-
　　13　p67］
『パソコン白書　97-98』コンピュータ・エージ社　1997.12
　　◇年齢別パソコンの普及状況（単身世帯）　［図表3-1-5　p86］
『ライフデザイン白書　2004-2005』第一生命経済研究所　2003.10
　　◇パソコンの利用状況（性・年代別）　［図表25　p37］
『レジャー白書　2007』社会経済生産性本部　2007.7
　　◇年代別にみた平均参加率の変化 パソコンの参加率　［図表20　p74］

ハートビル法

『介護白書　平成16年版』ぎょうせい　2004.7
　　◇ハートビル法に基づく認定件数の推移（平成13年度末現在）　［図4-18　p252］
『高齢社会白書　平成16年度』ぎょうせい　2004.6
　　◇ハートビル法に基づく認定実績　［図2-3-48　p121］
『高齢社会白書　平成19年版』ぎょうせい　2007.6
　　◇旧ハートビル法に基づく認定実績　［図2-3-40　p140］
『国土交通白書　平成16年版』ぎょうせい　2004.4

はりあふ　　　　　　　　　　　　統計図表レファレンス事典　高齢化社会

　　◇ハートビル法に基づく認定実績　［図表II-5-5-2　p152］
　『国土交通白書　2007』ぎょうせい　2007.5
　　◇「ハートビル法」に基づく認定実　［図表II-4-1-2　p118］
　『首都圏白書　平成16年版』国立印刷局　2004.6
　　◇ハートビル法に基づく認定件数の推移（首都圏）　［図表2-3-14　p77］
　『首都圏白書　平成19年版』国立印刷局　2007.6
　　◇旧ハートビル法等に基づく認定件数の推移（首都圏）　［図表2-3-9　p38］

バリアフリー化

　『関西経済白書　2010年版』関西社会経済研究所　2010.9
　　◇住宅のバリアフリー化の現状　［図表3-1-8　p132］
　『高齢社会白書　平成19年版』ぎょうせい　2007.6
　　◇交通バリアフリー法に基づく基本方針に定められたバリアフリー化の目標
　　　［表2-3-37　p137］
　　◇バリアフリー化された建築物のイメージ　［図2-3-39　p140］
　『国土交通白書　2007』ぎょうせい　2007.5
　　◇公共交通機関のバリアフリー化の現状　［図表II-4-1-1　p117］
　『国土交通白書　2010』日経印刷　2010.7
　　◇バリアフリー化の状況　［図表87　p45］
　　◇公共交通機関のバリアフリー化の現状　［図表II-6-1-1　p148］
　『国土交通白書　2013』日経印刷　2013.7
　　◇共同住宅のバリアフリー化率　［図表145　p59］
　　◇バリアフリー化の状況　［図表221　p95］
　　◇公共交通機関のバリアフリー化の現状　［図表II-7-1-1　p182］
　『障害者白書　平成19年版』佐伯印刷　2007.7
　　◇旅客施設のバリアフリー化の状況　［図表1-65　p135］
　　◇旅客施設におけるバリアフリー化の推移（移動等円滑化実績等報告書によ
　　　る）　［図表1-66　p136］
　　◇車両等におけるバリアフリー化の推移（移動等円滑化実績等報告書による）
　　　［図表1-67　p136］
　　◇主要な鉄道駅等周辺における主な道路のバリアフリー化率の目標　［図表1-
　　　68　p136］
　　◇車両等のバリアフリー化の状況　［図表1-69　p140］
　『障害者白書　平成22年版』日経印刷　2010.7
　　◇旅客施設のバリアフリー化の状況　［図表1-50　p137］
　　◇旅客施設におけるバリアフリー化の推移（移動等円滑化実績等報告書によ
　　　る）　［図表1-51　p138］
　　◇車両等におけるバリアフリー化の推移（移動等円滑化実績等報告書による）
　　　［図表1-52　p138］

統計図表レファレンス事典　高齢化社会　　　　　　　　　　　　**はりあふ**

　　◇車両等のバリアフリー化の状況　［図表1-53　p141］
　　◇特定道路のバリアフリー化状況　［図表1-55　p144］
　『障害者白書　平成25年版』印刷通販　2013.8
　　◇旅客施設のバリアフリー化の状況　［図表2-46　p181］
　　◇旅客施設におけるバリアフリー化の推移（移動等円滑化実績等報告書による）　［図表2-47　p181］
　　◇車両等におけるバリアフリー化の推移（移動等円滑化実績等報告書による）　［図表2-48　p182］
　　◇車両等のバリアフリー化の状況　［図表2-49　p182］
　　◇特定道路のバリアフリー化状況　［図表2-50　p183］
　『青少年白書　平成19年版』時事画報社　2007.7
　　◇歩行空間のバリアフリー化　［第2-4-1図　p140］

バリアフリー基本構想

　『首都圏白書　平成22年版』佐伯印刷　2010.7
　　◇バリアフリー基本構想の作成市町村の割合　［図表2-3-9　p58］
　『首都圏白書　平成25年版』勝美印刷　2013.7
　　◇バリアフリー基本構想の作成市町村の割合　［図表2-3-7　p58］

バリアフリー対応型信号機

　『障害者白書　平成22年版』日経印刷　2010.7
　　◇バリアフリー対応型信号機の設置状況（平成20年度末現在）　［図表1-57　p152］
　『障害者白書　平成25年版』印刷通販　2013.8
　　◇バリアフリー対応型信号機の設置状況（平成23年度末現在）　［図表2-53　p194］
　『日本子ども資料年鑑　2010』KTC中央出版　2010.2
　　◇バリアフリー対応型信号機等の設置状況の推移　［XI-6-2表　p390］
　『日本子ども資料年鑑　2013』KTC中央出版　2013.2
　　◇バリアフリー対応型信号機等の設置状況の推移　［XI-6-2表　p384］

バリアフリー法

　『高齢社会白書　平成19年版』ぎょうせい　2007.6
　　◇交通バリアフリー法に基づく基本方針に定められたバリアフリー化の目標　［表2-3-37　p137］
　『高齢社会白書　平成22年版』佐伯印刷　2010.7
　　◇バリアフリー新法に基づく認定実績　［図2-3-27　p120］
　　◇バリアフリー新法基本方針における目標設定　［表2-3-28　p121］
　『高齢社会白書　平成25年版』印刷通販　2013.7
　　◇バリアフリー法に基づく認定実績　［図2-3-17　p105］
　『国土交通白書　2010』日経印刷　2010.7

はんこん　　　　　　　　　　　　　　　　　　　統計図表レファレンス事典　高齢化社会

　　　◇「バリアフリー新法」に基づく特定建築物の建築等の計画の認定実績　［図
　　　　表II-6-1-2　p149］
　　『国土交通白書　2013』日経印刷　2013.7
　　　◇「バリアフリー法」に基づく特定建築物の建築等の計画の認定実績　［図表
　　　　II-7-1-2　p183］
　　『首都圏白書　平成19年版』国立印刷局　2007.6
　　　◇旧交通バリアフリー法等に基づく基本構想の作成状況　［図表2-3-10　p38］

晩婚化

　　『高齢社会白書　平成9年版』大蔵省印刷局　1997.6
　　　◇晩婚化への評価　［表1-3-3　p10］
　　　◇未婚者の挙げる晩婚化の理由　［表3-3-5　p34］

犯罪

　　『犯罪白書　平成19年版』佐伯印刷　2007.11
　　　◇1犯目の年齢層別人員構成比　［7-3-4-3図　p231］
　　　◇1犯目の年齢層別・1犯目から2犯目までの再犯期間別人員構成比　［7-3-4-4
　　　　図　p232］
　　　◇1犯目の年齢層別・再犯の有無別人員構成比　［7-3-4-6図　p233］

犯罪（高齢者による）

　　『高齢社会白書　平成22年版』佐伯印刷　2010.7
　　　◇高齢者による犯罪（高齢者の包括罪種別刑法犯検挙人員と犯罪者率）　［図
　　　　1-3-10　p59］
　　　◇前科・前歴分類別同居者別構成比　［図1-3-11　p60］
　　　◇前科・前歴分類別親族・親族以外との関係　［図1-3-12　p60］
　　『高齢社会白書　平成25年版』印刷通販　2013.7
　　　◇高齢者による犯罪（高齢者の包括罪種別刑法犯検挙人員と犯罪者率）　［図
　　　　1-2-6-11　p42］

犯罪被害

　　『警察白書　平成25年版』日経印刷　2013.7
　　　◇自分自身が被害に遭う不安を感じている主な犯罪　［図II-16　p23］
　　　◇高齢者が犯罪の被害者になりにくい社会を実現するために警察が行うべき
　　　　こと　［図II-17　p23］
　　『男女共同参画の現状と施策　平成9年版』大蔵省印刷局　1997.7
　　　◇被害女性の年齢別認知件数　［図3-1-4　p78］
　　『犯罪白書　平成21年版』太平印刷社　2009.11
　　　◇人が被害者となった一般刑法犯　認知件数の被害者年齢層別構成比　［5-1-1-
　　　　2図　p171］

統計図表レファレンス事典　高齢化社会　　　　　　　　　　　　　　　　　　**はんしん**

『犯罪被害者白書　平成19年版』佐伯印刷　2007.11
　　◇11.罪種別　被害者の年齢・性別認知件数（平成18年）　［p192］

犯罪被害（高齢者）

『警察白書　平成25年版』日経印刷　2013.7
　　◇高齢者が犯罪の被害者になりにくい社会を実現するために警察が行うべき
　　　こと　［図II-17　p23］
　　◇刑法犯認知件数及び高齢者の被害割合等の推移（平成5〜24年）　［図II-49
　　　p46］
　　◇包括罪種別高齢者の被害割合の推移（平成5〜24年）　［図II-50　p46］
　　◇主な罪種・手口別高齢者の被害割合の推移（平成5〜24年）　［図II-51　p46］
　　◇全国の消費生活センターに寄せられた利殖勧誘事犯の可能性のある既遂被
　　　害に関する相談のうち、契約当事者が高齢者であったものの割合の推移（平
　　　成21〜24年）　［図II-55　p49］
　　◇全国の消費生活センターに寄せられた特定商取引等事犯の可能性のある既
　　　遂被害に関する相談のうち、契約当事者が高齢者であったものの割合の推
　　　移（平成21年〜24年）　［図II-56　p49］

『高齢社会白書　平成9年版』大蔵省印刷局　1997.6
　　◇犯罪、火災による高齢者の被害の推移　［表8-4-3　p78］

『高齢社会白書　平成16年度』ぎょうせい　2004.6
　　◇犯罪、火災による高齢者の被害の推移　［図1-2-67　p53］

『高齢社会白書　平成19年版』ぎょうせい　2007.6
　　◇犯罪、火災による高齢者の被害の推移　［図1-2-69　p61］

『高齢社会白書　平成22年版』佐伯印刷　2010.7
　　◇犯罪、火災による高齢者の被害の推移　［図1-2-6-6　p47］

『高齢社会白書　平成25年版』印刷通販　2013.7
　　◇高齢者の刑法犯被害認知件数　［図1-2-6-6　p38］

『消費者白書　平成25年版』勝美印刷　2013.7
　　◇高齢者の「二次被害」は2010年度より増加傾向に　［図表2-2-20　p48］

阪神・淡路大震災

『消防白書　平成9年版』大蔵省印刷局　1997.12
　　◇〈阪神・淡路大震災〉死者の年齢別、男女別の状況　［（表）16　p368〜369］

219

ひせいき　　　　　　　　　　　　　　　統計図表レファレンス事典　高齢化社会

【ひ】

非正規雇用
　　　⇒派遣 をも見よ
　　『高齢社会白書　平成22年版』佐伯印刷　2010.7
　　　　◇性年齢別雇用形態別雇用者数及び非正規雇用者率（役員を除く）　［図1-2-4-
　　　　4　p35］
　　『女性白書　2007』ほるぷ出版　2007.8
　　　　◇パートタイム労働者の性、年齢階級別1時間当たり賃金　［図表付-77　p260］
　　『世界の厚生労働　2007』TKC出版　2007.4
　　　　◇年齢階層及び性別高齢者パート就労促進契約者数　［図1-20　p76］
　　『男女共同参画白書　平成22年版』中和印刷　2010.6
　　　　◇男女別・年齢階級別非正規雇用比率の推移　［第1-特-29図　p39］
　　『日本子ども資料年鑑　2007』KTC中央出版　2007.2
　　　　◇女性の年齢別パート・アルバイト比率の推移　［II-2-26図　p77］
　　『労働経済白書　平成22年版』日経印刷　2010.8
　　　　◇非正規雇用者の割合（男女別、年齢階級別）　［第3-（3）-9図　p193］

非製造業
　　『大阪経済・労働白書　平成19年版』大阪能率協会　2007.9
　　　　◇定年間際の従業員からの継承が問題となっている能力（非製造業）　［図表I-
　　　　3-24　p75］

ひったくり被害
　　『警察白書　平成25年版』日経印刷　2013.7
　　　　◇女性の年齢別ひったくり被害の割合（平成24年）　［図II-44　p42］
　　　　◇ひったくりの時間帯別被害割合（高齢者）　［図II-58　p50］

ビデオ観賞参加率
　　『情報メディア白書　1997年版』電通総研　1997.1
　　　　◇性・年代別ビデオ観賞参加率　［図表III-2-12　p237］

ビデオ制作・編集参加率
　　『情報メディア白書　1997年版』電通総研　1997.1
　　　　◇性・年代別ビデオ制作・編集参加率　［図表III-2-20　p239］

220

統計図表レファレンス事典　高齢化社会　　　　　　　　　　　　　　　　ひようか

非農林業

『女性労働の分析　2006年』21世紀職業財団　2007.7
　　◇自営業主（内職者を除く）・雇用者の年齢階級別割合（非農林業）　［図表2-8
　　　p34］

『労働経済白書　平成19年版』国立印刷局　2007.8
　　◇年齢階級別・就業者（うち従業者）に占める週の労働時間が60時間以上の者
　　　の割合（非農林業）　［第2-（3）-21図　p154］

『労働白書　平成9年版』日本労働研究機構　1997.6
　　◇高年齢非農林業雇用者の従業者階級別構成の変化（男子）　［第2-（1）-19図
　　　p237］

肥満

　　⇒BMI をも見よ

『国民栄養の現状　平成9年版』第一出版　1997.10
　　◇BMIからみた過体重及び肥満者の割合（性・年齢階級別、20歳以上）　［図
　　　37　p53］
　　◇肥満の判定（性・年齢階級別）　［表6　p53］

費目別指数

『図説　高齢者白書　2004年度版』全国社会福祉協議会　2004.12
　　◇高齢者世帯の年次別費目別指数　［3-8　p55］

『図説　高齢者白書　2006年度版』全国社会福祉協議会　2007.3
　　◇高齢者世帯の年次別費目別指数　［3-8　p65］

日雇労働者

『失業対策年鑑　平成7年度版』労務行政研究所　1997.3
　　◇日雇労働者の年齢別構成　［第3-7表　p230］

ヒヤリ・ハット体験

『交通安全白書　平成9年度』大蔵省印刷局　1997.7
　　◇高齢者のヒヤリ・ハット体験状況　［第37図　p46］

病院介護

『春闘図解　'97』労働経済社　1997.2
　　◇病院での介護はコストがかかる　［図28　p44］

評価損償却方法

『企業年金白書　平成9年版』ライフデザイン研究所　1997.3
　　◇時価評価移行に伴う評価損償却方法―移行調整金として計上し、徐々に処
　　　分　［1-4-10図　p55］

221

◇時価評価移行に伴う評価損償却方法—特別掛金を設定して償却　［1-4-10図　p55］

被用者年金制度

『企業年金白書　平成9年版』ライフデザイン研究所　1997.3
　◇被用者年金各制度の支援額の見通し（平成9年度価格）　［2-1-3表　p60］

『厚生白書　平成9年版』厚生問題研究会　1997.6
　◇被用者年金制度　［詳細資料（表）2　p387］

『高齢社会白書　平成9年版』大蔵省印刷局　1997.6
　◇公的年金制度一覧—被用者年金制度　［表3-1-18　p120］

標準報酬額

『企業年金白書　平成9年版』ライフデザイン研究所　1997.3
　◇制度別にみた被保険者1人当たりの平均標準報酬額の推移（年度末現在）
　　［3-3表　p93］

非労働力人口

『東北経済白書　平成18年版』経済産業調査会　2007.1
　◇非労働力人口の年齢別構成比推移　［図1-2-44　p40］

貧困

『国民春闘白書　2008年』学習の友社　2007.12
　◇高齢者世帯で「苦しい」世帯の増加が著しい　［［4］　p39］

『女性白書　2010』ほるぷ出版　2010.8
　◇高齢者のいる世帯の貧困　［図表3　p109］
　◇年齢階層（5歳刻み）別・男女別貧困率（平成19年）　［図表1　p135］
　◇年齢階層、性別相対的貧困率の推移　［図表付-122　p297］
　◇年齢階層、性別相対的貧困率（2007年）　［図表付-123　p297］
　◇年齢、世帯類型別相対的貧困率（2007年）　［図表付-124　p298］
　◇配偶関係、性別相対的貧困率（1995、2007）：高齢者（65歳以上）　［図表付-
　　125　p298］
　◇主な活動、性別相対的貧困率：65歳以上（2007年）　［図表付-128　p300］

統計図表レファレンス事典　高齢化社会　　　　　　　　　　　　ふうふせ

【ふ】

不安
　　⇒困りごと，心配ごと，悩み をも見よ
　『介護白書　平成19年版』TAC出版　2007.10
　　　◇将来の不安な点（複数回答）　［図1-3-4　p72］
　『企業年金白書　平成9年版』ライフデザイン研究所　1997.3
　　　◇悩みや不安の内容の推移　［4-2-2図　p81］
　　　◇悩みや不安の内容　［4-2-3表　p81］
　『高齢社会白書　平成9年版』大蔵省印刷局　1997.6
　　　◇高齢者の不安感　［表9-2-3　p83］
　『国民春闘白書　2008年』学習の友社　2007.12
　　　◇「老後」「収入」で目立つ悩み・不安　［［5］　p39］
　『自殺対策白書　平成25年版』勝美印刷　2013.7
　　　◇年齢階級別の「悩みや不安」の推移（平成9年、14年、19年、24年）　［図20　p56］
　『消費社会白書　2013』JMR生活総合研究所　2012.11
　　　◇老後不安項目と老後への備えの程度、老後の見通しとの関連　［図表1-18　p19］
　　　◇老後不安項目と印象に残った事件との関連　［図表1-20　p21］
　『食料・農業・農村白書　平成22年版』佐伯印刷　2010.6
　　　◇小規模・高齢化集落の住民が生活上一番困っていること、不安なこと　［図4-7　p224］
　『生活と貯蓄 関連統計　平成9年度版』貯蓄広報中央委員会　1997.4
　　　◇老後の生活に対する不安感の理由　［（表）　p113］

夫婦関係
　『高齢社会白書　平成22年版』佐伯印刷　2010.7
　　　◇年齢階級別の夫婦関係の満足度　［図1-2-1-12　p18］

夫婦世帯
　『介護白書　平成25年版』オフィスTM　2013.10
　　　◇世帯主が65歳以上の単独世帯及び夫婦のみ世帯数の推計　［図1-1-2　p024］
　『過疎対策の現況　平成8年度版』丸井工文社　1997.8
　　　◇1人暮らしの高齢者世帯及び高齢者夫婦世帯数（平成7年）　［第2-16表　p47］

223

ふくし　　　　　　　　　　　　　　　　統計図表レファレンス事典　高齢化社会

『高齢社会白書　平成9年版』大蔵省印刷局　1997.6
　　◇高齢者夫婦世帯の消費支出　［表5-2-4　p45］
　　◇高齢者夫婦世帯の住宅・宅地資産の分布　［図5-4-1　p48］
『高齢社会白書　平成16年度』ぎょうせい　2004.6
　　◇高齢者夫婦世帯等の住宅・宅地資産の分布　［図1-2-22　p27］
『首都圏白書　平成9年版』大蔵省印刷局　1997.6
　　◇世帯総数に占める夫婦のみ世帯及び高齢者単身世帯の割合　［図6-7-4　p250］
『首都圏白書　平成19年版』国立印刷局　2007.6
　　◇高齢者のいる世帯に占める1人暮らし高齢者又は高齢夫婦世帯の割合　［図
　　表2-1-5　p27］
『女性白書　2007』ほるぷ出版　2007.8
　　◇性、年齢階級、収入の種類別夫婦高齢者世帯（65歳以上の夫婦のみの世帯）
　　の年間収入　［図表5　p107］
『女性白書　2010』ほるぷ出版　2010.8
　　◇65歳以上、男女単独世帯と夫婦のみの世帯の所得階級別構成割合（2008年）
　　［図表4　p93］

福祉　⇒社会福祉　を見よ

福祉施策

『図説 高齢者白書　2004年度版』全国社会福祉協議会　2004.12
　　◇2003年度契約件数の内訳　［11-13　p132］
　　◇2003年度契約件数（全体）　［11-14　p133］
　　◇2003年度契約件数（自宅外）　［11-15　p133］

福祉施設介護員

『介護経営白書　2013年度版』日本医療企画　2013.10
　　◇介護支援専門員、ホームヘルパー、福祉施設介護員の年齢別年収（いずれも
　　女性）　［図2　p170］

福祉人材センター

『厚生白書　平成9年版』厚生問題研究会　1997.6
　　◇福祉人材センター　［（図）　p357］
　　◇施設の種類別にみた職種別従事者数　［詳細データ（表）1　p357］
『高齢社会白書　平成9年版』大蔵省印刷局　1997.6
　　◇福祉人材センター事業の仕組み　［図3-2-15　p145］

福祉年金

　　⇒年金　をも見よ

『生活と貯蓄 関連統計　平成9年度版』貯蓄広報中央委員会　1997.4

統計図表レファレンス事典　高齢化社会　　　　　　　　　　　　　　ふしゆう

◇福祉年金額　〔(表)　p94〕

福祉用具

『介護白書　平成16年版』ぎょうせい　2004.7
　　◇福祉用具貸与種目別単位数(特別地域加算を除く)〔2002年11月給付分〕
　　〔図2-1-16　p40〕
　　◇在宅サービス受給者数と福祉用具貸与の件数　〔図3-3-13　p194〕

『介護白書　平成22年版』オフィスTM　2010.10
　　◇経営主体別にみた種目別福祉用具販売数の状況　〔表2-1-11　p93〕

『高齢社会白書　平成9年版』大蔵省印刷局　1997.6
　　◇福祉用具の研究開発及び普及の促進に関する法律概要　〔図3-5-2　p210〕

『図説 高齢者白書　2004年度版』全国社会福祉協議会　2004.12
　　◇第1号被保険者(65歳以上)の福祉用具・住宅改修の利用状況　〔6-11　p82〕

『図説 高齢者白書　2006年度版』全国社会福祉協議会　2007.3
　　◇第1号被保険者(65歳以上)の福祉用具・住宅改修の利用状況　〔6-15　p95〕

負債

『厚生白書　平成9年版』厚生問題研究会　1997.6
　　◇世帯主の年齢階級別貯蓄・負債現在高(全世帯)　〔図1-2-4　p167〕

『高齢社会白書　平成19年版』ぎょうせい　2007.6
　　◇貯蓄・負債現在高の差額階級別世帯分布　〔図1-2-24　p34〕

『高齢社会白書　平成22年版』佐伯印刷　2010.7
　　◇世帯主の年齢階級別1世帯当たりの貯蓄・負債、年間収入、持家率　〔図1-2-2-6　p22〕
　　◇貯蓄・負債現在高の差額階級別世帯分布　〔図1-2-2-8　p23〕

『高齢社会白書　平成25年版』印刷通販　2013.7
　　◇世帯主の年齢階級別1世帯当たりの貯蓄・負債、年間収入、持家率　〔図1-2-2-5　p18〕

『図説 高齢者白書　2004年度版』全国社会福祉協議会　2004.12
　　◇高齢者世帯の貯蓄額および負債額(平成15年)　〔3-14　p58〕

『図説 高齢者白書　2006年度版』全国社会福祉協議会　2007.3
　　◇高齢者世帯の貯蓄額および負債額(平成17年)　〔3-14　p68〕

不就業

『労働白書　平成9年版』日本労働研究機構　1997.6
　　◇高年齢不就業者の不就業理由(男子)　〔第2-(1)-9図　p223〕

ふしよう   統計図表レファレンス事典　高齢化社会

負傷者　⇒死傷者　を見よ

不動産譲与

『高齢社会白書　平成9年版』大蔵省印刷局　1997.6
　　◇高齢者の不動産譲与への態度　［表5-4-2　p48］

『高齢社会白書　平成16年度』ぎょうせい　2004.6
　　◇高齢者の不動産譲与の考え方　［図1-2-23　p28］
　　◇老後の世話と不動産譲与　［図1-2-24　p29］

不動産投資

『介護経営白書　2013年度版』日本医療企画　2013.10
　　◇日米リートにおける投資先の比較　［図2　p63］

『土地白書　平成19年版』国立印刷局　2007.7
　　◇年金資金運用における不動産投資の重要視の態度　［図表1-1-72　p54］
　　◇年金運用資産総額に占める不動産投資比率の可能性　［図表1-1-73　p54］
　　◇企業年金の不動産投資にあたってのネックや阻害要因　［図表1-1-74　p55］

不払い労働時間

『国民春闘白書　2008年』学習の友社　2007.12
　　◇性別・年齢階層別不払い労働時間　［[4]　p65］

振り込め詐欺

『介護白書　平成19年版』TAC出版　2007.10
　　◇振り込め詐欺・恐喝の認知・検挙状況の比較（平成16・17年）　［表3-4-1　p169］

『警察白書　平成16年版』ぎょうせい　2004.10
　　◇いわゆるオレオレ詐欺の認知件数の推移（平成15年）　［図4-11　p144］
　　◇いわゆるオレオレ詐欺の形態（詐欺文言）別認知件数（平成15年）　［表4-1　p144］

『警察白書　平成19年度版』ぎょうせい　2007.7
　　◇振り込め詐欺（恐喝）の認知・検挙の状況　［図1-19　p72］
　　◇オレオレ詐欺（恐喝）要求名目別認知件数の推移　［図1-20　p72］
　　◇振り込め詐欺（恐喝）の認知検挙状況　［表1-2　p73］

『警察白書　平成22年度版』ぎょうせい　2010.7
　　◇振り込め詐欺の認知件数・被害総額の推移（平成17～21年）　［図1-19　p64］
　　◇振り込め詐欺の検挙状況の推移（平成17～21年）　［図1-20　p64］

『警察白書　平成25年版』日経印刷　2013.7
　　◇振り込め詐欺被害者の防犯意識　［図II-53　p48］

『高齢社会白書　平成25年版』印刷通販　2013.7
　　◇振り込め詐欺の認知件数・被害総額の推移（平成19～24年）　［表1-2-6-7　p39］

226

統計図表レファレンス事典　高齢化社会　　　　　　　　　　　　　　　へいきん

『犯罪白書　平成16年版』国立印刷局　2004.11
　　◇オレオレ詐欺の認知件数　［1-1-1-17表　p17］
『犯罪白書　平成19年版』佐伯印刷　2007.11
　　◇振り込め詐欺・恐喝の手口別認知件数・検挙件数・検挙人員・検挙率・被害
　　総額　［1-1-2-4表　p13］
『犯罪白書　平成21年版』太平印刷社　2009.11
　　◇振り込め詐欺（恐喝）認知件数・検挙件数・検挙人員・検挙率・被害総額
　　［1-1-2-8表　p14］
『犯罪白書　平成24年版』日経印刷　2012.12
　　◇振り込め詐欺（恐喝）認知件数・検挙件数・被害総額の推移　［1-1-2-9図
　　p14］
『モバイル社会白書　2007』NTT出版　2007.7
　　◇振り込め詐欺の遭遇状況　［資料3-4-08　p201］
　　◇振り込め詐欺に遭遇した際の対処　［資料3-4-09　p202］

フリーゾーン運用

『企業年金白書　平成9年版』ライフデザイン研究所　1997.3
　　◇フリーゾーン運用のイメージ図　［6-15図　p118］

プロフサービス

『ケータイ白書　2008』インプレスR&D　2007.12
　　◇携帯電話・PHSにおけるプロフサービスの利用状況［性年代別］　［資料1-
　　11-8　p131］

【へ】

平均寿命

『医療白書　2007年度版』日本医療企画　2007.7
　　◇都道府県・医療指標別ランキング健康アウトカム（平均寿命・疾患別患者数）
　　［第3編　p202］
　　◇世界の統計①健康アウトカム　男女別平均寿命　［I　p220］
　　◇世界の統計①健康アウトカム　出生時平均余命（平均寿命）：全人口（単位：
　　年）　［I　p222～223］
　　◇都道府県の統計①健康アウトカム　平均寿命　［III　p274］
『医療白書　2010年度版』日本医療企画　2010.11
　　◇都道府県別平均寿命　［表1　pv］
『海外情勢白書（世界の厚生労働）　2004』TKC出版　2004.10

へいきん　　　　　　　　　　　　　統計図表レファレンス事典　高齢化社会

　　◇老年人口割合、平均寿命、合計特殊生産率、乳児死亡率の国際比較　［付表
　　　6-1　p付27］
『介護白書　平成16年版』ぎょうせい　2004.7
　　◇平均寿命及び65歳時の平均余命の推移　［図1-3-2　p8］
『介護白書　平成19年版』TAC出版　2007.10
　　◇平均寿命及び65歳以上の平均余命の推移　［図1-1-4　p63］
『介護白書　平成22年版』オフィスTM　2010.10
　　◇平均寿命及び65歳以上の平均余命の推移　［図1-1-4　p73］
『介護白書　平成25年版』オフィスTM　2013.10
　　◇平均寿命の推移と将来推計　［図1-1-4　p063］
『企業年金白書　平成9年版』ライフデザイン研究所　1997.3
　　◇平均寿命の延び（死亡率の改善）に関する対応　［1-4-5図　p50］
　　◇平均余命の年次推移　［1-2表　p89］
『厚生白書　平成9年版』厚生問題研究会　1997.6
　　◇伸長する寿命　［図4-1-1　p101］
　　◇〔伸びる平均寿命〕　［（表）　p289］
　　◇平均寿命の国際比較　［詳細データ（表）1　p289］
『厚生労働白書　平成16年版』ぎょうせい　2004.6
　　◇世界の平均寿命　［図表序1　p2］
　　◇平均寿命の推移　［図表序2　p2］
　　◇平均寿命の国際比較　［概要　p295］
　　◇平均余命の年次推移　［概要　p295］
『厚生労働白書　平成19年版』ぎょうせい　2007.9
　　◇都道府県別 平均寿命（男女別）（2000年）　［図表3-3-1　p71］
『高齢社会白書　平成9年版』大蔵省印刷局　1997.6
　　◇平均寿命の仮定　［表1-2-4　p6］
　　◇平均寿命及び65歳時の平均余命の推移　［図3-2-2　p30］
『高齢社会白書　平成16年度』ぎょうせい　2004.6
　　◇平均寿命及び65歳時の平均余命の推移　［図1-1-8　p7］
『高齢社会白書　平成19年版』ぎょうせい　2007.6
　　◇平均寿命の推移と将来推計　［図1-1-7　p7］
『高齢社会白書　平成22年版』佐伯印刷　2010.7
　　◇平均寿命の推移と将来推計　［図1-1-7　p6］
『高齢社会白書　平成25年版』印刷通販　2013.7
　　◇平均寿命の推移と将来推計　［図1-1-7　p7］
　　◇健康寿命と平均寿命の推移　［図1-2-3-4　p22］
『子ども・子育て白書　平成22年版』佐伯印刷　2010.7

228

統計図表レファレンス事典　高齢化社会　　　　　　　　　　　　　　　　　　へいきん

　　◇平均寿命の推移　［基礎データ8　p224］
　『少子化社会白書　平成16年版』ぎょうせい　2004.12
　　◇平均寿命の推移　［p184］
　『少子化社会白書　平成19年版』日経印刷　2007.11
　　◇平均寿命の推移　［8　p201］
　『女性白書　2004』ほるぷ出版　2004.8
　　◇平均寿命（出生時の平均余命）の推移　［図表付-3　p191］
　『女性白書　2007』ほるぷ出版　2007.8
　　◇平均寿命（出生時の平均余命）の推移　［図表付-3　p222］
　『女性白書　2010』ほるぷ出版　2010.8
　　◇平均寿命（出生時の平均余命）の推移　［図表付-3　p231］
　『女性白書　2013』ほるぷ出版　2013.8
　　◇平均寿命（出生時の平均余命）の推移　［図表付-3　p201］
　『水産白書　平成19年版』農林統計協会　2007.6
　　◇主要国の国民1人1年当たりの魚介類消費量と平均寿命の関係　［図I-1-1　p9］
　『図説 高齢者白書　2004年度版』全国社会福祉協議会　2004.12
　　◇平均寿命（平均余命）の延び　［表2　p19］
　　◇平均寿命および特定年齢までの生存率：1921～2050年　［1-21　p37］
　　◇平均寿命の延びに対する年齢別死亡率変化の寄与率：1950～2000年　［1-22
　　　p37］
　『図説 高齢者白書　2006年度版』全国社会福祉協議会　2007.3
　　◇平均寿命および特定年齢までの生存率：1921～2055年　［1-21　p43］
　　◇平均寿命の延びに対する年齢別死亡率変化の寄与率：1950～2000年　［1-22
　　　p43］
　『図表で見る医療保障　平成22年度版』ぎょうせい　2010.7
　　◇平均寿命の推移（0歳時における平均余命）　［11　p26］
　『図表で見る医療保障　平成25年度版』ぎょうせい　2013.9
　　◇主要国の平均寿命　［p22］
　　◇平均寿命（0歳時における平均余命）の推移　［11　p22］
　『生活と貯蓄 関連統計　平成9年度版』貯蓄広報中央委員会　1997.4
　　◇平均寿命、出生率、乳児死亡率の国際比較　［（表）　p95］
　　◇平均寿命の推移　［（表）　p95］
　　◇年齢別平均余命　［（表）　p96］
　『世界経済の潮流　2010年I』日経印刷　2010.6
　　◇平均寿命　［第2-4-1図　p270］
　『世界の厚生労働　2007』TKC出版　2007.4
　　◇老年人口割合、平均寿命、合計特殊出生率、乳児死亡率の国際比較　［付表
　　　6-①　p付28］

229

へいきん   統計図表レファレンス事典　高齢化社会

『男女共同参画の現状と施策　平成9年版』大蔵省印刷局　1997.7
　　◇平均寿命の年次推移　［表2-4-2　p65］
『通商白書（総論）　平成9年版』大蔵省印刷局　1997.5
　　◇主要先進国の平均寿命の推移　［第4-3-1図　p301］
『電子工業年鑑　'97』電波新聞出版部　1997.3
　　◇平均寿命の推移　［第2表　p671］
　　◇平均寿命の国際比較　［第3表　p672］
『日本子ども資料年鑑　2007』KTC中央出版　2007.2
　　◇平均寿命の国際比較　［I-1-3図　p29］
『日本子ども資料年鑑　2010』KTC中央出版　2010.2
　　◇男女別総人口と人口密度, 平均寿命の推移　［I-1-1表　p42］
　　◇平均寿命の国際比較　［I-1-3図　p43］
『日本子ども資料年鑑　2013』KTC中央出版　2013.2
　　◇男女別総人口と人口密度, 平均寿命の推移　［I-1-2表　p28］
　　◇平均寿命の国際比較　［I-1-2図　p29］
『日本統計年鑑　平成27年』総務省統計局　2014.11
　　◇主要指標　［表・主要指標　p2〜11］
　　◇年齢別平均余命の推移（明治24年〜平成24年）　［表2-27　p70］
　　◇生命表（平成24年）　［表2-28　p71］
　　◇人口動態：出生, 死亡率及び平均寿命（2005〜2012）　［表27-3A　p829〜831］
『婦人白書　1997』ほるぷ出版　1997.8
　　◇平均寿命（出生時の平均余命）の推移　［図表付-3　p221］
『目で見る医療保険白書　平成16年版』ぎょうせい　2004.3
　　◇平均寿命の推移（0歳時における平均余命）　［11　p24］
『レジャー白書　'97』余暇開発センター　1997.6
　　◇平均寿命（男女別）　［付図21　p131］
『レジャー白書　2004』社会経済生産性本部　2004.7
　　◇平均寿命（男女別）　［付図19　p153］
『レジャー白書　2007』社会経済生産性本部　2007.7
　　◇平均寿命（男女別）　［付図19　p141］
『レジャー白書　2010』日本生産性本部　2010.7
　　◇平均寿命（男女別）　［付図19　p155］
『レジャー白書　2013』日本生産性本部　2013.8
　　◇平均寿命（男女別）　［巻末図表23　p176］

平均寿命（外国）

『海外情勢白書（世界の厚生労働）　2004』TKC出版　2004.10
　　◇フランスの平均寿命の推移　［図1-13　p17］

230

◇平均寿命の推移（ドイツ）　［表1-19　p32］
　◇女性・男性の平均寿命の推移（イタリア）　［図1-18　p41］
　◇平均寿命の推移（ノルウェー）　［図1-27　p74］
『日本統計年鑑　平成27年』総務省統計局　2014.11
　◇人口動態：出生, 死亡率及び平均寿命（2005～2012）　［表27-3A　p829～831］
『日本福祉年鑑　'97～'98』講談社　1997.7
　◇韓国の老人人口と平均寿命の推移　［表6　p194］

別居
　⇒近居, 同居　をも見よ
『介護白書　平成19年版』TAC出版　2007.10
　◇子供との同・別居　［図1-4-15　p90］
　◇子供との同・別居　［表1-4-4　p91］
『高齢社会白書　平成16年度』ぎょうせい　2004.6
　◇高齢者の普通世帯の子どもの住んでいる場所　［表1-2-7　p18］
　◇別居している子との接触頻度　［表1-2-8　p19］
『高齢社会白書　平成19年版』ぎょうせい　2007.6
　◇別居している子との接触頻度　［表1-2-6　p23］
『高齢社会白書　平成22年版』佐伯印刷　2010.7
　◇別居している子との接触頻度　［表1-2-1-8　p16］
『国民生活白書　平成19年版』時事画報社　2007.7
　◇親世代と既婚の子ども世代の別居化が進展している　［第1-1-26図　p30］
　◇別居家族は家族間の交流量が少ない　［第1-1-30図　p33］
　◇別居家族とは必要のあるときに付き合う方向に変化している　［第1-1-31図
　　p33］
　◇男性や子・孫のいない人は別居家族との交流量が少ない　［第1-1-33表　p34］
　◇別居家族との交流量関数の推定　［付注1-1-2　p213］
　◇親世代と既婚の子ども世代の別居化が進展している　［第1-1-26図　p230］
『首都圏白書　平成25年版』勝美印刷　2013.7
　◇60代の子どもの住宅との時間距離意向　［図表1-2-10　p17］
『図説 高齢者白書　2004年度版』全国社会福祉協議会　2004.12
　◇配偶者のありなし別にみた同別居の状態　［2-12　p48］
　◇子との同別居状況別にみた65歳以上の者の数と構成割合、平成13年　［2-13
　　p48］
　◇子との同別居状態別にみた高齢者（65歳以上）の割合　［2-16　p49］
『図説 高齢者白書　2006年度版』全国社会福祉協議会　2007.3
　◇配偶者のありなし別にみた同別居の状態　［2-10　p57］
　◇子との同別居状況別にみた65歳以上者の数と構成割合　［2-11　p57］

へつとか　　　　　　　　　　　　統計図表レファレンス事典　高齢化社会

◇子どもとの同・別居　［6-4　p88］

『日本子ども資料年鑑　2007』KTC中央出版　2007.2
　　◇夫婦の親との同居と別居（平成15年）　［II-2-3表　p64］

ベッド回転率

『介護白書　平成25年版』オフィスTM　2013.10
　　◇回転率【中央値】　［図1-2-3　p042］

【ほ】

放火自殺者

『消防白書　平成19年版』ぎょうせい　2007.12
　　◇放火自殺者の年齢別・性別発生状況（年齢不明者10人及び性別不明者1人を
　　除く）　［第1-1-22図　p54］

奉仕活動

　　⇒ボランティア をも見よ

『高齢社会白書　平成22年版』佐伯印刷　2010.7
　　◇奉仕的な活動の報酬についての意識　［図1-2-5-9　p42］

防犯意識

『警察白書　平成25年版』日経印刷　2013.7
　　◇振り込め詐欺被害者の防犯意識　［図II-53　p48］
　　◇高齢者の防犯意識　［図II-59　p50］

訪問看護

『医療白書　2013年度版』日本医療企画　2013.9
　　◇訪問看護ステーションの要介護度別の構成人数（2010年）　［図10　p180］

『介護白書　平成16年版』ぎょうせい　2004.7
　　◇訪問看護ステーションと痴呆対応型共同生活介護における職員の資質向上
　　等のための取り組み状況　［図3-1-11　p103］

『介護白書　平成19年版』TAC出版　2007.10
　　◇訪問看護ステーションの利用者数、延利用者数、9月中の利用者1人当たり
　　訪問回数、要介護度別　［表2-1-14　p104］
　　◇訪問看護ステーションの要介護度別にみた9月中の利用者1人当たり訪問回
　　数　［図2-1-10　p105］

『介護白書　平成22年版』オフィスTM　2010.10
　　◇訪問看護ステーションの要介護（要支援）度別にみた9月中の利用者1人当た

232

統計図表レファレンス事典　高齢化社会　　　　　　　　　　　　　　　　　　　　　　　　**ほけんし**

　　　り訪問回数　［図2-1-8　p94］
　　◇訪問看護ステーションの利用者数、延利用者数、9月中の利用者1人当たり
　　　訪問回数、要介護（要支援）度別　［表2-1-12　p94］
『介護白書　平成25年版』オフィスTM　2013.10
　　◇訪問看護ステーションの要介護度別9月中の利用者1人当たり訪問回数の年
　　　次推移　［図2-1-5　p078］
　　◇要介護（要支援）度別訪問看護ステーションの利用者1人当たり訪問回数、1
　　　事業所当たり利用者数、1事業所当たり延利用者数　［表2-1-7　p078］

訪問販売

『消費者白書　平成25年版』勝美印刷　2013.7
　　◇高齢者の相談件数の変化には、「電話勧誘販売」、「通信販売」、「訪問販売」
　　　が寄与　［図表2-2-9　p40］

ぼけ　⇒認知症 を見よ

保健

『高齢社会白書　平成9年版』大蔵省印刷局　1997.6
　　◇保健・医療・福祉マンパワーの現状　［表3-2-13　p143］
『高齢社会白書　平成16年度』ぎょうせい　2004.6
　　◇保健・医療・福祉マンパワーの現状　［表2-3-18　p91］

保険

　　⇒医療保険,介護保険,健康保険,年金保険 をも見よ

『規制緩和白書　97年版』大蔵省印刷局　1997.9
　　◇保険・年金　［（表）3　p資373〜376］

保健医療

『消費者白書　平成25年版』勝美印刷　2013.7
　　◇高齢無職世帯では支出が収入を上回り、「保健医療」等の割合が勤労者世帯
　　　に比べ大きい　［図表2-1-3　p26］

保健事業

『高齢社会白書　平成9年版』大蔵省印刷局　1997.6
　　◇老人保健法に基づく保健事業（医療等以外）の概要　［表3-2-2　p127］
　　◇保健事業第3次計画の目標　［表3-2-3　p128］
『高齢社会白書　平成19年版』ぎょうせい　2007.6
　　◇保健事業の一覧　［表2-3-13　p111］
『図説 高齢者白書　2004年度版』全国社会福祉協議会　2004.12
　　◇保健事業の実施状況　［9-6　p116］

233

ほけんふ　　　　　　　　　　　　　　　　　統計図表レファレンス事典　高齢化社会

『図説 高齢者白書　2006年度版』全国社会福祉協議会　2007.3
　◇保健事業の実施状況　［9-6　p126］

保健福祉事業

『介護白書　平成16年版』ぎょうせい　2004.7
　◇保健福祉事業の実施状況　［表2-1-28　p78］

歩行

『国民栄養の現状　平成9年版』第一出版　1997.10
　◇1日の歩数（性・年齢階級別）　［図45　p58］
　◇年齢階級別にみた歩数（平均と標準偏差）　［第46表　p121］
　◇歩数区分別の人員割合（年齢階級別）　［第47表　p121］

『首都圏白書　平成9年版』大蔵省印刷局　1997.6
　◇高齢者の歩行能力　［図6-4-5　p232］

『図説 高齢者白書　2004年度版』全国社会福祉協議会　2004.12
　◇3種類の歩き方での年齢と歩行速度、歩幅の関係　［8-18　p106］
　◇自立した生活を営む高齢者と他人の手を借りて生活をする高齢者の3種類の
　　歩き方での歩行速度と歩幅の関係　［8-19　p106］
　◇8週間の筋力トレーニングによる高齢者の歩行速度の増加　［8-20　p106］
　◇歩行トレーニングを1日に30分間の運動を1回行う群と10分間の運動を3回行
　　う群の10週間後の最大酸素摂取量の変化　［8-22　p107］

『図説 高齢者白書　2006年度版』全国社会福祉協議会　2007.3
　◇3種類の歩き方での年齢と歩行速度（上）、歩幅（下）の関係　［8-18　p116］
　◇自立した生活を営む高齢者と他人の手を借りて生活をする高齢者の3種類の
　　歩き方での歩行速度（上）と歩幅（下）の関係　［8-19　p116］
　◇8週間の筋力トレーニングによる高齢者の歩行速度の増加　［8-20　p116］
　◇歩行トレーニングを1日に30分間の運動を1回行う群と10分間の運動を3回行
　　う群の10週間後の最大酸素摂取量の変化　［8-22　p117］

保護観察

『犯罪白書　平成16年版』国立印刷局　2004.11
　◇保護観察新規受理人員の年齢層別構成比の推移　［5-5-2-5図　p355］
　◇高齢の保護観察新規受理人員の推移　［5-5-2-12図　p360］

『犯罪白書　平成21年版』太平印刷社　2009.11
　◇保護観察開始人員の年齢層別構成比　［2-5-2-2図　p74］
　◇高齢者の保護観察開始人員の推移　［3-4-2-4図　p122］
　◇保護観察終了者の取消再処分率の推移（年齢層別）　［7-2-4-6図　p223］

『犯罪白書　平成24年版』日経印刷　2012.12
　◇保護観察開始人員の年齢層別構成比　［2-5-2-2図　p74］
　◇高齢者の保護観察開始人員・仮釈放率の推移　［4-4-2-4図　p170］

234

統計図表レファレンス事典　高齢化社会　　　　　　　　　　　　　　**ほらんて**

ホームヘルパー

『介護経営白書　2013年度版』日本医療企画　2013.10
　　◇介護支援専門員、ホームヘルパー、福祉施設介護員の年齢別年収（いずれも
　　女性）　［図2　p170］
『男女共同参画の現状と施策　平成9年版』大蔵省印刷局　1997.7
　　◇新ゴールドプランの在宅サービスの整備目標—(1) ホームヘルパー　［図6-
　　1-1　p161］

ホームヘルプサービス

『関西活性化白書　2004年版』関西社会経済研究所　2004.5
　　◇65歳以上人口1千人当たりのホームヘルプ事業者数　［図3-130　p253］
『生活と貯蓄　関連統計　平成9年度版』貯蓄広報中央委員会　1997.4
　　◇高齢者ホームヘルプサービス事業の所得基準と負担額　［（表）　p110］

ホームレス

『高齢社会白書　平成22年版』佐伯印刷　2010.7
　　◇ホームレスの年齢分布　［図1-2-2-10　p24］

ボランティア

　　⇒シニア海外ボランティア, 奉仕活動 をも見よ

『高齢社会白書　平成9年版』大蔵省印刷局　1997.6
　　◇ボランティア数の推移　［図3-3-10　p180］
　　◇ボランティア活動に対する社会的評価　［図3-3-11　p183］
『高齢社会白書　平成16年度』ぎょうせい　2004.6
　　◇ボランティア数の推移　［図2-3-37　p107］
　　◇ボランティア活動の内容　［表2-3-38　p108］
『高齢社会白書　平成19年版』ぎょうせい　2007.6
　　◇ボランティア数の推移　［図2-3-29　p129］
　　◇ボランティア活動の内容　［表2-3-30　p129］
『食料・農業・農村白書　平成19年版』農林統計協会　2007.10
　　◇NPO、ボランティア等の活動への参画に関する意向（年齢階層別）　［図III-
　　42　p177］
『図説　高齢者白書　2004年度版』全国社会福祉協議会　2004.12
　　◇ボランティア活動率と活動内容　［7-10　p94］
『図説　高齢者白書　2006年度版』全国社会福祉協議会　2007.3
　　◇ボランティアを行っている人の年齢構成　［7-16　p106］
　　◇ボランティア活動率と活動内容　［7-18　p107］
　　◇ボランティア活動のニーズ　［7-19　p107］

235

ほらんて   統計図表レファレンス事典　高齢化社会

『ボランティア白書　'96-'97』日本青年奉仕協会　1997.3
　◇ボランティア年齢構成　〔(図)　p209〕
　◇楽しみのためのボランティア　〔(図)　p211〕
　◇活動を始めた理由　〔(図)　p212〕
　◇地域別活動対象国　〔(図)　p216〕

ボランティア休暇制度

『高齢社会白書　平成9年版』大蔵省印刷局　1997.6
　◇ボランティア休暇制度の採用の有無、賃金の支給状況別企業数割合及び1企
　　業平均1回当たり最高付与日数　〔図3-3-13　p185〕

【ま】

まちづくり

『高齢社会白書　平成9年版』大蔵省印刷局　1997.6
　◇高齢者に配慮したまちづくりの総合的な推進　〔表3-4-8　p198〕
『高齢社会白書　平成16年度』ぎょうせい　2004.6
　◇高齢者のまちづくりへの参加・貢献意識　〔図1-2-52　p44〕
『高齢社会白書　平成19年版』ぎょうせい　2007.6
　◇高齢者に配慮したまちづくりの総合的な推進　〔表2-3-36　p136〕

【み】

未就学者数

『日本統計年鑑　平成27年』総務省統計局　2014.11
　◇年齢階級, 教育程度別15歳以上人口(昭和55年〜平成22年)　〔表2-13　p58〕

民営賃貸住宅供給制度

『高齢社会白書　平成9年版』大蔵省印刷局　1997.6
　◇公的資金による民営賃貸住宅供給制度の実績　〔表3-4-1　p188〕

【む】

無業者比率

『労働白書　平成9年版』日本労働研究機構　1997.6
　◇男子高年齢無業者比率の内訳別推移　［第81表　p385］

無職世帯

『経済財政白書　平成22年版』日経印刷　2010.8
　◇高齢無職世帯の貯蓄残高と消費性向　［第2-2-12図　p202］

『消費者白書　平成25年版』勝美印刷　2013.7
　◇高齢無職世帯では支出が収入を上回り、「保健医療」等の割合が勤労者世帯
　に比べ大きい　［図表2-1-3　p26］

『女性白書　2010』ほるぷ出版　2010.8
　◇高齢無職世帯の家計収支　［図表付-41　p251］

『女性白書　2013』ほるぷ出版　2013.8
　◇高齢無職世帯の家計収支　［図表付-41　p221］

無年金者

『国民春闘白書　2008年』学習の友社　2007.12
　◇資格期間の長さで無年金者が62万人　［［4］　p79］

【め】

メタボリックシンドローム

『高齢社会白書　平成19年版』ぎょうせい　2007.6
　◇メタボリックシンドローム（内臓脂肪症候群）該当者・予備群の現況　［図1-
　2-41　p44］

『国民健康・栄養調査報告　平成16年』第一出版　2006.11
　◇メタボリックシンドローム（内臓脂肪症候群）の状況（性・年齢階級別）　［第
　44表の1　p176］
　◇メタボリックシンドローム（内臓脂肪症候群）の状況（性・年齢階級別）［ヘ
　モグロビンA_{1c}値5.6％以上の場合］　［第44表の2　p176］

める   統計図表レファレンス事典　高齢化社会

メール

『情報通信白書　平成16年版』ぎょうせい　2004.7
　◇60歳以上の携帯電話・PHS利用者が最も多く送信する電子メールの送信先
　　［図表7　p41］

『モバイル社会白書　2007』NTT出版　2007.7
　◇若年層と高齢層別携帯電話のメールを利用する場面（複数回答）　［資料2-1-
　　35　p35］
　◇高齢層（55歳以上）における携帯電話のメールを利用する場面（複数回答）
　　［資料2-1-37　p36］

【も】

持家率

『高齢社会白書　平成22年版』佐伯印刷　2010.7
　◇世帯主の年齢階級別1世帯当たりの貯蓄・負債、年間収入、持家率　［図1-2-
　　2-6　p22］

『高齢社会白書　平成25年版』印刷通販　2013.7
　◇世帯主の年齢階級別1世帯当たりの貯蓄・負債、年間収入、持家率　［図1-2-
　　2-5　p18］

『国土交通白書　2010』日経印刷　2010.7
　◇世代別持ち家率の変化　［図表51　p26］

『国土交通白書　2013』日経印刷　2013.7
　◇年齢階級別持ち家率の推移　［図表116　p48］
　◇年齢階級別持ち家率の推移（東京圏）　［図表117　p48］
　◇年齢階級別持ち家率の推移（東京都）　［図表118　p49］
　◇年齢階級別持ち家率の推移（近隣三県）　［図表119　p49］

『新規開業白書　2013年版』同友館　2013.7
　◇持家率（世帯主の年齢別）　［図4-4　p124］

『土地白書　平成22年版』勝美印刷　2010.8
　◇世代別・時期別5年間の持ち家率上昇分の推移　［図表2-3-18　p90］

ものづくり人材

『製造基盤白書（ものづくり白書）　2004年版』ぎょうせい　2004.6
　◇ものづくり人材の種類ごとの高齢化の状況　［図221-3（1）　p352］
　◇ものづくり人材の種類ごとの高齢化の状況（規模別）　［図221-3（2）　p352］
　◇ものづくり人材の高齢化に対しての対応（規模別）　［図221-4（1）　p353］
　◇ものづくり人材の高齢化に対しての対応（業種別）　［図221-4（2）　p354］

238

【や】

薬剤

『医療白書　2007年度版』日本医療企画　2007.7
　　◇一般・老人患者の医療費・薬剤の使用状況　［表2　p92］
　　◇1件当たり薬剤の種類数：一般、老人、入院・入院外別　［表3　p93］

薬剤師数

『医療白書　1997年版』日本医療企画　1997.10
　　◇業務の種別にみた年齢階級別薬剤師数の構成割合　［図8-15　p278］

【ゆ】

有業世帯人員

『労働経済白書　平成16年版』ぎょうせい　2004.9
　　◇世帯主の年齢別有業世帯人員の割合、平均世帯人員及び平均有業人員数
　　［付1-（2）-8表　p209］

有業率

『関西経済白書　2007年版』関西社会経済研究所　2007.6
　　◇高齢者の有業率比較（2002年・都道府県別）　［図表2-69　p127］
　　◇高齢者の有業率比較（2002年・都道府県別）　［図表2-70　p127］
　　◇高齢者の有業率比較（2002年・就業形態別）　［図表2-71　p128］
『女性労働の分析　2009年』21世紀職業財団　2010.5
　　◇都道府県別年齢階級別有業率　［付表103　p214］
『女性労働白書　平成15年版』21世紀職業財団　2004.5
　　◇地域別親と同居世帯割合と女性の有業率　［第2-49図　p75］

有効求人倍率

　　⇒求人倍率, 新規求人倍率 をも見よ

『大阪経済・労働白書　平成16年版』大阪能率協会　2004.10
　　◇年齢階層別有効求人倍率の推移（各年10月）　［表12　p225］
『大阪経済・労働白書　平成19年版』大阪能率協会　2007.9
　　◇年齢別常用有効求人倍率（全国・大阪府）　［図表I-3-14　p70］

ゆうしん　　　　　　　　　　　　　　　　　統計図表レファレンス事典　高齢化社会

　　　◇年齢別常用有効求人倍率の動き（大阪府）（各年10月）　［図表III-1-19　p150］
　　　◇年齢階級別完全失業率・常用有効求人倍率（全国・大阪府　平成18年）　［図表III-1-26　p155］
　　　◇年齢階層別常用有効求人倍率の推移（全国・大阪府　各年10月）　［表9　p211］

　　『大阪経済・労働白書　平成21年版』大阪能率協会　2010.3
　　　◇年齢別常用有効求人倍率の動き（大阪府）（各年12月）　［図表III-1-19　p187］
　　　◇年齢階級別完全失業率・常用有効求人倍率（全国・大阪府　平成20年）　［図表III-1-26　p191］
　　　◇年齢階層別常用有効求人倍率の推移（全国・大阪府　各年10月）　［表9　p247］

　　『介護白書　平成25年版』オフィスTM　2013.10
　　　◇介護分野における人材確保の状況と労働市場の動向～有効求人倍率と失業率の動向～　［図1-1-4　p032］
　　　◇都道府県別有効求人倍率（平成25年3月）　［図1-1-5　p033］

　　『高齢社会白書　平成9年版』大蔵省印刷局　1997.6
　　　◇完全失業率・有効求人倍率の推移　［図3-1-6　p101］

　　『高齢社会白書　平成16年度』ぎょうせい　2004.6
　　　◇年齢階級別にみた完全失業率、有効求人倍率　［図1-2-27　p30］
　　　◇完全失業率・有効求人倍率の推移　［図2-3-3　p71］

　　『高齢社会白書　平成19年版』ぎょうせい　2007.6
　　　◇年齢階級別にみた完全失業率、有効求人倍率　［図1-2-47　p48］
　　　◇完全失業率・有効求人倍率の推移　［図2-3-2　p97］

　　『失業対策年鑑　平成7年度版』労務行政研究所　1997.3
　　　◇年齢別常用有効求人倍率、就職率の推移（男女計）　［第1-30表　p40］
　　　◇年齢別有効求人倍率の推移　［第2-1表　p102］

　　『通商白書（総論）　平成9年版』大蔵省印刷局　1997.5
　　　◇年齢階級別有効求人倍率の推移（各年10月）　［第4-3-8図　p305］

　　『労働経済白書　平成19年版』国立印刷局　2007.8
　　　◇年齢階級別有効求人倍率・新規求人倍率（2006年）　［第2-（3）-33図　p163］

　　『労働白書　平成9年版』日本労働研究機構　1997.6
　　　◇高年齢者の有効求人倍率の推移（男女計）　［第2-（1）-20図　p238］

友人

　　『高齢社会白書　平成9年版』大蔵省印刷局　1997.6
　　　◇高齢者の親しい友人の有無　［表7-2-2　p64］

　　『高齢社会白書　平成16年度』ぎょうせい　2004.6
　　　◇親しい友人の有無　［図1-2-49　p42］

　　『高齢社会白書　平成22年版』佐伯印刷　2010.7
　　　◇友人との付き合いについて　［図1-3-3　p54］

統計図表レファレンス事典　高齢化社会　　　　　　　　　　　　　　　　　　　　**ゆうはい**

有訴者

『介護白書　平成16年版』ぎょうせい　2004.7
　◇病気やけが等で自覚症状のある者（有訴者）の状況　［図3-3-3　p180］

有訴者率

『高齢社会白書　平成16年度』ぎょうせい　2004.6
　◇65歳以上の高齢者の有訴者率及び日常生活に影響のある者の率　［図1-2-28
　p31］

『高齢社会白書　平成19年版』ぎょうせい　2007.6
　◇65歳以上の高齢者の有訴者率及び日常生活に影響のある者率（人口千対）
　［図1-2-26　p36］

『高齢社会白書　平成22年版』佐伯印刷　2010.7
　◇65歳以上の高齢者の有訴者率及び日常生活に影響のある者率（人口千対）
　［図1-2-3-1　p25］

『高齢社会白書　平成25年版』印刷通販　2013.7
　◇65歳以上の高齢者の有訴者率及び日常生活に影響のある者率（人口千対）
　［図1-2-3-1　p20］

『図説　高齢者白書　2004年度版』全国社会福祉協議会　2004.12
　◇性・年齢階級別にみた有訴者率（人口千対）　［9-1　p111］

『図説　高齢者白書　2006年度版』全国社会福祉協議会　2007.3
　◇性・年齢階級別にみた有訴者率（人口千対）　［9-1　p121］

『図表で見る医療保障　平成22年度版』ぎょうせい　2010.7
　◇年齢階級別有訴者率（人口1,000対）　［9　p22］

『男女共同参画の現状と施策　平成9年版』大蔵省印刷局　1997.7
　◇性・年齢階級別にみた有訴者率（人口千対）　［表3-3-2　p101］

『目で見る医療保険白書　平成16年版』ぎょうせい　2004.3
　◇年齢階級別有訴者率（人口千対）　［9　p20］

有訴者率（高齢者）

『図説　高齢者白書　2004年度版』全国社会福祉協議会　2004.12
　◇高齢者の年齢階級別有配偶率、同居率、有訴者率、通院者率等の状況　［2-
　8　p47］

『図説　高齢者白書　2006年度版』全国社会福祉協議会　2007.3
　◇高齢者の年齢別、有配偶者割合、死別者割合、同居率、有訴者率、通院者率
　等の状況　［2-7　p55］

有配偶率

『図説　高齢者白書　2004年度版』全国社会福祉協議会　2004.12
　◇高齢者の有配偶率：1950〜2000年　［1-29　p41］

241

ゆうひよ   統計図表レファレンス事典　高齢化社会

　　◇高齢者の年齢階級別有配偶率、同居率、有訴者率、通院者率等の状況　[2-
　　　8　p47]
　『図説　高齢者白書　2006年度版』全国社会福祉協議会　2007.3
　　◇高齢者の有配偶率：1950〜2005年　[1-29　p47]
　　◇高齢者の年齢別、有配偶者割合、死別者割合、同居率、有訴者率、通院者率
　　　等の状況　[2-7　p55]

有病率

　『厚生白書　平成9年版』厚生問題研究会　1997.6
　　◇年齢階級別、登録者数および有病率（人口10万対）　[詳細データ（表）2　p305]

ユニットケア

　『介護白書　平成19年版』TAC出版　2007.10
　　◇短期入所生活介護事業所におけるユニットケアの年次推移　[図2-1-9　p103]
　　◇経営主体別にみた短期入所生活介護事業所におけるユニットケアの状況
　　　[表2-1-12　p103]
　　◇介護老人福祉施設におけるユニットケアの状況　[表2-1-20　p110]
　　◇介護老人保健施設におけるユニットの状況　[表2-1-21　p110]
　『介護白書　平成22年版』オフィスTM　2010.10
　　◇短期入所生活介護事業所におけるユニットケアの年次推移　[図2-1-7　p92]
　　◇経営主体別にみた短期入所生活介護事業所におけるユニットケアの状況
　　　[表2-1-10　p92]
　　◇介護老人福祉施設におけるユニットケアの状況　[表2-1-17　p97]
　　◇介護老人保健施設におけるユニットケアの状況　[表2-1-18　p98]
　『介護白書　平成25年版』オフィスTM　2013.10
　　◇介護老人福祉施設におけるユニットケアの状況　[表2-1-12　p082]
　　◇介護老人保健施設におけるユニットケアの状況　[表2-1-13　p082]

【よ】

要援護者

　『厚生白書　平成9年版』厚生問題研究会　1997.6
　　◇増加する要援護者　[図4-2-1　p111]

要介護者

　　⇒介護対象者　をも見よ
　『介護白書　平成19年版』TAC出版　2007.10

統計図表レファレンス事典　高齢化社会　　　　　　　　　　　　　　　　　**ようかい**

　　◇65歳以上の要介護者等と同居している主な介護者の年齢　［図1-2-5　p68］
　　◇要介護者数の推移（推計）　［表4-2-2　p191］

　『高齢社会白書　平成9年版』大蔵省印刷局　1997.6
　　◇要介護等の高齢者の割合　［表6-2-3　p55］
　　◇要介護の高齢者のいる世帯　［表6-3-1　p56］

　『高齢社会白書　平成16年度』ぎょうせい　2004.6
　　◇性・要介護度別にみた要介護者等の状況　［図1-2-39　p37］
　　◇要介護者等のいる世帯の世帯構造　［図1-2-43　p39］

　『高齢社会白書　平成19年版』ぎょうせい　2007.6
　　◇65歳以上の要介護者等と同居している主な介護者の年齢階級別構成割合
　　　［図1-2-39　p42］

　『情報通信白書　平成22年版』ぎょうせい　2010.7
　　◇要介護度別高齢者数の推移　［図表1-3-3-1　p79］

　『情報通信白書　平成25年版』日経印刷　2013.7
　　◇要介護者の割合の推移　［図表2-3-2-1　p249］

　『男女共同参画の現状と施策　平成9年版』大蔵省印刷局　1997.7
　　◇高齢の要介護者のいる世帯数及び構成割合　［表2-4-4　p70］
　　◇自分自身が要介護者になる不安の有無　［図2-4-15　p72］

　『婦人白書　1997』ほるぷ出版　1997.8
　　◇要介護高齢者の将来推計　［図表3　p138］

要介護・要支援認定

　『介護白書　平成16年版』ぎょうせい　2004.7
　　◇一次判定結果と二次判定結果の比較　［表2-1-6　p23］
　　◇要介護認定の変化　［表3-3-10　p207］
　　◇要介護認定の状況変化の割合　［表3-3-11　p207］

　『厚生白書　平成9年版』厚生問題研究会　1997.6
　　◇介護保険制度における要介護認定とサービス計画（ケアプラン）　［図1-3-3
　　　p177］

　『高齢社会白書　平成19年版』ぎょうせい　2007.6
　　◇前期高齢者と後期高齢者の要介護等認定の状況　［表1-2-34　p40］

　『高齢社会白書　平成22年版』佐伯印刷　2010.7
　　◇要介護等認定の状況　［表1-2-3-11　p29］

　『高齢社会白書　平成25年版』印刷通販　2013.7
　　◇要介護等認定の状況　［表1-2-3-10　p25］

要介護・要支援認定者

　『介護白書　平成16年版』ぎょうせい　2004.7

243

ようかい　　　　　　　　　　　　　　　　統計図表レファレンス事典　高齢化社会

　　◇要介護認定者数の推移　［表2-1-4　p17］
　　◇要介護度別認定者数の推移　［図2-1-2　p18］
　　◇要介護認定者数の構成比の推移　［表2-1-5　p18］
　　◇要支援・要介護1の高齢者の増加　［図3-3-19　p200］
　　◇要介護認定者に占める前期高齢者と後期高齢者数　［図3-3-20　p201］
　　◇要介護認定者に占める前期高齢者と後期高齢者の割合の変化　［図3-3-21
　　　p201］

『介護白書　平成19年版』TAC出版　2007.10
　　◇要介護度別認定者数の推移　［図1-1-1　p4］

『介護白書　平成22年版』オフィスTM　2010.10
　　◇要介護（要支援）認定者数の推移　［図2-2-1　p54］
　　◇認定者数（年度末現在）の推移　［図4-1-1　p180］
　　◇要介護度別受給者数の構成割合　［図4-1-4　p184］

『介護白書　平成25年版』オフィスTM　2013.10
　　◇認定者数の推移（年度末現在）　［図4-1-1　p148］
　　◇都道府県別　第1号被保険者に占める認定者の割合（年度末現在）　［表4-1-1
　　　p148］
　　◇都道府県別　第1号被保険者に占める認定者の割合　［図4-1-2　p149］

『厚生労働白書　平成16年版』ぎょうせい　2004.6
　　◇要介護度別認定者数の推移　［図表5-2-2　p205］
　　◇要介護・要支援認定者の2年間の状態変化の割合　［図表5-2-3　p206］

『高齢社会白書　平成16年度』ぎょうせい　2004.6
　　◇要介護等高齢者の状況（要介護等認定者数）　［表1-2-36　p35］

『高齢社会白書　平成19年版』ぎょうせい　2007.6
　　◇第1号被保険者（65歳以上）の要介護度別認定者数の推移　［図1-2-33　p39］

『高齢社会白書　平成22年版』佐伯印刷　2010.7
　　◇第1号被保険者（65歳以上）の要介護度別認定者数の推移　［図1-2-3-10　p28］

『高齢社会白書　平成25年版』印刷通販　2013.7
　　◇第1号被保険者（65歳以上）の要介護度別認定者数の推移　［図1-2-3-9　p25］

『社会福祉の動向　2007』中央法規出版　2007.1
　　◇認知症高齢者数（要介護・要支援認定者）の将来推計　［表II-2-11　p126］

『社会福祉の動向　2010』中央法規出版　2010.3
　　◇認知症高齢者数（要介護・要支援認定者）の将来推計　［表7-8　p233］

『社会福祉の動向　2013』中央法規出版　2013.1
　　◇認知症高齢者数（要介護・要支援認定者）の将来推計　［表7-9　p244］

『女性白書　2013』ほるぷ出版　2013.8
　　◇介護保険被保険者数および要介護（要支援）認定者数の推移　［図表付-91
　　　p251］

『図説 高齢者白書 2004年度版』全国社会福祉協議会 2004.12
　◇要介護（要支援）認定者（第1号被保険者）の痴呆性老人自立度・障害老人自立度に関する推計 ［6-13 p84］
　◇要介護（要支援）認定者（第1号被保険者）における痴呆性高齢者の将来推計 ［6-14 p84］
　◇要介護度別認定者数の推移 ［12-3 p141］
　◇都道府県別第1号被保険者に占める認定者の割合 ［12-11 p145］

『図説 高齢者白書 2006年度版』全国社会福祉協議会 2007.3
　◇要介護度別認定者数の推移 ［12-3 p153］

『図表で見る医療保障 平成22年度版』ぎょうせい 2010.7
　◇介護被保険者数と要介護認定者の推移 ［43 p110］

『図表で見る医療保障 平成25年度版』ぎょうせい 2013.9
　◇介護被保険者数と要介護認定者の推移 ［45 p100］

『男女共同参画白書 平成16年版』国立印刷局 2004.6
　◇年齢階級別の要支援・要介護認定者数 ［第1-4-2図 p78］

『連合白書 2005』コンポーズ・ユニ 2004.12
　◇要介護度別認定者数の推移 ［p47］

要介護・要支援認定率

『介護白書 平成16年版』ぎょうせい 2004.7
　◇要介護認定率の都道府県別の状況 (1)第1号被保険者に対する要介護度別出現率（全体） ［図2-1-3 p19］
　◇要介護認定率の都道府県別の状況 (2)第1号被保険者に対する要介護度別出現率（要支援・要介護1） ［図2-1-3 p19］
　◇要介護認定率の都道府県別の状況 (3)第1号被保険者に対する要介護度別出現率（要介護4・要介護5） ［図2-1-3 p20］

『介護白書 平成19年版』TAC出版 2007.10
　◇都道府県別にみた認定率 ［表1-1-1 p5］

『介護白書 平成22年版』オフィスTM 2010.10
　◇都道府県別にみた認定率 ［表4-1-1 p181］

『厚生労働白書 平成22年版』日経印刷 2010.8
　◇要介護・要支援認定率の推移 ［p304］

要保護者

『地方財政白書 平成9年版』大蔵省印刷局 1997.4
　◇65歳以上要保護者数及び老人ホーム施設充足率の推移 ［第102図 p159］

余暇活動

『貸金業白書 平成15年版』全国貸金業協会連合会 2004.2

よかかつ   統計図表レファレンス事典　高齢化社会

　　◇年代別余暇活動構成比　［図2-3　p128］
　『図説 高齢者白書　2004年度版』全国社会福祉協議会　2004.12
　　◇57歳以上男女（上が男性、下が女性）の各年代における余暇活動時間のエネ
　　ルギー消費量　［8-3　p99］
　『図説 高齢者白書　2006年度版』全国社会福祉協議会　2007.3
　　◇57歳以上男女（上が男性、下が女性）の各年代における余暇活動時間のエネ
　　ルギー消費量　［8-3　p109］
　『生活と貯蓄 関連統計　平成9年度版』貯蓄広報中央委員会　1997.4
　　◇各種レジャーの性別・年齢別参加状況　［（表）　p52］
　『レジャー白書　'97』余暇開発センター　1997.6
　　◇仕事と余暇のどちらかを重視するか（全体、性・年代別）　［図表5　p15］
　『レジャー白書　2004』社会経済生産性本部　2004.7
　　◇仕事と余暇のどちらを重視するか（全体、性・年代別）　［図表6　p9］
　『レジャー白書　2007』社会経済生産性本部　2007.7
　　◇年代別 余暇活動平均参加率の推移　［巻頭図表3　p3］
　　◇仕事と余暇のどちらを重視するか（全体、性・年代別）　［図表7　p9］

余暇活動参加率

　『レジャー白書　'97』余暇開発センター　1997.6
　　◇性・年代別余暇活動参加率の特徴（平成8年）スポーツ部門　［図表10-（イ）
　　p26］
　　◇性・年代別余暇活動参加率の特徴（平成8年）趣味・創作部門　［図表10-（ロ）
　　p27］
　　◇性・年代別余暇活動参加率の特徴（平成8年）娯楽部門　［図表10-（ハ）　p28］
　　◇性・年代別余暇活動参加率の特徴（平成8年）観光・行楽部門　［図表10-（ニ）
　　p29］
　『レジャー白書　2004』社会経済生産性本部　2004.7
　　◇性・年代別余暇活動参加率の特徴（平成15年）（イ）スポーツ部門　［図表11
　　（イ）　p20］
　　◇性・年代別余暇活動参加率の特徴（平成15年）（ロ）趣味・創作部門　［図表
　　11（ロ）　p21］
　　◇性・年代別余暇活動参加率の特徴（平成15年）（ハ）娯楽部門　［図表11（ハ）
　　p22］
　　◇性・年代別余暇活動参加率の特徴（平成15年）（ニ）観光・行楽部門　［図表
　　11（ニ）　p23］
　『レジャー白書　2007』社会経済生産性本部　2007.7
　　◇性・年代別余暇活動参加率の特徴（平成18年）スポーツ部門　［図表12（イ）
　　p21］
　　◇性・年代別余暇活動参加率の特徴（平成18年）趣味・創作部門　［図表12（ロ）
　　p22］

統計図表レファレンス事典　高齢化社会　　　　　　　　　　　　　　　　　　りこん

◇性・年代別余暇活動参加率の特徴（平成18年）娯楽部門　［図表12（ハ）　p23］
◇性・年代別余暇活動参加率の特徴（平成18年）観光・行楽部門　［図表12（二）
p24］

予防接種

『医療白書　2007年度版』日本医療企画　2007.7
◇世界の統計③医療提供体制　インフルエンザ予防接種率（65歳以上人口当た
り）　［Ⅰ　p236］
『厚生労働白書　平成16年版』ぎょうせい　2004.6
◇インフルエンザ予防接種による効果の割合（65歳以上）　［図表2-1-6　p58］

【ら】

ライフコース

『高齢社会白書　平成9年版』大蔵省印刷局　1997.6
◇妻のライフコースと出生　［表3-3-7　p36］
『図説　高齢者白書　2004年度版』全国社会福祉協議会　2004.12
◇ライフコースの類型別分布：1965年,1990年および2000年　［2-5　p46］
◇女性のライフコース経路別分布、事象の発生年齢、滞在年数の比較：1965
年と2000年　［2-6　p46］
『図説　高齢者白書　2006年度版』全国社会福祉協議会　2007.3
◇ライフコースの類型別分布：1965年、1990年および2000年　［2-5　p53］

ライフデザイン

『ライフデザイン白書　1998-99』ライフデザイン研究所　1997.12
◇「夢がある」とした人の割合（性別、年齢別）　［図表2-65　p74］

ラジオ週間接触者率

『情報メディア白書　1997年版』電通総研　1997.1
◇性・年代別ラジオ週間接触者率（1995年）　［図表I-11-9　p70］

【り】

離婚

『高齢社会白書　平成22年版』佐伯印刷　2010.7

247

りしよく　　　　　　　　　　　　　　統計図表レファレンス事典　高齢化社会

　　　◇離婚件数及び離婚率の年次推移　［図1-3-6　p56］
　『男女共同参画の現状と施策　平成9年版』大蔵省印刷局　1997.7
　　　◇年齢別に見た離婚率の推移　［図2-3-14　p50］

離職

　『介護白書　平成25年版』オフィスTM　2013.10
　　　◇離職率・入職率の推移　［図1-1-6　p033］
　『働く女性の実情　平成8年版』21世紀職業財団　1996.12
　　　◇年齢階級、離職理由別女子離職者の割合　［付表35　p付44］

利殖勧誘事犯

　『警察白書　平成25年版』日経印刷　2013.7
　　　◇全国の消費生活センターに寄せられた利殖勧誘事犯の可能性のある既遂被
　　　害に関する相談のうち、契約当事者が高齢者であったものの割合の推移（平
　　　成21〜24年）　［図II-55　p49］

利殖商法

　『消費者白書　平成25年版』勝美印刷　2013.7
　　　◇高齢者の詐欺的なものに関する相談のうち、利殖商法に関する相談が増加
　　　［図表2-2-19　p47］

立体姿勢

　『図説　高齢者白書　2004年度版』全国社会福祉協議会　2004.12
　　　◇立体姿勢保持の横からの外乱に対する反応　［8-16　p105］
　『図説　高齢者白書　2006年度版』全国社会福祉協議会　2007.3
　　　◇立体姿勢保持の横からの外乱に対する反応　［8-16　p115］

リバース・モーゲージ制度

　『高齢社会白書　平成9年版』大蔵省印刷局　1997.6
　　　◇リバース・モーゲージ制度への関心　［表5-4-3　p49］

リハビリテーション

　『介護白書　平成16年版』ぎょうせい　2004.7
　　　◇病気やけが等で自覚症状のある者（有訴者）の状況　［図3-3-3　p180］
　　　◇リハビリテーション医療の1か月の利用状況　［表3-3-4　p187］
　　　◇入院及び入院外のリハビリテーション医療の実施状況（主な疾病別）　［表
　　　3-3-5　p189］
　　　◇介護保険におけるリハビリテーションの実施状況　［表3-3-7　p192］
　　　◇リハビリテーション専門職の養成所数等の年次推移　［表3-3-8　p197］

248

統計図表レファレンス事典　高齢化社会　　　　　　　　　　　　　　　りよこう

リハビリテーション関連施設

『介護白書　平成16年版』ぎょうせい　2004.7
　　◇リハビリテーション関連施設基準等の概要（医療保険）　［表3-3-3　p186］
　　◇リハビリテーション関連施設基準等の概要（介護保険）　［表3-3-6　p192］

リフォーム

『図説　高齢者白書　2006年度版』全国社会福祉協議会　2007.3
　　◇リフォームした場合の工事内容　［6-2　p87］

療養費

『介護白書　平成22年版』オフィスTM　2010.10
　　◇通所施設療養費　［p206～207］
　　◇入所者施設療養費　［p206～207］

『厚生白書　平成9年版』厚生問題研究会　1997.6
　　◇老人保健施設療養費　［詳細データ（表）3　p370］

療養病床

『介護白書　平成19年版』TAC出版　2007.10
　　◇療養病床の現状　［図3-1-1　p33］

『関西活性化白書　2004年版』関西社会経済研究所　2004.5
　　◇療養病床等を有する病院一床当たりの高齢者人口（2002年）　［図3-125　p250］

両立支援

『高齢社会白書　平成9年版』大蔵省印刷局　1997.6
　　◇職業生活と家庭生活との両立支援事業　［表3-1-12　p111］

『男女共同参画白書　平成25年版』新高速印刷　2013.6
　　◇仕事と介護の両立促進のために必要な勤務先による支援（複数回答）　［第1-3-8図　p88］
　　◇仕事と介護の両立促進のために必要な地域や社会による支援　［第1-3-9図　p89］

旅行

『観光白書　平成19年版』コミュニカ　2007.7
　　◇団塊世代の退職後の年間旅行増加回数　［表I-2-1-6　p11］

『九州経済白書　2007年度版』九州経済調査協会　2007.2
　　◇北部九州圏における年齢別代表交通手段別トリップ数の構成（2005年）　［図表III-19　p28］
　　◇高齢者と非高齢者の私用細目別トリップ数（年間1人当り）　［図表1-43　p79］

『図説　高齢者白書　2006年度版』全国社会福祉協議会　2007.3

249

りよこう   統計図表レファレンス事典　高齢化社会

　　　◇単身世帯の年齢階級別1世帯あたり月平均消費支出パック旅行　［3-13　p67］
　　『日本統計年鑑　平成27年』総務省統計局　2014.11
　　　◇年齢階級別旅行・行楽の行動者率（平成23年）　［表23-28　p759］
　　『レジャー白書　2007』社会経済生産性本部　2007.7
　　　◇年代別にみた平均参加率の変化　海外旅行の参加率　［図表20　p77］

旅行者

　　『観光白書　平成9年版』大蔵省印刷局　1997.6
　　　◇海外旅行者の性別・年齢階層別構成比率（8年）　［図1-12　p37］
　　『JNTO国際観光白書　2007』国際観光振興機構　2007.6
　　　◇性・年齢別日本人海外旅行者数の構成比（2005年〜2006年）　［図表2-3-3　p64］
　　　◇性・年齢別日本人海外旅行者数　［図表2-3-5　p65］
　　　◇年齢別訪韓国日本人旅行者数の推移　［図表12　p189］
　　　◇訪シンガポール日本人旅行者の年齢（2005年）　［図表13　p298］
　　　◇訪ドイツ日本人旅行者数の推移　［図表10　p402］
　　　◇訪インド日本人旅行者の年齢別構成比（2005年）　［図表12　p458］

旅行者（外国人）

　　『JNTO国際観光白書　2007』国際観光振興機構　2007.6
　　　◇訪日中国人旅行者の性別及び年齢別構成比　［図表8　p230］
　　　◇性・年齢別米国人外国旅行者（陸・海路を除く）の構成比（2005年）　［図表
　　　　3　p331］
　　　◇訪日米国人旅行者の性別及び年齢別構成比　［図表10　p335］
　　　◇訪日カナダ人旅行者の性別及び年齢別構成比　［図表6　p360］
　　　◇年齢別英国人外国旅行者数（2005年）　［図表4　p377］
　　　◇訪日英国人旅行者の性別及び年齢別構成比　［図表9　p380］
　　　◇年齢別訪英国外国人旅行者数（2005年）　［図表17　p383］
　　　◇訪日ドイツ人旅行者の性別及び年齢別構成比　［図表6　p400］
　　　◇訪日ドイツ人旅行者の平均滞在日数の推移　［図表7　p400］
　　　◇訪日ドイツ人旅行者の旅行形態　［図表8　p400］
　　　◇訪日ドイツ人旅行者の訪問都道府県　［図表9　p401］
　　『JNTO国際観光白書　2010年版』国際観光サービスセンター　2010.9
　　　◇訪日台湾人の性別および年齢別構成比　［図表6　p186］
　　　◇米国人外国旅行者（陸・海路を除く）の性別及び年齢別構成比（2009年）　［図
　　　　表3　p339］
　　　◇訪日米国人の性別および年齢別構成比　［図表10　p343］

林業就業者

　　『森林・林業白書　平成22年版』全国林業改良普及協会　2010.6

250

統計図表レファレンス事典　高齢化社会　　　　　　　　　　　　　　**ろうしん**

　　◇林業就業者数及び高齢化率の推移　［図IV-17　p74］
　『図説　森林・林業白書　平成15年度』日本林業協会　2004.7
　　◇林業就業者数と年齢別構成比の推移　［図IV-10　p118］
　『図説　農業白書　平成8年度版』農林統計協会　1997.5
　　◇農林業就業人口と延べ週間就業時間の年齢別構成比　［図IV-9　p231］
　『地域の経済　2009』佐藤印刷　2010.2
　　◇林業就業者数と高齢化率　［第2-2-15図　p64］

臨時雇用者
　『海外労働白書　平成9年版』日本労働研究機構　1997.6
　　◇アメリカの年齢階層別・男女別臨時雇用者割合（95年2月）　［表2-2-A2　p349］

【れ】

レジャー　⇒余暇活動　を見よ

【ろ】

老人　⇒高齢者　を見よ

老人憩の家
　『日本統計年鑑　平成27年』総務省統計局　2014.11
　　◇主な社会福祉施設等（平成7～24年）　［表20-27　p658～659］

老人医療
　『厚生白書　平成9年版』厚生問題研究会　1997.6
　　◇患者一部負担　［（表）　p366］
　『社会保障年鑑　1997年版』東洋経済新報社　1997.7
　　◇老人医療受給対象者数の状況　［表III-13　p224］

老人医療費
　『医療白書　1997年版』日本医療企画　1997.10
　　◇老人医療費拠出金の負担（加入者調整）の仕組み　［図9-5　p317］
　『医療白書　2007年度版』日本医療企画　2007.7
　　◇都道府県の統計④医療システムの経済性・効率性　1人当たりの老人医療費

ろうしん　　　　　　　　　　　統計図表レファレンス事典　高齢化社会

　　　　［III　p306］

『厚生白書　平成9年版』厚生問題研究会　1997.6
　　◇老人医療費の負担の仕組み　［(図)　p366］
　　◇老人医療費と国民医療費の推移および動向　［詳細データ(表)1　p367］

『厚生労働白書　平成16年版』ぎょうせい　2004.6
　　◇1人当たり老人医療費の診療種別内訳(全国平均との差)　［図表7-1-5　p243］

『厚生労働白書　平成19年版』ぎょうせい　2007.9
　　◇国民医療費、老人医療費、高齢化率の推移　［図表1-2-2　p17］
　　◇都道府県別　1人当たり老人医療費の診療種別内訳(全国値との差)(2004年
　　　度)　［図表3-2-1　p69］
　　◇都道府県別　1人当たり老人医療費(入院)と医療費3要素(2004年度)　［図表
　　　3-2-2　p70］
　　◇都道府県別　1人当たり老人医療費と健診受診率(20歳以上)の相関関係　［図
　　　表3-6-2　p87］
　　◇都道府県別　1人当たり老人医療費と高齢者就業率(70歳以上人口に占める就
　　　業者の割合)の相関関係　［図表3-6-3　p87］
　　◇都道府県別　1人当たり老人医療費(入院)と人口10万人当たり病床数の相関
　　　関係　［図表3-6-4　p88］
　　◇都道府県別　1人当たり老人医療費(入院)と平均在院日数の相関関係　［図
　　　表3-6-5　p88］
　　◇都道府県別　1人当たり老人医療費と在宅等死亡率の相関関係　［図表3-6-6
　　　p89］
　　◇1人当たり老人医療費が高いグループの医療関連指標　［図表3-6-9　p94］
　　◇1人当たり老人医療費が低いグループの医療関連指標　［図表3-6-10　p94］
　　◇1人当たり老人医療費が高いグループの健康関連指標　［図表3-6-11　p95］
　　◇1人当たり老人医療費が低いグループの健康関連指標　［図表3-6-12　p95］

『高齢社会白書　平成9年版』大蔵省印刷局　1997.6
　　◇老人医療費の負担　［図3-2-19　p150］
　　◇老人医療費と国民医療費の推移　［図3-2-21　p152］

『高齢社会白書　平成16年度』ぎょうせい　2004.6
　　◇老人医療費と国民医療費の推移　［図2-3-23　p95］
　　◇一人当たり老人医療費の診療種別内訳(全国平均との差)　［図2-3-24　p95］

『高齢社会白書　平成19年版』ぎょうせい　2007.6
　　◇一人当たり老人医療費の診療種別内訳(全国平均との差)　［図2-3-19　p118］

『高齢社会白書　平成22年版』佐伯印刷　2010.7
　　◇老人医療費の特性　［図2-3-12　p102］
　　◇一人当たり老人医療費の診療種別内訳(全国平均との差)〜平成19年度〜
　　　［図2-3-13　p102］

『目で見る医療保険白書　平成16年版』ぎょうせい　2004.3

統計図表レファレンス事典　高齢化社会　　　　　　　　　　　　**ろうしん**

◇老人医療費の割合の推移（国民健康保険）　［53　p128］

老人医療福祉改革

『医療白書　1997年版』日本医療企画　1997.10
　◇エーデル改革（老人医療福祉改革）の概要　［図6-1　p172］

老人休養ホーム

『日本統計年鑑　平成27年』総務省統計局　2014.11
　◇主な社会福祉施設等（平成7〜24年）　［表20-27　p658〜659］

老人クラブ

『高齢社会白書　平成9年版』大蔵省印刷局　1997.6
　◇高齢者の各種サークル・団体への参加状況　［表7-3-1　p65］
　◇老人クラブ数と会員数の推移　［図3-3-8　p177］

『高齢社会白書　平成16年度』ぎょうせい　2004.6
　◇老人クラブ数と会員数の推移　［図2-3-35　p105］

『高齢社会白書　平成19年版』ぎょうせい　2007.6
　◇老人クラブ数と会員数の推移　［図2-3-27　p127］

『高齢社会白書　平成22年版』佐伯印刷　2010.7
　◇老人クラブ数と会員数の推移　［図2-3-17　p108］

『高齢社会白書　平成25年版』印刷通販　2013.7
　◇老人クラブ数と会員数の推移　［図2-3-6　p89］

老人診療費

『厚生白書　平成9年版』厚生問題研究会　1997.6
　◇老人と老人以外の診療費の比較　［詳細データ（表）2　p367］

老人大学校

『婦人白書　1997』ほるぷ出版　1997.8
　◇全国の老人大学校（推進機構運営のもの）　［図表5　p182］

老人福祉サービス給付費

『日本統計年鑑　平成27年』総務省統計局　2014.11
　◇高齢者及び児童・家族関係給付費（昭和60年度〜平成23年度）　［表20-4　p637］

老人福祉施設

『関西経済白書　2010年版』関西社会経済研究所　2010.9
　◇65歳以上人口1万人当たりの老人福祉施設事業者数　［図表 資1-67　p265］

『生活と貯蓄 関連統計　平成9年度版』貯蓄広報中央委員会　1997.4
　◇都道府県別老人福祉施設数　［（表）　p111］

253

ろうしん　　　　　　　　　　　　　　　　統計図表レファレンス事典　高齢化社会

『日本統計年鑑　平成27年』総務省統計局　2014.11
　　◇主な社会福祉施設等（平成7〜24年）　［表20-27　p658〜659］
『婦人白書　1997』ほるぷ出版　1997.8
　　◇老人福祉施設数と定員の推移　［図表付-111　p264］

老人福祉指導主事

『日本経済統計集　1989〜2007』日外アソシエーツ　2009.6
　　◇社会福祉行政機関及び民生委員（平成元年〜18年）　［図表12-24　p464〜
　　465］
『日本統計年鑑　平成27年』総務省統計局　2014.11
　　◇社会福祉行政機関及び民生委員（昭和60年〜平成24年度）　［表20-42　p669］

老人福祉センター

『日本統計年鑑　平成27年』総務省統計局　2014.11
　　◇主な社会福祉施設等（平成7〜24年）　［表20-27　p658〜659］

老人福祉費

『地方財政白書　平成9年版』大蔵省印刷局　1997.4
　　◇老人福祉費の状況　［第36表　p322〜323］
『地方財政白書　平成16年版』国立印刷局　2004.4
　　◇老人福祉費の状況　［第37表　p資54］
『地方財政白書　平成19年版』国立印刷局　2007.4
　　◇老人福祉費の状況　［第39表　p資55］
『地方財政白書　平成22年版』日経印刷　2010.3
　　◇老人福祉費の状況　［第39表　p資54］
『地方財政白書　平成25年版』日経印刷　2013.4
　　◇老人福祉費の状況　［第39表　p資54］
『日本統計年鑑　平成27年』総務省統計局　2014.11
　　◇地方普通会計：科目別歳入決算額及び目的別歳出決算額（平成23年度）　［表
　　5-12E　p163］

老人福祉法

『図説　高齢者白書　2004年度版』全国社会福祉協議会　2004.12
　　◇老人福祉法上の措置を行った事例　［11-3　p130］

老親扶養

『図説　高齢者白書　2004年度版』全国社会福祉協議会　2004.12
　　◇老親扶養に対する考え方　［2-11　p48］
『図説　高齢者白書　2006年度版』全国社会福祉協議会　2007.3

統計図表レファレンス事典　高齢化社会　　　　　　　　　　　　　　　　　　　**ろうしん**

◇老親扶養に対する考え方　［2-12　p57］

老人扶養支援

『男女共同参画の現状と施策　平成9年版』大蔵省印刷局　1997.7
　◇老人の扶養・介護及び出産・子育てへの国・自治体の支援に関する考え方
　　［表2-3-5　p55］

老人訪問看護ステーション

『厚生白書　平成9年版』厚生問題研究会　1997.6
　◇老人訪問看護ステーション指定状況の年次推移　［詳細データ（表）1　p371］

『男女共同参画の現状と施策　平成9年版』大蔵省印刷局　1997.7
　◇新ゴールドプランの在宅サービスの整備目標―（5）老人訪問看護ステーショ
　ン　［図6-1-1　p161］

老人訪問看護制度

『厚生白書　平成9年版』厚生問題研究会　1997.6
　◇老人訪問看護制度の概要　［（図）　p371］

『高齢社会白書　平成9年版』大蔵省印刷局　1997.6
　◇老人訪問看護制度の概要　［図3-2-8　p136］

『社会保障年鑑　1997年版』東洋経済新報社　1997.7
　◇老人訪問看護制度　［第1図　p80］

老人保健

『厚生白書　平成9年版』厚生問題研究会　1997.6
　◇平成6年度（実績）1,000人当たり老人加入数　［（図）　p367］

老人保健医療事業

『地方財政白書　平成9年版』大蔵省印刷局　1997.4
　◇老人保健医療事業決算の状況　［第116表　p450～451］

『地方財政白書　平成16年版』国立印刷局　2004.4
　◇老人保健医療事業決算の状況　［第118表　p資123］

『地方財政白書　平成19年版』国立印刷局　2007.4
　◇老人保健医療事業決算の状況　［第122表　p資126］

『地方財政白書　平成22年版』日経印刷　2010.3
　◇老人保健医療事業決算の状況　［第121表　p資120］

老人保健施設

『医療白書　1997年版』日本医療企画　1997.10
　◇一般病院、特定機能病院、紹介外来型病院、介護力強化型病院、特例許可老
　人病院、老人保健施設、特別養護老人ホームの比較　［表8-4　p251］

255

ろうしん　　　　　　　　　　　　　統計図表レファレンス事典　高齢化社会

『介護白書　平成16年版』ぎょうせい　2004.7
　◇（利用者に）将来またこの老人保健施設を利用したいと思うか　［図3-1-12　p109］
　◇（回答者に）知り合いにこの老人保健施設を勧めたいと思うか　［図3-1-13　p109］
　◇（回答者に）この老人保健施設に総合的にどの程度満足しているか　［図3-1-14　p109］

『厚生白書　平成9年版』厚生問題研究会　1997.6
　◇老人保健施設療養費　［詳細データ（表）3　p370］

『男女共同参画の現状と施策　平成9年版』大蔵省印刷局　1997.7
　◇新ゴールドプランの施設サービスの整備目標―（2）老人保健施設　［図6-1-2　p163］

老人保健診療

『社会保障年鑑　1997年版』東洋経済新報社　1997.7
　◇老人保健診療諸率　［表III-14　p225］

老人保健制度

『医療白書　1997年版』日本医療企画　1997.10
　◇老人保健制度抜本改革・各界意見総括比較表　［表9-11　p322］
　◇老人保健制度抜本改革・各界意見整理表　［表9-12　p323～328］

『高齢社会白書　平成19年版』ぎょうせい　2007.6
　◇老人保健制度における医療費の負担構造　［図2-3-16　p117］

『社会保障年鑑　1997年版』東洋経済新報社　1997.7
　◇老人保健制度の概要　［第2表　p20］

老人保健福祉計画

『高齢社会白書　平成9年版』大蔵省印刷局　1997.6
　◇老人保健福祉計画　［図3-2-6　p133］

老人保健福祉サービス

『厚生白書　平成9年版』厚生問題研究会　1997.6
　◇老人保健福祉サービスの体系　［（表）　p364］

老人保健法

『高齢社会白書　平成9年版』大蔵省印刷局　1997.6
　◇老人保健法に基づく保健事業（医療等以外）の概要　［表3-2-2　p127］
　◇老人保健法の一部改正案の概要　［表3-2-20　p151］

統計図表レファレンス事典　高齢化社会　　　　　　　　　　　　　　　　　ろうしん

老人保護施設

『厚生白書　平成9年版』厚生問題研究会　1997.6
　　◇開設実績等　［詳細データ（図）1　p370］
　　◇設置主体別・定員規模別状況　［詳細データ（表）2　p370］
　　◇性・年齢階級別にみた利用者数　［詳細データ（表）2　p371］

老人ホーム

　　⇒特別養護老人ホーム　をも見よ
『首都圏白書　平成9年版』大蔵省印刷局　1997.6
　　◇社会福祉施設の動向—65歳以上人口10万人当たりの老人ホーム数　［図6-4-3　p230］
『消防白書　平成21年版』日経印刷　2009.11
　　◇火災建物の配置図（群馬県渋川市老人ホーム）　［図4　p17］
　　◇未届の有料老人ホームに対する緊急調査結果（概要）　［図5　p17］
『食料・農業・農村白書　平成25年版』日経印刷　2013.7
　　◇学校給食、老人ホームにおける地場産物の利用状況　［図3-6-10　p247］
　　◇学校給食、老人ホームにおける地場産物利用拡大の課題（複数回答）　［図3-6-11　p248］
『地方財政白書　平成9年版』大蔵省印刷局　1997.4
　　◇65歳以上要保護者数及び老人ホーム施設充足率の推移　［第102図　p159］
　　◇老人ホームの状況　［第103図　p159］
　　◇老人ホームの状況　［第106表　p425］
『地方財政白書　平成16年版』国立印刷局　2004.4
　　◇老人ホームの状況　［第96図　p109］
　　◇老人ホームの状況　［第107表　p資108］
『地方財政白書　平成19年版』国立印刷局　2007.4
　　◇公立の老人ホームの状況　［第99図　p118］
　　◇公立老人ホームの状況　［第110表　p資110］
『地方財政白書　平成22年版』日経印刷　2010.3
　　◇公立の老人ホームの状況　［第92図　p104］
　　◇公立老人ホームの状況　［第110表　p資107］
『地方財政白書　平成25年版』日経印刷　2013.4
　　◇公立の老人ホームの状況　［第123図　p159］
　　◇公立老人ホームの状況　［第110表　p資107］
『日本統計年鑑　平成27年』総務省統計局　2014.11
　　◇主な社会福祉施設等（平成7〜24年）　［表20-27　p658〜659］

257

ろうしん　　　　　　　　　　　　　統計図表レファレンス事典　高齢化社会

老人ホームヘルパー

『婦人白書　1997』ほるぷ出版　1997.8
　　◇老人ホームヘルパー設置市町村数・ホームヘルパー数・派遣対象世帯数
　　　［図表付-112　p265］

労働時間

『厚生労働白書　平成19年版』ぎょうせい　2007.9
　　◇年齢階級別就業者の週間就業時間が60時間以上の者の割合の推移（男性）
　　　［図表2-4-2　p63］

『高齢社会白書　平成19年版』ぎょうせい　2007.6
　　◇労働時間等設定改善法の概要　［図2-3-3　p100］

『図説　農業白書　平成8年度版』農林統計協会　1997.5
　　◇農林業就業人口と延べ週間就業時間の年齢別構成比　［図IV-9　p231］

『男女共同参画白書　平成16年版』国立印刷局　2004.6
　　◇男性の年齢階級別労働時間数　［第1-序-46図　p41］

『労働経済白書　平成16年版』ぎょうせい　2004.9
　　◇年齢階級別35時間未満及び60時間以上雇用者の割合　［第1-(2)-13図　p89］

『労働経済白書　平成19年版』国立印刷局　2007.8
　　◇年齢階級別35時間未満及び60時間以上雇用者の割合　［第2-(2)-29図　p123］
　　◇月間労働時間階級別性、年齢別満足度　［第2-(2)-40表　p132］
　　◇年齢階級別・就業者（うち従業者）に占める週の労働時間が60時間以上の者
　　　の割合（非農林業）　［第2-(3)-21図　p154］
　　◇就業者（うち従業者）に占める週の労働時間が60時間以上の非農林業就業者
　　　の比率（男女別、年齢階級別）　［付2-(3)-6表　p285］

労働者

『国民春闘白書　2008年』学習の友社　2007.12
　　◇短期派遣で働く労働者の年齢構成　［[9]　p57］

『働く女性の実情　平成8年版』21世紀職業財団　1996.12
　　◇年齢階級、配偶関係、学歴別労働者構成比　［付表75　p付81］

『労働経済白書　平成19年版』国立印刷局　2007.8
　　◇性、就業形態、年齢階級別労働者の満足度　［付2-(3)-9表　p287］

労働者（高齢者）

『国民春闘白書　2013年』学習の友社　2012.12
　　◇55歳以上雇用形態別高齢労働者数の推移　［2　p70］
　　◇60歳以前と比べた時の仕事内容、責任の重さ変わらず　［4　p71］
　　◇働く理由は「経済上の理由」が7割以上　［5　p71］

『新規開業白書　平成9年版』中小企業リサーチセンター　1997.7

統計図表レファレンス事典　高齢化社会　　　　　　　　　　ろうとう

◇60歳以降の就労継続希望年齢　［図2-4　p37］

『世界の厚生労働　2007』TKC出版　2007.4
　　◇「高齢労働者の賃金保障」利用者数〔ドイツ〕　［表1-51　p77］

『日本労働年鑑　1997年版』労働旬報社　1997.6
　　◇企業規模別中高年の余剰人員対策　［図3　p口絵］

『ライフデザイン白書　1998-99』ライフデザイン研究所　1997.12
　　◇60歳以降も働きたい理由（就労者・就労希望者）　［図表10-19　p216］
　　◇60歳以降も働きたい理由（就労者）　［図表10-20　p217］
　　◇60歳以降も働きたい理由（就労希望者）　［図表10-21　p217］

『労働経済白書　平成25年版』新高速印刷　2013.9
　　◇産業別65歳以上の占める割合（2010年）　［第1-(1)-19図　p24］

『労働白書　平成9年版』日本労働研究機構　1997.6
　　◇職種別職種をこなすために要求される能力　［第2-(2)-21図　p265］
　　◇職種別何らかの配慮の内容（複数回答）―(1)事業主　［第2-(2)-22図　p268］
　　◇職種別何らかの配慮の内容（複数回答）―(2)労働者　［第2-(2)-22図　p268］
　　◇一般労働者に占める40歳以上労働者の割合　［第78表　p382］
　　◇55歳当時の企業規模、現在の企業規模別高年齢就業者の在籍状況（男子）
　　　　［第90表　p392］
　　◇職種別加齢に伴う能力の変化のパターン　［第109表　p404］
　　◇60歳以上の労働者の雇用に対する考え方　［第119表　p413］

労働力

『高齢社会白書　平成9年版』大蔵省印刷局　1997.6
　　◇労働力供給の将来推計（暫定推計）　［表4-1-1　p38］

『世界教育白書　1996』東京書籍　1997.3
　　◇アメリカにおける年齢および生年コーホート別にみた女子労働力参加率
　　　　［図3.7　p60］

『日本労働年鑑　1997年版』労働旬報社　1997.6
　　◇年齢階層別人口・労働力・完全失業率の変化　［第2表　p44］

労働力人口

『大阪経済・労働白書　平成16年版』大阪能率協会　2004.10
　　◇年齢層別労働力人口の推移（大阪）　［表8　p222］

『介護白書　平成16年版』ぎょうせい　2004.7
　　◇労働力人口の推移と見通し　［図1-4-1　p11］

『介護白書　平成19年版』TAC出版　2007.10
　　◇労働力人口の推移　［図1-1-6　p65］
　　◇労働力人口と労働力の見通し　［図1-1-7　p65］

259

ろうとう　　　　　　　　　　　　　　　　　　　統計図表レファレンス事典　高齢化社会

『介護白書　平成22年版』オフィスTM　2010.10
　　◇労働力人口の推移　［図1-1-6　p75］
　　◇労働力人口と労働力の見通し　［図1-1-7　p75］

『介護白書　平成25年版』オフィスTM　2013.10
　　◇労働力人口の推移　［図1-1-6　p065］

『過疎対策データブック　平成16年1月』丸井工文社　2004.1
　　◇ブロック別労働力人口の年齢構成割合　［図表1-4-2　p34］

『過疎対策データブック　平成18年12月』丸井工文社　2007.1
　　◇ブロック別労働力人口の年齢構成割合　［図表1-4-2　p33］

『過疎対策データブック　平成22年3月』丸井工文社　2010.3
　　◇ブロック別労働力人口の年齢構成割合　［図表1-4-2　p62］

『高齢社会白書　平成16年度』ぎょうせい　2004.6
　　◇労働力人口の推移と見通し　［図1-1-14　p11］

『高齢社会白書　平成19年版』ぎょうせい　2007.6
　　◇労働力人口の推移　［図1-2-50　p50］
　　◇労働力人口と労働力の見通し　［図1-2-51　p50］

『高齢社会白書　平成22年版』佐伯印刷　2010.7
　　◇労働力人口の推移　［図1-2-4-8　p37］
　　◇労働力人口と労働力の見通し　［図1-2-4-9　p38］

『高齢社会白書　平成25年版』印刷通販　2013.7
　　◇労働力人口の推移　［図1-2-4-4　p31］

『国民春闘白書　2013年』学習の友社　2012.12
　　◇年齢階級別労働力人口の推移　［1　p68］

『少子化社会白書　平成16年版』ぎょうせい　2004.12
　　◇性・年齢別労働力人口の将来推計　［第1-3-22図　p78］

『女性白書　2013』ほるぷ出版　2013.8
　　◇女性年齢階級別労働力人口比率の推移　［図表付-48　p225］

『女性労働の分析　2009年』21世紀職業財団　2010.5
　　◇年齢階級別労働力人口の推移　［付表2　p104］
　　◇配偶関係、年齢階級別女性労働力人口の推移　［付表5　p107］
　　◇主要国の年齢階級別労働力人口及び労働力率　［付表97　p208］

『女性労働の分析　2011年』21世紀職業財団　2012.8
　　◇年齢階級別労働力人口の推移　［付表2　p134］
　　◇主要国の年齢階級別労働力人口及び労働力率　［付表97　p238］

『女性労働白書　平成15年版』21世紀職業財団　2004.5
　　◇年齢階級別労働力人口及び労働力率の推移　［付表2　p付8〜9］
　　◇配偶関係、年齢階級別女性労働人口及び労働力率の推移　［付表4　p付11］

260

統計図表レファレンス事典　高齢化社会　　　　　　　　　　　　　　　　ろうどう

◇主要国の年齢階級別労働力人口及び労働力率　［付表96　p付103］

『図説　高齢者白書　2004年度版』全国社会福祉協議会　2004.12
　　◇労働力人口の動向　［5-1　p69］

『男女共同参画の現状と施策　平成9年版』大蔵省印刷局　1997.7
　　◇年齢階級別労働人口及び労働力率　［第15表　p258〜259］

『男女共同参画白書　平成16年版』国立印刷局　2004.6
　　◇年齢階級別労働人口及び労働力率　［第11表　p186］

『中小企業白書　平成9年版』大蔵省印刷局　1997.5
　　◇年齢階級別労働力人口の推移と見通し　［第3-3-9図　p502］

『東北経済白書　平成16年版』経済産業調査会　2004.12
　　◇労働力人口の年齢別構成比　［図1-2-46　p37］

『日本子ども資料年鑑　2007』KTC中央出版　2007.2
　　◇主要国の年齢階級別労働力人口及び労働力率　［II-2-19図　p74］

『日本統計年鑑　平成27年』総務省統計局　2014.11
　　◇年齢階級, 就業状態別労働力人口（平成2〜25年）　［表16-2　p494〜495］

『働く女性の実情　平成8年版』21世紀職業財団　1996.12
　　◇年齢階級別労働力人口及び労働力率の推移　［付表2　p付6〜7］
　　◇主要国の年齢階級別労働力人口及び労働力率　［付表120　p付122〜123］

労働力人口（高齢者）

『大阪経済・労働白書　平成21年版』大阪能率協会　2010.3
　　◇労働力人口に占める60歳以上の割合　［図表I-2-38　p51］

『介護白書　平成25年版』オフィスTM　2013.10
　　◇労働力人口と労働力人口に占める65歳以上の高齢者の割合の見通し　［図1-1-7　p065］

『九州経済白書　2007年度版』九州経済調査協会　2007.2
　　◇労働力人口の平均年齢と労働力人口に占める65歳以上の比率（九州・山口）
　　　［図表IV-13　p36］

労働力人口比率

『大阪経済・労働白書　平成19年版』大阪能率協会　2007.9
　　◇大阪府の女性の年齢階級別労働力人口比率の推移　［図表I-3-39　p83］
　　◇年齢階級別労働力人口比率（大阪府）　［図表III-1-2　p142］

『大阪経済・労働白書　平成21年版』大阪能率協会　2010.3
　　◇年齢階級別労働力人口比率（大阪府）　［図表III-1-2　p178］

『九州経済白書　2007年度版』九州経済調査協会　2007.2
　　◇男女別年齢階級別労働力人口比率　［図表IV-22　p39］

『女性白書　2010』ほるぷ出版　2010.8

261

ろうとう　　　　　　　　　　　　　　　　統計図表レファレンス事典　高齢化社会

◇年齢階級別女性の労働力人口比率の推移　［図表付-48　p255］
『図説　農業白書　平成8年度版』農林統計協会　1997.5
◇年齢別にみた女性全体と農家女性の労働力人口比率の推移の比較　［図IV-10　p236］
◇年齢別にみた女性全体と農家女性の労働人口比率の推移の比較　［（図）　p図説29］
『中国地域経済白書　2007』中国地方総合研究センター　2007.9
◇全国の性別、年齢階層別の労働力人口比率の推移　［図2.5.13　p113］
◇全国の性別,年齢階層別の労働力人口比率の前年差の推移　［図2.5.14　p113］
『日本子ども資料年鑑　2007』KTC中央出版　2007.2
◇年齢階級別女子労働力人口比率の推移　［II-2-18図　p73］
『日本子ども資料年鑑　2013』KTC中央出版　2013.2
◇年齢階級別労働力人口比率の推移　［II-2-20図　p72］
『日本統計年鑑　平成27年』総務省統計局　2014.11
◇男女,年齢階級別労働力人口比率　［図16-2］
『労働経済白書　平成19年版』国立印刷局　2007.8
◇年齢階級別女性労働力人口比率の推移　［第2-(3)-27図　p159］
◇高齢者の労働力人口比率の国際比較　［第2-(3)-30表　p161］
『労働経済白書　平成22年版』日経印刷　2010.8
◇男女別、年齢階級別労働力人口比率の推移　［付1-(1)-7表　p221］

労働力率

『大阪経済・労働白書　平成16年版』大阪能率協会　2004.10
◇年齢層別労働力率（大阪府）　［図表1-14　p144］
『海外情勢白書（世界の厚生労働）　2004』TKC出版　2004.10
◇各国の性別・年齢階層別労働力率　［付表3-4　p付8～付9］
『海外労働白書　平成9年版』日本労働研究機構　1997.6
◇各国の性別・年齢階層別労働力率　［付表2-(4)　p付7～付8］
『九州経済白書　2007年度版』九州経済調査協会　2007.2
◇九州の年齢階層別労働力率の変化　［図表4-15　p122］
◇九州における女性の年齢階層別就業率と労働力率　［図表4-19　p124］
『厚生労働白書　平成16年版』ぎょうせい　2004.6
◇性、年齢別労働力率の推移　［詳細データ2　p308］
『少子化社会白書　平成16年版』ぎょうせい　2004.12
◇性・年齢別労働力率の将来推計　［第1-3-23図　p78］
『食料・農業・農村白書　平成19年版』農林統計協会　2007.10
◇女性の年齢階層別労働力率の変化　［図I-26　p40］
『女性白書　2007』ほるぷ出版　2007.8

統計図表レファレンス事典　高齢化社会　　　　　　　　　　　　　　　ろうとう

　　◇女性の年齢階級別労働力率の推移　［図表3　p41］
　　◇女性年齢階級別労働力率の推移　［図表付-49　p245］
『女性労働の分析　2006年』21世紀職業財団　2007.7
　　◇女性の年齢階級別労働力率　［図表1-1　p3］
　　◇女性の配偶関係、年齢階級別労働力率　［図表1-2　p4］
『女性労働の分析　2009年』21世紀職業財団　2010.5
　　◇主要国の年齢階級別労働力人口及び労働力率　［付表97　p208］
『女性労働の分析　2011年』21世紀職業財団　2012.8
　　◇主要国の年齢階級別労働力人口及び労働力率　［付表97　p238］
『女性労働白書　平成15年版』21世紀職業財団　2004.5
　　◇未既婚別女性の年齢階級別労働力率　［第1-1図　p3］
　　◇女性の年齢階級別労働力率　［第1-3図　p4］
　　◇配偶関係、年齢階級別労働力率の推移（女性）　［第1-4図　p5］
　　◇年齢階級別労働力人口及び労働力率の推移　［付表2　p付8〜9］
　　◇配偶関係、年齢階級別女性労働人口及び労働力率の推移　［付表4　p付11］
　　◇主要国の年齢階級別労働力人口及び労働力率　［付表96　p付103］
『図説　高齢者白書　2004年度版』全国社会福祉協議会　2004.12
　　◇主要国の年齢別労働力率：最新年次　［1-32　p42］
　　◇主要国男子の高齢者労働力率：1960〜2003年　［1-33　p42］
『図説　高齢者白書　2006年度版』全国社会福祉協議会　2007.3
　　◇主要国の年齢別労働力率：最新年次　［1-32　p48］
　　◇主要国男子の高齢者労働力率：1960〜2005年　［1-33　p48］
『世界経済の潮流　2007年春』国立印刷局　2007.6
　　◇フランスの年齢別女性労働参加率の推移と国際比較（1）　［第1-2-11図　p28］
『世界の厚生労働　2007』TKC出版　2007.4
　　◇各国の性別・年齢階層別労働力率　［付表3-④　p付8］
『男女共同参画の現状と施策　平成9年版』大蔵省印刷局　1997.7
　　◇我が国の年齢別労働力率　［図2-2-1　p22］
　　◇各国の男女の年齢別労働力率　［図2-2-2　p23］
　　◇年齢別労働力率の国際比較（女性）　［図2-2-3（1）　p24］
　　◇年齢別労働力率の国際比較（男性）　［図2-2-3（2）　p24］
　　◇年齢階級別労働人口及び労働力率　［第15表　p258〜259］
『男女共同参画白書　平成16年版』国立印刷局　2004.6
　　◇年齢階級別労働力人口及び労働力率　［第11表　p186］
『男女共同参画白書　平成19年版』日経印刷　2007.6
　　◇各国年齢階級別女性労働力率　［第1-特-14図　p20］
　　◇女性の年齢階級別労働力率の推移　［第1-2-1図　p60］
　　◇配偶関係別女性の年齢階級別労働力率の推移　［第1-2-9図　p65］

263

ろうとう   統計図表レファレンス事典　高齢化社会

『男女共同参画白書　平成25年版』新高速印刷　2013.6
　　◇定年前後（55〜69歳）の労働力率の長期的推移（男女別）　［第1-4-3図　p93］
『中小企業白書　2004年版』ぎょうせい　2004.5
　　◇年齢階級別労働力率　［第2-1-48図　p88］
『通商白書（総論）　平成9年版』大蔵省印刷局　1997.5
　　◇主要先進国の年齢階級別労働力率（95年）　［第4-3-7図　p305］
『日本子ども資料年鑑　2007』KTC中央出版　2007.2
　　◇主要国の年齢階級別労働力人口及び労働力率　［II-2-19図　p74］
『働く女性の実情　平成8年版』21世紀職業財団　1996.12
　　◇年齢階級別労働力人口及び労働力率の推移　［付表2　p付6〜7］
　　◇主要国の年齢階級別労働力人口及び労働力率　［付表120　p付122〜123］
『ライフデザイン白書　1998-99』ライフデザイン研究所　1997.12
　　◇先進国の男女別、年齢別労働力率　［（図）　p33］
『労働白書　平成9年版』日本労働研究機構　1997.6
　　◇性・年齢階級別労働力率の推移　［第2-(1)-2図　p211］
　　◇年齢階級別労働力率　［第3表-2　p433］

労働力率（高齢者）

『労働白書　平成9年版』日本労働研究機構　1997.6
　　◇高年齢者の労働力率の推移（男子）　［第2-(1)-4図　p216］
　　◇高年齢者の労働力率の国際比較（男子）　［第2-(1)-11図　p228］
　　◇高年齢者の労働力率と自営業主比率の関係（男子、60〜64歳）　［第2-(1)-
　　　12図　p229］
　　◇世帯種類別高年齢者の労働力率の推移（男子、55〜64歳）　［第85表　p389］
　　◇高年齢者の労働力率の国際比較（女子）　［第88表　p391］

老年化指数

『日本統計年鑑　平成27年』総務省統計局　2014.11
　　◇年齢階級別人口及び年齢構成指数（昭和10年〜平成25年）　［表2-8　p52］

老年人口

『海外情勢白書（世界の厚生労働）　2004』TKC出版　2004.10
　　◇老年人口割合、平均寿命、合計特殊生産率、乳児死亡率の国際比較　［付表
　　　6-1　p付27］
『九州経済白書　2007年度版』九州経済調査協会　2007.2
　　◇老年人口比率別にみた市町村数の変化（九州・山口）　［図表V-3　p44］
『厚生白書　平成9年版』厚生問題研究会　1997.6
　　◇上昇する老年人口割合　［図4-1-2　p101］
『国土交通白書　2010』日経印刷　2010.7

264

統計図表レファレンス事典　高齢化社会　　　　　　　　　　　　　　　　　　　ろうれい

　　◇年少人口と老年人口の合計の割合と生産年齢人口の割合　［図表96　p50］

『子ども・子育て白書　平成22年版』佐伯印刷　2010.7
　　◇年少人口と老年人口の年次推移　［第1-2-2図　p35］

『少子化社会白書　平成16年版』ぎょうせい　2004.12
　　◇年少人口と老年人口の動き　［第1-1-5図　p7］

『少子化社会白書　平成19年版』日経印刷　2007.11
　　◇年少人口と老年人口の年次推移　［第1-1-4図　p5］

『食料・農業・農村白書　平成19年版』農林統計協会　2007.10
　　◇全国人口と老年人口率の動向　［図III-1　p146］

『森林・林業白書　平成19年版』日本林業協会　2007.6
　　◇2015年と2030年の推計人口、生産年齢人口、老年人口の割合　［図IV-12　p117］

『世界統計白書　2010年版』木本書店　2010.6
　　◇老年人口割合　［p562］

『世界の厚生労働　2007』TKC出版　2007.4
　　◇老年人口割合、平均寿命、合計特殊出生率、乳児死亡率の国際比較　［付表
　　6-①　p付28］

『文部科学白書　平成15年度』国立印刷局　2004.2
　　◇日本の総人口と総人口に占める老齢人口の割合　［図6　p6］

老年人口指数

『日本統計年鑑　平成27年』総務省統計局　2014.11
　　◇主要指標　［表・主要指標　p2〜11］
　　◇年齢階級別人口及び年齢構成指数（昭和10年〜平成25年）　［表2-8　p52］

老齢基礎年金

　　⇒年金 をも見よ

『国民春闘白書　2010年』学習の友社　2009.11
　　◇老齢基礎年金の月額別受給者数　［4　p79］

『日本経済統計集　1989〜2007』日外アソシエーツ　2009.6
　　◇国民年金（平成元年度〜11年度）　［図表12-13　p392〜395］
　　◇国民年金（平成12年度〜14年度）　［図表12-13　p396〜398］
　　◇国民年金（平成15年度〜17年度）　［図表12-13　p396〜398］

『日本統計年鑑　平成27年』総務省統計局　2014.11
　　◇国民年金（平成7〜23年度）　［表20-16　p648］

老齢年金

　　⇒年金 をも見よ

『世界の厚生労働　2007』TKC出版　2007.4

ろうれい　　　　　　　　　　　　　　統計図表レファレンス事典　高齢化社会

　　◇各国の繰上げ支給制度（老齢年金の早期支給制度）　［表1-5　p7］
　　◇老齢年金受給額と賃金月額の関係（2005年1〜6月）〔ドイツ〕　［表1-37　p65］
　『日本経済統計集　1989〜2007』日外アソシエーツ　2009.6
　　◇厚生年金保険（平成元年度〜3年度）　［図表12-12　p384〜388］
　　◇厚生年金保険（平成4年度〜12年度）　［図表12-12　p389〜391］
　　◇厚生年金保険（平成13年度〜17年度）　［表12-12　p389〜391］
　　◇国民年金（平成元年度〜11年度）　［図表12-13　p392〜395］
　『日本統計年鑑　平成27年』総務省統計局　2014.11
　　◇厚生年金保険（平成7〜23年度）　［表20-15　p648］
　『労働白書　平成9年版』日本労働研究機構　1997.6
　　◇1人当たり老齢年金月額（厚生年金保険）の推移　［第2-（1）-7図　p220］

老齢年金（外国）

　『世界の厚生労働　2007』TKC出版　2007.4
　　◇ドイツの老齢年金の支給開始年齢及び繰上げ支給制度　［表1-36　p65］
　　◇老齢年金受給額と賃金月額の関係（2005年1〜6月）〔ドイツ〕　［表1-37　p65］
　　◇性・対象者別老齢年金受給者数（2004年末現在）〔ドイツ〕　［表1-38　p66］
　　◇性・対象者別新規老齢年金受給者数（2004年）〔ドイツ〕　［表1-39　p66］
　　◇老齢年金（一般制度）の受給者数の推移〔フランス〕　［表1-62　p90］
　　◇年齢階級別老齢年金（一般制度）受給者数〔フランス〕　［表1-63　p90］
　　◇男女別在職老齢年金受給者数と受給割合〔フランス〕　［表1-65　p91］

老齢年金受給者

　『企業年金白書　平成9年版』ライフデザイン研究所　1997.3
　　◇老齢年金受給者数の推移（年度末現在）　［3-5表　p93］
　『女性白書　2004』ほるぷ出版　2004.8
　　◇国民年金老齢年金受給権者の概況　［図表付-92　p235］
　　◇厚生年金老齢年金受給権者の概況　［図表付-93　p235］
　『女性白書　2007』ほるぷ出版　2007.8
　　◇国民年金・老齢年金受給権者の概況　［図表付-91　p266］
　　◇厚生年金・老齢年金受給権者の概況　［図表付-92　p266］
　『女性白書　2010』ほるぷ出版　2010.8
　　◇性別年金額階級別国民年金老齢年金受給権者数（2007年度末現在）　［図表付-86　p277］
　　◇性別年金額階級別厚生年金保険老齢年金受給権者数（2007年度末現在）　［図表付-87　p277］
　『女性白書　2013』ほるぷ出版　2013.8
　　◇性別年金月額階級別国民年金老齢年金受給権者数　［図表付-89　p250］
　　◇性別年金月額階級別厚生年金保険老齢年金受給権者数　［図表付-90　p251］

統計図表レファレンス事典　高齢化社会　　　　　　　　　　　　　　　　　DVR

『世界の厚生労働　2007』TKC出版　2007.4
　　◇老齢年金（一般制度）の受給者数の推移〔フランス〕　〔表1-62　p90〕

老齢福祉年金

　　⇒年金 をも見よ

『日本経済統計集　1989～2007』日外アソシエーツ　2009.6
　　◇国民年金（平成元年度～11年度）　〔図表12-13　p392～395〕
　　◇国民年金（平成15年度～17年度）　〔図表12-13　p396～398〕

【わ】

ワープロ

『図説 高齢者白書　2004年度版』全国社会福祉協議会　2004.12
　　◇世帯主の年齢階級別パソコン・ワープロの年間支出金額（全世帯）（平成11
　　年）　〔3-9　p56〕

【ABC】

BMI

　　⇒肥満 をも見よ

『国民栄養の現状　平成9年版』第一出版　1997.10
　　◇BMIの年次推移（性・年齢階級別）　〔図36　p52〕
　　◇BMIからみた過体重及び肥満者の割合（性・年齢階級別、20歳以上）　〔図
　　37　p53〕
『国民健康・栄養調査報告　平成16年』第一出版　2006.11
　　◇BMIの平均値及び標準偏差（性・年齢階級別）　〔第21表　p147〕
『国民健康・栄養の現状　平成19年』第一出版　2010.5
　　◇BMIの平均値及び標準偏差（性・年齢階級別）　〔第21表　p169〕

DVR

『情報メディア白書　2013』ダイヤモンド社　2013.1
　　◇性・年齢層別DVR利用者1日当たり平均テレビ番組再生・録画分数〈2012年
　　/首都圏/週平均〉〔図表I-8-29　p138〕
　　◇性・年齢層別DVR利用者1日当たりテレビ番組再生時間分布〈2012年/首都
　　圏〉〔図表I-8-30　p138〕

267

ICTサービス

『情報通信白書　平成25年版』日経印刷　2013.7
　　◇高齢者等が利用したいICTサービス　［図表2-3-2-5　p251］
　　◇高齢者のICT利用傾向　［図表2-3-2-11　p254］

IT

『介護白書　平成16年版』ぎょうせい　2004.7
　　◇高齢者のIT利用特性データベース構築等基盤設備整備事業に関する調査研究　［図4-16　p250］

『経済財政白書　平成22年版』日経印刷　2010.8
　　◇介護サービス業とIT利用　［第3-1-24図　p309］

JR

『運輸白書　平成8年度』大蔵省印刷局　1997.1
　　◇JR（国鉄）の高齢者・障害者用施設整備状況　［1-3-21表　p61］

『企業年金白書　平成9年版』ライフデザイン研究所　1997.3
　　◇統合後の旧JR、JT共済組合の財源構造（金額は平成9年度）　［2-1-2図　p59］

JT

『企業年金白書　平成9年版』ライフデザイン研究所　1997.3
　　◇統合後の旧JR、JT共済組合の財源構造（金額は平成9年度）　［2-1-2図　p59］

NPO

『高齢社会白書　平成16年度』ぎょうせい　2004.6
　　◇特定非営利活動法人（NPO法人）の認証数　［表2-3-39　p109］

『高齢社会白書　平成19年版』ぎょうせい　2007.6
　　◇NPO活動への参加の有無　［図1-2-56　p53］
　　◇NPO活動に参加しなかった理由（複数回答）　［図1-2-57　p54］
　　◇特定非営利活動法人の認証数　［表2-3-31　p130］

『高齢社会白書　平成22年版』佐伯印刷　2010.7
　　◇NPO活動への関心の有無　［図1-2-5-6　p41］
　　◇NPO活動への関心の有無（近所の人たちとの交流の有無別）　［図1-2-5-7　p41］
　　◇NPO活動への関心の有無（親しい友人の有無別）　［図1-2-5-8　p41］
　　◇特定非営利活動法人の認証数　［表2-3-19　p110］

『高齢社会白書　平成25年版』印刷通販　2013.7
　　◇特定非営利活動法人の認証数　［表2-3-8　p91］

『食料・農業・農村白書　平成19年版』農林統計協会　2007.10
　　◇NPO、ボランティア等の活動への参画に関する意向（年齢階層別）　［図III-42　p177］

268

統計図表レファレンス事典　高齢化社会　　　　　　　　　　　　　　　WOWO

WOWOW

『情報メディア白書　1997年版』電通総研　1997.1
　　◇WOWOW契約者の年代構成　［図表I-14-5　p85］

収録資料一覧

収録資料一覧　　　かそ

【あ】

『アメリカ中小企業白書　2008・2009』同友館　2009.10　ISBN978-4-496-04567-7

『医療経営白書　2013年度版』日本医療企画　2013.10　ISBN978-4-86439-192-4

『医療白書　1997年版』日本医療企画　1997.10　ISBN4-89041-340-5

『医療白書　2004年度版』日本医療企画　2004.10　ISBN4-89041-648-X

『医療白書　2007年度版』日本医療企画　2007.7　ISBN4-89041-769-8

『医療白書　2010年度版』日本医療企画　2010.11　ISBN4-89041-957-9

『医療白書　2013年度版』日本医療企画　2013.9　ISBN978-4-86439-190-0

『インターネット白書　2004』インプレス　ネットビジネスカンパニー　2004.7
　ISBN4-8443-1948-5

『インターネット白書　2007』インプレスR&D　2007.7　ISBN4-8443-2410-2

『インターネット白書　2012』インプレスジャパン　2012.7
　ISBN978-4-8443-3230-5

『運輸白書　平成8年度』大蔵省印刷局　1997.1　ISBN4-17-120171-3

『大阪経済・労働白書　平成16年版』大阪能率協会　2004.10

『大阪経済・労働白書　平成19年版』大阪能率協会　2007.9

『大阪経済・労働白書　平成21年版』大阪能率協会　2010.3

【か】

『海外情勢白書（世界の厚生労働）　2004』TKC出版　2004.10
　ISBN4-924947-47-4

『海外労働白書　平成9年版』日本労働研究機構　1997.6　ISBN4-538-46072-9

『介護経営白書　2013年度版』日本医療企画　2013.10　ISBN978-4-86439-191-7

『介護白書　平成16年版』ぎょうせい　2004.7　ISBN4-324-07303-1

『介護白書　平成19年版』TAC出版　2007.10　ISBN978-4-8132-8998-2

『介護白書　平成22年版』オフィスTM　2010.10　ISBN978-4-8132-8992-0

『介護白書　平成25年版』オフィスTM　2013.10　ISBN978-4-8132-8981-4

『科学技術白書　平成9年版』大蔵省印刷局　1997.6　ISBN4-17-152072-X

『貸金業白書　平成15年版』全国貸金業協会連合会　2004.2

『過疎対策データブック　平成16年1月』丸井工文社　2004.1　ISBN4-88650-010-2

273

かそ　　　　　　　　　収録資料一覧

『過疎対策データブック　平成18年12月』丸井工文社　2007.1
　　ISBN978-4-88650-020-5
『過疎対策データブック　平成22年3月』丸井工文社　2010.3
　　ISBN978-4-88650-022-9
『過疎対策の現況　平成8年度版』丸井工文社　1997.8
『観光白書　平成9年版』大蔵省印刷局　1997.6　ISBN4-17-155172-2
『観光白書　平成19年版』コミュニカ　2007.7　ISBN978-4-9902296-0-3
『観光ビジネス未来白書　2010年版』同友館　2010.3　ISBN978-4-496-04641-4
『看護白書　平成19年版』日本看護協会出版会　2007.11　ISBN978-4-8180-1307-0
『看護白書　平成22年版』日本看護協会出版会　2010.10　ISBN978-4-8180-1547-0
『看護白書　平成25年版』日本看護協会出版会　2013.10　ISBN978-4-8180-1787-0
『関西活性化白書　2004年版』関西社会経済研究所　2004.5　ISBN4-87769-616-4
『関西経済白書　2007年版』関西社会経済研究所　2007.6
　　ISBN978-4-87769-631-3
『関西経済白書　2010年版』関西社会経済研究所　2010.9
　　ISBN978-4-87769-641-2
『関西経済白書　2013年版』アジア太平洋研究所　2013.9
　　ISBN978-4-87769-655-9
『企業年金白書　平成9年版』ライフデザイン研究所　1997.3　ISBN4-947649-31-3
『規制緩和白書　97年版』大蔵省印刷局　1997.9　ISBN4-17-163572-1
『九州経済白書　2004年版』九州経済調査協会　2004.2
『九州経済白書　2007年度版』九州経済調査協会　2007.2
　　ISBN978-4-903775-00-5
『九州経済白書　2010年版』九州経済調査協会　2010.2　ISBN978-4-903775-06-7
『経済財政白書　平成16年版』国立印刷局　2004.7　ISBN4-17-180180-X
『経済財政白書　平成19年版』時事画報社　2007.8　ISBN978-4-915208-19-5
『経済財政白書　平成22年版』日経印刷　2010.8　ISBN978-4-904260-66-1
『経済財政白書　平成25年版』日経印刷　2013.8　ISBN978-4-905427-56-8
『経済白書　平成9年版』大蔵省印刷局　1997.7　ISBN4-17-180172-9
『警察白書　平成9年版』大蔵省印刷局　1997.9　ISBN4-17-182172-X
『警察白書　平成16年版』ぎょうせい　2004.10　ISBN4-324-07481-X
『警察白書　平成19年度版』ぎょうせい　2007.7　ISBN4-324-08227-0
『警察白書　平成22年度版』ぎょうせい　2010.7　ISBN4-324-09107-4
『警察白書　平成25年版』日経印刷　2013.7　ISBN978-4-905427-52-0
『ケータイ白書　2008』インプレスR&D　2007.12　ISBN978-4-8443-2490-4
『建設白書　平成9年版』大蔵省印刷局　1997.8　ISBN4-17-181172-4

収録資料一覧　　　　こく

『公益法人白書　平成19年版』セブンプランニング　2007.8
　ISBN978-4-9902589-3-1
『厚生白書　平成9年版』厚生問題研究会　1997.6　ISBN4-324-05193-3
『厚生労働白書　平成16年版』ぎょうせい　2004.6　ISBN4-324-07409-7
『厚生労働白書　平成19年版』ぎょうせい　2007.9　ISBN4-324-08303-1
『厚生労働白書　平成22年版』日経印刷　2010.8　ISBN4-904260-68-5
『厚生労働白書　平成25年版』日経印刷　2013.9　ISBN978-4-905427-58-2
『交通安全白書　平成9年度』大蔵省印刷局　1997.7　ISBN4-17-191172-9
『交通安全白書　平成16年版』国立印刷局　2004.6　ISBN4-17-191179-6
『交通安全白書　平成19年版』佐伯印刷　2007.6　ISBN978-4-903729-08-4
『交通安全白書　平成22年版』印刷通販　2010.7　ISBN978-4-904260-62-3
『交通安全白書　平成25年版』勝美印刷　2013.7　ISBN978-4-906955-17-6
『公務員白書　平成9年版』大蔵省印刷局　1997.6　ISBN4-17-192072-8
『公務員白書　平成16年版』国立印刷局　2004.6　ISBN4-17-192079-5
『公務員白書　平成19年版』佐伯印刷　2007.6　ISBN978-4-903729-09-1
『公務員白書　平成22年版』日経印刷　2010.6　ISBN978-4-904260-55-5
『公務員白書　平成25年版』日経印刷　2013.6　ISBN978-4-905427-44-5
『高齢社会白書　平成9年版』大蔵省印刷局　1997.6　ISBN4-17-190072-7
『高齢社会白書　平成16年度』ぎょうせい　2004.6　ISBN4-324-07434-8
『高齢社会白書　平成19年版』ぎょうせい　2007.6　ISBN978-4-324-08246-1
『高齢社会白書　平成22年版』佐伯印刷　2010.7　ISBN978-4-903729-83-1
『高齢社会白書　平成25年版』印刷通販　2013.7　ISBN978-4-904681-05-3
『国土交通白書　平成16年版』ぎょうせい　2004.4　ISBN4-324-07411-9
『国土交通白書　2007』ぎょうせい　2007.5　ISBN978-4-324-08219-5
『国土交通白書　2010』日経印刷　2010.7　ISBN978-4-904260-61-6
『国土交通白書　2013』日経印刷　2013.7　ISBN978-4-905427-49-0
『国民栄養の現状　平成9年版』第一出版　1997.10　ISBN4-8041-0835-1
『国民健康・栄養調査報告　平成16年』第一出版　2006.11　ISBN4-8041-1151-4
『国民健康・栄養の現状　平成19年』第一出版　2010.5　ISBN978-4-8041-1224-4
『国民健康・栄養の現状　平成22年』第一出版　2013.8　ISBN978-4-8041-1289-3
『国民春闘白書　2005年』学習の友社　2004.12　ISBN4-7617-0627-9
『国民春闘白書　2008年』学習の友社　2007.12　ISBN978-4-7617-0645-6
『国民春闘白書　2010年』学習の友社　2009.11　ISBN978-4-7617-0662-3
『国民春闘白書　2013年』学習の友社　2012.12　ISBN978-4-7617-0901-3
『国民生活白書　平成9年版』大蔵省印刷局　1997.11　ISBN4-17-190472-2

275

こく　　　　　　　　　　収録資料一覧

『国民生活白書　平成16年版』国立印刷局　2004.5　ISBN4-17-190476-5

『国民生活白書　平成19年版』時事画報社　2007.7　ISBN4-915208-17-1

『子ども・子育て白書　平成22年版』佐伯印刷　2010.7　ISBN978-4-903729-81-7

【さ】

『産業人メンタルヘルス白書　2007年版』メンタル・ヘルス研究所　2007.8
　ISBN978-4-903278-02-5

『産業人メンタルヘルス白書　2010年版』日本生産性本部生産性労働情報センター
　2010.8　ISBN978-4-88372-384-3

『ジェンダー白書　9（2013）』明石書店　2013.3　ISBN978-4-7503-3797-5

『自殺対策白書　平成19年版』佐伯印刷　2007.12　ISBN978-4-903729-19-0

『自殺対策白書　平成22年版』印刷通販　2010.7　ISBN978-4-904681-00-8

『自殺対策白書　平成25年版』勝美印刷　2013.7　ISBN978-4-906955-14-5

『失業対策年鑑　平成7年度版』労務行政研究所　1997.3　ISBN4-8452-7038-2

『社会福祉の動向　2007』中央法規出版　2007.1　ISBN978-4-8058-4714-5

『社会福祉の動向　2010』中央法規出版　2010.3　ISBN978-4-8058-4922-4

『社会福祉の動向　2013』中央法規出版　2013.1　ISBN978-4-8058-3755-9

『社会保障年鑑　1997年版』東洋経済新報社　1997.7　ISBN4-492-03126-X

『住宅白書　2007-2008』ドメス出版　2007.9　ISBN978-4-8107-0689-5

『住宅白書　2009-2010』ドメス出版　2009.10　ISBN978-4-8107-0729-8

『首都圏白書　平成9年版』大蔵省印刷局　1997.6　ISBN4-17-219009-X

『首都圏白書　平成16年版』国立印刷局　2004.6　ISBN4-17-219016-2

『首都圏白書　平成19年版』国立印刷局　2007.6　ISBN978-4-17-219019-6

『首都圏白書　平成22年版』佐伯印刷　2010.7　ISBN978-4-903729-79-4

『首都圏白書　平成25年版』勝美印刷　2013.7　ISBN978-4-906955-12-1

『春闘図解　'97』労働経済社　1997.2　ISBN4-947585-58-7

『障害者白書　平成9年版』大蔵省印刷局　1997.12　ISBN4-17-217709-3

『障害者白書　平成16年版』国立印刷局　2004.6　ISBN4-17-217716-6

『障害者白書　平成19年版』佐伯印刷　2007.7　ISBN978-4-903729-11-4

『障害者白書　平成22年版』日経印刷　2010.7　ISBN978-4-904260-64-7

『障害者白書　平成25年版』印刷通販　2013.8　ISBN978-4-904681-06-0

『少子化社会対策白書　平成25年版』勝美印刷　2013.8　ISBN978-4-906955-16-9

『少子化社会白書　平成16年版』ぎょうせい　2004.12　ISBN4-324-07567-0

収録資料一覧　　しよ

『少子化社会白書　平成19年版』日経印刷　2007.11　ISBN978-4-9903697-4-3

『消費社会白書　2010』JMR生活総合研究所　2009.11　ISBN978-4-902613-22-3

『消費社会白書　2013』JMR生活総合研究所　2012.11　ISBN978-4-902613-34-6

『消費者金融白書　平成19年版』消費者金融協会　2007.10

『消費者白書　平成25年版』勝美印刷　2013.7　ISBN978-4-906955-11-4

『情報化白書　2004』コンピュータ・エージ社　2004.8　ISBN4-87566-296-3

『情報化白書　2006』BCN　2006.10　ISBN4-906657-70-2

『情報通信白書　平成16年版』ぎょうせい　2004.7　ISBN4-324-07441-0

『情報通信白書　平成19年版』ぎょうせい　2007.7　ISBN978-4-324-08260-7

『情報通信白書　平成22年版』ぎょうせい　2010.7　ISBN978-4-324-09117-3

『情報通信白書　平成25年版』日経印刷　2013.7　ISBN978-4-905427-50-6

『消防白書　平成9年版』大蔵省印刷局　1997.12　ISBN4-17-210572-6

『消防白書　平成15年版』ぎょうせい　2003.12　ISBN4-324-07279-5

『消防白書　平成19年版』ぎょうせい　2007.12　ISBN978-4-324-08374-1

『消防白書　平成21年版』日経印刷　2009.11　ISBN978-4-904260-36-4

『消防白書　平成24年版』勝美印刷　2012.12　ISBN978-4-906955-07-7

『情報メディア白書　1997年版』電通総研　1997.1

『情報メディア白書　2007』ダイヤモンド社　2007.1　ISBN978-4-478-02313-6

『情報メディア白書　2010』ダイヤモンド社　2010.1　ISBN978-4-478-01217-8

『情報メディア白書　2013』ダイヤモンド社　2013.1　ISBN978-4-478-02397-6

『食育白書　平成25年版』勝美印刷　2013.7　ISBN978-4-906955-10-7

『食料・農業・農村白書　平成19年版』農林統計協会　2007.10
　　ISBN978-4-541-03527-1

『食料・農業・農村白書　平成22年版』佐伯印刷　2010.6　ISBN978-4-903729-76-3

『食料・農業・農村白書　平成25年版』日経印刷　2013.7　ISBN978-4-905427-48-3

『食料白書　1997年版』食料・農業政策研究センター　1997.3
　　ISBN4-540-96125-X

『女性白書　2004』ほるぷ出版　2004.8　ISBN4-593-58029-3

『女性白書　2007』ほるぷ出版　2007.8　ISBN978-4-593-58032-3

『女性白書　2010』ほるぷ出版　2010.8　ISBN978-4-593-58035-4

『女性白書　2013』ほるぷ出版　2013.8　ISBN978-4-593-58038-5

『女性労働の分析　2006年』21世紀職業財団　2007.7　ISBN978-4-915811-37-1

『女性労働の分析　2009年』21世紀職業財団　2010.5　ISBN978-4-915811-46-3

『女性労働の分析　2011年』21世紀職業財団　2012.8　ISBN978-4-915811-50-0

『女性労働白書　平成15年版』21世紀職業財団　2004.5　ISBN4-915811-30-1

しん　収録資料一覧

『新規開業白書　平成9年版』中小企業リサーチセンター　1997.7
　ISBN4-88640-480-4

『新規開業白書　2013年版』同友館　2013.7　ISBN978-4-496-04986-6

『人権教育・啓発白書　平成25年版』勝美印刷　2013.6　ISBN978-4-906955-09-1

『新社会人白書　2012年』労働調査会　2010.10　ISBN978-4-86319-152-5

『森林・林業白書　平成19年版』日本林業協会　2007.6　ISBN978-4-541-03497-7

『森林・林業白書　平成22年版』全国林業改良普及協会　2010.6
　ISBN978-4-88138-242-4

『森林・林業白書　平成25年版』農林統計協会　2013.7　ISBN978-4-541-03936-1

『水産白書　平成19年版』農林統計協会　2007.6　ISBN978-4-541-03498-4

『水産白書　平成22年版』農林統計協会　2010.6　ISBN978-4-89732-199-8

『水産白書　平成25年版』農林統計協会　2013.7　ISBN978-4-541-03939-2

『図説　漁業白書　平成8年度版』農林統計協会　1997.5　ISBN4-541-02262-1

『図説　高齢者白書　2004年度版』全国社会福祉協議会　2004.12
　ISBN4-7935-0768-9

『図説　高齢者白書　2006年度版』全国社会福祉協議会　2007.3
　ISBN978-4-7935-0904-9

『図説　食料・農業・農村白書　平成15年度』農林統計協会　2004.6
　ISBN4-541-03165-5

『図説　森林・林業白書　平成15年度』日本林業協会　2004.7　ISBN4-541-03166-3

『図説　農業白書　平成8年度版』農林統計協会　1997.5　ISBN4-541-02265-6

『図表で見る医療保障　平成22年度版』ぎょうせい　2010.7
　ISBN978-4-324-09070-1

『図表で見る医療保障　平成25年度版』ぎょうせい　2013.9
　ISBN978-4-324-09743-4

『生活と貯蓄　関連統計　平成9年度版』貯蓄広報中央委員会　1997.4

『青少年白書　平成8年度版』大蔵省印刷局　1997.1　ISBN4-17-233071-1

『青少年白書　平成16年版』国立印刷局　2004.7　ISBN4-17-233078-9

『青少年白書　平成19年版』時事画報社　2007.7　ISBN978-4-915208-16-4

『青少年白書　平成21年版』日経印刷　2009.8　ISBN978-4-904260-29-6

『精神保健福祉白書　2008年版』中央法規出版　2007.12　ISBN978-4-8058-2951-6

『精神保健福祉白書　2010年版』中央法規出版　2009.12　ISBN978-4-8058-3234-9

『精神保健福祉白書　2013年版』中央法規出版　2012.12　ISBN978-4-8058-3724-5

『製造基盤白書（ものづくり白書）　2004年版』ぎょうせい　2004.6
　ISBN4-324-07444-5

『世界教育白書　1996』東京書籍　1997.3　ISBN4-487-75713-4

『世界経済の潮流　2004年春』国立印刷局　2004.5　ISBN4-17-230190-8

収録資料一覧　　　　　　　つう

『世界経済の潮流　2004年秋』国立印刷局　2004.11　ISBN4-17-230191-6

『世界経済の潮流　2007年春』国立印刷局　2007.6　ISBN978-4-17-230193-6

『世界経済の潮流　2010年I』日経印刷　2010.6　ISBN978-4-904260-56-2

『世界経済の潮流　2013年I』日経印刷　2013.6　ISBN978-4-905427-47-6

『世界統計白書　2010年版』木本書店　2010.6　ISBN978-4-905689-99-7

『世界統計白書　2013年版』木本書店　2013.9　ISBN978-4-904808-11-5

『世界の厚生労働　2007』TKC出版　2007.4　ISBN978-4-924947-65-8

『世界の厚生労働　2013』正陽文庫　2013.4　ISBN978-4-921187-21-7

【 た 】

『男女共同参画の現状と施策　平成9年版』大蔵省印刷局　1997.7
ISBN4-17-259009-8

『男女共同参画白書　平成16年版』国立印刷局　2004.6　ISBN4-17-259016-0

『男女共同参画白書　平成19年版』日経印刷　2007.6　ISBN978-4-9903697-0-5

『男女共同参画白書　平成22年版』中和印刷　2010.6　ISBN978-4-924447-95-0

『男女共同参画白書　平成25年版』新高速印刷　2013.6　ISBN978-4-903944-10-4

『地域の経済　2006』日本統計協会　2007.2　ISBN978-4-8223-3224-2

『地域の経済　2009』佐藤印刷　2010.2

『地域の経済　2012』日経印刷　2012.12　ISBN978-4-905427-37-7

『地方財政白書　平成9年版』大蔵省印刷局　1997.4　ISBN4-17-260072-7

『地方財政白書　平成16年版』国立印刷局　2004.4　ISBN4-17-260079-4

『地方財政白書　平成19年版』国立印刷局　2007.4　ISBN978-4-17-260082-4

『地方財政白書　平成22年版』日経印刷　2010.3　ISBN978-4-904260-46-3

『地方財政白書　平成25年版』日経印刷　2013.4　ISBN978-4-905427-41-4

『中国地域経済白書　2004』中国地方総合研究センター　2004.7

『中国地域経済白書　2007』中国地方総合研究センター　2007.9

『中国地域経済白書　2010年』中国地方総合研究センター　2010.9

『中国地域経済白書　2013』中国地方総合研究センター　2013.9

『中小企業白書　平成9年版』大蔵省印刷局　1997.5　ISBN4-17-261072-2

『中小企業白書　2004年版』ぎょうせい　2004.5　ISBN4-324-07403-8

『中小企業白書　2007年版』ぎょうせい　2007.6　ISBN978-4-324-08215-7

『中小企業白書　2010年版』日経印刷　2010.6　ISBN978-4-904260-57-9

『通商白書（総論）　平成9年版』大蔵省印刷局　1997.5　ISBN4-17-270364-X

つう　　　　　　　　収録資料一覧

『通商白書　平成16年版』ぎょうせい　2004.7　ISBN4-324-07474-7

『通商白書　2007年版』時事画報社　2007.7　ISBN978-4-915208-18-8

『通商白書　2010年版』日経印刷　2010.7　ISBN978-4-904260-60-9

『通信白書　平成9年版』大蔵省印刷局　1997.5　ISBN4-17-270172-8

『デジタルコンテンツ白書　2013』デジタルコンテンツ協会　2013.9
　ISBN978-4-944065-22-6

『電子工業年鑑　'97』電波新聞出版部　1997.3　ISBN4-88554-469-6

『東京の中小企業の現状　平成18年度』東京都産業労働局　2007.3

『東京の中小企業の現状（製造業編）　平成21年度』東京都産業労働局　2010.3

『東北経済白書　平成16年版』経済産業調査会　2004.12　ISBN4-8065-1689-9

『東北経済白書　平成18年版』経済産業調査会　2007.1　ISBN978-4-8065-1718-4

『特例民法法人白書　平成22年度』全国公益法人協会　2010.9
　ISBN978-4-915668-32-6

『特例民法法人白書　平成24年度』全国公益法人協会　2012.12
　ISBN978-4-915668-45-6

『土地白書　平成9年版』大蔵省印刷局　1997.6　ISBN4-17-290009-7

『土地白書　平成16年版』国立印刷局　2004.7　ISBN4-17-290016-X

『土地白書　平成19年版』国立印刷局　2007.7　ISBN978-4-17-290019-1

『土地白書　平成22年版』勝美印刷　2010.8　ISBN978-4-9902721-2-8

『土地白書　平成25年版』勝美印刷　2013.8　ISBN978-4-906955-15-2

【 な 】

『日中経済産業白書　2012/2013』日中経済協会　2013.7　ISBN978-4-88880-191-1

『日本経済統計集　1989～2007』日外アソシエーツ　2009.6
　ISBN978-4-8169-2188-9

『日本子ども資料年鑑　2007』KTC中央出版　2007.2　ISBN978-4-87758-356-9

『日本子ども資料年鑑　2010』KTC中央出版　2010.2　ISBN978-4-87758-362-0

『日本子ども資料年鑑　2013』KTC中央出版　2013.2　ISBN978-4-87758-366-8

『日本統計年鑑　平成27年』総務省統計局　2014.11　ISBN978-4-8223-3784-1

『日本福祉年鑑　'97～'98』講談社　1997.7　ISBN4-06-153112-3

『日本民間放送年鑑　平成9年版』日本民間放送連盟　1997.12

『日本労働年鑑　1997年版』労働旬報社　1997.6　ISBN4-8451-0483-0

収録資料一覧　　　　もは

【 は 】

『パソコン白書　97-98』コンピュータ・エージ社　1997.12　ISBN4-87566-172-X
『働く女性の実情　平成8年版』21世紀職業財団　1996.12　ISBN4-915811-11-5
『発達障害白書　2005』日本文化科学社　2004.11　ISBN4-8210-7905-4
『発達障害白書　2014年版』明石書店　2013.9　ISBN978-4-7503-3883-5
『犯罪白書　平成9年版』大蔵省印刷局　1997.10　ISBN4-17-350172-2
『犯罪白書　平成16年版』国立印刷局　2004.11　ISBN4-17-350179-X
『犯罪白書　平成19年版』佐伯印刷　2007.11　ISBN978-4-903729-16-9
『犯罪白書　平成21年版』太平印刷社　2009.11　ISBN978-4-7887-0880-8
『犯罪白書　平成24年版』日経印刷　2012.12　ISBN978-4-905427-32-2
『犯罪被害者白書　平成19年版』佐伯印刷　2007.11　ISBN978-4-903729-18-3
『婦人白書　1997』ほるぷ出版　1997.8　ISBN4-593-58022-6
『物価レポート　'97』経済企画協会　1997.10　ISBN4-905833-03-5
『防衛白書　平成9年版』大蔵省印刷局　1997.8　ISBN4-17-390372-3
『防衛白書（日本の防衛）　平成16年版』国立印刷局　2004.7　ISBN4-17-390378-2
『防衛白書　平成22年版』防衛省　2010.9　ISBN978-4-324-09148-7
『防災白書　平成19年版』セルコ　2007.7　ISBN4-9903152-1-4
『防災白書　平成25年版』日経印刷　2013.7　ISBN978-4-905427-51-3
『保険年鑑　平成8年度』大蔵財務協会　1997.12　ISBN4-7547-0478-9
『ホスピス緩和ケア白書　2013』日本ホスピス・緩和ケア研究振興財団　2013.3
　　ISBN978-4-903246-17-8
『ボランティア白書　'96-'97』日本青年奉仕協会　1997.3　ISBN4-931308-04-X

【 ま 】

『目で見る医療保険白書　平成16年版』ぎょうせい　2004.3　ISBN4-324-07348-1
『ものづくり白書　2010年版』経済産業調査会　2010.6　ISBN978-4-8065-2853-1
『ものづくり白書　2013年版』経済産業調査会　2013.7　ISBN978-4-8065-2926-2
『モバイル・コミュニケーション　2012-13』中央経済社　2012.8
　　ISBN978-4-69750-0
『モバイル社会白書　2007』NTT出版　2007.7　ISBN978-4-7571-0218-7

もん　　　　　　収録資料一覧

『文部科学白書　平成15年度』国立印刷局　2004.2　ISBN4-17-442015-7
『文部科学白書　平成18年版』国立印刷局　2007.3　ISBN978-4-17-442018-5

【ら】

『ライフデザイン白書　1998-99』ライフデザイン研究所　1997.12
　　ISBN4-87549-419-X
『ライフデザイン白書　2004-2005』第一生命経済研究所　2003.10
　　ISBN4-87549-226-X
『レジャー白書　'97』余暇開発センター　1997.6
『レジャー白書　2004』社会経済生産性本部　2004.7　ISBN4-9902191-0-4
『レジャー白書　2007』社会経済生産性本部　2007.7　ISBN978-4-9902191-4-7
『レジャー白書　2010』日本生産性本部　2010.7　ISBN978-4-9902191-7-8
『レジャー白書　2013』日本生産性本部　2013.8　ISBN978-4-8201-2019-3
『連合白書　2005』コンポーズ・ユニ　2004.12　ISBN4-906697-11-9
『連合白書　2007』コンポーズ・ユニ　2006.12　ISBN4-906697-13-5
『連合白書　2010』コンポーズ・ユニ　2009.12　ISBN978-4-906697-16-8
『連合白書　2013』コンポーズ・ユニ　2013.1　ISBN978-4-906697-21-2
『労働経済白書　平成16年版』ぎょうせい　2004.9　ISBN4-324-07532-8
『労働経済白書　平成19年版』国立印刷局　2007.8　ISBN978-4-17-543002-2
『労働経済白書　平成22年版』日経印刷　2010.8　ISBN978-4-904260-65-4
『労働経済白書　平成25年版』新高速印刷　2013.9　ISBN978-4-903944-12-8
『労働白書　平成9年版』日本労働研究機構　1997.6　ISBN4-538-43072-2

【わ】

『我が国の文教施策　平成9年度』大蔵省印刷局　1997.12　ISBN4-17-551109-1

【ABC】

『CESAゲーム白書　2013』コンピュータエンターテインメント協会　2013.7
　　ISBN978-4-902346-28-2

収録資料一覧　　　　　　　　　　　　　　　　OE

『JNTO国際観光白書　2007』国際観光振興機構　2007.6
　ISBN978-4-903269-13-9
『JNTO国際観光白書　2010年版』国際観光サービスセンター　2010.9
　ISBN978-4-903269-29-0
『OECD日本経済白書　2007』中央経済社　2007.5　ISBN978-4-502-65880-8

統計図表レファレンス事典
高齢化社会

2015 年 8 月 25 日　第 1 刷発行

発 行 者／大高利夫
編集・発行／日外アソシエーツ株式会社
　　　　　　〒143-8550 東京都大田区大森北 1-23-8　第 3 下川ビル
　　　　　　電話 (03)3763-5241(代表)　FAX(03)3764-0845
　　　　　　URL　http://www.nichigai.co.jp/
発 売 元／株式会社紀伊國屋書店
　　　　　　〒163-8636 東京都新宿区新宿 3-17-7
　　　　　　電話 (03)3354-0131(代表)
　　　　　　ホールセール部(営業)　電話 (03)6910-0519

電算漢字処理／日外アソシエーツ株式会社
印刷・製本／光写真印刷株式会社

不許複製・禁無断転載　　　　《中性紙三菱クリームエレガ使用》
〈落丁・乱丁本はお取り替えいたします〉
ISBN978-4-8169-2556-6　　　　**Printed in Japan,2015**

本書はディジタルデータでご利用いただくことが
できます。詳細はお問い合わせください。

統計図表レファレンス事典 女性・婦人問題

A5・300頁　定価（本体8,800円＋税）　2014.10刊

1997～2013年に国内で刊行された白書などに、女性・婦人問題に関する表やグラフなどの形式の統計図表がどこにどんなタイトルで掲載されているかを、キーワードから調べられる索引。白書・年鑑・統計集496種から5,864点を収録。

統計図表レファレンス事典 児童・青少年

A5・430頁　定価（本体8,800円＋税）　2014.8刊

1997～2013年に国内で刊行された白書などに、児童・青少年に関する表やグラフなどの形式の統計図表がどこにどんなタイトルで掲載されているかを、キーワードから調べられる索引。白書・年鑑・統計集496種から9,437点を収録。

統計図表レファレンス事典 医療・介護・福祉

A5・430頁　定価（本体9,500円＋税）　2013.2刊

1997～2010年に国内で刊行された白書などに、医療・介護・福祉に関する表やグラフなどの形式の統計図表がどこにどんなタイトルで掲載されているかを、キーワードから調べられる索引。白書・年鑑・統計集385種から7,708点を収録。

NPO・市民活動図書目録1995-2014

大阪大学大学院国際公共政策研究科NPO研究情報センター 編

A5・1,160頁　定価（本体16,500円＋税）　2014.11刊

市民活動が一般化・活発化する契機となった阪神・淡路大震災以降の20年間に刊行された、NPO・NGO、寄付・ボランティア、企業の社会貢献活動等に関する図書14,608冊の目録。「NPO制度・政策」「NPOとの協働」「まちづくり・災害・環境」など独自の分類体系から広く関連書を調査できる。

読んでおきたい「世界の名著」案内

A5・920頁　定価（本体9,250円＋税）　2014.9刊

国内で出版された解題書誌に収録されている名著を、著者ごとに記載した図書目録。文学・歴史学・社会学・自然科学など幅広い分野の名著1.5万点がどの近刊書に収録され、どの解題書誌に掲載されているかを、8,300人の著者名の下に一覧することができる。収録作品名から探せる「作品名索引」付き。

データベースカンパニー
日外アソシエーツ

〒143-8550　東京都大田区大森北1-23-8
TEL.(03)3763-5241　FAX.(03)3764-0845　http://www.nichigai.co.jp/